程千帆 徐有富 著

校讎廣義

典藏編（修訂本）

中華書局

圖書在版編目(CIP)數據

校讎廣義.典藏編/程千帆,徐有富著.—修訂本. —北京:中華書局,2020.3
ISBN 978-7-101-14040-8

Ⅰ.校… Ⅱ.①程…②徐… Ⅲ.①校勘-理論②藏書-研究-中國 Ⅳ.①G256.3②G259.29

中國版本圖書館 CIP 數據核字(2019)第 164668 號

書　　名　校讎廣義　典藏編(修訂本)
著　　者　程千帆　徐有富
責任編輯　潘素雅
出版發行　中華書局
　　　　　(北京市豐臺區太平橋西里 38 號　100073)
　　　　　http://www.zhbc.com.cn
　　　　　E-mail:zhbc@zhbc.com.cn
印　　刷　北京市白帆印務有限公司
版　　次　2020 年 3 月北京第 1 版
　　　　　2020 年 3 月北京第 1 次印刷
規　　格　開本/920×1250 毫米　1/32
　　　　　印張 12½　插頁 2　字數 280 千字
印　　數　1-3000 冊
國際書號　ISBN 978-7-101-14040-8
定　　價　68.00 元

目　次

校讎廣義叙録

叙曰：

治書之學，舊號校讎。比及今世，多稱目録。核其名實，歧義滋多。《文選》卷六《魏都賦》李善注引《風俗通》云："案劉向《別録》，'讎校'，一人讀書，校其上下，得繆誤，爲校。一人持本，一人讀書，若怨家相對，爲讎。"（"爲讎"二字據胡克家《考異》補）蓋校讎本義，惟在是正文字。然觀《國語·魯語》載閔馬父之言曰："昔正考父校商之名頌十二篇於周太師，以《那》爲首。"則次第篇章，亦稱校矣。此一歧也。而鄭樵《通志序》謂其《校讎略》之作，乃"欲三館無素餐之人，四庫無蠹魚之簡，千章萬卷，日見流通"。詳所論列，求書、校書之外，兼及類書、藏書。是此諸業，亦歸校讎。此又一歧也。逮章學誠撰《校讎通義》，自叙其書，以爲"校讎之義，蓋自劉向父子，部次條別，將以辨章學術，考鏡源流。非深明於道術精微、群言得失之故者，不足與此。後世部次甲乙，紀録經史者，代有其人；而求其能推闡大義，條別學術異同，使人由委溯源，以想見於墳籍之初者，千百之中，不十一焉”。則雖求之、校之、類之、藏之，猶未足以盡校讎之能事。必也，明系統，精類例，使人得由書籍之部居類別，以見道術之源流異同。此又一歧也。

校讎歧義，具如上述。還語目錄，何莫不然。《〈文選〉注》嘗引《別録·列子目録》，其文今存，蓋即劉向校書，隨竟奏上，合《漢書·藝文志》所指“條其篇目”之目與“撮其指意”之録而成之篇。是目録之始，在爲一書條篇目，撮指意，俾覽者得於籀讀之先，知其大較，其事甚明也。嗣班固《漢書·叙傳》述其志藝文，有“劉向司籍，九流以别，爰著目録，略序洪烈”之語。持是以稽《漢志》體例，則班氏之所謂目録，已引申條一書篇目之義爲定群書部類；撮一書指意之義爲别學術源流。後來承響，遂有以爲治學涉徑之學者。如王鳴盛《十七史商榷》云：“目録之學，學中第一緊要事，必從此問途，方能得其門而入。”即是此義。此一歧也。而黄丕烈《汪刻〈郡齋讀書志〉序》曰：“余從事於此，逾二十年。自謂目録之學，稍窺一二，然閲歷既久，知識愈難。曾有《所見古書録》之輯，卒不敢以示人者，以所見之究未遍也。”考丕烈昔人列之賞鑒家，其精詣獨在版本，旁及校藏；於類例出入，學術派别，初未聞有所甄明。兹亦以目録爲言，則賞鑒校藏諸端，皆此學所有事矣。此又一歧也。然語及目録學界義之恢宏，近人張爾田之言，尤爲極致。其序孫德謙《劉向校讎學纂微》曰：“目録之學，其重在周知一代學術，及一家一書之宗趣，事乃與史相緯。而爲此學也，亦非殫見洽聞，疏通知遠之儒不爲功。乃世之號目録家者，一再傳後，寖失其方，百宋千元，標新炫異。其善者爲之，亦不過如吾所謂鰓鰓於寫官之異同，官私著録之考訂而止；剖析條流，以爲綱紀，固未之有聞。”詳張氏此所謂目録，即前引章氏之所謂校讎，蓋籠括一切治書之學，而以辨章學術、考鏡源流者爲之主。此又一歧也。

由上可知，蓋始有校讎目録之事，繼有校讎目録之名，終有校讎目録之學。其始也相別，其繼也相亂，其終也相蒙。若夫目録之名，昉諸漢也，目録稱學，則盛有清。雖徵之載籍，宋蘇象先《丞相魏公譚訓》嘗記乃祖頌“謁王原叔，因論政事。仲至侍側，原叔令檢書史，指之曰：‘此兒有目録之學。’”可據以遠溯宋初，然固未甚通行也。故自鄭樵而後，治書之學，統被校讎之名，其正詁遂轉晦。逮於乾、嘉，異書間出，小學尤精，古籍脱訛，多所改定。校讎本義，復顯於時。彼以類例部次爲主者，乃不得不別號其學爲目録。其在初興，章學誠嘗持異議，見意於《信摭》之篇。其言曰：“校讎之學，自劉氏父子，淵源流別，最爲推見古人大體；而校訂字句，則其小焉者也。絕學不傳，千載而後，鄭樵始有窺見，特爲校讎之略，而未盡其奥。人亦無由知之。世之論校讎者，惟爭辨於行墨字句之間，不復知有淵源流別矣。近人不得其説，而於古書有篇卷參差，叙例同異，當考辨者，乃謂古人別有目録之學，真屬詫聞，且搖曳作態以出之。言或人不解，問伊：書只求其義理足矣，目録無關文義，何必講求？彼則笑而不言。真是貧兒賣弄家私，不值一笑矣。”章氏云云，乃已習於固有之名，遂致譏於新興之學。然言雖駿利，殊鮮和人。則以校讎一詞，沿用最久，疊經變易，義陷模糊。不獨目録之學，拔幟樹幟，即專事是正文字者，且或改稱校勘之學，以自殊異。夫以偏概全，既涉淆混，求其副實，更造新名，此學術史中公例，無足驚奇，而況宋代已有此稱乎？此其所論，不免拘虛之見矣。其後若朱一新《無邪堂答問》云：“劉中壘父子成《七略》一書，爲後世校讎之祖。班《志》綴其精要以著於篇，後惟鄭漁仲、章實齋能窺斯旨，商榷學術，洞徹源流，不獨九流諸子，各有精義，即詞賦、方技，亦復小道可觀。目録校讎之學所以可貴，非專以審訂文字異同爲校讎也。

世徒以審訂文字爲校讎，而校讎之途隘；以甲乙簿爲目録，而目録之學轉爲無用。多識書名，辨別版本，一書佸優爲之，何待學者乎？”所言雖推衍鄭、章，而已校讎目録二名交舉。張氏《〈劉向校讎學纂微〉序》又云：“《隋書・經籍志・簿録篇》云：‘古者，史官既司典籍，蓋有目録以爲綱紀。漢時劉向《別録》、劉歆《七略》，剖析源流，各有其部，推尋事迹，疑則古之制。’知校讎者，目録之學也。”而德謙以鄭氏校讎一略，備論編次，因亦言：“夫《校讎略》中而備論編次之事，則校讎者，乃目録之學，非僅如後世校讎家但辨訂文字而已，是可知也。”則均徑以校讎即是目録。諸家之説，皆相亂相蒙之證，此二者之同異，與夫所以同異之故，胥治斯學所當先知者也。

　　至名稱而外，範疇若何，自來學人，亦有數説。“藏書家有數等。得一書必推求本源，是正缺失，是謂考訂家，如錢少詹大昕、戴吉士震諸人是也。次則辨其板片，注其錯訛，是爲校讎家，如盧學士文弨、翁閣學方綱諸人是也。次則收采異本，上則補金匱石室之遺亡，下可備通人博士之瀏覽，是謂收藏家，如鄞縣范氏之天一閣、錢塘吳氏之瓶花齋、崑山徐氏之傳是樓諸家是也。次則第求精本，獨嗜宋刻，作者之旨意縱未盡窺，而刻書之年月最所深悉，是謂賞鑒家，如吳門黃主事丕烈、鄔鎮鮑處士廷博諸人是也。又次則於舊家之中落者，賤售其所藏；富室之嗜書者，要求其善價。眼別真贋，心知古今。閩本蜀本，一不得欺；宋槧元槧，見而即識，是謂掠販家，如吳門之錢景開、陶五柳，湖州之施漢英諸書佸是也。”此洪亮吉《北江詩話》之説一也。“自劉、班志藝文，而後人得考天府之儲存；自晁、陳傳書目，而學者藉見私家之著述。海內流傳，或鈔或刻，不下百數十種，然亦分爲兩派：一則宋刊明鈔，分別行款，記刻書之年月，考前賢之圖記，此賞鑒家也。一則包括四部，交通九流，蓄重本以備校讎，鈔新帙以備瀏覽,此收藏家也。"此繆荃孫《〈古學匯刊〉序目》之説二也。"近世言藏書者,分目録版本爲兩種學派。然二者皆兼校讎,是又爲校勘之學。"此葉德輝《書林清話》之説三也。"綱紀群籍、簿屬甲乙者,則目録家之目録是也。辨章學術、剖析源流者,則史家之目録是也。鑒別舊槧、校讎異同者,則藏書家之目録是也。提要鉤元、治學涉徑者,則讀書家之目録是也。"此汪辟疆師《目録學研究》之説四也。嘗試考之,洪氏所言,乃就藏書者流立論,非一指治書之學。所謂掠販之輩,直書估之精於鑒別者爾,奚足名家?若考訂一項,則治書雖不廢考訂,然考訂之學,又非治書之學所能包,是二者但交相爲用而已。故所標舉,獨校讎、收藏、賞鑒三家可稱治書之學,而不及書籍部次。繆氏所陳,又隘於洪,蓋與黄丕烈同以鑒藏爲主。葉氏舉目録版本爲藏書家之兩派,謂皆兼校勘。然藏書亦自有其道,非目録版本而兼校勘即可盡者。至汪先生持論,殆以目録爲宗,其所云目録家、史家、讀書家者,皆目録學之流派爾,餘則併入之藏書家。見仁見智,廣狹之殊,抑又如此。

竊意四家所云,各存微尚,局通雖異,專輒無嫌。而今欲盡其道,則當折中舊説,別以四目爲分。若乃文字肇端,書契即著;金石可鏤,竹素代興,則版本之學宜首及者一也。流布既廣,異本滋多。不正脱訛,何由籀讀?則校勘之學宜次及者二也。篇目旨意,既條既撮,爰定部類,以見源流,則目録之學宜又次者三也。收藏不謹,斯易散亡;流通不周,又傷錮蔽,則典藏之學宜再次者四也。蓋由版本而校勘,由校勘而目録,由目録而典藏,條理始終,囊括珠貫,斯乃向、歆以來治書之通例,足爲吾輩今兹研討之準繩。而名義紛紜,當加釐定,則"校讎"二字,歷祀最久,無妨即以爲治書諸學之共名;而別以專事是正文字者,爲校勘之學。其餘版本、目録、典藏之稱,各從其職,要皆校讎之支與流裔。庶幾尚友古人，既能遞溯而明家數；啟牖來學，並免迷罔而失鑒衡，其亦可也。

余以顓蒙，嘗攻此道，熏習既久，利鈍粗知。閱覽古今著述，其治斯學也，或頗具深思，而零亂都無條理；或專精一事，而四者鮮有貫綜。其極至主版本者，或忘其校勘之大用，而陷於橫通；主校勘者，或詳其底本之異同，而遺其義理；主目錄者，或侈談其辨章考鏡，而言多膚廓；主典藏者，或矜祕其一塵十駕，而義乏流通。蓋甚矣，通識之難也。今輒以講授餘閒，董其綱目，正定名義，釐析範疇，截取舊文，斷以律令，明其異同得失，詳其派別源流，成書四編，命名廣義。俾治書之學，獲睹其全，入學之門，得由斯道。方聞君子，幸垂教焉。辛巳六月。

附　校讎學範疇諸家論列異同表

洪　　說	繆　　說	葉　　說	汪　　說	程　　說
(3)收藏家	(2)收藏家			(4)典藏之學
(4)賞鑒家	(1)賞鑒家	(2)版本派	(3)藏書家	(1)版本之學
(2)校讎家				(2)校勘之學
		(1)目錄派	(1)目錄家	
(1)考訂家			(2)史　家	(3)目錄之學
			(4)讀書家	
(5)掠販家				

這篇叙錄，是一九四一年寫的，距今已有四十多年了。

三十年代初，我考入南京金陵大學學習。劉衡如（國鈞）老師正在爲大學生講授目錄學，爲研究生講授《漢書·藝文志》。我有幸得與門人之列。同時，也常向汪辟疆（國垣）老師請教詩學和校讎學方面的問題，因之對於這門科學發生了强烈的興趣。爲了鞏固自己的學習，也曾寫過幾篇文章。

一九四二年秋，我就母校之聘。那時，衡如先生仍然擔任着文學院長。工作非常忙，因爲知道我在繼續學習校讎學，並且計劃寫一部比較全面的書，就將這門功課派我擔任。這對我來説，當然是既求之不得又誠惶誠恐的事。於是就一邊講，一邊寫下去。一九四五年，我改到武漢大學工作，擔任的課程當中，仍然有這一門。積稿也隨之逐漸充實。一九四九年以後，進行教學改革，這門課被取消了。隨後我又因人所共知的原因，離開了工作崗位近二十年，對這部没有完成的稿子，更是理所當然地無暇顧及了。

一九七八年，我重行出來工作，在南京大學指導研究生。考慮到如果要他們將來能够獨立進行科學研究，則校讎學的知識和訓練對他們仍然是必要的，於是就從十年浩劫中被搶奪、被焚燒、被撕毀、被踐踏的殘存書稿中去清查那部未完成的《校讎廣義》，結果是校勘、目録兩部分還保全了若干章節，至於版本、典藏兩部分，則片紙無存。但因爲工作需要，也只好倉促上馬，勉力講授。這就是後來由南京大學研究生徐有富、莫礪鋒、張三夕和山東大學研究生朱廣祁、吳慶峰、徐超等同志記録整理的《校讎學略説》。由於這類書籍的缺乏，這個紕漏百出的油印講稿近年來還一直在流傳，使我再一次地感到惶恐。

徐有富同志畢業之後，留校任教。和當年我隨劉、汪兩位先生學習這門科學時深感興趣一樣，他也對校讎學有强烈的愛好，並且有對之進行深入研究的決心。因此，我就不僅將這門功課交給了他，並且將寫成這部著作的工作也交給他了。年過七十的我，體力就衰，對於校讎之學已經力不從心，難以有所貢獻，現在有富同志能够認真鑽研，總算是薪盡火傳，這也使我稍爲減輕了未能發揚光大劉、汪兩位老師學術的内疚。

　　根據我國民族傳統文化而建立的包括版本、校勘、目録、典藏四個部分的校讎學，也許這是第一次得到全面的表述。我們將重點放在這門科學的實際應用的論述方面，而省略其歷史發展的記載。因爲，照我們的理解，校讎學與校讎學史屬於兩個不同的範疇。

　　寫好這樣一部著作，顯然不是有富同志和我所能勝任的。因此，這只是"知其不可爲而爲之"。我們期待着教正。

　　　　一九八五年十二月一日　程千帆附記於南京大學

附記

　　這次修訂主要做了兩件事。一是糾錯。《校讎廣義》一九八八年由齊魯書社出版後，二〇〇〇年由河北教育出版社重印了一次。當時我在韓國東國大學任教，遂由武秀成先生組織研究生做了該書的校訂工作，糾正了不少文字訛誤。此後博士生許淨瞳細讀全書，遼寧大學文學院李樹軍細讀《校勘編》、南京師範大學文學院兩位研究生細讀《版本編》，分別寫出了校勘記。張宗友先生、潘素雅女史、北大博士劉貝嘉、高樹偉特地爲《版本編》配製了圖版。這次修訂便以河北教育出版社所出《程千帆全集》本爲底本，充分吸收了以上校訂成果，特借此機會向他們致謝。二是增訂。重點爲《目録編》。《校讎廣義》原書一百四十萬字，而應用廣泛的《目録編》只有二十五萬字，内容略顯少了些。該書出版後，目録學理論與實踐都得到了長足的發展。我們對該書内容作了相應的增加與調整，如《目録的著録事項》一章，我們增寫了附注、提要、案語三項内容，而將真偽、輯佚兩項不能算作著録事項的内容改寫成《辨偽書目録》《闕書目録》兩節，調整到《特種目録》一章。這樣，不僅内容豐富了，而且體例也更加經得起推敲。

《校讎廣義》出版後，文獻學得到了蓬勃發展，我也主編了《中國古典文學史料學》，與徐昕合寫了《文獻學研究》，還出版了《治學方法與論文寫作》《鄭樵評傳》《目録學與學術史》《文獻學管窺》，並應卞孝萱先生之邀，撰寫了《新國學三十講·典藏學》。這次修訂，我便將他人與自己的一些新觀點與新材料，增加到《校讎廣義》的各編之中。

《校讎廣義》的出版合同到期後，一些出版社要重印此書，我都以需要修訂而拒絶了。但是修訂工作却進展得非常緩慢，於是我便時常回想起與程千帆先生合著《校讎廣義》的日子，我感到程先生温暖的目光，一直在關注着和鼓勵着我，使我不敢懈怠。當時全靠手工操作，需要不斷地跑圖書館去搜集與核對資料，由於有程先生的指導與督促，進展得十分順利。但是，我們再也不能回到從前，此書的修訂工作，斷斷續續做了好多年，如今終於告一段落，遺憾的是程先生再也不能爲我把關了，謹以此書的修訂本向程先生表達深深的懷念之情。在本書修訂過程中，張宗友先生、責任編輯潘素雅女史，還有幾位校對，付出了辛勤勞動，他們的敬業精神與深入細緻的作風令人感動，特向他們致以深切的謝意。希望此書能在原有的基礎上朝前邁進一步。期待着繼續獲得批評指正。

二〇一九年七月　　徐有富於南京大學

第一章　典藏學的建立與典藏的功用

第一節　典藏學的建立

典即書籍。《尚書·五子之歌》:"明明我祖,萬邦之君,有典有則,貽厥子孫。"僞孔安國傳曰:"典謂經籍。"[1]許慎亦云:"典,五帝之書也。從册在丌上,尊閣之也。"[2]

典也有管理的含義。《禮記·文王世子》:"秋學禮,執禮者詔之;冬讀書,典書者詔之。"[3]司馬遷云:"司馬氏世典周史。"[4]阮孝緒《七録序》亦稱:"校書郎班固、傅毅並典秘籍。"[5]以上三例中的"典"字,均指管理圖書。

藏指保管。《左傳》襄公十一年:"夫賞,國之典也,藏在盟府。"《墨子·天志下》云:"書之竹帛,藏之府庫。"《莊子·天道》

①《尚書正義》卷七。
②《説文解字》第五上。五帝指少昊、顓頊、高辛、唐、虞。
③《禮記正義》卷二〇。
④《史記》卷一三〇《太史公自序》。
⑤《廣弘明集》卷三。

云:"孔子西藏書於周室,子路謀曰:由聞周之徵藏史有老聃者,免而歸居,夫子欲藏書,則試往因焉。"以上三例,藏顯然指保管書籍。

藏也可用作名詞。《周禮·天官冢宰》述宰夫之職云:"五曰府,掌官契以治藏。"鄭玄注:"治藏,藏文書及器物。"①治藏之"藏"泛指檔案及其他藏品。劉歆《七略》云:"武帝廣開獻書之路,百年之間,書積如丘山,故外有太史、博士之藏;内有延閣、廣内、秘書之府。"②此"藏"字則專指藏書。阮元解釋道:"藏書曰'藏',古矣。古人韻緩,不煩改字,收藏之與藏室無二音也。漢以後曰觀、曰閣、曰庫,而不名藏。隋唐釋典大備,乃有開元釋藏之目。釋道之名藏,蓋亦摭儒家之古名也。"③

綜上所述,本編"典藏"一詞專指收存保管圖書。

典藏學的内涵同現代圖書館學是一致的。劉國鈞説:"什麽是圖書館學? 圖書館學便是研究圖書館的組織法、管理法和使用法的學科。"④本書所謂典藏學則是研究我國古代書籍收集、保管與利用規律的一門學問。

古代已有大量論著對書籍的保管與利用規律進行了探索,兹略述如次:

專著可以鄭樵《通志·校讎略》、祁承爜《澹生堂藏書約》、孫慶增《藏書記要》、葉德輝《藏書十約》等爲代表。鄭樵的《求書之道有八論》系統總結了采訪圖書的途徑,對現代圖書采訪工作仍有指導意義。孫慶增的《藏書記要》對購求、鑒別、鈔録、校讎、裝訂、編目、收藏、曝書等方面的問題作了全面探討,頗獲好評。如

---

① 《周禮注疏》卷三。
② 《太平御覽》卷六一九引。
③ 《揅經室三集》卷二《杭州靈隱書藏記》。
④ 《圖書館學要旨》第一章《圖書館學的意義與範圍》。

黃丕烈跋云：“《藏書記要》言之甚詳且備，蓋亦真知而篤好
者。……余因是書所記藏書之要，皆先我而言之者，遂付梓以
行。”①譚卓垣也說：

> 孫慶增所寫的這部便覽，是整個十九世紀唯一的一部
> 向私人藏書家交代藏書技術的參考書。令人驚奇的是，它
> 所提出的建議一向爲收藏家所謹守不渝，直至今日還對現
> 代中國的圖書館發生着影響。許多編纂珍本書目的術語都
> 出自該書，更不用説後人以此書的意見爲鑒別宋元版本的
> 標準了。雖然在最近幾十年裏，出版了不少關於圖書館科
> 學的著作，但是旨在指導私人藏書家工作的專著却未見問
> 世。假如今後還沒有著述來取代《藏書記要》的地位，那麽，
> 中國的藏書家們還將在各方面仰仗於它。②

近人陳登原著《古今典籍聚散考》，也是一部研究古今典籍聚散
規律的力作。作者搜集了豐富的史料，分隸政治、兵燹、藏弆、人
事四卷而辨證之，對我們研究古代藏書理論頗具參考價值。

還有一些著作，如程俱《麟臺故事》、陳騤《中興館閣録》、逸
名《中興館閣續録》、③王士點、商企翁《秘書監志》，分別論述了北
宋、南宋、元代國家藏書機構的沿革、建制、職能、典章等。《四庫
全書總目》卷七十九《南宋館閣録十卷續録十卷》提要云：“今考
是録所載，自建炎元年至淳熙四年；續録所載，自淳熙五年至咸
淳五年。皆分沿革、省舍、儲藏、修纂、撰述、故實、官秩、廩禄、職

---

① 《士禮居黃氏叢書》本《藏書記要》卷末。
② 《清代藏書樓發展史》第三章《私家藏書樓》第二節《藏書家恪守的藏書之
　道》。
③ 《中興館閣録》《中興館閣續録》，《四庫全書》本改名爲《南宋館閣録》《南宋館
　閣續録》。

掌九門。典故條格，纖悉畢備，亦一代文獻之藪也。"這些著作爲我們進一步研究典藏學提供了原始資料。

還有一些著作，如葉昌熾《藏書紀事詩》、吳晗《江浙藏書家史略》，具有中國古代私家藏書史料匯編的性質。前者反映了五代迄於清末，各個時期私家藏書的概況；後者反映了在我國藏書史上佔有重要地位的江浙兩地私家藏書面貌。兩書的共同特點是在資料的剔抉爬梳方面下了很大功夫。葉昌熾云："竊不自揆，肄業所及，自正史以逮稗乘、方志、官私簿録、古今文集，見有藏家故實，即哀而録之。"①吳晗也稱："暇中於考訂撰作之餘，日手録諸方志、史乘、詩文集、筆記、志狀碑帖諸有關於藏書故實者，錙積寸累，比來積稿數盈尺。"②這兩部書也爲研究典藏學創造了條件。

論文可以牛弘《請開藏書之路表》、③高濂《遵生八箋·燕閒清賞箋·論藏書》、周永年《儒藏說》爲代表。④ 牛《表》提出了著名的五厄論，對書籍從秦始皇到梁元帝時期所遭到的厄運進行了總結。在他的影響下，宋代的洪邁、⑤周密，⑥明代的邱浚、⑦胡應麟，⑧乃至近人錢振東、⑨祝文白等都紛紛寫出了新的書厄論。⑩ 高《箋》對書估作僞手段作了具體細緻的揭露，使藏書家在

①《藏書紀事詩·目録》。
②《兩浙藏書家史略·序言》。
③見《隋書》卷四九。
④見《松鄰叢書》甲編。
⑤見《容齋續筆》卷一五《書籍之厄》。
⑥見《齊東野語》卷一二《書籍之厄》。
⑦見《大學衍義補·論圖籍之儲》。
⑧見《少室山房筆叢》卷四《經籍會通》。
⑨見《書厄述要》，載《坦途》一九二七年第四期。
⑩見《兩千年來中國圖書之厄運》，載《東方雜志》一九四五年第十九號。

收購古書時有所警惕,並注意做鑒定工作。周《説》提出建立儒藏,"務俾古人著述之可傳者,自今日永無散失,以與天下萬世共讀之"的藏書思想。至於近現代有關中國古代典藏學的論文甚多,我們就不詳加介紹了。

此外值得我們注意的是古代目録的序言,其中不少實際上就是古代典藏學的論文。如《隋書·經籍志》序除闡述經籍的作用、介紹《隋書·經籍志》的體例外,還系統總結了隋代及隋代以前中國藏書史。再如阮元《寧波范氏天一閣書目序》除論述天一閣的建築情況與藏書特點外,還歸納了天一閣藏書能够長久保存的三條原因,今録之如下:

> 此閣構於月湖之西,宅之東,牆圍周迴,林木蔭翳。閣前略有池石,與闤闠相遠,寬閑静閟,不使持煙火者入其中,其能久一也。又司馬没後,封閉甚嚴,繼乃子孫各房相約爲例,凡閣厨鎖鑰,分房掌之。禁以書下閣梯,非各房子孫齊至,不開鎖。子孫無故開門入閣者,罰不與祭三次;私領親友入閣及擅開厨者,罰不與祭一年;擅將書借出者,罰不與祭三年;因而典鬻者,永擯逐不與祭。其例嚴密如此,所以能久二也。夫祖父非積德則不能大其族,族大矣而不能守禮讀書,則不肖者多出其間。今范氏以書爲教,自明至今,子孫繁衍,其讀書在科目學校者,彬彬然以不與祭爲辱,以天一閣後人爲榮,每學使者按部必求其後人優待之。自奉詔旨之褒,而閣乃永垂不朽矣。其所以能久者三也。[1]

不少書目提要頗類版本鑒定書,爲我們留下了許多版本鑒定的成功經驗,如《欽定天禄琳琅書目》卷一《春秋分紀》提要云:

---

[1]《揅經室二集》卷七。

　　宋淳祐三年，程公許守宜春刻是書於郡齋。陳振孫《書錄解題》盛稱之。此本卷中多有元時鈐用官印，且於首尾紙背用紅字條記。係大德十年，江浙等處行中書省，奉中書省取備國子監書籍，令儒學副提舉陳公舉校勘申解。考《元史》世祖至元十二年括江西諸郡書板。宜春隷江西，蓋至元詔取，而大德始上，此即宋刊元印之本。

作者研究了該書的印記，並通過徵文考獻，最後下了宋刊元印的結論，使讀者感到確鑿無疑。有的提要還對某些帶有規律性的問題進行了探索，如錢曾云：

　　近代刊行典籍，大都率意剿改，俾古人心髓面目，晦昧沉錮於千載之下，良可恨也。嗟嗟！秦火之後，書亡有二，其毒甚於祖龍之炬：一則宋時之經解，逞私説，憑臆見，專門理學，人自名家，漢唐以來，諸大儒之訓詁注疏，一概漫置不省，經學幾幾乎滅熄矣；一則明朝之帖括，自制義之業盛行，士子專攻此，以取榮名利禄，《五經》旁訓之外，何從又有九經、十三經，而況四庫書籍乎？三百年來，士大夫劃肚無書，撑腸少字，皆制義誤之，可爲痛惜者也。[1]

書賈爲射利而改書作偽的現象已爲人們所熟知，此文指出爲應付科舉考試而草率編纂的大量參考資料對原書的危害是足以發人深省的。

　　與書目提要類似的還有藏書題識，將零散的藏書題識匯編在一起，實際上也就成了書目。這方面的著作很多，可以黃丕烈的藏書題識爲代表。傅增湘説："夫蕘圃當乾嘉極盛之時，居吳越圖籍之府，收藏宏富，交友廣遠，於古書版刻先後異同及傳授

---

① 《讀書敏求記》卷三《顏氏家訓》。

源流,靡不賅貫,其題識所及,聞見博而鑒別詳,巍然爲書林一大宗,舉世推挹之,宜矣。"①這些題識不僅對研究版本、校勘、目錄的學者們具有參考價值,同時也反映了作者的藏書思想,對研究典藏學同樣具有參考價值。繆荃孫摘其精語曰:

> 昔人不輕借書與人,恐其秘本流傳之廣,此鄙陋之見,何足語藏書之道?又曰:識書之道在廣見博聞,所以多留重本。又曰:古書源委必藉他書以證明之。又曰:凡舊板模糊處最忌以新版填補。又曰:舉宋刻之殘鱗片甲,盡登簿録。此百宋一廛收殘本四十二種,在在爲後學開示門徑。②

當然,黄氏藏書題識在記録版本鑒定成果方面的成就尤爲令人注目。如王芑孫《黄蕘圃陶陶室記》云:

> 今天下好宋板書,未有如黄蕘圃者也。蕘圃非惟好之,實能讀之。於其板本之後先,篇第之多寡,音訓之異同,字畫之增損,及其授受源流,翻摹本末,下至行幅之疏密廣狹,帙緻之精粗敧好,莫不心營目識,條分縷析。③

有關中國古代典藏之學的史料散見各處,李希泌、張椒華編《中國古代藏書與近代圖書館史料(春秋至五四前後)》,做了許多艱苦細緻的工作,爲我們的叙述提供了方便。

前人在探索圖書收藏與利用的規律方面所取得的豐碩成果,不僅對典藏工作起着指導與借鑒作用,而且也爲我們進一步研究與建立典藏學創造了條件。

---

①《黄顧遺書》本《思適齋書跋》卷首《序》。
②《蕘圃藏書題識》卷首《序》。
③《淵雅堂全集》卷七。

第二節　典藏的功用

　　書籍的作用在於記録與傳播人類經驗。因此,典藏與政治、讀書治學、圖書出版、文化積累的關係尤爲密切。我們研究典藏學就是爲了更好地發揮圖書的作用,今分别述之如下。

一　典藏與政治

　　人們早就認識到了文獻與政治的密切關係。如《禮記·中庸》云:"文武之政,布在方策。"孔穎達疏曰:"文武之政布在方策者,言文王、武王爲政之道皆布列在於方牘簡策。"①牛弘《請開獻書之路表》亦云:"《周官》,外史掌三皇五帝之書,及四方之志。武王問黄帝、顓頊之道,太公曰:'在丹書。'是知握符御曆,有國有家者,曷嘗不以《詩》《書》爲教,因禮樂而成功也。"②

　　在統治者看來,保存書籍就是保存統治經驗,學習書籍就是學習統治經驗。墨子云:"古之聖王欲傳其道於後世,是故書之竹帛,鏤之金石,傳遺後世子孫,欲後世子孫法之也。"③所以歷代統治者不論是收藏還是禁燬書籍,都着眼於典藏的政治作用。

　　不少統治者由於充分地認識到了圖書的作用,因而積極開展了藏書建設工作,如進入中央集權政治的宋代,太宗趙光義就

---

①《禮記正義》卷五二《中庸》第三十一。
②《隋書》卷四九《牛弘傳》。
③《墨子》卷一二《貴義》。

認爲："夫教化之本,治亂之原,苟非書籍,何以取法?"①在太平興國九年(九八四)正月的詔書裹,他又説:"國家勤求古道,啟迪化源,國典朝章,咸從振舉。遺編墜簡,宜在詢求。致治之先,無以加此。"②淳化三年(九九二)九月,這位皇帝視察秘閣,見到群書齊整,喜形於色,對侍臣談道:"喪亂以來,經籍散失,周孔之教將墜於地。朕即位之後,多方收拾,鈔寫購募,今方及數萬卷,千古治亂之道並在其中矣。"③南宋高宗也積極開展過徵集圖書的工作。馬端臨云:

> 高宗渡江,書籍散佚,獻書有賞,或以官。故家藏者,或命就録,鬻者悉市之。乃詔分經史子集四庫,仍分官日校。又内降詔,其略曰:"國家用武開基,右文致治,藏書之盛,視古爲多。艱難以來,網羅散失,而十不得其四五。令監司郡守,各論所部,悉送上官;多者優賞。"又復置補寫所,令秘書省提舉掌求遺書,詔定獻書賞格,自是多來獻者。④

　　清代是我國封建統治制度最爲完備成熟的朝代,統治者大力開展圖書搜集整理工作,政治目的更爲明確。如高宗《文淵閣記》明言:"予蒐四庫之書,非徒博右文之名,蓋如張子所云:'爲天地立心,爲生民立道,爲往聖繼絶學,爲萬世開太平。'"⑤

　　歷代統治者禁燬某些書籍,同樣也是爲了鞏固封建統治。在秦始皇御前的辯論會上,丞相李斯正是從這個角度主張焚書的。他説:

————————

①《續資治通鑑長編》卷二五。
②《宋會要輯稿》卷一七四二《崇儒四》之十六。
③《麟臺故事》卷一《儲藏》。
④《文獻通考》卷一七四《經籍考》。
⑤《御製文二集》卷一三。

　　　　古者天下散亂,莫之能一,是以諸侯並作,語皆道古以
　　害今,飾虛言以亂實,人善其所私學,以非上之所建立。今
　　皇帝並有天下,別黑白而定一尊。私學而相與非法教,人聞
　　令下,則各以其學議之,入則心非,出則巷議,夸主以爲名,
　　異取以爲高,率群下以造謗。如此弗禁,則主勢降乎上,黨
　　與成乎下。禁之便。①

秦始皇采納了李斯的建議,實行愚民政策,指望鞏固政權,結果
與他的願望相反,秦很快就滅亡了。正如章碣《焚書坑》詩所説:
"坑灰未冷山東亂,劉項原來不讀書。"②

　　統治者往往通過豐富的藏書來粉飾太平。清高宗乾隆三十
八年(一七七三)五月十七日詔説得很清楚:

　　　　方今文治光昭,典籍大備,恐名山石室儲蓄尚多,用是
　　廣爲蒐羅,俾無遺佚,冀以闡微補闕。所有進到各遺書並交
　　總裁等,同《永樂大典》内現有各種詳加校勘,分別刊抄,擇
　　其中罕見之書有益於世道人心者,壽之梨棗,以廣流傳,餘
　　則選派謄録,匯繕成編,陳之册府,其中有俚淺訛謬者,止存
　　書名,匯爲總目,以彰右文之盛,此采擇《四庫全書》之本
　　旨也。③

至於高宗想藉此機會禁燬一切對清政府不滿不利的圖書,我們
將在下文論及。當時不少人認識到私家藏書樓也有點綴文治承
平的作用,直至清末仍如此。如宣統二年(一九一○)三月,山東
巡撫孫寶琦奏《保護海源閣藏書摺》云:"臣查保存古物定例宜
遵,舊籍相傳,尤爲文明觀耀。昔韓宣子聘魯,觀書於太史氏,稱

①《史記》卷六《秦始皇本紀》。
②《全唐詩》卷六六九。
③《四庫全書總目》卷首。

爲周禮在魯,此閣亦猶禮存於魯之一端。"①

　　統治者還把國家藏書機構當作儲存與培養人才的地方,《三輔黃圖》卷六稱漢"天禄閣,藏典籍之所。《漢宮殿疏》云:天禄、麒麟閣,蕭何造,以藏秘書,處賢才也。"宋程俱談到北宋統治者曾從當時國家藏書機構中選拔了大量人才,他説:"國初既已削平僭亂,海寓爲一,於是聖主恩與天下涵泳休息,崇儒論道,以享太平之功。時三館之士固已異於常僚,其後簡用益高,故恩禮益異,以至治平、熙寧之間,公卿侍從莫不由此塗出。"②南宋紹興元年(一一三一)二月丙戌,丞相范宗尹等奏曰:"祖、宗以來,館閣之職所以養人才,備任使,一時名公卿皆由此塗出。崇寧以後,選授寖輕。自軍興時巡,務省冗官,秘省隨罷。今多難未弭,人才爲急,四方俊傑,號召日至,而職事官員闕太少,殆無以處事,固有若緩而急者,此類是也。謂宜量復館職,以待天下之士。"③宋高宗采納了他們的建議,指示:"復秘書省,置監若少監一人,丞、著作郎、佐郎各一人,校書郎、正字各二人。"④事實上,歷代封建文人也認識到擔任館職是進身之階,如章學誠云:"今天子右文稽古,三通四庫諸館,以次而開,詞臣多由編纂超遷,而寒士挾册依人,亦以精於校讎,輒得優館,甚且資以進身。"⑤

　　不少封建士大夫也從政治角度來認識藏書的作用,並自覺利用藏書培養封建統治階級的接班人。如元至正二十二年(一

①載《圖書館學季刊》第一卷第一期,又見曹景英、馬明琴主編的《海源閣研究資料》。
②《麟臺故事》卷三《選任》。《麟臺故事》卷一《沿革》稱宋初"以昭文館、史館、集賢院爲三館"。
③《麟臺故事》卷末《後序》。
④《麟臺故事》卷末《後序》。
⑤《文史通義新編新注》外篇三《答沈楓墀論學書》。

三六二)八月,陳基爲西湖書院重整書目寫的序言説:"夫經史所
載,皆歷古聖賢建中立極修己治人之道,後之爲天下國家者,必
於是取法焉。傳曰'文武之道,布在方策',不可誣也。"①一些藏
書家還將藏書傳給子孫作爲博取功名的工具,如清初著名藏書
家徐乾學即將自己的藏書樓取名爲傳是樓。汪琬《傳是樓
記》云:

> 今健庵先生既出其所得於書者,上爲天子之所器重,次
> 爲中朝士大夫之所矜式,藉是以潤色大業,對揚休命有餘
> 矣,而又推之以訓敕其子姓,俾後先躋巍科、取膴仕,翕然有
> 名於當世。琬然後喟焉大息以爲讀書之益宏矣哉! 循是道
> 也,雖傳諸子孫世世何不可之有。②

凡藏書家將子孫培養成官員的,每爲人們所稱頌。如阮元
談及宋初藏書家劉式的妻子陳夫人教子讀書的事迹説:

> 式字叔度,開寶中隨李氏入宋,官工部員外郎,判三司
> 磨勘司,贈太保、禮部尚書。妻陳夫人既寡,以遺書教諸子,
> 曰:"先大夫秉行清潔,有書數千卷以遺後,是墨莊也。安事
> 隴畝?"諸子怠於學者,則爲之不食。由是,諸子皆以學爲郎
> 官,孫廿五人,世稱墨莊夫人。③

許多藏書家都諄諄告誡子孫藏書讀書,認爲只要做到了這
一點,就能進身成爲統治階級的一員。如北齊顏之推云:"自荒
亂已來,諸見俘虜,雖百世小人,知讀《論語》《孝經》者,尚爲人
師;雖千載冠冕,不曉書記者,莫不耕田養馬。以此觀之,安可不

---

①《松鄰叢書》甲編《元西湖書院重整書目》卷首。
②《傳是樓宋元本書目》卷末。徐乾學號健庵。
③《揅經室集二集》卷二《揚州文樓巷墨莊考》。

自勉耶！若能常保數百卷書，千載終不爲小人也。"①顏氏的觀點
受到了明代藏書家祁承㸁的認同，他教導兒子説：

> 當爾之時，誠駑才矣！若能常保數百卷，千載終不爲小
> 人。諺曰：積財千萬，不如薄伎在身。伎之易習而可貴者，
> 無過讀書。世皆欲識人之多，見事之廣，而不肯讀書，是猶
> 求飽而懶營饌，欲暖而懶裁衣也。之推之言，其警人者至
> 矣，爾輩時讀一過，能無惕然。②

總之，出於鞏固政權、培養人才的需要，古人都十分重視圖
書典藏工作。

二　典藏與讀書治學

豐富的藏書當然可爲讀書治學創造條件，張金吾嘗云："人
有愚、智、賢、不肖之異者，無他，學不學之所致也。然欲致力於
學者，必先讀書；欲讀書者，必先藏書。藏書者，誦讀之資，而學
問之本也。"③

"欲知今古事，須讀五車書。"④讀書是人們獲取知識有效而
基本的途徑。如晉袁山松云："（王）充所作《論衡》，中土未有傳
者，蔡邕入吳始得之，恒秘玩以爲談助。其後，王朗爲會稽太守，
又得其書，及還許下，時人稱其才進。或曰：不見異人，當得異
書。問之，果以《論衡》之益。"⑤《晉書·張華傳》談到張華"雅愛

①《顏氏家訓集解》卷三《勉學第八》。
②《澹生堂藏書約·讀書訓》。
③《愛日精廬藏書志》卷首《自序》。
④《遼雅堂集》續編《鳳陽府君墓志銘》。鳳陽府君指倪模。
⑤《後漢書》卷四九《王充傳》注引。

書籍，身死之日，家無餘財，惟有文史溢於几篋。嘗徙居，載書三十乘。秘書監摯虞撰定官書，皆資華之本以取正焉。天下奇秘，世所希有者，悉在華所。由是博物洽聞，世無與比。”《宋史·宋綬傳》稱其子“敏求家藏書三萬卷，皆略誦習。熟於朝廷掌故，士大夫疑議，必就正焉”。

上述例子説明了藏書在拓寬與加深讀者知識的廣度與深度方面的作用。因此，不少知識分子都是爲了讀書而藏書。如司馬光《獨樂園記》云：“熙寧四年（一〇七一），迂叟始家洛，六年，買田二十畝於尊賢坊北，闢以爲園，其中爲堂，聚書出五千卷，命之曰讀書堂。”①

有些藏書家藏書不僅自己讀，而且要求子孫讀，使讀書種子綿綿不絶。如南宋林霆“聚書數千卷，皆自校讎，謂子孫曰：‘吾爲汝曹獲良産矣。’”②清孫樹禮《善本書室記》亦云：“積財以貫計，積書以卷計。積財十萬貫，子孫日夕取求焉，不數年而用已罄；積書十萬卷，子孫日夕取求焉，終其身用之不盡，更傳諸子若孫，數十世亦不能盡也。故昔人有積財十一，積書十九之語。”③

古書流傳既久，屢經鈔刻，每多異文，爲了獲得正確的閱讀資料，古人讀書特別强調校勘，如王鳴盛云：“欲讀書必先校書，校之未精而遽讀，恐讀亦多誤矣。”④葉德輝甚至説：“書不校勘，不如不讀。”⑤而豐富的藏書當然爲校勘創造了條件，許多藏書家都盡量購求善本異本。如黄丕烈云：“余好古書，無則必求其有，有則必求其本之異，爲之手校；校則必求其本之善，而一再校之。

①《司馬文正公傳家集》卷七一。
②《宋史》卷四三六《鄭樵傳》。
③《善本書室藏書志》卷末附録。
④《十七史商榷》卷首《序》。
⑤《藏書十約·校勘》。

此余所好在是也。"①所以他特別注意收重本,嘗云:"余於古書每
見必收,故一書竟有重複至三四本者。"②"余最喜藏書,兼購重
本,取其彼此可互勘也。"③

　　治學當然更離不開藏書,許多著作都是利用公私豐富的藏
書寫成的。例如司馬遷寫《史記》,就充分地利用了國家藏書。
司馬遷於元封三年(前一〇八)正式擔任太史令,於太始元年(前
九六)擔任中書令。這兩個官職都使他有條件接觸到大量的國
家收藏的文獻。《史記·太史公自序》云:"遷爲太史令,紬史記
石室金匱之書。"司馬貞《史記索隱》案:"石室、金匱,皆國家藏書
之處。"《太史公自序》復云:"漢興,蕭何次律令,韓信申軍法,張
蒼爲章程,叔孫通定禮儀,則文學彬彬稍進,《詩》《書》往往間出
矣。自曹參薦蓋公言黃、老,而賈生、晁錯明申、商,公孫弘以儒
顯,百年之間,天下遺文古事靡不畢集太史公。"據《初學記》載,
中書令"典尚書,通掌圖書"。"以其總掌禁中書記,謂中書。漢
武時,司馬遷被腐刑之後,爲中書令。"④可見漢宮廷内延閣、廣
内、秘書之府裏的藏書,都由司馬遷管過。據金德建撰《司馬遷
所見書考》,知司馬遷著《史記》所憑藉的典籍,今可考者不下三
十種,這與他能借工作之便,利用宮廷藏書是密切相關的。

　　一般知識分子從事學術研究,則要依靠私家藏書,如趙明誠
撰《金石錄》三十卷,就是據所藏三代鼎彝及漢唐以來石刻寫成
的。李清照《金石錄後序》談到了他們的藏書及寫作情況:《金石
錄》三十卷,趙侯德父所著書也。余建中辛巳(一一〇一)始歸趙
氏,侯年二十一,在太學。後連守兩郡,竭其俸入以事鉛槧。每

①《蕘圃藏書題識》卷五《劉子新論十卷》。
②《蕘圃藏書題識》卷五《硯箋四卷》。
③《蕘圃藏書題識》卷五《麈史》。
④《初學記》卷一三《職官部下》。

獲一書，即同共校勘、整集籤題。得書畫彝鼎，亦摩翫舒卷，指摘疵病，夜盡一燭爲率。故能紙札精緻，字畫完整，冠諸收書家。在金人陷青州，其十餘屋藏書及古器物皆爲煨燼後，猶有書二萬卷，又金石刻二千卷。[①] 孫慶增著《藏書記要》，也以豐富的藏書作爲基礎，其《藏書記要》自序云：

> 余無他好，而中於書癖，家藏卷帙，不下萬數，雖極貧，不忍棄去，然聖賢之道，非此不能考證。數年以來，或持橐以載所見，或攜篋以誌所聞，念茲在茲，幾成一老蠹魚矣。同志欲標其要，竊不自量，記爲八則，其當與不當，冀有識者諒之。[②]

在中國歷史上，學者們持續不斷地進行着文獻整理工作，無論校勘、注釋、編目，還是輯佚、匯編，都離不開公私藏書。如明永樂元年（一四〇三）七月，成祖朱棣曾對翰林侍讀學士解縉等説：

> 天下古今事物，散載諸書，篇帙浩穰，不易檢閲；朕欲悉采各書所載事物類聚之，而統之以韻，庶幾考察之便，如探囊取物。再賞觀《韻府》《回溪》二書，事雖有統，而采摘不廣，紀載太略；爾等其如朕意，凡書契以來，經史子集百家之書，至於天文地志陰陽醫卜僧道技藝之言，備輯爲一書，毋厭浩繁。[③]

爲了實現這一目標，當時的國家藏書機構曾做了大量的圖書采購工作，朱棣《永樂大典序》曾談到他"命文學之臣，纂集四庫之

---

①《李清照集校注》卷二《金石録後序》。
②《藏書記要》卷首。
③《明太宗實録》卷二一。

書，及購募天下遺籍，上自古初，迄於當世，旁搜博采，彙聚群分，著爲奧典"。[1]　全祖望《鈔永樂大典記》也曾説《永樂大典》"一切所引書皆出文淵閣儲藏本"。[2]

豐富的藏書對文學創作也是有益的，左思作《三都賦》就參考了晉朝國家藏書，《晉書・左思傳》稱其復欲賦《三都》，"遂構思十年，門庭藩溷皆著筆紙，偶得一句，即便疏之，自以所見不博，求爲秘書郎。"及賦成，張華歎爲班、張之流，"於是豪貴之家競相傳寫，洛陽爲之紙貴。"秘書郎在晉代正是管理國家藏書的官。

藏書除有益於讀書、治學、創作外，也豐富了藏書家的生活內容，使他們獲得高層次的精神享受。許多藏書家都把藏書、讀書當作畢生愛好，從中受到慰藉，獲得快樂。宋代尤袤就是一個例子，陳振孫曾説尤袤"家有遂初堂，藏書爲近世冠"。[3]　李燾云：

> 延之於書靡不觀，觀書靡不記。每公退則閉户謝客，日計手鈔若干古書。其子弟及諸女亦鈔書。一日謂予曰："吾所鈔書今若干卷，將彙而目之。饑讀之以當肉，寒讀之以當裘，孤寂而讀之以當友朋，幽憂而讀之以當金石琴瑟也。"[4]

尤袤的話引起了許多知識分子的共鳴。明代藏書家胡應麟也有同樣感受，嘗自言："於他無所嗜，所嗜獨書，饑以當食，渴以當飲，誦之可以當韶濩，覽之可以當夷施，憂藉以釋，忿藉以平，病藉以起色。"[5]書對於知識分子確實是不可缺少的伴侶。

---

[1]《永樂大典目録》卷首。
[2]《鮚埼亭集外編》卷一七。
[3]《直齋書録解題》卷一八《梁溪集》。
[4]《説郛》卷十下。
[5]《弇州續稿》卷六三《二酉山房記》。

三　典藏與圖書出版

　　藏書與圖書出版相輔相成。許多藏書單位同時是圖書出版單位。采用手鈔的方法復製圖書是一種原始的出版形式，它的缺點是速度慢，複本内容很難保持一致。雕版印刷術發明以後，圖書出版工作得到了蓬勃發展，官府、學校、寺觀等藏書單位，都出版過不少圖書。如五代國子監就是經書雕印工作的一個光輝起點。許多藏書家同時也是出版家，如南宋初期井孟憲藏書甚豐，晁公武稱其"天資好書，自知興元府至領四川轉運使，常以俸之半傳録。時巴蜀獨不被兵，人間多有異本，聞之未嘗不力求，必得而後已。歷二十年，所有甚富"。[①] 而他對四川眉山地區出版事業的興盛也作出了貢獻，詳見本書《版本編》第四章第二節《按地域區分》二《蜀本》。

　　明代的大出版家往往是大藏書家，無錫華氏活字印刷業在中國出版史上佔有突出地位，就拿華珵來說，曾排印過《方言》十卷、《百川學海》一百七十九卷、《渭南文集》五十卷、《石田詩選》十卷等多種圖書。華珵曾"致光禄署丞事"，[②] 祝允明稱其典藏與出版事業云：

　　　　光禄懸車鄉社，年逾七十，而好學過於弁髦。購書典帙，富若山矗。又製活字版，擇其切於學者，亟翻印以利衆，此集之所以易成也。自沈夢溪《筆談》述活版法，近時三吴好事者盛爲之。然所印有當否，則其益有淺深，惟光禄心行高古，動

---

① 衢本《郡齋讀書志》卷首《自序》。
② 弘治十五年(一五○二)活字本《渭南文集》吴寬《序》。

以益人爲志,凡所圖,類若此,與彼留情草譜禽經者迥别。[①]

(嘉慶)《無錫金匱縣志》卷二十五亦云:"華珵,字汝德,以貢授大官署丞,善鑒别古奇器、法書、名畫,築尚古齋,實諸玩好其中,又多聚書。所製活板甚精密,每得秘書,不數日而印本出矣。"

清代的張海鵬及其侄張金吾,皆爲大藏書家兼大出版家。黄廷鑑稱張海鵬:

> 家多宋元舊刻,君治經之暇,旁通子史百家言。嘗慨古今載籍幾經厄劫,歷觀史志所載及藏弆家所著録,存者百無一二。方今典籍大備,不有以聚而流傳之,將日久散佚,此後生讀書者之責也。昔吾邑隱湖毛君以一諸生力,刊經史諸書,廣佈海内,迄今幾二百年,經史舊板尚供摹印。前事可師,遂矢願以剞劂古書爲己任,乃檢舊藏所有,更廣購自明以來罕見之舊本,互勘去取。其中秘藏書,則倩錢唐何上舍元錫從文瀾閣中寫副儲藏,以備彙刊。以汲古所刊經史外,惟《津逮秘書》十五集爲書林鉅觀,汰之益之,黜僞崇真,廣爲二十集,名曰《學津討原》……續又於四部中取有關經史實學、名家論著而傳本將絶者,梓《墨海金壺》七百餘卷。又以其暇,取明人及時賢撰述,刊爲袖珍小品,名《借月山房彙鈔》凡十六集,又六年而畢,流佈日廣,海内争睹,書林中之挾秘册懷墜簡者争集。有未經《四庫》著録者,如《兩京新記》《九國志》《琴川志》諸書,又蒐輯,次第續刊,書成將名之曰《金帛編》。惜工始而君捐館矣。居恒嘗語人曰:藏書不如讀書,讀書不如刻書,讀書祇以爲己,刻書可以澤人。上以壽作者之精神,

---

① (康熙)《無錫縣志》卷二二《渭南文集跋》。

下以惠後來之沾溉,視區區成就一己之業者,其道不更廣耶![1]

阮元論張金吾云:"虞山張氏金吾,世傳家學,代有藏書,不但多藏書至八萬餘卷,且撰書至二百餘卷,不但多撰書,抑且多刻書至千數百卷。其所纂著校刻者,古人實賴此與後人接見也,後人亦賴此及見古人也。"[2]

藏書家豐富的藏書也爲他人出版圖書創造了條件。例如鈕石溪是明代嘉靖年間會稽著名藏書家,所藏小説尤爲豐富,商維濬於萬曆年間所刻《稗海》即利用了鈕氏藏書。《稗海》初名《稗海大觀》,商序云:

> 吾鄉黃門鈕石溪先生鋭情稽古,廣購窮搜,藏書世學樓者,積至數百函,將萬卷。余爲先生長公館甥,故時得縱觀焉。每苦卷帙浩繁,又書皆手録,不無魚魯之訛。因於暇日撮其記載有體、議論的確者,重加訂正。更旁收縉紳家遺書,校付剞劂,以永其傳,以終先生惓惓之宿心,凡若干卷,總而名之曰《稗海大觀》。[3]

黃宗羲曾談到過這件事:"古今書籍之厄,不可勝計。以余所見言之,越中藏書之家,鈕石溪世學樓其著也。余見其小説家目録亦數百種,商氏之《稗海》皆從彼借刻。"[4]

藏書單位出版圖書有一些鮮明的特點。首先,都具有明確的出版目的,官府及學校都十分重視書的教化作用。如洪武十五年(一三八二),明太祖命禮部官修治國子監舊藏書版,指示:

---

① 《第六絃溪文鈔》卷四《朝議大夫張君行狀》。
② 《揅經室續集》卷三《虞山張氏詁經堂記》。
③ 《稗海大觀》卷首。
④ 《南雷文約》卷四《天一閣藏書記》。

　　古先聖賢立言以教後世,所存者書而已。朕每觀書自
覺有益,嘗以諭徐達。達亦好學,親儒生,囊書自隨。蓋讀
書窮理於日用事物之間,自然見得道理分明,所行不至差
謬。書之所以有益於人也如此。今國子監所藏書板多殘
缺,其令諸儒考補,命工部督修治之,庶有資於學者。[①]

藏書家刻書目的主要在於傳播知識。五代時,毋昭裔有憾於貧
困時借書之難,而發憤刻書,供人學習。宋委心子云:

　　毋公者,蒲津人也,仕蜀爲相。先是公在布衣日,常從
人借《文選》及《初學記》,人多難色。公浩歎曰:"余恨家貧,
不能力致。他日稍達,願刻板印之,庶及天下習學之者。"後
公果於蜀顯達,乃曰:"今日可以酬宿願矣。"因命工匠日夜
雕板,印成二部之書。公覽之,欣然曰:"適我願矣。"復雕九
經諸書。兩蜀文字,由是大興。[②]

　　藏書家刻書還特別注意流傳善本秘册。在這方面,明末藏
書家、出版家毛晉成就突出,其子毛扆嘗云:"吾家當日有書作,
聚印匠二十人,刷印經籍,扆一日往觀之,先君適至,呼扆曰:'吾
縮衣節食,遑遑然以刊書爲急務,今版逾十萬,亦云多矣,竊恐秘
册之流傳尚十不及一也。'"[③]版逾十萬猶不滿足,其流傳秘册善
本的抱負可謂大矣。黃丕烈刻《士禮居黃氏叢書》也抱有同樣的
目的。如其《重雕曝書亭藏宋刻初本輿地廣記序》云:"此本之未
經重修爲宋刻初本者,尤希世之寶,予故亟欲重雕以廣其傳
也。"[④]其《夏小正經傳集解》題識亦云:"是書之刻,意在流傳舊本

①《南雍志》卷一《事紀》。
②《新編分門古今類事》卷一九《毋公印書》。
③《楹書隅錄》卷一《影宋精抄本五經文字三卷》著錄之毛扆跋。
④《蕘圃刻書題識》。

餉世。"①

　　爲了提高流傳善本的質量與效果,藏書家還采用了影鈔影刻的方法來復製圖書。葉德輝云:

　　　乾嘉以來,黄蕘圃、孫伯淵、顧澗薲、張古餘、汪閬源先生影刊宋、元、明三朝善本書,模印精工、校勘謹慎,遂使古來秘書舊槧,化身千億,流布人間。其裨益藝林、津逮來學之盛心,千載以下,不可得而磨滅也。②

現代在影印古籍、流傳善本方面,商務印書館利用公私藏書輯印《四部叢刊》可爲代表,葉德輝述其緣起云:

　　　其時,常熟瞿氏鐵琴銅劍樓所藏宋元版書,甲於南北。主人瞿良士啟甲,風雅樂善,得余介紹,慨然盡出所藏,借之影印。京師圖書館之書,則因傅沅叔同年之力,得以相假。江南圖書館所藏,則光緒末年豐潤忠愍端方總督兩江時購自仁和丁氏八千卷樓者,其中亦多宋元舊本,商之齊鎮巖撫部耀琳。飭司館書者悉選其精善完整之本,在館印出。余又從日本白岩子雲龍平向其國岩崎氏静嘉堂假得宋本《説文解字》,爲孫氏平津館仿宋刻所自出者。此吾國第一孤本,爲歸安陸氏皕宋樓售出,今幸珠還,不可謂非快事也。同時,嘉興沈子培方伯同年曾植、江寧鄧正盦編修邦述、獨山莫楚生觀察棠、新建夏劍丞觀察敬觀,皆與其事,展轉商定。自戊午(一九一八)創議,迄壬戌(一九二二)告成,爲書二千餘册,爲卷一萬有奇,萃歷朝書庫之

———————————

①《蕘圃刻書題識》。
②《書林餘話》卷下。

精英，爲古今罕有之巨帙。①

此外，許多藏書家都爲《四部叢刊》的影印出版作出了貢獻，瞿氏鐵琴銅劍樓就是一個突出例子。瞿鳳起《先父瞿良士先生事略》云：

> 己未（一九一九）之秋，上海商務印書館同仁……創議影印古籍……董其事者，海鹽張菊生、無錫孫星如兩先生……至罟里見訪，道使命，商請發棠，共襄盛舉。先父……遂被推爲發起人，相計就地取材，豫約次年派人來吾家攝影，藉以付印。越三載，至壬戌（一九二二）告成，顏曰《四部叢刊》，所收凡三百二十三種，出之吾家者二十五種，其數爲采自私家所藏者之冠。甲子（一九二四）……商務館……有續編之議。先父繼承舊志，盡出家藏……期年告成，全編凡七十五種，出吾家所藏者，逾半，達四十種。次年，又賡續三編之輯，共七十種，吾家占十六種。尚有待印目録，備再續者，其中吾家亦有十餘種。……此外，百衲本《二十四史》《續古逸叢書》，亦各有收録，至初、二、三各編中，遇有闕卷短葉以及序跋等，爲考訂版本、力求完整計，從而刺取者亦多。無他，先父不厭其煩，亦惟使古籍通過複印，得能止於至善之境也。②

藏書單位出版圖書，一般都能精於校讎，提供好的底本。五代國子監出版儒家經典，就曾利用豐富的藏書，組織專家認真校勘過。據《册府元龜》載：

> 長興三年（九三二）四月敕：近以遍注石經，雕刻印板委

①《書林餘話》卷下。
②見《鐵琴銅劍樓藏書題跋集録》三六三至三六四頁。

國學。每經差專知業博士儒徒五六人勘讀並注，今更於朝
官內別差五人充詳勘官：太子賓客馬縞、太常丞陳觀、祠部
員外郎兼太常博士段顒、太常博士路航、屯田員外郎田敏
等。朕以正經事大，不同諸書，雖已委國學差官勘注，蓋緣
文字極多，尚恐偶有差誤，馬縞已下皆是碩儒，各專經業，更
令詳勘，貴必精研。兼宜委國子監於諸色選人中，召能書人
謹楷寫出，旋付匠人雕刻，每五百紙與減一選。所減等第，
優與選轉官資。時宰相馮道，以諸經舛謬，與同列李愚委學
官等，取西京鄭覃所刊石經，雕爲印板，流布天下，後進
賴之。[1]

　　私家刻書也非常重視選擇好的底本。陳瑚在談及毛晉時
說："其所鋟諸書，一據宋本，或戲謂子晉曰：'人但多讀書耳，何
必宋本爲？'子晉輒舉唐詩'種松皆老作龍鱗'爲證曰：'讀宋本然
後知今本老龍鱗之誤也。'"[2]毛晉出版圖書還十分注重校勘工
作。陳繼儒云：

　　　　吾友毛子晉負泥古之癖，凡人有未見書，百方購訪，如
　　縋海鑿山，以求寶藏，得即手自鈔寫，糾訛謬，補遺亡，即蛛
　　絲鼠壞，風雨潤濕之所靡敗者一一整頓之。[3]

今舉毛晉刻書題跋一則爲例，即可看出毛晉在刻書時、據衆本進
行校勘的嚴肅認真的態度：

　　　　余藏襄陽詩甚多，可據者凡三種：一宋刻三卷，逐卷意
　　編，不標類目，共計二百一十首；一元刻劉須溪評者，亦三

---

①《册府元龜》卷六○八《學校·刊校》。
②《確庵先生文鈔》卷五《爲毛潛在隱居乞言小傳》。
③《隱湖題跋》卷首引。

卷,類分游覽、贈答、旅行、送別、宴樂、懷思、田園、美人、時節、拾遺凡十條,共計二百三十三首。一弘治間關中刻孟浩然者,卷數與宋元相合,編次互有異同,共計二百一十八首,至近來十二家唐詩及王孟合刻等,或一卷,或二卷,或四卷,詮次寡多,本本淆訛,予悉依宋刻,以元本、關中本參之,附以拾遺,共得二百六十六首,間有字異句異,先後倒者,分注元刻某、今刻某,不敢臆改云。①

誠如朱彝尊云:汲古主人毛子晉"性好儲藏秘册,中年自群經、十七史以及詩詞曲本、唐宋金元別集、稗官小説,靡不發雕,公諸海内,其有功於藝苑甚鉅"。②

江西南昌學所刻《十三經注疏》利用阮元的豐富藏書,並請專家校勘,也是一個突出例子。陳康琪云:

江西南昌學所刻《十三經注疏》四百十六卷,卷末各附校勘記,阮文達公巡撫時,損資校刻者也。校勘記雖刊於江右,實成於吾浙。蓋公撫浙時,出舊藏宋版十行本十一經,及《儀禮》《爾雅》單疏本爲主,更羅致他書本,屬詁經精舍高才生分撰成書。《易》《穀梁》《孟子》屬元和李鋭,《書》《儀禮》屬德清徐養原,《詩》屬元和顧廣圻,《周禮》《公羊》《爾雅》屬武進臧庸,《禮記》屬臨海洪震煊,《春秋》《左傳》《孝經》屬錢唐嚴杰,《論語》屬仁和孫同元。惜南昌刊版時,原校諸君太半星散,公亦移節河南,刊者意在速成,遂不免小有舛誤。③

特別值得一提的是張之洞的《勸刻書説》,作者指出:

①《隱湖題跋·跋孟襄陽集》。
②《静志居詩話》卷二二。
③《郎潛紀聞》卷九。

　　凡有力、好事之人,若自揣德業學問不足過人,而欲求
不朽者,莫如刊布古書一法。但刻書必須不惜重費、延聘通
人、甄擇秘籍、詳校精雕……其書終古不廢,則刻書之人終
古不泯。如歙之鮑、吳之黄、南海之伍、金山之錢,可决其五
百年中必不泯滅。豈不勝於自著書、自刻集者乎?……且
刻書者,傳先哲之精蘊,啟後學之困蒙,亦利濟之先務、積善
之雅談也。[①]

《勸刻書説》産生了廣泛的影響,不少藏書家都作出了反映,葉德
輝云:“文襄倡此言,故光緒以來,海内刻書之風,幾視乾嘉時
相倍。”[②]

　　總之,豐富的藏書爲圖書出版工作創造了條件,我國古代的
藏書單位與藏書家,也爲圖書的出版事業作出了突出貢獻。

四　典藏與文獻保存

　　典藏的基本任務就是搜集圖書加以保管和利用,因而大大
降低了圖書的散失率。所以,典藏及典藏學的研究在文獻保存
方面是非常重要的。

　　我們今天能看到大量的先秦文獻,與西漢政府的典藏工作
密切相關。漢朝開國以後,政府改變秦朝焚書坑儒的政策,廣開
獻書之路,以至出現了圖書積如丘山的盛況。西漢末年劉向父
子受命整理圖書,這才爲我們留下了許多先秦乃至西漢典籍的
定本。隨着朝代的更替,國家藏書不斷地散失損壞,又不斷地積
聚增加,直到清政府編成《四庫全書》,得以保存了大量的古籍善

---

①《書目答問》附一《別録》。鮑指鮑廷博,黄指黄丕烈,伍指伍崇曜,錢指錢熙祚。
②《書林清話》卷一《總論刻書之益》。

本。這些寶貴文獻至今主要由國家各級圖書館，在全國各地妥善地保存着。

　　在文獻保存方面，古今藏書家也作出了傑出的貢獻。有些藏書家甚至在戰火中，冒着生命危險，做搜亡存佚的工作。丁丙保護文瀾閣《四庫全書》就是一個突出例子，俞樾云：

　　　　丁君諱丙，字嘉魚，別字松生，晚年自號松存，浙江錢塘人。父諱英，生二子，長申，字竹舟，次即君也。粵寇陷杭，君出城，至留下市中買物，以字紙包裹，取視，皆《四庫》書，驚曰："文瀾閣書得無零落在此乎！"君之搜輯文瀾遺書，實始此矣。倉皇奔走，書籍束以巨緪，每束高二尺許，共得八百束。皆載之至滬，請陸君捥珊繪《書庫抱殘圖》紀之。①

張漱萬也談到了這件事："初，杭州之陷也，文瀾閣燬，先生與其兄竹舟先生方跳身出危城，匿西溪農舍，深宵潛往掇拾，灰燼瓦礫之中，得萬餘冊，流離轉徙，日與之俱，瀕危者數矣，卒獲全。既而茶陵譚公鍾麟撫浙，上其事於朝，復建閣還書尊藏之。"②

　　丁丙兄弟不僅爲收存文瀾閣《四庫全書》做出了突出貢獻，而且自家藏書也十分豐富，並且很有特色。陳登原云："第世稱藏書之美，以宋元舊槧爲準。丁氏之書，宋槧只四十種，元刊逮百種。視百宋千元良不逮矣。然其書之可貴，亦有數者：一爲多《四庫》修書底本，可以見當時修書之法制者也；二爲多日本高麗刊本，可以見異國風光者也；三則多名儒宿學所校；四則近代校勘家收藏家所藏之書，丁氏亦有之甚夥。"③丁丙藏書後歸江南圖書館，即今南京圖書館所有。

---

① 《春在堂雜文》六編《丁君松生家傳》。
② 《善本書室藏書志》卷末《嘉惠堂八千卷樓記》。
③ 《古今典籍聚散考》第八章《清季之收藏家》。

　　抗日戰爭期間,鄭振鐸在淪陷的上海,爲搶救文化遺産做了大量工作,也是值得一提的。劉烜介紹道:

　　　　一九三七年八月十三日,日本侵略軍進攻上海。八月十四日,鄭振鐸寄藏於虹口開明書店的一百多箱古書,被燒得片紙不存。他看着紫黑色的烟雲在突突上升,心都被灼得疼。這時期,他買書,是爲保護祖國的文化遺産。有一次,他見到中國書店將五千餘本古書要論斤稱走造紙漿,便竭力勸阻。自晨至午,仍無效果。他見店主執意要論斤賣出,毅然曰:"歸予得之可也!"遂以六千金付之,而救得此七八百種書。"時予實窘困甚,罄其囊,僅足此數,竟以一家十口之數月糧,作此一擲救書之豪舉。事後,每自詫少年之豪氣未衰也。"這段生動的記載,出自《蟄居散記》。這在日記中也有反映。他在一九四三年四月六日的日記中説:"近日舊書舊報,大量的被紙商收去造紙,將來若《九朝聖訓》等大部而價廉之書,均將絶迹於世,實文化之一大浩劫也! 思之,爲之感慨無已!"[1]

　　有些書流落國外,藏書家爲了保存祖國文化遺産,也不惜用重金購回。如楊守敬云:

　　　　余至日本,竭力搜訪,久之乃聞在西京大阪收藏家,余囑書估信致求之,往返數回,議價不成。及差滿歸國,道出神户,乃親乘輪車至大阪物色之,其人仍居奇不肯售。余以爲日本古籍有所見,志在必得。況此宋槧經書,爲海内孤本,交臂失之,留此遺憾,幸歸裝尚有餘金,乃破慳得之,携書歸。時同行者方詫余獨自入大阪,及携書歸舟,把玩不

---

①《鄭振鐸〈日記〉手稿》,載《文獻》一九八○年第四輯。

置，莫不竊笑癖而且癡。而余不顧也。[1]

楊守敬在日本竭力購求漢籍也促進了日本對我國古籍的珍惜，楊氏復云：

> 余之初來也，書肆於舊板尚不甚珍重，及余購求不已，其國之好事者遂亦往往出重值而爭之，於是舊本日稀。書估得一嘉靖本亦視爲秘笈，而余力竭矣。然以余一人好尚之篤，使彼國已棄之肉復登於俎，自今以往，諒不至於拉雜而摧燒之矣，則彼之視爲奇貨固余所厚望也。（近日則聞什襲藏之不以售外人矣）[2]

藏書家在存殘補闕方面也做了大量工作，許多殘本經過他們千方百計地努力，都變得完整無缺。例如黃丕烈就提倡並注意搜集殘本，嘗稱：“余佞宋，雖殘鱗片甲亦在珍藏。”[3]“余平生喜購書，於片紙隻字皆爲之收藏，非好奇也，蓋惜字耳，往謂古人慧命全在文字，如遇不全本而棄之，從此無完日矣，故余於殘缺者尤加意焉，戲自號曰抱守老人。”[4]黃氏收殘本的目的在於補闕求全。他曾說過：“余抱殘守缺，喜爲古書補亡。”[5]“余喜蓄書，兼蓄重出之本，即破爛不全者亦復蓄之。重出者，取爲讎勘之具；不全者，或待殘缺之補也。”[6]“世之藏書者，當爲古書作合計。”[7]事實上，確有不少殘本經他之手被補全了。茲舉一例。其於明本

---

①《日本訪書志》卷一《宋刊尚書注疏》。
②《日本訪書志》卷首《日本訪書志緣起》。
③《蕘圃藏書題識》卷七《浣花集十卷》。
④《蕘圃藏書題識》卷十《陽春白雪十卷》。
⑤《蕘圃藏書題識》卷二《契丹國志十七卷》。
⑥《蕘圃藏書題識》卷八《慶湖遺老詩集九卷拾遺一卷補遺一卷》。
⑦《蕘圃藏書題識》卷六《事類賦三十卷》。

《六朝聲偶集七卷》題識云：“物無重輕，以全爲上；事無巨細，以合爲奇。此徐獻忠《六朝聲偶集》不過總集中之一種耳，因不習見，殘帙亦收之，偶舉示書友之常所往來者，冀其或有配頭也，仲冬七日果獲殘帙五六七卷，合著前一二三四卷，適符全書七卷，是可謂巧遇矣，喜而識其緣起於卷端。”①而不少藏書家也都願意成人之美。黄氏嘗云：“吳中藏書家，余所及見而得友之者，昔推香巖周氏，其顧氏抱沖、袁氏綬階，皆與余同時，彼此收書，互相評騭，倘有不全之本，兩家可以合成，必爲允易。周、顧、袁三君皆如是也，故一時頗稱盛事。”②

　　有的藏書家爲了將一書補綴完整，先後要經過數年、數十年的努力，趙琦美補全《營造法式》即是一例。錢曾云：

　　　趙元度初得李誡《營造法式》，中缺十餘卷，遍訪藏書家，罕有蓄者。後於留院得殘本三册，又借得閣本參考，而閣本亦缺六、七數卷。先後蒐訪，竭二十餘年之力，始爲完書。圖樣界畫，最爲難事，用五十千，命長安良工，始能措手。今人巧取豪奪，溝澮易盈，焉知一書之難得如此。③

　　特别值得注意的是一些藏書家傾心搜集專題文獻，爲我們留下了寶貴的精神財富。例如明代著名藏書家趙琦美於萬曆四十三年（一六一五）開始，以三年之力，鈔校雜劇三百餘種，遞經諸家收藏，一九三八年終爲政府購得，交由當時的北平圖書館典藏。鄭振鐸云：

　　　這弘偉豐富的寶庫的打開，不僅在中國文學史上增添了許多本的名著，不僅在中國戲劇史上是一個奇迹，一個極

---

① 《菉圃藏書題識》卷十《六朝聲偶集七卷》。
② 《士禮居藏書題跋記續編》卷二《石湖志略文略二卷》。
③ 《也是園書目》卷末《後序》。

重要的消息，一個變更了研究的種種傳統觀念的起點，而且在中國歷史、社會史、經濟史、文化史上也是一個最可驚人的整批重要資料的加入。這發見，在近五十年來，其重要，恐怕是僅次於敦煌石室與西陲的漢簡的出世的。[①]

藏書家積聚的書籍難以世守，但是常常成批地賣給另一位藏書家，最後往往又匯入了公共圖書館。譚卓垣曾談到私家藏書的鏈條是一環緊扣一環的：

> 清代私家藏書的這一鏈端可以上溯到明清之間錢謙益的藏書活動。他事實上是繼承了明代四位大藏書家——楊氏七檜山房、錢氏懸磬室、劉氏厒載閣和趙氏脈望館的全部遺書。錢謙益的專藏是宋、元版，在絳雲樓未焚以前，他已經積累了三千多種；他臨終時把焚餘遺書——幾乎全部都是脈望館的精本——傳給了族孫錢曾。錢曾也是一位愛書家，他把自己的藏書編了《述古堂書目》。一六六六年——一六六七年間，他將其所有宋版書副本轉賣給季振宜；而在絳雲樓遭火以前，徐乾學曾從那兒得到過一些珍貴的鈔本。當康熙之子怡親王的經紀人幫助建立怡府藏書時，他從季、徐兩家得到了許多善本。但是皇族藏書要想久長往往是很困難的，當他的後代因大逆罪被斬以後，怡府藏書也就散出了。於是，愛書家黃丕烈買到了這部分藏書中的佳構。黃丕烈逝世後，其大部分藏書又落到了宋版愛好者汪士鐘手裏；同時，汪氏也得到了一些清中葉的珍本書。然而，他的聚書活動同樣是徒勞的。因為早在一八六〇年，他的一些珍貴藏本就已落入上海郁松年之手。太平天國以後，有一

①《西諦書話·跋脈望館鈔校本古今雜劇》。

部分藏書則爲山東楊以增所得。[①]

楊以增，清嘉慶、道光間人，藏書室名海源閣。其子楊紹和編《楹書隅録》，收善本書二百六十餘種。其孫楊保彝輯《海源閣宋元本書目》，收善本書四百六十餘種。其藏書後散佚，一部分現藏國家圖書館。詳見本編第四章《圖書的亡佚》第二節《兵燹》。顯然，私家藏書爲公家藏書得以長久保存，也做出了貢獻。

---

①《清代藏書樓發展史》第三章《私家藏書樓》第四節《現代傑出藏書樓及其命運》。七檜山房爲常熟藏書家楊儀（夢羽）藏書室名；懸罄室爲吳縣藏書家錢穀（叔寶）藏書室名；脈望閣爲長洲藏書家劉鳳（子威）藏書室名；脈望館爲常熟藏書家趙琦美（元度）藏書室名。怡府的經紀人或爲何焯。陸心源《宋槧婺州九經跋》稱徐健庵、季滄葦之書，“由何義門介紹，歸於怡府”。

第二章　典藏單位

我國文獻典藏單位，大體可分爲國家、私人、學校、寺觀等幾種類型，清末受外來文化影響，又出現了圖書館。今分別簡述如下。

第一節　國家藏書

國家藏書包括宮廷藏書與官府藏書兩個部分，二者往往又密不可分。宮廷藏書機構相當於今天的國家圖書館，代表了當時國家藏書水平，因此本節主要論述宮廷藏書，並兼及官府藏書。

一　先秦

章學誠云："有官斯有法，故法具於官；有法斯有書，故官守其書。"[①]在各藏書單位中，以國家藏書爲最早。據文獻記載，夏

---

①《校讎通義》卷一《原道》。

代就已藏有典籍了。《國語·晉語第十》叙及晉文公二年(前六
三五),南陽人猶"有夏商之嗣典"。韋昭注曰:"典,法也。……
言有夏、商之後嗣及其遺法。"《吕氏春秋·先識》亦云:"夏太史
令終古出其圖法,執而泣之。夏桀迷惑暴亂愈甚,太史令終古乃
出奔如商。"圖法略同今日的文書檔案,太史令終古當爲夏代末
年管理文書檔案的官員。《左傳》昭公二年(前五四○),記晉國
韓宣子出使魯國,"觀書於大史氏",孔穎達《疏》曰:"大史之官職
掌書籍,必有藏書之處,若今之秘閣也。"[1]王國維也認爲:"掌文
書者謂之史,其字從又從中。又者右手,以手持簿書也……則史
之職,專以藏書、讀書、作書爲事……史爲掌書之官,自古爲要
職……史之本義爲持書之人。"[2]

　　商代已有相當規模的文獻典藏單位,不僅見於記載,而且已
爲考古發掘成果所證實。

　　《尚書·多士》云:"惟殷先人,有册有典。"在河南安陽小屯
村殷墟發現的大量甲骨文獻充分地說明了這一點。如一九三六
年三月至六月,前中央研究院歷史語言研究所曾在小屯北地一
二七坑發現了一七○八八片龜甲。這一坑龜甲都是武丁和武丁
晚期的。陳夢家談道:

　　　　殷代卜官如何處置他們的檔案,到今天爲止我們尚無
　　充分的知識。地下發掘到的比較有秩序的大量堆積的甲
　　骨,只能説是儲積。一個穴窖,倘然只包含一個朝代的甲
　　骨,才是真正的有意的儲積,不管它是歸檔、儲藏或是埋藏,
　　它可能是在某一個時期把同期甲骨存入的。一個穴窖,倘
　　然包含一個以上的朝代的甲骨,那末它可能是某幾個時期

————————————

① 《春秋左傳正義》卷四二。
② 《王國維遺書》本《觀堂集林》卷六《釋史》。

由不同時期甲骨累積的。在穴窖以外的版築中、灰土中或穴窖以內零散的甲骨，它們是和別的東西一道堆積，不是專門存儲甲骨的所在。

陳夢家將出土卜甲分成儲積的、累積的、零散的三種情況，並認爲小屯北地一二七坑出土的卜甲是有意儲積的。[1]

那麼，這些文獻是否有專門的機構加以整理和保管呢？答案是肯定的。這個機構是殷代的宗廟。一九七三年，中國科學院考古研究所安陽發掘隊在小屯南地出土刻辭甲骨四五一一片，其中有十條關於在宗廟卜的記載，如：二七〇二號"在大甲宗卜"、三七六三號"在大庚宗卜"、四一五五號"在祖乙宗卜"。例中的"宗"字指宗廟。[2] 占卜完畢，一些重要的甲骨卜辭就儲存在宗廟中。一九三二年秋，前中央研究院歷史語言研究所在小屯北地發現了不少版築基址，基址之上或基礎的前邊，都有排列勻整的柱礎石。陳夢家說："在小屯村北六百公尺的面積内，就有版築基址幾處，竅穴寶窖，散布其間。穴的形狀有渾圓、有橢圓、有心形、有長方形、有方形。有的有臺階可以上下。又有窖，可以深到七八公尺。這些地方，確爲殷代宗廟宮室的所在。"[3]

商代的典籍也由專人管理。胡厚宣曾指出小屯村北地一二七坑"甲骨中，又有一架蜷曲而側置的人骨緊靠坑的北壁，大部分已被埋在甲骨中，僅頭及上軀還露出甲骨以外。這個人可能就是當時管理甲骨的人員"。[4] 而甲骨卜辭也確實被編輯整理

---

①《殷虛卜辭綜述》第一章《總論》第二節《甲骨的種屬及採用的部分》。

②參見陳邦懷《〈小屯南地甲骨〉中新發現的若干重要史料》，載《歷史研究》一九八二年第二期。

③《殷虛卜辭綜述》第一章《總論》第四節《甲骨出土地的確定與展延》。

④《殷墟發掘》六《第十三、十四、十五次的"平翻"工作和完整的甲骨坑及古建築的遺存》。

過。如在小屯村北地一二七坑出土的卜甲中，"又有背甲製成石刀的樣子，中間穿孔，上面刻辭的"。[1]　陳夢家認爲："這種鞋底形的改製背甲有一個不小的穿孔，可知連繫若干背甲穿扎起來，可能就是'典册'之'册'的象形。"[2]董作賓還論及卜甲經過編排的情形：

> 余整理龜骨，編號既竣，李濟之先生適來參閱，見有兩龜版猶粘著一處者，其間泥沙甚厚。蓋余將留之以存地下之原狀。李先生謂："宜揭而視之，或有新辭奇字，亦未可知。"揭之，果得"册六"之文，吾等乃不禁狂喜，蓋所粘著之一版，爲"尾右甲"，例無文字，而不意竟有此新發現也。此版編號爲一，○○，○四五四也。"册六"作 ⊞ Λ，逼近尾甲之尖，上下左右，更無其他文字。稍上，斷處有孔，餘其半，知此甲全時，在一册中爲其表面之一版，其孔，所以貫韋編也。余既以比例算法，求得此坑（第三十六）所出之龜版，大小不同者凡十有九，則此十九版者，必與"册六"有關，蓋所謂"册六"者，猶今世書籍表面之書卷六矣。[3]

卜骨同樣也經過整理。一九七一年十二月八日，考古研究所安陽工作隊在小屯西地殷墟重點保護區內進行發掘，於第一號深溝內發現一堆完整的牛胛骨卜骨，共二十一枚。這二十一枚卜骨重疊着堆放在一起，井然有序，骨臼大多向東，只有三枚向北，疊壓的情況大致分爲三組：西南一組三枚，東南一組六枚，北面一組十二枚。郭沫若一九三三年初纂述《卜辭通纂》曾擬

---

① 石璋如《殷墟最近之重要發現附論小屯地層》，載一九四九年《中國考古學報》第四册。
② 《殷虛卜辭綜述》第一章《總論》第二節《甲骨的種屬及採用的部分》。
③ 《商代龜卜之推測·皮藏第十》，載一九二九年《安陽挖掘報告》第一期。

議:"每卜用三龜,一卜不吉,則再用三龜,其用骨者當亦同然。"
安陽卜骨出土後,他進一步分析道:

> 這一擬議距今已近四十年,由此次二十一枚卜骨出土
> 情況看來,我四十年前的揣測,似乎已由出土實物而得到證
> 明了。即是卜骨或卜龜甲是以三枚爲一組,一次卜用三龜
> 或三骨,卜畢後儲存,在當初想必有帛以裹之,有繩以纏之,
> 有篋以藏之,年代既久,帛朽,繩爛,篋毁,化爲灰土,便僅剩
> 下甲與骨。[1]

爲便於檢索,管理者還在卜骨的突出處骨臼上刻上標識。郭沫
若云:

> 今案骨臼所刻之辭雖與卜辭無涉,然其事必與卜骨有
> 關。由其所刻之地位以覘之,其性質實如後人之署書頭或
> 標牙籤耳。蓋甲骨既經修治以待卜用,必裹而藏之。由肩
> 胛骨之性質而言,勢必平放,平放則骨臼露於外,故恰好利
> 用其地位以作標識。其曰"王示",曰"小臣某示",曰"帚某
> 示",蓋其檢討時經王及王之代理者所省視。曰"自某川"或
> "川自某",蓋言卜辭之內容乃自某人所卜或所録者蟬聯而
> 下之意,川即取其貫穿不斷也。每辭末字乃陪觀者之署名,
> 董氏謂爲卜人或史官,其説無可易。[2]

商代典籍由史官管理也爲書面資料所證明,如《呂氏春秋·
先識》云:"殷內史向摯,見紂之愈亂迷惑也,於是載其圖法出亡
之周。"

周代流傳下來的文獻比商代更多、更豐富,除甲骨、金石文

---

①《郭沫若全集》考古編一《安陽新出土的牛甲骨及其刻辭》。
②《郭沫若全集》考古編一《殷契餘論·骨臼刻辭之一考察》。

獻外,還有竹木與帛書。

　　周代宮廷及諸侯國的卜甲卜骨以及其他典籍仍藏於宗廟。《孟子·告子下》云:"諸侯之地方百里,不百里不足以守宗廟之典籍。"①宮廷宗廟之守藏室也稱天府。《周禮·春官·天府》云:"天府掌祖廟之守藏與其禁令。"《周禮·地官·鄉大夫》云:"群吏獻賢能之書于王,王再拜受之,登於天府,内史貳之。"鄭玄注曰:"天府,掌祖廟之寶藏者。内史副寫其書。"②《周禮·秋官·大司寇》云:"凡邦之大盟約,涖其盟書,而登之于天府。"鄭玄注曰:"天府,祖廟之藏。"③一九七七年七至八月,周原考古隊發掘岐山鳳雛村甲組基址時,在該基址内西廂房第二號房間的一個窖穴裏,共出土甲骨一萬七千餘片,其中一萬六千七百餘片爲龜的腹甲,三百餘片爲牛的肩胛骨,已清洗出有字卜甲一百七十多片。該基址初步判定爲西周初年的宗廟建築。④

　　周朝宮廷藏書處也可稱爲盟府、策府、周府、周室等。如《左傳》僖公五年云:"虢仲、虢叔,王季之穆也,爲文王卿士,勳在王室,藏於盟府。"《穆天子傳》卷二記載周穆王"北征,至於群玉之山……阿平無險,四徹中繩,先王之所謂策府"。郭璞注曰:"古帝王藏策之府,則所謂藏之名山是也。"《左傳》定公四年云:"其載書……藏在周府,可覆視也。"《莊子·天道》云:"孔子西藏書於周室。"

　　由於工作需要,不少官府也藏有典籍,正如章學誠所説:"六

────────────

①《孟子注疏》卷一二下。趙岐注曰:"宗廟典籍謂先祖常籍法度之文。"
②《周禮注疏》卷一二。
③《周禮注疏》卷三四。
④參見新華社《陝西周原地區發現一萬多片西周甲骨》,載一九七七年十月十七日《光明日報》;陳金方《陝西周原考古的新收獲》,載《文物與考古》第一〇七期;王宇信《周代的甲骨文》,載《中國史研究》一九七九年第三期;陝西周原考古隊《陝西岐山鳳雛村發現周初甲骨文》,載《文物》一九七九年第十期。

藝非孔氏之書,乃周官之舊典也。《易》掌太卜,《書》藏外史,《禮》在宗伯,《樂》隸司樂,《詩》領於太師,《春秋》存乎國史。"[1]在這方面,《周禮》中有較系統的記載,如《周禮·天官·大宰》云:"大宰之職,掌建邦之六典,以佐王治邦國。"《周禮·地官·大司徒》云:"大司徒之職,掌建邦之土地之圖,與其人民之數,以佐王安擾邦國。"《周禮·秋官·大司寇》云:"大司寇之職,掌建邦之三典,以佐王刑邦國,詰四方。"

《隋書·經籍志》總序還對周代史官所掌典籍,作了概括的介紹,其説如次:

> 《周禮》所稱:太史掌建邦之六典、八法、八則,以詔王治;小史掌邦國之志,定世系、辨昭穆;内史掌王之八柄,策命而貳之;外史掌王之外令及四方之志、三皇五帝之書;御史掌邦國都鄙萬民之治令,以贊冢宰。此則天子之史,凡有五焉。諸侯亦各有國史,分掌其職。

應當指出,文中所提到的典、書、法、則、志、令,多爲文書檔案,而諸史實際上是政府各部門的文書工作者。《周禮·天官·小宰》云:"史掌官書以贊治。"鄭玄注曰:"贊治,若今起文書草也。"[2]章學誠亦云:"或問《周官》府史之史與内史、外史、太史、小史、御史之史有異義乎? 曰:無異義也。府史之史,庶人在官供書役者,今之所謂書吏是也。五史則卿、大夫、士爲之,所掌圖書、紀載、命令、法式之事,今之所謂内閣六科、翰林中書之屬是也。"[3]

當然,周代的史官不但擔負着文書起草任務,而且也擔負着文獻保管任務,司馬遷云:"老子者,楚苦縣厲鄉曲仁里人也,姓

---

[1]《校讎通義》卷一《原道》。
[2]《周禮注疏》卷三。
[3]《文史通義》内篇《史釋》。

李氏，名耳，字聃，周守藏室之史也。"司馬貞《索隱》案："藏室史，周藏書室之史也。又《張蒼傳》'老子爲柱下史'，蓋即藏室之柱下，因以爲官名。"[1]可以説老子是周代宮廷有名可稽的管理圖書的官員。諸侯國的文獻也有專人保管。《左傳》昭公十五年記載了周景王關於晉國籍談祖上司職典籍的一段話就是例證："昔而高祖孫伯黶，司晉之典籍，以爲大政，故曰籍氏。及辛有之二子董之，晉於是乎有董史。女，司典之後也，何故忘之？籍談不能對。賓出，王曰：籍父其無後乎，數典而忘其祖。"

周代王室及諸侯國的文獻管理機構，已經做到了根據文獻內容進行分類收藏。例如天官大宰所掌典籍，共分六類："一曰治典，以經邦國，以治官府，以紀萬民。二曰教典，以安邦國，以教官府，以擾萬民。三曰禮典，以和邦國，以統百官，以諧萬民。四曰政典，以平邦國，以正百官，以均萬民。五曰刑典，以詰邦國，以刑百官，以糾萬民。六曰事典，以富邦國，以任百官，以生萬民。"[2]《左傳》哀公三年記載魯國宮廷發生火災，有的官員關心御書，有的官員關心禮書，有的官員關心象魏，可見魯國府內典籍也是分類保管的。

周代國家藏書除爲實際工作服務外，還可借閱。如《史記·十二諸侯年表》稱："孔子明王道，干七十餘君，莫能用，故西觀周室，論史記舊聞。"《左傳》昭公二年記載晉國韓宣子"觀書於大史氏，見《易象》與魯《春秋》，曰'周禮盡在魯矣'"皆可爲證。

二　秦

秦國在統一六國前，就已注意收集圖書。僞《孔子家語》孔

---

[1]《史記》卷六三《老子韓非列傳》。
[2]《周禮注疏》卷二。

安國《後序》云：“孫卿入秦，昭王從之問儒術。孫卿以孔子之語，及諸國事、七十二弟子之言，凡百餘篇與之，由是秦悉有焉。”[1]秦始皇在焚書前也曾大量收集過典籍。在位之三十五年（前二一二）嘗云：“吾前收天下書，不中用者盡去之；悉召文學方術士甚衆，欲以興太平。”[2]焚書坑儒不涉官學，故秦宮廷官府仍保存着不少書。

　　秦代及其先輩收藏典籍的地方仍爲宗廟。《史記·太史公自序》云：“周道廢，秦撥去古文，焚滅《詩》《書》，故明堂石室金匱玉版圖籍散亂。”明堂、石室均指宗廟。《史記·五帝本紀》司馬貞《索隱》引《尚書·帝命驗》曰：“五府，五帝之廟。……唐虞謂之五府，夏謂世室，殷謂重屋，周謂明堂，皆祀五帝之所也。”可證。《左傳》莊公十四年云：“典司宗祏。”杜預注曰：“宗祏，宗廟中藏主石室，言已世爲宗廟守臣。”可見石室也是宗廟之稱。根據商周傳統，重要的文書檔案藏於宗廟。《史記·封禪書》云：“秦繆公立，病臥五日不寤；寤，乃言夢見上帝，上帝命繆公平晉亂。史書而記，藏之府。”漢揚雄云：“嘗聞先代輶軒之使，奏籍之書，皆藏於周、秦之室。”[3]東漢應劭亦云：“周、秦常以歲八月，遣輶軒之使，求異代方言，還，奏籍之，藏於秘室。”[4]這兒的府與室當指宗廟中收藏文獻的處所。

　　秦代負責管理宮廷藏書的官員爲御史，亦稱柱下史。《史記·張丞相列傳》云：“張丞相蒼者，陽武人也。好書律曆。秦時爲御史，主柱下方書。”“張蒼乃自秦時爲柱下史，明習天下圖書計籍。”“蒼本好書，無所不觀，無所不通，而尤善律曆。”《史記·

---

① 《孔子家語》多源於先秦舊籍，此語所出待考。
② 《史記》卷六《秦始皇本紀》。
③ 《全漢文》卷五二《答劉歆書》。
④ 《風俗通義》卷首《序》。

蕭相國世家》云：“沛公至咸陽，諸將皆争走金帛財物之府分之，何獨先入收秦丞相御史律令圖書藏之。沛公爲漢王，以何爲丞相。項王與諸侯屠燒咸陽而去。漢王所以具知天下阨塞，户口多少，强弱之處，民所疾苦者，以何具得秦圖書也。”這段話也説明，秦宫廷藏書爲御史負責管理。丞相府也藏有部分圖書。又，《史記·秦始皇本紀》載李斯語云：“非博士官所職，天下敢有藏《詩》《書》、百家語者，悉詣守、尉雜燒之。”《漢書·百官公卿表上》：“博士，秦官，掌通古今。”則秦博士官府也藏有圖書。

三　兩漢

西漢統治者始終重視書籍的典藏工作。《漢書·藝文志》介紹了西漢政府收集圖書情況，詳見本書《目録編》第一章《目録與目録學》第二節《什麽是目録學》所引。據《七略》所載，漢宫廷藏書“大凡三萬三千九十卷”。[①]

關於西漢國家藏書機構，《隋書·經籍志》作過簡要的介紹：“武帝置太史公，命天下計書，先上太史，副上丞相，開獻書之路，置寫書之官，外有太常、太史、博士之藏，内有延閣、廣内、秘室之府。”又，《漢書·百官公卿表》稱御史中丞“在殿中蘭臺，掌圖籍秘書”。《漢書·儒林傳》稱：“曲臺在未央宫。”師古注曰：“在曲臺校書著記。”則蘭臺、曲臺也是西漢内府藏書、校書處所。此外，還有石渠、天禄、麒麟等閣。《三輔黄圖·閣》云：“石渠閣，蕭何造，其下礱石爲渠以導水，若今御溝，因爲閣名，所藏入關所得秦之圖籍。至於成帝，又於此藏秘書焉。”“天禄閣藏典籍之所”，“天禄、麒麟閣，蕭何造，以藏秘書、處賢才也。劉向於成帝之末校

---

① 此據《全漢文》卷四一《七略佚文》，其他輯本所載略有不同。

書天禄閣"。注云:"天禄閣在大殿北,以閣秘書。"《唐六典》卷十亦云:"天禄亦尚書,劉向、揚雄典校,皆在禁中,謂之中書,猶今言内庫書也。"西漢的一些政府部門往往藏有與自己職守有關的圖書,如《漢書·禮樂志》云:"今叔孫通所撰禮儀,與律令同録,藏於理官。"顔師古注曰:"理官,即法官也。"桓譚《新論》亦云:"《連山》藏於蘭臺,《歸藏》藏於太卜。"①《歸藏》爲三《易》之一,爲太卜所藏,以便隨時取用,但《連山》何故不同藏太卜,則不詳。

西漢國家藏書由太常屬官太史令、博士,以及御史中丞等掌管。據《漢書·百官公卿表》載,太常掌宗廟、禮儀,諸陵、縣皆屬焉。太常屬官有太史令、丞。《史記·太史公自序》稱:"遷爲太史令,紬史記石室、金匱之書。"可見太常、太史負責宗廟藏書處所金匱、石室的管理工作。博士,官名,隸太常。《漢書·儒林傳》稱:"博士論石渠。"内府各藏書所也有專人負責。《漢書·百官公卿表》稱:御史大夫有兩丞,"一曰中丞,在殿中蘭臺,掌圖籍秘書,外督部刺史。"西漢時已有蘭臺令史,劉攽《漢官儀》卷上云:"蘭臺令史六人,秩百石,掌書劾奏。"此外,根據需要還調集部分專家學者專門從事圖書整理工作。故《歷代職官表》卷二十五《文淵閣閣職》云:"漢以麒麟、天禄閣爲禁中藏書之所,即後世秘閣之制所由昉,而劉向、揚雄等皆以他官典校其間,則今文淵閣閣職爲内閣翰詹諸臣兼銜,正其例也。"據今推古,其言可信。

西漢國家藏書的最大成就是對圖書進行了一次大規模的收集、整理、編目工作。劉向、劉歆父子主持編撰的《別録》《七略》雖已亡佚,但是從《漢書·藝文志》中仍可清楚地看出西漢國家藏書的盛況。《七略》分六藝、諸子、詩賦、兵書、數術、方技六大類。從藏書的數量與種類上看,西漢國家藏書同過去相比,都産

---

① 《北堂書鈔》卷一〇一《藝文部》引。

生了一個巨大的飛躍。司馬遷利用豐富的國家藏書,作《史記》一百三十篇,也是我國藏書史上的重大成就。

東漢諸帝亦多重視國家藏書建設工作,《隋書·經籍志》序概括地叙述了東漢前期的宮廷藏書情況:"光武中興,篤好文雅,明、章繼軌,尤重經術。四方鴻生鉅儒,負帙自遠而至者,不可勝算。石室、蘭臺,彌以充積。又於東觀及仁壽閣集新書,校書郎班固、傅毅等典掌焉。"此後國家藏書仍有較大的發展。牛弘《請開獻書之路表》云:"肅宗親臨講肆,和帝數幸書林,其蘭臺、石室、鴻都、東觀,秘牒填委,更倍於前。"①

東漢國家藏書處所較多,其著者爲蘭臺、東觀。《漢書·王莽傳》云:"讖書藏蘭臺。"顏師古注:"蘭臺,掌圖籍之所。"《魏書·釋老志》云:漢明帝"得佛經四十二章……其經緘於蘭臺、石室"。可見秘籍多藏蘭臺。東觀爲學者們經常讀書治學的地方,多藏一般圖書,影響則更大一些。《後漢書·黃香傳》云:"元和元年,肅宗詔黃香詣東觀,讀所未見書。"元《河南志》卷二引《洛陽記》云:"東觀在南宮,高閣十二間。"東漢李尤《東觀賦》云:"東觀之藝,孳孳洋洋,上承重閣,下屬周廊……道無隱而不顯,書無缺而不陳。覽三代而采宜,包郁郁之周文。"②

東漢前期沿西漢之舊,設蘭臺令史爲管理圖書的官員,唐杜佑稱東漢政府"於蘭臺置令史十八人"。③ 鄭樵稱:"後漢明帝以班固爲蘭臺令史。"又曰:"傅毅爲蘭臺令史,與班固、賈逵共典書。"④

新設的典校圖書的官職有校書郎與校書郎中。杜佑云:後

---

①《隋書》卷四九《牛弘傳》。
②《全後漢文》卷五〇。
③《通典》卷二六《職官八》。
④《通志》卷五四《職官四》。

漢"選他官入東觀皆令典校秘書，或撰述傳記，蓋有校書之任而未爲官也，故以郎居其任則謂之校書郎；以郎中居其任，則謂之校書郎中。當時重其職，故學者稱東觀爲老氏藏室、道家蓬萊山焉。"[1]鄭樵舉例道："以郎居其任，則謂之校書郎，楊終、竇章皆以郎爲之；以郎中居其任，則謂之校書郎中，蔡邕、馬融皆以郎中爲之。"[2]這些官員也確實在做校書工作，如《後漢書·劉珍傳》談到永初四年（一一〇），鄧太后命劉珍、馬融等"校定東觀五經、諸子、傳記、百家藝術，整齊脫誤，是正文字"。

東漢政府調整藏書機構的最大貢獻是成立秘書監，使藏書機構取得了相對獨立的地位。宋程俱云："東觀亦在禁中也，至桓帝始置秘書監，掌禁中圖書秘記，謂之秘書。"[3]元馬端臨亦云："後漢圖書在東觀，桓帝延熹二年，始置秘書監一人，掌典圖書、古今文字，考合異同。"[4]自東漢設秘書監專管典籍，歷代相因不改，官名則略有不同，或稱秘書監、秘書郎，或稱秘書丞、秘書令等。

東漢國家藏書有幾點值得稱道。一是東漢統治者自光武帝以下都一直重視典藏工作；二是歷朝都注意委派專家學者參預或主持典藏工作；三是國家藏書機構也是學術研究機構，留下了《白虎通義》《熹平石經》《東觀漢記》等重要作品。

四　三國兩晉南北朝

三國時戰爭頻繁，典藏事業受到了巨大影響，但魏、蜀、吴三

---

①《通典》卷二六《職官八》。

②《通志》卷五四《職官四》。

③《麟臺故事》卷一《沿革》。

④《文獻通考》卷五六《職官十·秘書監》。

國仍或多或少地做了一些典藏工作。

公元二二○年，曹丕稱帝，建都洛陽，國號爲魏，開始即十分重視圖書的收集與利用工作。魏藏書機構承東漢之制爲秘書監。《隋書·經籍志》云："魏氏代漢，采掇遺亡，藏在秘書中外三閣。"杜佑亦謂："文帝黃初初置中書令典奏事，而秘書改令爲監，掌藝文圖籍之事。"①魏秘書監的主要成就是編了類書《皇覽》與藏書目録《中經》。《三國志·魏書·文帝紀》云："初，帝好文學，以著述爲務，自所勒成垂百篇，又使諸儒撰集經傳，隨類相從，凡千餘篇，號曰《皇覽》。"王象爲撰修人之一，《魏略》云："魏有天下，拜象散騎侍郎，遷爲常侍，封列侯。受詔撰《皇覽》，使象領秘書監。象從延康元年始撰集，數歲成，藏於秘府，合四十餘部，部有數十篇，通合八百萬字。"②王象領秘書監，他撰修《皇覽》當然充分地利用了秘書監的藏書。《隋書·經籍志》稱"魏秘書郎鄭默始製《中經》"。鄭默是鄭袤長子，《晉書·鄭袤傳》稱鄭默任職秘書監時"考核舊文，删省浮穢"，他編的這部藏書目録質量很高，故"中書令虞松謂曰：'而今而後，朱紫別矣。'"③

蜀與吳亦承東漢之制，設東觀，置東觀令管理秘書。如《三國志·蜀書·郤正傳》稱郤正"安貧好學，博覽墳籍，弱冠能文，入爲秘書吏，轉爲令史，遷郎，至令"。《三國志·吳書·華覈傳》稱其"遷東觀令，領右國史"。這些官員也做了不少圖書的收集與整理工作。如《蜀書·許慈傳》云："先主定蜀，承喪亂歷紀，學業衰廢，乃鳩合典籍，沙汰衆學，慈、潛並爲學士，與孟光、來敏等典掌舊文。"《吳書·韋曜傳》亦稱吳景帝孫休"命曜依劉向故事，校定衆書"。

---

① 《通典》卷二六。
② 《三國志》卷二三《楊俊傳》裴松之注引。
③ 《晉書》卷四四《鄭袤傳》。

　　公元二六五年，司馬炎取代魏國建立了晉朝，自然也就承襲了魏國宮廷的全部藏書。西晉在魏國的基礎上也續有增加，在此時期，最重要的事件是汲冢書的發現與整理。晉武帝咸寧五年（二七九），河内"汲郡人不準掘魏襄王冢，得竹簡小篆古書十餘萬言，藏於秘府"。① 太康元年（二八〇）三月壬寅，西晉王濬攻建鄴石頭城，孫皓降，於是，王濬又"收其圖籍"。② 西晉秘閣藏書，據梁阮孝緒《古今書最》所載爲一八八五部，二〇九三五卷。顯然，西晉國家藏書水平要遠遠超過三國，可惜這些書盡燬於西晉末年的戰亂，東晉國家藏書並無多大起色。《隋書・經籍志》云："惠、懷之亂，京華蕩覆，渠閣文籍，靡有孑遺。東晉之初，漸更鳩聚。著作郎李充，以勘舊簿校之，其見存者，但有三千一十四卷。"

　　晉代管理圖書的機構仍爲秘書監，其最大特點是將秘書之府從宮内移到了宮外，如杜佑云："晉武帝以秘書併入中書省，其秘書著作之局不廢。惠帝永平中，復別置秘書監，並統著作局，掌三閣圖書，自是秘書之府，始居於外。"③

　　西晉秘書監曾認真地做過圖書整理編目工作，《晉書・荀勖傳》稱泰始十年（二七四）荀勖"領秘書監，與中書令張華，依劉向《別錄》，整理記籍"。荀勖《讓樂事表》亦云："臣掌著作，又知秘書，今復校錯誤十萬餘卷書，不可倉卒，復兼他職，必有廢頓。"④正是在他的領導下，編出了《中經新簿》。東晉秘書監藏書不豐，先後也編出了《晉元帝四部書目》與《晉義熙四年秘閣四部目録》。

　　同北方戰亂不已的局面相比，南朝是相對安定的，文化事業也有明顯的發展。劉宋政權除繼承東晉國家藏書外，還繳獲了

①《晉書》卷三《武帝紀》。
②《晉書》卷三《武帝紀》。
③《通典》卷二六《職官八》。
④《全晉文》卷三一。

後秦四千餘卷藏書。據梁阮孝緒《古今書最》記載,謝靈運編《宋元嘉八年四部目録》共著録圖書一萬四千五百八十二卷。[①] 齊、梁兩朝的國家藏書續有增加,《隋書・經籍志》云:"齊永明中,秘書丞王亮、監謝朏,又造《四部書目》,大凡一萬八千一十卷。齊末,兵火延燒秘閣,經籍遺散。梁初,秘書監任昉躬加部集,又於文德殿内列藏衆書,華林園中總集釋典,大凡二萬三千一百六卷,而釋氏不豫焉。"此後,梁代圖書又有所增加,《隋書・經籍志》復云:"梁武敦悦詩書,下化其上。四境之内,家有文史。元帝克平侯景,收文德之書及公私經籍,歸於江陵,大凡七萬餘卷。"這些書後因戰敗而被梁元帝自己燒掉了。《隋書・經籍志》云:"陳天嘉中,又更鳩集,考其篇目,遺闕尚多。"陳代國家藏書已經難以恢復到梁代的水平。

北朝國家藏書事業遠不及南朝,《隋書・經籍志》簡要介紹道:

> 其中原則戰爭相尋,干戈是務,文教之盛,苻、姚而已。宋武入關,收其圖籍,府藏所有,才四千卷,赤軸青紙,文字古拙。後魏始都燕、代,南略中原,粗收經史,未能全具。孝文徙都洛邑,借書於齊,秘府之中,稍以充實。暨於尒朱之亂,散落人間。後齊遷鄴,頗更搜聚,迄於天統、武平,校寫不輟。後周始基關右,外逼彊鄰,戎馬生郊,日不暇給。保定之始,書止八千,後稍加增,方盈萬卷。周武平齊,先封書府,所加舊本,纔至五千。

南北朝國家藏書處所多稱秘書閣或秘閣,如宋有秘書閣,《宋書・殷淳傳》稱其"在秘書閣撰《四部書目》"。齊、梁均有秘閣,

---

① 《廣弘明集》卷三。

阮孝緒《七録序》云："齊末,兵火延及秘閣。"①《梁書・蕭子顯傳》稱其"啓撰《齊史》,書成,表奏之,詔付秘閣"。梁另有文德殿、華林園,見《隋書・經籍志》,前文已引。陳有秘閣、壽安殿、德教殿、承香殿等以藏書。《隋書・經籍志》載有陳《秘閣圖書法書目録》一卷、《天嘉六年壽安殿四部目録》四卷、《德教殿四部目録》四卷、《承香殿五經史記目録》二卷。北魏則有秘閣、東觀,《魏書・高湖傳》稱其第三子高謐曾被召入禁中,"專典秘閣"。《魏書・孫惠蔚傳》稱其"入東觀",任秘書丞。北齊有秘府、麟趾殿,見《北齊書・樊遜傳》《隋書・經籍志》。北周有麟趾殿,見《周書・明帝紀》。

南北朝時期掌管圖書的機構爲秘書監或秘書省。如前所説,兩晉爲秘書監。鄭樵云："宋與晉同,梁曰秘書省,陳因之,後魏亦有之,後周秘書監亦領著作監。"②其官職則有秘書監、秘書丞、秘書郎、校書郎中、秘書正字等。《隋書・百官志》述北齊秘書省官制,從中可窺見一般:"秘書省,典司經籍,監、丞各一人,郎中四人,校書郎十二人,正字四人,又領著作省,郎二人,佐郎八人,校書郎二人。"

南北朝時期,國家藏書水平雖然不高,但是也持續不斷地做了不少收集、整理、編目工作。如阮孝緒《七録序》云:"宋秘書監謝靈運、丞王儉,齊秘書丞王亮、監謝朏等,並有新進,更撰目録。宋秘書殷淳撰《大四部目》,儉又依《別録》之體,撰爲《七志》。"③北魏的圖書整理工作也頗具規模,如《魏書・孫惠蔚傳》云:

臣今依前丞盧昶所撰《甲乙新録》,欲裨殘補闕,損併有

①《廣弘明集》卷三。
②《通志》卷五四《職官四》。
③《廣弘明集》卷三。

無,校練句讀,以爲定本,次第均寫,永爲常式。其省先無本者,廣加推尋,搜求令足。然經記浩博,諸子紛綸,部帙既多,章篇紕繆,當非一二校書歲月可了。今求令四門博士及在京儒生四十人,在秘書省專精校考,參定字義。如蒙聽許,則典文允正,群書大集。詔許之。

北齊也繼承了劉向的傳統,做過校讎工作,如樊遜云:"向之故事,見存府閣,即欲刊定,必藉衆本。太常卿邢子才、太子少傅魏收、吏部尚書辛術、司農少卿穆子容、前黃門郎司馬子瑞、故國子祭酒李業興,並是多書之家,請牒借本參校得失。"秘書監尉瑾移尚書都坐,凡得別本三千餘卷,《五經》、諸史,殆無遺闕。[①]

五　隋唐五代

《宋史·藝文志》云:"歷代之書籍,莫厄於秦,莫富於隋。"隋代結束了政治上的長期分裂狀態,使國家藏書事業得到了比較大的發展。《隋書·經籍志》對隋代國家典藏事業作了概括的説明:

> 隋開皇三年(五八三),秘書監牛弘表請分遣使人搜訪異本。每書一卷,賞絹一匹,校寫既定,本即歸主。於是民間異書,往往間出。至平陳已後,經籍漸備,檢其所得,多太建時書,紙墨不精,書亦拙惡。於是總集編次,存爲古本。召天下工書之士,京兆韋霈、南陽杜頵等,於秘書内補續殘缺,爲正副二本,藏于宫中,其餘以實秘書内、外之閣,凡三萬餘卷。煬帝即位,秘閣之書,限寫五十副本,分爲三品:上

---

①《北齊書》卷四五《樊遜傳》。

品紅琉璃軸、中品紺琉璃軸、下品漆軸。於東都觀文殿東西廂構屋以貯之，東屋藏甲乙，西屋藏丙丁。又聚魏已來古蹟名畫，於殿後起二臺，東曰妙楷臺，藏古蹟；西曰寶蹟臺，藏古畫。又於內道場集道、佛經，別撰目錄。

隋代官府藏書仍由秘書省負責管理，《隋書・百官志》云：隋初，"秘書省，監、丞各一人，郎四人，校書郎十二人，正字四人，錄事二人，領著作、太史二曹。著作曹置郎二人，佐郎八人，校書郎、正字各二人。太史曹置令、丞各二人，司曆二人，監候四人"。煬帝即位以後，對各級官職進行了很多改革。秘書省置秘書監、增置少監一人，將校書郎減爲十人。其後又改秘書監、少監爲秘書令、秘書少令，置秘書佐郎四人，輔助秘書郎的工作，又"增校書郎員四十人，加置楷書郎員二十人，掌抄寫御書"。[1] 煬帝大量增加校書郎員、楷書郎員，顯然是爲了滿足大量校書、鈔書的需要。隋代較著名的學者，如牛弘、姚察、王劭、許善心、李文博、虞綽等都曾在秘書任職。

隋代國家藏書機構，雖然工作時間只有二十多年，但是成就突出。一是大規模地開展了文獻收集、整理、錄副工作，使國家藏書量有了大幅度的增長。並在此基礎上編出了一批國家藏書目錄及佛經目錄，如《開皇四年四部書目》《開皇八年四部書目》《香厨四部目錄》《開皇二十年書目》《七林》《大業正御書目錄》及開皇十四年《衆經目錄》、開皇十七年《開皇三寶錄總目》、大業初《大業衆經目錄》等。二是對藏書進行了深入的研究，寫出了一批著作，如王劭長期任秘書監，將校勘所得撰成《讀書記》三十卷，"時人服其精博"。[2] 現存類書《北堂書鈔》就是虞世南仕隋爲

---

①《隋書》卷二八《百官志下》。

②《北史》卷三五《王慧龍傳》。

秘書郎時鈔輯而成的。[①]

　　唐代藏書事業較隋代又有發展,唐武德初繼承隋嘉則殿所藏,"有書八萬卷"[②],武德五年(六二二),秘書丞令狐德棻奏請購募遺書,並增置楷書手,專令繕寫,"數年間,群書略備"。[③]　貞觀三年(六二九),秘書監魏徵"以喪亂之後,典章紛雜,奏引學者校定四部書。數年之間,秘府圖書,粲然畢備"。[④]　據毋煚《古今書錄序》稱,開元盛時,秘閣所藏,"凡四部之錄四十五家,都管三千六十部,五萬一千八百五十二卷,成《書錄》四十卷。其外有釋氏經律論疏,道家經戒符籙,凡二千五百餘部,九千五百餘卷。亦具翻譯名氏,序述指歸,又勒成目錄十卷,名曰《開元內外經錄》"。[⑤]　此外,弘文館、集賢院、史館等處藏書也相當豐富。如《唐會要》卷六十五《弘文館》稱:武德九年(六二六)"九月,太宗初即位,大闡文教,於弘文殿聚四部群書二十餘萬卷。"

　　唐代秘書省仍爲管理國家藏書的主要機構,唐代秘書省有監一人,少監一人,丞一人,秘書郎四人,校書郎八人,正字四人,主事一人,令史四人,書令史九人,典書八人,楷書手八十人,亭長六人,掌固八人,熟紙匠十人,裝潢匠十人,筆匠六人。[⑥]　高宗龍朔二年(六六二)二月,秘書省曾改稱蘭臺,秘書監改稱蘭臺太史,秘書少監改稱蘭臺侍郎,秘書丞改稱蘭臺大夫,秘書郎改稱蘭臺郎。咸亨元年(六七〇)十月,恢復原名。武后垂拱元年(六八五)二月,秘書省改稱麟臺,秘書監改稱麟臺監,秘書少監改稱

①衢州本《郡齋讀書志》卷一四。

②《隋書》卷三二《經籍志》。

③《舊唐書》卷七三《令狐德棻傳》。

④《舊唐書》卷七一《魏徵傳》。

⑤《舊唐書》卷四六《經籍志》。

⑥《唐六典》卷十《秘書省》。

麟臺少監,秘書郎改稱麟臺郎。至中宗神龍元年(七○五)二月,
又恢復原名。[1]

　　唐代對後世產生較大影響的是新設的一些藏書機構,主要
有弘文館、史館與集賢院。

　　武德四年(六二一)正月,在門下省設修文館,掌詳正圖籍,
武德九年(六二六)三月改名爲弘文館。其後曾因避諱等原因改
名爲昭文館、修文館,開元七年(七一九)九月仍定名爲弘文館。
"自武德、貞觀以來,皆妙簡賢良爲學士。故事五品已上稱爲學
士,六品已下爲直學士。又有文學直館,並所置學士並無員數,
皆以他官兼之。儀鳳中,以館中多圖籍,置詳正學士校理。自垂
拱以來,多大臣兼領。館中有四部書,貞觀初褚亮爲檢校館務學
士,號爲館主。""弘文館學士掌詳正圖籍,教授生徒,凡朝廷有制
度沿革,禮義輕重得參議焉。"[2]可見弘文館是一個集文獻管理、
教學、諮詢爲一體的機構。此外,尚有"校書郎二人,從九品上,
本置名讎校,掌校典籍。開元七年,罷讎校,置校書四人。二十
三年,減二人。典書二人,館中有經史子集四部之書,使典之"。
另有搨書手三人,筆匠三人,熟紙裝潢匠九人。[3]

　　唐代專設史館來承擔原屬於秘書省著作局的史書編撰任
務,分工的細密,體現了圖書管理工作的進步,因此對後世產生
了一定的影響。鄭樵介紹了這一變化過程,略云:"唐武德初,因
隋舊制,史館屬秘書省著作局,至貞觀三年閏十二月,移史館於
門下省北,宰相監修,自是著作局始罷史職。"[4]《舊唐書・百官
志》指出史館的任務是:"掌修國史,不虛美,不隱惡,直書其事。

①參見《唐會要》卷六五《秘書省》。
②《唐六典》卷八《門下省》。
③《唐六典》卷八《門下省》。
④《通志》卷五二《職官二・中書省第四》。

凡天地日月之祥，山川封域之分，昭穆繼代之序，禮樂師旅之事，誅賞廢興之政，皆本於起居注、時政記，以爲實錄，然後立編年之體爲褒貶焉。既終藏之於府。”當然史館還肩負着撰寫前朝史的任務。爲了完成任務，史館必須保管有關的圖書檔案，如安史之亂前，史館就藏有“國史一百六卷，開元實錄四十七卷，起居注並餘書三千六百八十二卷”。① 根據唐代規定的“諸司送館事例”，各部門還應將有關的資料送交史館，以供修撰史書之用。除由宰相監修國史外，史館尚有判館事、修撰、直館、令史、楷書、寫國史楷書、典書、亭長、掌固、熟紙匠等從事具體業務工作。唐代史館規制嚴密，成績明顯，先後撰成《周書》《五代史志》《晉書》，還有歷代皇帝的實錄。

　　唐代的集賢院是在東都洛陽乾元殿的基礎上發展起來的。《新唐書·百官志》云：“開元五年（七一七），乾元殿寫四部書，置乾元院使，有刊正官四人，以一人判事。押院中使一人，掌出入宣奏，領中官監守院門，知書官八人，分掌四庫書。”開元五年（七一七）十一月，乾元院更名麗正修書院。十三年（七二五）改麗正修書院爲集賢院，據《舊唐書·職官志》，集賢院學士的任務是：“掌刊緝古今之經籍，以辨明邦國之大典。凡天下圖書之遺逸，賢才之隱滯，則承旨而徵求焉。其有籌策之可施於時，著述之可行於代者，較其才藝而考其學術，而申表之。凡承旨撰集文章，校理經籍，月終則進課于內，歲終則考最於外。”《新唐書·百官志》亦云：“集賢殿書院，學士、直學士、侍讀學士、修撰官掌刊緝經籍。”此外，集賢院還有校理、刊正、校勘、校書、正字等具體從事圖書整理的官員，與一些從事鈔書、裝書、造筆的工匠。開元後，集賢院成了唐代國家藏書的中心，在這裏積極開展着圖書的

①《唐會要》卷六三《國史》。

搜集、整理、繕寫、編目工作。如開元七年（七一九）九月玄宗
詔曰：

> 比來書籍缺亡，及多錯亂，良由簿歷不明，綱維失措，或
> 須披閱，難可校尋，令麗正殿寫四庫書，各於本庫每部爲目
> 録，其有與四庫書名目不類者，依劉歆《七略》排爲《七志》，
> 其經史子集及人文集，以時代爲先後，以品秩爲次第，其《三
> 教珠英》，既有缺落，宜依舊目，隨文修補。[1]

經過這次認真的整理，"集賢院四庫書總八萬一千九百九十
卷。經庫一萬三千七百五十三卷，史庫二萬六千八百二十卷，子
庫二萬一千五百四十八卷，集庫一萬九千八百六十九卷"。[2] 此
外，集賢院還編修了《唐六典》《初學記》《大唐開元禮》等書。王
建《宮詞一百首》之十二也記録了集賢殿的藏書情況："集賢殿裏
圖書滿，點勘頭邊御印同。真蹟送來依數字，別收鎖在玉函中。"

唐代國家藏書機構的最大特點是在秘書省的基礎上，又建
立了弘文館、史館、集賢院等典藏單位，從而形成了新的國家藏
書管理體制，對五代及兩宋的國家藏書事業影響甚大。

五代沿襲唐代制度，設秘書省、弘文館、史館、集賢院等管理
藏書，但因政權頻繁更疊，國家藏書事業受到了很大影響。如宋
吳處厚云："梁祖都汴，庶事草創。貞明中，始於今右長慶門東北
創小屋數十間爲三館，湫隘尤甚。又周廬微道，咸出其間。衛士
驕卒，朝夕喧雜。每受詔撰述，皆移他所。"[3] 即其一例。後唐明
宗長興元年（九三〇）著作郎李超云："秘書監空有省名而無廨

---

①《唐會要》卷三五《經籍》。
②《唐會要》卷六四《集賢院》。
③《青箱雜記》卷三。

署,藏書之府無屋一間,無書一卷。"①但是,五代國家藏書機構,特別是史館仍然做了不少有益的工作。如唐天祐十九年(九二二),李存審收鎮州,"遣(郭)崇韜閱其府庫,或以珍貨賂遺,一無所取,但市書籍而已"。② 後唐政府也做過徵集圖書的工作,如《五代會要》卷十八《史館雜録》云:

> 後唐同光二年(九二四)四月,史館奏:四庫書自廣明年後散失,伏乞許人進納,仍中書門下降敕條件。敕:進書官納到四百卷已下,皆成部帙,不是重疊,及紙墨書寫精細,已在選門未合格人,每一百卷,與減一選,無選減者,注官日優與處分。無官者,納書及三百卷特受試銜。

後唐也對國家藏書進行過整理工作,如《册府元龜·學校部·刊校》云:"後唐楊凝式,明宗天成初爲給事中。凝式精選通儒,校定三館圖書。"《宋史·張昭傳》亦稱後唐清泰二年(九三五),張昭"加判史館兼點閱三館書籍,校正添補"。五代史館還撰寫了不少實録,後晉史館則完成了《舊唐書》的寫作任務。③

六　宋元

宋代特別重視文教事業,國家藏書機構也出現了欣欣向榮的局面。《宋史·藝文志》載歷朝國家藏書卷數云:

> 嘗歷考之,始太祖、太宗、真宗三朝,三千三百二十七部,三萬九千一百四十二卷,次仁、英兩朝,一千四百七十二

---

① 《册府元龜》卷六〇四《學校部·奏議三》。
② 《舊五代史》卷五七《唐書·郭崇韜傳》。
③ 詳見《五代會要》卷一八《前代史》《修國史》。

部，八千四百四十六卷。次神、哲、徽、欽四朝，一千九百六部，二萬六千二百八十九卷。三朝所録，則兩朝不復登載，而録其所未有者。四朝於兩朝亦然。最其當時之目，爲部六千七百有五，爲卷七萬三千八百七十有七焉。

雖然蒙受靖康之難，國家藏書蕩然無存。高宗建立南宋政權之後，"屢優獻書之賞，於是四方之藏，稍稍復出，而館閣編輯，日益以富矣。當時類次書目，得四萬四千四百八十六卷。至寧宗時續書目，又得一萬四千九百四十三卷，視《崇文總目》又有加焉。"①

北宋前期的圖書管理機構，承襲了五代的三館制度，以昭文館、史館、集賢院爲三館。《宋史·職官志》云："宋初置三館長慶門北，謂之西館。"馬端臨云："太平興國初，太宗因幸三館，顧左右曰：若此之陋，豈可以蓄天下圖籍，延四方之士邪？即詔經度左升龍門東北，舊車路院別建三館，命中使督其役，棟宇之制皆親自規劃。"②新三館成，太平興國"三年（九七八），賜名崇文院，遷西館書貯焉。東廊爲昭文書庫，南廊爲集賢書庫，西廊分四部，爲史館書庫"。③ 太宗"端拱元年（九八八），就崇文院中堂建閣，以三館書籍真本，並内出古畫、墨蹟等藏之"。④"淳化二年（九九一）五月，以史館所藏天文、曆算、陰陽、術數、兵法之書凡五千十二卷，天文圖書一百十四卷，悉付秘閣。"⑤

《麟臺故事·官聯》介紹了北宋國家藏書機構管理人員的設置情況，今録之如下：

---

①《宋史》卷二〇二《藝文志》。
②《文獻通考》卷一七四《經籍考總叙》。
③《宋史》卷一六四《職官四》。
④《宋史》卷一六四《職官四》。
⑤《文獻通考》卷一七四《經籍考總叙》。

　　昭文館,在唐爲弘文館,隸門下省,建隆元年(九六〇),以避宣祖廟諱改爲昭文館。大學士一人,以宰相充;學士、直學士不常置;直館以京朝官充,掌經、史、子、集四庫圖籍、修寫校讎之事,判館一人,以兩省五品以上充。

　　史館,舊寓集賢院。監修國史以宰相充。……直館以京朝官充。又有檢閱、編修之名,不常置,掌修國史、日曆及典圖籍之事。判館事一人,以兩省五品以上充。後改官制,日曆隸國史案。每修前朝國史、實錄,則別置國史、實錄院。國史院以首相提舉,翰林學上以上爲修國史,餘侍從官爲同修國史,庶官爲編修官。實錄院提舉官如國史,從官爲修撰,館官爲檢討。

　　集賢院,大學士一人,以宰相充,學士無定員,以給諫、卿、監以上充;直學士不常置,掌同昭文;判院事一人,以兩省五品以上充;或差二人。

　　三館通爲崇文院,別置官吏。有檢討,無定員,以京朝官充;校勘,無定員,以京朝、幕府、州、縣官充。掌聚三館之圖籍,監一人,內侍充,兼監祕閣圖書。

　　祕閣……直閣以朝官充,校理以京朝官充,掌繕寫、儲藏、供御典籍圖書之事;判閣一人,舊常以丞、郎、學士兼;祕書監領閣事,大中祥符九年(一〇一六)後,以諸司三品、兩省五品以上官判。國初,又置祕閣校理,通掌閣事。咸平後者,皆不領務。

　　元豐五年(一〇八二),神宗實行新官制,恢復祕書省,改三館職官爲祕書省職官。馬端臨云:"元豐正名,以崇文院爲祕書省,既罷館職,盡以三館職事官歸祕書省,置祕書省職事官。"[1]如

---

①《文獻通考》卷五六《職官十·祕書監》。

《麟臺故事》卷四《官聯》云：“元豐官制：秘書監、少監各一人，或少監二人；丞一人，秘書郎二人，通掌省事；著作郎、佐郎各二人，專修日曆；校書郎四人，正字二人，校對書籍。”

南宋仍以秘書省作爲國家圖書的管理機構。據《中興館閣錄》和《中興館閣續錄》，南宋秘書省的職事官有提舉秘書省、監、少監、丞、著作郎、秘書郎、著作佐郎、校書郎、正字等。南宋紹興年間設史館，下轄國史院、實錄院，擔任國史、實錄的撰寫工作。據《中興館閣錄》卷七《官聯》可知，史館有史館修撰、直史館、史館校勘、史館檢討，以及修國史、同修國史、國史院編修官、國史院檢討官、實錄院修撰、實錄院同修撰、實錄院檢討官等官職。宋代館閣官職有較高的社會地位，如洪邁云：“國朝館閣之選，皆天下英俊，然必試而後命。一經此職，遂爲名流。”[1]

兩宋國家藏書機構在圖書搜集、整理、利用方面成就突出。首先是編製了許多國家藏書目錄，如《乾德新定書目》《太清樓書目》《崇文書目》《龍圖閣書目》《玉辰殿書目》《秘閣四庫書目》《大宋史館書目》《秘書總目》《中興館閣書目》《中興館閣續書目》等。可見宋代三館、秘閣及各藏書處所均編有目錄，藏書目錄實際上反映了對藏書進行整理的成果。王應麟談及《崇文總目》的編纂情況時説：

> 景祐元年（一〇三四）閏六月，以三館、秘閣所藏有謬濫不全之書，辛酉命學士張觀、知制誥李淑、宋祁將館閣正副本書籍看詳，定其存廢訛謬重複，並從刪去，內有差漏者，令補寫校對，仿開元四部錄，約國史藝文志，著爲目錄。[2]

其次是充分利用藏書，具體承擔了《太平御覽》《太平廣記》

①《容齋隨筆》卷一六《館職名存》。
②《玉海》卷五二《藝文·慶曆崇文總目》。

《神醫普救方》《文苑英華》《册府元龜》等大型類書、總集的編纂任務。如王應麟所記：太平興國八年（九八三），"詔史館所修《太平總類》一千卷，宜令日進三卷，朕當親覽焉"。① 《麟臺故事》卷三《修纂》亦云："咸平三年（一〇〇〇）十月，命翰林學士、承旨宋白，起居舍人、知制誥李宗諤修《續通典》。以秘閣校理舒雅、直集賢院李維、石中立、干隨爲編修官、直秘閣事杜鎬爲檢討官，四年九月，成二百卷上之。詔付秘閣。"可見這些巨著，雖由翰林學士等要員牽頭，而大量的具體工作則是由國家藏書機構的工作人員來承擔的。

　　再次是南宋初秘書少監程俱撰寫了《麟臺故事》，南宋秘書監陳騤撰寫了《中興館閣録》，以及佚名撰寫了《中興館閣續録》，對兩宋國家藏書事業，進行了一次系統總結，它不僅對規範國家藏書工作起了巨大作用，也爲我們研究古代的典藏學留下了豐富的史料。

　　宋代官府多藏有業務用書，如鄭樵云："禮儀之書、祠祀之書、斷獄之書、官制之書、版圖之書，今官府有不經兵火處，其書必有存者。"②可以概見。此外，宋代學士院、司天監奉詔同訂《禁書目録》禁燬天文、圖讖方面的書，説明這兩個單位藏有該類圖書。③ 宋代州縣官府也有藏書，南宋初建康守葉夢得所建紬書閣即一例。其《紬書閣記》云：

　　　　今四方取向所亡散書，稍稍鏤板，漸多好事，宜當分廣
　　　其藏，以備萬一，公厨適有羨錢二百萬，不敢他費，乃用遍售
　　　經史諸書，凡得若干卷。廳事西北隅有隙地三丈有奇，作別

①《玉海》卷五四《藝文·太平興國太平御覽》。
②《通志》卷七一《校讎略·求書之道有八論》。
③《宋史》卷二〇四《藝文志》。

室，上爲重屋，以遠卑濕，爲之藏而著其籍，於有司退食之暇，素習未忘，或時以展誦。因取太史公金匱石室之意，名之曰"紬書閣"，而列其所藏之目於左方。後有同志日月增益之，愈久當愈多，亦足風示吾僚，使知仕不可不勉於學。[①]

又，《天禄琳琅書目》卷三著録之宋版六臣注《文選》中有宋寶慶寶應州印及"官書不許借出"牌記，可見宋代州縣官府藏書還不是個別現象。

元代統治者也很重視收藏圖書，並從宋代館閣中接受了大批圖書，元王士點、商企翁曾述及其具體情況：

> 至元十二年（一二七五）九月二十九日，皇城暖殿裏，右侍俸御忽都於思、做怯裏馬赤，秘書監焦秘監、趙侍郎一同奏："臨安秘書監内有乾坤寶典，並陰陽一切禁書，及本監應收經籍圖書書畫等物，不教失落見數呵，怎生？"奉聖旨："伯顏行道將去者。"又奏："江南諸郡多有經史書籍文板，都教收拾見數，不教失散呵，怎生？"奉聖旨："您問了歸附官員呵，伯顏行道將去者。"欽此。
>
> 至元十三年（一二七六）十二月，今有樞密副使兼知秘書監事説道：今年六月十一日，内裏主廊裏有時分奏："咱使的焦尚書江南收拾秘書省文字去來，聽得收拾聚也，教盡數起將來呵，怎生？"奉聖旨："教將來者。"欽此。樞密院移諮南省取去來。見今焦尚書收拾到經籍書畫等物，解發南省，已運到中書省也。所據前項焦尚書收拾到一切經史子集禁書典故文字，及書畫筆墨紙硯等物，俱是秘書監合行收掌。當月初十日，樞密副使兼知秘書監事説道：近奉都堂鈞旨該

---

① 《建康集》卷四。

欽奉聖旨:"教於大都萬億庫內分揀到秘書監合收拾經籍圖
畫等物,可用站車一十輛,搬運赴監收貯。"①

　　元代國家典藏圖書的機構是秘書監。據《秘書監志》卷一
《職制》可知,至元九年(一二七二)十一月,世祖令"設立秘書
監",次年二月,焦友直被任命爲首任秘書監。據《秘書監志》卷
十一《題名》可知,其職事官主要有秘書卿、秘書監、秘書太監、少
監、監丞、管勾、著作郎、著作佐郎、秘書郎、校書郎、辨驗書畫直
長、令史、譯史、回回令史、知印、奏差、典書、典史等。其藏書處
爲秘書庫。秘書監在整理圖書方面似無建樹,值得一提的是編
了部《至元大一統志》,計七百八十七卷。據《秘書監志》卷十一
《題名》可知,王士點於至正二年(一三四二)四月二十九日任秘
書監管勾,商企翁於至正元年(一三四一)閏五月二十七日任秘
書監著作佐郎。他倆合撰的《秘書監志》爲我們研究元代國家藏
書創造了條件。

七　明

　　明代前期相當重視圖書的收聚工作,早在正式建立明朝之
前,朱元璋就"命有司訪求古今書籍,藏之秘府,以資覽閱"。②
"洪武元年(一三六八)大將軍徐達率軍破元大都(今北京),收其
秘閣所藏圖書典籍……致之南京。"③《明史·藝文志》云:

　　　　永樂四年(一四〇六),帝御便殿閱書史,問文淵閣藏
　　書。解縉對以尚多闕略。帝曰:"士庶家稍有餘貲,尚欲積

----

①《秘書監志》卷五《秘書庫》。
②《明太祖實錄》卷一六。
③《萬曆野獲編》卷一《訪求遺書》。

書,況朝廷乎?"遂命禮部尚書鄭賜遣使訪購,惟其所欲與之,勿較值,北京既建,詔修撰陳循取文淵閣書一部至百部,各擇其一,得百櫃,運致北京。宣宗嘗親臨文淵閣,親披閱經史,與少傅楊士奇等討論,因賜士奇等詩。是時,秘閣貯書約二萬餘部,近百萬卷,刻本十三,抄本十七。

可見明代國家藏書也頗具規模。

明代國家藏書機構體制視前代有所變化,《明史·職官志》云:"洪武三年(一三七○)置秘書監,秩正六品,除監丞一人,直長二人,尋定設令一人,丞、直長各二人,掌內府書籍。十三年(一三八○)併入翰林院典籍。"《明會要》卷三十六《職官》亦稱:"洪武三年三月庚子置秘書監掌內府書籍。……十三年七月癸巳罷秘書監。所藏古今圖籍改歸翰林院典掌之。"從東漢末年形成的專門管理國家藏書機構秘書監(或稱秘書省)被取消,給明代國家藏書事業造成了重大損失。因爲翰林院典籍祇有兩名,從八品,官卑人少,很難挑起管理國家藏書的重任。正如沈德符云:"此輩皆貲郎幸進,雖不知書,而盜取以市利者實繁有徒。"[1]內府司禮監經廠庫藏書甚豐,但由宦官主持其事,所以管理也很差。如劉若愚云:"凡司禮監經廠庫內所藏祖宗累朝傳遺秘書典籍,皆提督總其事,而掌司監工分其細也,自神廟靜攝年久,講幄塵封,右文不終,官如傳舍,遂多被匠夫、厨役偷出貨賣。"[2]

在明代國家藏書的整理與利用方面,值得一提的是明初利用文淵閣藏書編成了《永樂大典》。[3] 此外,正統間大學士楊士奇

①《萬曆野獲編》卷一《先朝藏書》。
②《酌中志》卷一八《內板經書紀略》。
③參見《鮚埼亭集外編》卷一七《鈔永樂大典記》。

等對文淵閣藏書經過初步整理編成了《文淵閣書目》二十卷,其
題本云:

> 本朝御製及古今經史子集之書,自永樂十九年南京取
> 回來,一向於左順門北廊收貯,未有完整書目,近奉聖旨,移
> 貯於文淵閣東閣,臣等逐一打點清切,編置字號,寫完一本,
> 總名曰《文淵閣書目》,合請用廣運之寶鈐識,仍藏於文淵
> 閣,永遠備照,庶無遺失。①

該目體例簡單,朱彝尊批評道:"《文淵閣書目》有冊而無卷,兼多
不著撰人姓氏,至覽者茫然若失,其後藏書之家往往效之。"②《四
庫全書總目》卷八十五該書提要也稱:"士奇等承詔編録,不能考
訂撰次,勒爲成書,而徒草率以塞責,較劉向之編《七略》,荀勖之
編《中經》,誠爲有愧。"據《千頃堂書目》,明代國家藏書目録尚有
馬愉《秘閣書目》二卷、《内閣書目》一卷、《新定内閣藏書目録》八
卷、《御書樓藏書目》一卷、明《内府經廠書目》二卷、《都察院書
目》、《行人司書目》二卷,在一定程度上反映了國家藏書及整理
圖書的情況。總的來説,明代國家藏書機構未對藏書做過深入
細緻的整理工作,主要原因是明初秘書監撤銷後,没有專門的機
構與得力的人來負責這項工作。對此,曹溶於鈔本《萬卷堂家藏
藝文目》題詞批評道:"以二百七十年金甌無闕,而自楊文貞葺
《文淵閣書目》外,未嘗一遣求書之使,設校讎之官,亦當時之闕
典也。"③

---

① 《文淵閣書目》卷首。
② 《經義考》卷二九四《明文淵書目》。
③ 《藏書紀事詩》卷二《周定王橚、朱睦㮮灌甫》補正。

八　清

　　清代國家藏書發展到了我國古代國家藏書的全盛時期。清政府首先承襲了明宮廷的全部藏書。康熙二十五年（一六八六）曾下詔求書，詔曰："通都大邑，應有藏編，野乘名山，豈無善本。今宜廣爲訪輯……務令搜羅罔遺，以副朕稽古崇文之至意。"並強調："今搜訪藏書善本，惟以經學史乘，實有關係修齊治平，助成德化者，方爲有用，其他異端稗説，概不准録。"①乾隆三十七年（一七六五）正月四日，清高宗發動了更大規模的徵書運動，據任松如《四庫全書答問》的不完全統計，各省採進本就有一萬一千零二十六種之多。

　　清代國家藏書管理機構承明制仍爲文淵閣。《歷代職官表》卷二十五《文淵閣閣職》介紹了其官職與職務，今節述如下：文淵閣領閣事，滿洲、漢人各一人，掌總領秘書，典司册府。以大學士、協辦大學士、掌院學士兼充。文淵閣提舉閣事一人，掌率內務府官屬以綜理閣務；文淵閣直閣事六人，掌典守釐緝之事，以時與校理輪番入直，凡春秋曝書則董率而經理之；文淵閣校理十有六人，掌注册點驗之事；文淵閣檢閱八人，掌排次清釐之事；文淵閣辦理事務，內務府司員四人，筆帖式四人，掌一切收發啓閉掃除及稽查宿直之事。《四庫全書》辦成後，首部藏弆文淵閣，又於圓明園建文源閣，避暑山莊建文津閣，盛京建文溯閣，分部庋藏。而全書中採擷精粹，別爲《薈要》萬二千册，於御花園之摛藻堂、圓明園之味腴書室各貯一部，以便省覽。復命續繕三部貯揚

---

① 《東華録》卷一三。

州大觀堂文匯閣、鎮江金山寺之文宗閣、杭州聖因寺行宮之文瀾閣。[①]　此外，內閣大庫藏有前明書籍、《八旗通志》、各省府州縣志書等，皇史宬收藏實録、玉牒等文書檔案資料，昭仁殿之天禄琳琅收藏宋、金、元、明善本圖書，武英殿是宫廷刻書處，藏有書版及殿本書籍，翰林院藏有《四庫全書》底本。

　　清代國家藏書管理的一個最大特點是爲了完成一個巨大的文獻編纂項目，往往由王子、大學士等貴族高官主持，再從文淵閣、翰林院、內閣、經筵日講起居官中選調專家學者成立專門機構，如辦理《四庫全書》館等來實施。因此工作起來富有成效，先後完成了《淵鑒類函》《四庫全書》《明史》《續三通》《清三通》《大清一統志》等巨著，而內閣往往總負其責，如徐中舒云：

　　　　修書各館有些雖然不屬於內閣，如玉牒館屬宗人府，方略館屬軍機處，武英殿屬內務府，然各書修纂，內閣大學士例得派充監修總裁官。其餘的有些完全是內閣的附屬機關，如我們在內閣檔案中，往往看見"內閣實録館""內閣三禮館""內閣三通館"（《通典》《通志》《文獻通考》）、"內閣一統志館""內閣明紀綱目館""內閣八旗滿洲氏族通譜館"等稱，這都是明白屬於內閣的。[②]

特別值得一提的是辦理《四庫全書》館編撰了《四庫全書總目》《四庫全書薈要總目》《四庫全書簡明目録》，這些工作大有補於對原書的檢索與利用。此外，于敏中等於乾隆四十年、彭元瑞等於嘉慶三年將昭仁殿所藏善本書編成《天禄琳琅書目》十卷、《天

────────────

① 參見平步青《霞外捃屑》卷一及施廷鏞《故宫圖書記》，載《圖書館學季刊》第一卷第一期。
② 《再述內閣大庫檔案之由來及其整理》，載《歷史語言研究所集刊》第三本第四分。

禄琳琅書目後編》二十卷,也反映了清代國家藏書的水平與成就。

綜上所述,歷代國家藏書有如下一些特點:

首先,列朝都設有專門的機構來從事國家藏書的管理工作。《歷代職官表》卷二十五《文淵閣閣職》作了簡要説明,今録之如下:

> 周官外史掌三皇五帝之書,而列國亦各有典書之官,故韓宣子聘魯觀書於太史氏,而周景王亦謂籍氏司晉之典籍以爲大政。蓋簡策之藏,憲章所自,司存有在,不可不昭嚴重也。自秦火之後,經籍散亡,漢代建麒麟天禄諸閣,網羅遺佚,使光禄大夫劉向等校定群書,於是儲藏之地,典守之官制乃略具,歷朝沿襲,漸益修明。秘書監起於後漢,三館肇於唐時,無不簡召儒臣,廣置僚屬。至宋而三館秘閣咸寓於崇文院,後復改爲秘書省,設官頗爲詳備。……明初罷秘書之官,併其職入翰林院。凡書籍之職於内閣者,其篇目既不及前代,而楊士奇等所輯書目亦多舛漏,典守之事又僅委之典籍一官,不能稽核,正德以後遂多爲人盜竊,以及蠹侵鼠嚙,殘缺不完。

清代則主要由文淵閣來擔負日常的圖書管理工作,已如前述。

其次,國家藏書一般都繼承前朝國家藏書,並能采用徵集、收購、組織專人鈔寫等方法來迅速增加藏書量。藏書内容,秦代以前,多爲文書檔案,兩漢擴大爲六藝、諸子、詩賦、兵書、數術、方技等六類圖書,魏晉以後爲經、史、子、集四類,並通過部類的擴充與調整容納新出之圖書。自漢代以後,歷代多編有國家藏書目録,比較客觀地反映了國家藏書及管理水平。

再次,國家藏書事業受到政治、經濟因素的影響明顯,如果政治穩定、經濟繁榮、統治者又重視,那麼國家藏書事業就會得到蓬勃發展,編出大型類書、叢書、總集,並撰寫出一批史學著作,如宋太宗、清高宗時期就足以說明這一點;反之戰爭頻仍,經濟凋弊,統治者不重視,則國家藏書事業勢必無所建樹,呈現出一派蕭條景象,元、明兩代後期,就出現了這種情況。

國家藏書的普遍缺點是難以流通,終於不免散佚,洪有豐指出其弊端主要是限制了讀者:

> 不能公之於群眾無論矣,即貴族亦僅最少數得以閱讀之;實不啻當時帝王之絕對私有貨產也。昏庸之主,既無學問足言;其有賢明好學者,則臨民聽政之餘,觀覽之暇幾何?是深扃祕藏,徒供朽蠹而已。……其終於散佚也。國家傾覆,兵燹之間,豈暇顧念及此?典籍淪亡,大都靡有孑遺。迨至新朝繼起,廣徵民間進獻書籍,亦僅爲粉飾承平文治之具而已。[①]

第二節　私家藏書

我國私家藏書已有兩千五百多年歷史,由於有廣泛的社會基礎,因此更富有特色和生命力,爲我國及全人類的文化傳播事業作出了巨大貢獻,現也略以時代先後,述之如下:

一　先秦

我國私家藏書出現於東周後期,章學誠云:"有官斯有法,故

①《清代藏書家考》,載《圖書館學季刊》第一卷第一期。

法具於官;有法斯有書,故官守其書;有書斯有學,故師傳其學;有學斯有業,故弟子習其業。官守學業皆出於一,而天下以同文爲治,故私門無著述文字。"①這段話是説,周政權鞏固時期,學在官府,書在官府,官員只將學業傳給弟子,故私門無著述文字,也無藏書。這些觀點是比較符合古代文化知識只掌握在貴族手中的實際情況的。隨着東周王室的衰微,官司失守,官員們陸續分散到諸侯國,而諸侯國也需要大量的知識分子來爲自己服務。而且,社會的發展與需要更迅速地導致學業進入私門。私門大量地著書立説,積累與傳播文化知識,培養變革時代所需要的知識分子,因此私家藏書現象也就隨之出現。

春秋末期的墨子談及當時的私家藏書情況時説:"今天下之士,君子之書,不可勝載。"②戰國時代出現了百家争鳴、諸子騰躍的局面,私家藏書現象更爲普遍,如《韓非子·五蠹》云:"今境内之民皆言治,藏商、管之法者家有之,而國愈貧,言耕者衆,執末者寡也。境内皆言兵,藏孫、吳之書者家有之,而兵愈弱,言戰者多,被甲者少也。"韓非這段話是反對私家藏書的,恰恰反映了在戰國紛争的年代,知識分子們爲求得自身的前途,努力提高自己的文化水平而藏書、讀書的情況。

先秦私家藏書的特點是多藏當時流行的諸子作品,以便學以致用。如《戰國策·秦策一》記載蘇秦游説秦國不成後,"負書擔橐,形容枯槁,面目犁黑,狀有愧色。歸至家……乃夜發書,陳篋數十,得《太公陰符》之謀,伏而誦之,簡練以爲揣摩。讀書欲睡,引錐自刺其股,血流至足。"爲了便於隨時學習和參考,當時人士外出時,往往隨身携帶着圖書。如《墨子·貴義》云:"子墨

①《校讎通義》卷一《原道》。
②《墨子·天志上第二十六》。

子南游，使衛、關中，載書甚多。"《莊子·天下》稱："惠施多方，其書五車。"用車來計算藏書量，可見當時的書皆爲簡策或方版，而人們外出則往往載書以行。

二　秦

《史記·秦始皇本紀》記載了李斯有關焚書的一段建議："臣請史官非秦記皆燒之。非博士官所職，天下敢有藏《詩》《書》、百家語者，悉詣守、尉雜燒之。有敢偶語《詩》《書》者棄市，以古非今者族。吏見知不舉者與同罪。令下三十日不燒，黥爲城旦。所不去者，醫藥、卜筮、種樹之書。"這説明秦代禁書前，私家藏有《詩》《書》、百家語；禁書後，私家仍藏有醫藥、卜筮、種樹之書。

秦代私人藏書家的突出貢獻是，爲了對付秦代焚書政策，冒着生命危險，採用壁藏的方法，保存了不少珍貴的圖書。孔子八世孫鮒（字子魚）就是這麽做的。據《孔叢子·獨治》記載，秦焚書前，"陳餘謂子魚曰：'秦將滅先王之籍，而子爲書籍主，其危矣！'子魚曰：'顧有可懼者，必欲求天下之書焚之，書不出，則危，吾將先藏之，以待其求，求至無患矣。'"孔鮒所藏，漢武帝時終被發現，《漢書·藝文志》書類序云："《古文尚書》者，出孔子壁中。武帝末，魯共王壞孔子宅，欲以廣其宮，而得《古文尚書》及《禮記》《論語》《孝經》凡數十篇，皆古字也。"[①]採用壁藏圖書方法的還有伏生。《史記·儒林列傳》云：

> 伏生者，濟南人也。故爲秦博士。孝文帝時，欲求能治《尚書》者，天下無有，乃聞伏生能治，欲召之。是時，伏生年

---

① 師古注曰："《家語》云孔騰字子襄，畏秦法峻急，藏《尚書》《孝經》《論語》於夫子舊堂壁中，而《漢紀·尹敏傳》云孔鮒所藏。二説不同，未知孰是。"

九十餘，老，不能行，於是乃詔太常使掌故朝錯往受之。秦時焚書，伏生壁藏之。其後兵大起，流亡。漢定，伏生求其書，亡數十篇，獨得二十九篇，即以教於齊魯之間。

鄭樵亦云："陸賈，秦之巨儒也；酈食其，秦之儒生也；叔孫通，秦時以文學召待詔博士。數歲，陳勝起，二世召博士諸儒生三餘人而問其故，皆引春秋之義以對。"①可見，即使焚書坑儒之後，秦代仍有人收藏傳習儒家經典著作。

三　兩漢

兩漢統治者普遍重視典藏事業，由於在一定時期内政治鞏固，經濟繁榮，不僅國家藏書事業得到了迅速發展，而且私家藏書事業也獲得了比較大的成就。

漢惠帝廢止禁私人藏書的法律後，②私家藏書漸盛，至漢成帝時，不少官員都有豐富的私家藏書，如劉向等在整理圖書時就利用了"大中大夫卜圭書""臣富參書""射聲校尉立書"③"臣向書"等。④劉歆就談到過他家的藏書情況："歆雖不邁過庭，亦克識先君雅訓。三代之書，蘊藏於家，直不計耳。"⑤

漢代私家藏書也出現了一些新特點。某些藏書家的典藏水平已相當高，在數量與質量兩方面都能和國家藏書相媲美。如《漢書·河間獻王傳》稱劉德"修學好古，實事求是。從民得善書，必爲好寫與之，留其真，加金帛賜以招之。由是四方道術之

---

① 《通志》卷七一《校讎略·秦不絶儒學論》。
② 《隋書》卷三二《經籍志》云："惠帝除挾書之律。"
③ 《四部叢刊》影印宋刊本《管子》卷首劉向《管子書録》。
④ 《四部叢刊》影印明活字本《晏子春秋》卷首載劉向《晏子春秋書録》。
⑤ 《全漢文》卷四〇《與揚雄書從取方言》。

人,不遠千里,或有先祖舊書,多奉以進獻王者,故得書與漢朝等”。張華稱:東漢末年,“蔡邕有書萬卷”。[1]

漢代藏書家已逐步形成自己的特色,如河間獻王劉德比較注意收集先秦舊書,《漢書·河間獻王傳》云:“獻王所得書,皆古文先秦舊書,《周官》《尚書》《禮》《禮記》《孟子》《老子》之屬,皆經傳説記,七十子之徒所論。”而樓護家世從醫,所藏則多醫書。《漢書·游俠傳》云:“樓護,字君卿,齊人,父世醫也,護少隨父爲醫長安……護誦醫經、本草、方技數十萬言。”

漢代藏書家已經認識到舊本的價值要比新本高,所以河間獻王劉德從民間得到好書,必新鈔一本還給人家,而保存其舊本。如果藏書家得到珍本秘籍,也會倍加愛惜,如《東觀漢記》卷十三云:“杜林,字伯山,扶風人,於河西得漆書《古文尚書》經一卷,每遭困厄,握抱此經。”

四　三國兩晉南北朝

這一時期,雖然政權更迭頻繁,社會動蕩不安,經濟破壞嚴重,但是由於紙開始得到廣泛運用,私家藏書事業仍然發展很快,並呈現出一些新的特點。

因爲紙墨筆硯容易辦到,不少藏書家都愛自己鈔書。如《南齊書·沈麟士傳》稱沈氏“先有書數千卷被火燒,復鈔成二三千卷”。《北齊書·祖珽傳》稱文襄多集書之人,常詭稱買書,將書挾回家中,“一日一夜寫畢,退其本曰:‘不須也。’”《周書·裴漢傳》稱裴漢“借人異書,必躬自録本”。

有的私家藏書,不僅可與國家藏書媲美,甚至還能彌補國家

---

①《博物志》卷六。

藏書之不足。如《晉書·張華傳》稱張華喜藏書，"身死之日，家無餘財，惟有文書溢於几篋。嘗徙居，載書三十乘。秘書監摯虞，撰定官書，皆資華本？以取正焉"。《梁書·任昉傳》云："昉墳籍無所不見，家雖貧，聚書至萬餘卷，率多異本。昉卒後，高祖遣學士賀縱共沈約勘其書目：官所無者，就昉家取之。"梁元帝蕭繹稱帝前亦頗好藏書，其《金樓子·聚書》篇自述云：

> 初出閣在西省，蒙敕旨賚《五經》正副本。爲琅玡郡時，蒙敕給書，並私有繕寫。爲東州時，寫得《史》《漢》《三國志》《晉書》，又遣人至吳興郡就夏侯亶寫得書。爲揚州、荊州、入蜀，又寫得書。又遣州民下都市得書。又於江州江革家等得元嘉書，紙墨精良，可一千餘卷。……吾今年四十六歲，自聚書來四十年，得書八萬卷。河間之侔漢室，頗謂過之矣。

這一時期的藏書家相當重視對藏書進行校勘、整理、編目工作。如《三國志·蜀書·向朗傳》云："朗少時雖涉獵文學，然不治素檢，以吏能見稱。自去長史，優游無事垂三十年，乃更潛心典籍，孜孜不倦。年逾八十，猶手自校書，刊定謬誤，積聚篇卷，於時最多。開門接賓，誘納後進，但講論古義，不干時事，以是見稱。"梁朝蕭靜也愛校書，《梁書·太祖五王傳》云："南平王偉孫靜，有文才，而篤志好學。既內足於財，多聚經史，散書滿席，手自校讎。"《魏書·李業興傳》稱李氏"愛好墳籍，鳩集不已，手自補治，躬加題帖，其家所有，垂將萬卷"。南朝不少藏書家還對藏書做了編目工作，如梁阮孝緒云："凡自宋齊已來，王公搢紳之館，苟能蓄聚墳籍，必思致其名簿。"[①]此"名簿"當指私家藏書目

---

①《廣弘明集》卷三。

録。前引《梁書·任昉傳》已明確説明任昉家有藏書目録。

　　這一時期的藏書家借書予人蔚然成風,我們將在本編第六章《圖書流通》中加以介紹,此外,藏書家們還注意利用私家藏書爲科學研究服務。南朝姚察就是一例,《陳書·姚察傳》稱其"父上開府僧垣,知名梁武代,二宮禮遇優厚,每得供賜,皆回給察兄弟,爲游學之資,而察並用聚蓄圖書,由是聞見日博……察性至孝……終日恬静,唯以書記爲樂,於墳籍無所不覩……且專志著書,白首不倦,手自鈔撰,無時暫輟。尤好研覈古今,諟正文字,精采流瞻,雖老不衰。兼諳識内典,所撰寺塔及衆僧文章,特爲綺密……後主所製文章,卷軸甚多,乃別寫一本付察,有疑悉令刊定……所著《漢書訓纂》三十卷,《説林》十卷……並文集二十卷,並行於世。"如果自家書不够,還可利用其他藏書家的藏書,如《北史·李大師傳》談到李延壽之父少有著述之志,將擬《吴越春秋》,編年以備南北,而"(楊)恭仁家富於書籍,得恣意披覽"。

五　隋唐五代

　　由於唐代曾出現過較長時間的安定局面,所以這一時期的私家藏書事業沿着原來的方向,繼續朝前發展。有些藏書家在藏書的數量,特别是在對藏書進行認真校勘方面,甚至超過了宫廷藏書,如唐代蘇弁"聚書二萬卷,手自讎定,當時稱與秘府埒"。[①] 韋述"蓄書二萬卷,皆手校定,黄墨精謹,内秘書不逮也。古草隸帖、秘書、古器、圖譜無不備"。[②]

　　唐五代私家藏書的一個顯著特點是許多人做了校勘工作,

---

①《新唐書》卷一〇三《蘇弁傳》。
②《新唐書》卷一三二《韋述傳》。

從而極大地提高了其藏書質量,蘇弁、韋述二例已説明了這一
點。此外如前蜀孫光憲"聚書數千卷,或自鈔寫,孜孜讎校,老而
不廢"。① 後梁孫隲,"雅好圖書,有六經、《史》《漢》,泊百家之言,
凡數千卷,皆簡翰精至,披勘詳定"。② 後唐張憲,"喜聚圖書,家
書五千卷,視事之餘,手自刊校"。③ 吳越林鼎,"比中年,讀書必
達曙,所聚圖籍悉手鈔數過,即殘編斷簡,亦校讎補綴,無所厭
倦"。④

　　這一時期的藏書家對圖書的保管工作也達到了一個新的水
平。首先是建藏書樓藏書,如唐田弘正"起樓聚書萬餘卷"。⑤
"張建章好經史,聚書至萬卷,所居有書樓,但以披閲清净爲
事。"⑥宋魏了翁《眉山孫氏書樓記》云:"孫氏居眉以姓著,自唐迄
今,人物之懿,史不絶書,而爲樓以儲書則由長孺始。 樓建於唐
之開成,至光啟元年僖宗御武德殿,書'書樓'二字賜之,今石本
尚存。"⑦

　　唐代私家藏書還采用宫廷藏書的辦法,用不同顔色的裝幀
材料來區分藏書的類別,如唐李泌起書樓,積書三萬卷,經用紅
牙籤、史用緑牙籤、子用青牙籤、集用白牙籤。⑧ 有的藏書家爲了
保護藏書,甚至採用複本的形式。如柳公綽藏書萬卷,"經史子
集,皆有三本,色彩尤華麗者,鎮庫;又一本次者,長行披覽;又一

---

①《宋史》卷四八三《荆南高氏世家》。
②《舊五代史》卷二四《孫隲傳》。
③《舊五代史》卷六九《張憲傳》。
④《十國春秋》卷八六。
⑤《新唐書》卷一四八《田弘正傳》。
⑥《北夢瑣言》卷一三《張建章泛海遇仙》。
⑦《鶴山集》卷四一。
⑧《山堂肆考》角集卷二八。

本又次者，後生子弟爲業。皆有廚格部分，不相參錯"。① 唐代有些藏書家也爲自己的藏書編了目録，據《通志》卷六十六《藝文略四》，有吳兢的《西齋書目》、蔣彧的《新集書目》、杜信的《東齋集籍》。《舊唐書·吳兢傳》稱吳兢家"聚書頗多，嘗目録其卷第，號《吳氏西齋書目》"。

唐人很重藏書，有的甚至反對子孫出售及借人。如杜暹"聚書萬卷，每卷後題云：'清俸寫來手自校，子孫讀之知聖教，鬻及借人爲不孝。'"②這段話反映了部分藏書家的共同心態，因此對後世産生了較大影響。當然也有將書無私地借給人閱讀的，如後晉石昂"家有書數千卷。喜延四方之士，士無遠近，多就昂學問，食其門下者或累歲，昂未嘗有怠色"。③ 兩種態度形成强烈對比。

六　兩宋

兩宋統治者特別重視文教事業，當時雕版印刷術已經盛行，圖書大量出版，也爲私家藏書創造了條件，因此兩宋私家藏書事業空前繁榮。首先是人數多，見於文獻記載的，據不完全統計有一百六十人。④ 之後，范鳳書又編製了《宋代收藏萬卷以上藏書家簡表》指出："據上表統計，宋代私家藏書達萬卷以上的大藏書家共計二百一十四人，約占宋代藏書家總數的三分之一左右，可見當時私家藏書數量之大。"⑤有些人雖不出名，往往也有豐富的

---

①《南部新書》卷丁。
②《清波雜志》卷四。
③《新五代史》卷三四《一行傳》。
④參見方建新《宋代私家藏書補録》（上），載《文獻》一九八八年第一期。
⑤《中國私家藏書史》第二編第一章《宋代的私家藏書》。

藏書,如謝肇淛云：

> 宋人多善藏書,如鄭夾漈、晁公武、李易安、尤延之、王
> 伯厚、馬端臨等,皆手自校讎,分類精當。又有田偉者,爲江
> 陵尉,作博古堂,藏書至五萬七千餘卷。黃魯直謂：吾嘗校
> 中秘書,及遍游江南名士,圖書之富,未有及田氏者,而名不
> 甚彰,惜夫！①

其次是分布廣,除江浙爲藏書家集中的地區外,從中原到邊遠的
地區皆有藏書樓。如趙安仁爲河南洛陽人,《宋史·趙安仁傳》
云：“安仁嗜讀書,所得禄賜多以購書。三館舊闕虞世南《北堂書
鈔》,惟安仁家有本,真宗命内侍取之。”宋綬,趙州平棘(今河北
省趙縣)人,《孫公談圃》卷下云：“宋宣獻家藏書過秘府,章獻明
肅太后稱制,未有故實,於其家討論,盡得之。”祁承爍云：“方漸
知梅州,所至以書自隨。積至數千卷,皆手自竄定。就寝不解
衣,林光朝質之,答曰：‘解衣擁衾,會有所檢討,則懷安就寝矣。’
增四壁爲閣,以藏其書,榜曰‘富文’。”②

　　兩宋藏書家已經特別重視把藏書傳給子孫。這也對後來有
較大影響,如李畸實,字季侔,常州晉陵人,年三十,以布衣試有
司不偶,然其志益堅,其學益進,購求群書,所聚萬餘卷。嘗曰：
“遺子孫黃金滿籝,不如一經。親既以是遺我,我復以是遺子,子
子孫孫用之不竭,況萬卷之多乎？庶幾我之富在此而不在彼
也。”③《宋史·鄭樵傳》亦云：“林霆,字時隱,擢政和進士第。博
學深象數,與樵爲金石交。聚書數千卷,皆自校讎,謂子孫曰：

---

① 《五雜俎》卷一三。
② 《澹生堂藏書約·聚書訓》。林光朝,孝宗隆興元年進士及第,則方漸當爲宋
　朝初期人。
③ 《道鄉集》卷三六《李季侔墓志銘》。

'吾爲汝曹獲良產矣。'"正因爲如此,宋代出現了世代藏書、綿延久遠的文化景觀。如高似孫稱:"晁以道家所藏凡五世,雖不及宋氏,而校讎最爲精確。"[1]晁公武亦云:"公武家自文元公來,以翰墨爲業者七世,故家多書,至於是正之功,世無與讓焉。"[2]

兩宋藏書家在收書範圍方面,根據自己的專長與愛好,呈現出了較爲鮮明的個性,有的顯得廣,有的又顯得專,往往各具特色。如蘇過云:

> 吾里有蔡致君,隱居以求志,好古而博雅,閉門讀書,不交當世之公卿,類有道者也。余矍然異之。一日造其門,見其子,從容請交焉。其子爲余言:"吾世大梁人,業爲儒。吾祖、吾父皆不事科舉,不樂仕宦,獨喜收古今之書。空四壁,捐千金以購之,常若饑渴然。盡求善工良紙,手校而積藏之,凡五十年。經史百家、《離騷》《風》《雅》、儒、墨、《道德》、陰陽、卜筮、技術之書,莫不兼收而並取,今二萬卷矣。且吾父有德不耀,常畏人知,棄冠冕而遺世故久矣,必不能從子游。"余悵然自失,悠然而返。[3]

蘇振文爲蘇易簡九世孫,魏了翁稱其"聚書數萬卷,聖經賢傳,山經地志,私乘野史,以致虞初稗官,旁行敷落之書,靡不搜羅"。[4]而李清照則云:"自來家傳《周易》《左氏傳》,故兩家者流,文字最備。"[5]

兩宋私家藏書在校勘方面也達到了一個新的水平,如《宋

---

①《史略》卷五《東漢以來書考·本朝》。
②衢本《郡齋讀書志》卷首自序。
③《斜川集》卷四《夷門蔡氏藏書目叙》。
④《鶴山集》卷八四《蘇伯起振文墓志銘》。
⑤《李清照集校注》卷三《金石録後序》。

史·隱逸傳》稱張巽"閉户讀書四十年,手校數萬卷,無一字舛"。葉夢得稱賀鑄"家藏書萬餘卷,手自校讎,無一字脱誤"。[①] 陸游亦稱賀鑄"喜校書,朱黄未嘗去手"。並記潘邠老贈詩云:"詩束牛腰藏舊稿,書訛馬尾辨新讎。"[②]

值得注意的是宋人已開始采用題跋的形式來寫讀書、藏書的感受,比較突出的是陸游。今録其祖父陸佃與其本人《跋京本家語》二則爲例:

> 收書之富獨稱江浙,繼而胡騎南騖,州縣悉遭焚劫,異時藏書之家,百不存一,縱有在者,又皆零落不全。予舊收此書,得自京師,中遭兵火之餘,一日故篋中偶尋得之,而蟲齕鼠傷,殆無全幅,綴緝累日,僅能成帙。乃命工裁去四周所損者,别以紙裝背之,遂成全書。嗚呼!予老懶目昏,雖不復讀,然嗜書之心,固未衰也,後世子孫知此書得存之如此,則其餘諸書,幸而存者,爲予寶惜之。紹興戊午十月七日雙清堂書。

> 後五十有七年,復脱壞不可挾,子聿亟裝緝之,持以相示,方先少保書此時,某年十四,今七十矣,不覺老淚之濡睫也。紹熙甲寅閏月四日第三男中大夫某謹識。[③]

陸游藏書題跋記得書經過,辨書籍真僞,評版本優劣,論校勘水平,談裝幀質量,内容十分豐富,對後世藏書題跋的寫作,産生了深遠影響。

兩宋私家藏書編目成風,張邦基云:"藏書之富如宋宣獻、畢文簡、王原叔、錢穆父、王仲至家,及荆南田氏、歷陽沈氏,各有書

---

①《建康集》卷八《賀鑄傳》。
②《老學庵筆記》卷八。
③《渭南文集》卷二八。

目。宋初王文康多藏唐室舊本，至宋末書已散亡，而書目猶在，晁説之曾見之。"①兩宋私家藏書目録可考者約四十種，②現存晁公武《郡齋讀書志》、尤袤《遂初堂書目》、陳振孫《直齋書録解題》三種。其成就已經超過了國家藏書目録。這主要表現在以下幾個方面：首先是著録圖書豐富，有的爲國家藏書目録所無。如王象之云："田偉，以燕人歸朝，得江陵尉，即占籍焉，建博古堂，藏書三萬七千卷，無重複者。……政和中，詔求遺書，嘗上千卷，補三館之缺。"③其子田鎬撰有《田氏書目》六卷，袁本《郡齋讀書志·後志》卷 ·《坤鑿度》二卷提要云："隋、唐《志》及《崇文總目》皆無之，至元祐《田氏書目》始載焉。"衢本《郡齋讀書志》卷四《韓愈論語筆解》十卷提要云："《四庫》《邯鄲書目》皆無之，獨《田氏書目》有韓愈《論語》十卷、《筆解》兩卷。"陳振孫《直齋書録解題》著録圖書五萬一千一百八十卷，比當時的《中興館閣書目》著録的圖書還要多。其次是這些書目往往有提要或附注，介紹書的作者、内容、版本等。由於《遂初堂書目》在不少款目中專門著録了版本，產生了比較大的影響，故葉德輝云："自鏤板興，於是兼言板本，其例創於宋尤袤《遂初堂書目》。目中所録，一書多至數本，有成都石經本、秘閣本、舊監本、京本、江西本、吉州本、杭本、舊杭本、嚴州本、越州本、湖北本、川大字本、川小字本、高麗本。此類書以正經正史爲多。大約皆州郡公使庫本也。"④《郡齋讀書志》在提要中已言及版本，但是没有《遂初堂書目》這麽細密。私家藏書目録在分類上雖然也受到四部分類法的影響，但是不少

---

①《墨莊漫録》卷五。宋宣獻名綬，畢文簡名士安，王原叔名洙，錢穆父名勰，王仲至名欽臣，荆南田氏名田偉，歷陽沈氏名沈立。
②參見汪辟疆《目録學研究·論唐宋元明四朝之目録》附《四朝目録存佚統表》。
③《輿地紀勝》卷六五。
④《書林清話》卷一《古今藏書家紀版本》。

藏書家根據藏書的實際情況，有的對大類有所突破，如《邯鄲圖書十志》共分八大類；①有的對小類有所調整，如《遂初堂書目》於史部國史類外，另立本朝雜史、本朝故事、本朝雜傳等類目，而將法、名、墨、縱橫四家並入雜家。都對以後的目錄分類產生了很大的影響。

宋代藏書家總的傾向是主張並實行借書予人的，王明清云："先祖早歲登科，游宦四方，留心典籍，經營收拾。所藏書逮數萬卷，皆手自校讎，貯之於鄉里，汝陰士大夫多從而借傳。"②陸游也稱："聞人茂德名滋，老儒也。喜留客食，然不過蔬豆而已。郡人求館舍者多就謀之。又多蓄書，喜借人。自言作門客牙，充書籍行，開豆腐羹店。"③這些軼事體現了當時學術文化界的良好風氣。

七　遼金元

遼金元三朝雖爲非漢族政權統治，但是在漢族文化的影響下，漢族與少數民族皆出現過一些藏書家。

遼代藏書家之尤著者爲耶律倍。《遼史·耶律倍傳》云："倍初市書至萬卷，藏於醫巫閭絕頂之望海堂。通陰陽，知音律，工遼、漢文章，嘗譯《陰符經》。善畫本國人物。"

金代大作家元好問亦以藏書著名，其《故物譜》云："予家所藏書，宋元祐以前物也。貞祐丙子之兵，藏書壁間，得存。兵退，予將奉先夫人南渡河，舉而付之太原親舊家。自餘雜書及先人手寫《春秋》、三史、《莊子》《文選》等，尚千餘册，並畫百軸，載二

---

① 參見衢本《郡齋讀書志》卷九《邯鄲圖書志十卷》。
②《揮麈後録》卷七。
③《老學庵筆記》卷一。

鹿車自隨。是歲，寓居三鄉。其十月，北兵破潼關，避於女几之三潭。比下山，則焚蕩之餘，蓋無幾矣。往在鄉里，常侍諸父及兩兄燕談。每及家所有書，則必枚舉而問之。如曰某書買於某處，所傳之何人，藏之者幾何年，則欣然志之。今雖散亡，其綴緝裝褙，籤題印識，猶夢寐見之。"①元好問藏書還有一個顯著特點，就是爲研究與著述服務。郝經《遺山先生墓銘》云：先生"以金源氏有天下，典章法度，幾及漢唐。國亡史興，己所當爲。而《國史》《實録》在順天道萬户張公府。及言於張公，使之聞奏，願爲撰述。……乃爲《中州集》百餘卷，又爲《金源君臣言行録》。往來四方，采摭遺逸，有所得，輒以寸紙細字親爲紀録……至百餘萬言。捆束委積，塞屋數楹，名之曰'野史亭'。"②

　　元代私家藏書在宋代的影響下也頗具規模。如"元至正初，史館遣屬官馳驛求書，東南異書頗出。時有蜀帥紐鄰之孫，盡出其家資，遍游江南。四五年間，得書三十萬卷，溯峽歸蜀，可謂富矣"。③元代藏書家生活在蒙古政權之下，功名利禄之心較淡，多以讀書、校書爲樂，因此收書範圍較廣。如張雯，字子昭，世居蘇州，喜游錢塘山川城邑。徘徊躑躅，感歎不能已，兼通聲律，家"臨市衢，構樓蓄書其上，上經傳子史，下逮稗官百家之言，無不備"。④元代藏書家對藏書也做了一些分類、整理、編目工作。如"莊肅，字恭叔，號蓼塘，居青龍鎮，仕宋爲秘書小史，宋亡棄官，浪迹海上。性嗜書，聚至八萬卷，手鈔經史子集，下至稗官小説，靡所不具。書目以甲乙分十門。至正間，修宋、遼、金史，詔求遺書,危素購於其家,得五百卷"。① 再如陸友藏書也編有目録,元黃溍《陸氏藏書目録序》云:"吳郡陸君,居闤闠中,四壁之外,輒與賈區直,君殊不以爲溷。一榻蕭然,環以古今書,凡若干卷,自經史傳記,下至權謀、數術,《氾勝》《虞初》,旁行、般若、百家、衆技之文,櫛比而鱗次。入其室,如登群玉之府,而探蓬萊道家之名山焉,忘其爲居之隘也。君既第其篇帙,部分類別,爲之目録,以便覽者……"②可見,元代一些私家藏書也是可以供人閱覽的。

八　明

明代進入中國封建社會成熟期。雕版印刷與活字印刷已相當普及,圖書出版業十分興旺,爲明代私家藏書事業的蓬勃發展創造了條件。

明代實行分封藩王的制度,朱元璋先後將其二十四子和一個從孫封爲親王,以後各代皇帝又陸續分封了一些親王。這些藩王一般都具有雄厚的經濟實力,爲了在政治上避嫌,多愛藏書。以藏書聞名的有周府、寧府、晉府、遼府、鄭府、蜀府、衡府、徽府等。藏書最多的當推周府,尤以周定王六世孫朱睦㮮(字灌甫)最爲有名。錢謙益云:"海內藏書之富,近代推江都葛氏、章丘李氏,灌甫傾貲購之,竭四十年之力,倣唐人四部法,用各色牙籤識別,凡一萬二千五百六十卷,起萬卷堂,諷誦其中。"③此外,他還組織人鈔了不少書,錢謙益稱其鑒於古人經解失傳,特"訪求諸海內通儒,繕寫藏弆,若李鼎祚《易解》、張洽《春秋傳》,皆叙

---

①(嘉慶)《松江府志》卷五〇《古今人傳二》。
②《黄文獻公集》卷五。
③《列朝詩集小傳》閏集《周藩宗正中尉睦㮮》。葛氏當指葛澗,李氏當指李開先。

而傳之"。① 其《萬卷堂書目》共收録圖書四千三百一十部、四萬二千七百五十卷。能與周藩媲美的當推寧藩。張芳《徵刻唐宋秘本書例》云:"中州之西亭,豫章之鬱儀,兩王孫家藏與天府埒。"②《明史・諸王二》稱寧府後裔多楗、多𤏡"杜門却掃,多購異書,校讎以爲樂"。藩府藏書各有側重,頗多特色。其中鈔本,一般都紙墨精好,裝潢工緻。如《拜經樓藏書題跋記》卷四載元刻《圖繪寶鑑》,卷首有"廬江王書畫記"印章,吳騫跋云:"此書雖未著王名,然其裝潢極精,外用磁青花緞包裹前後,以黄緞細標卷目貼於面,款式非民間藏書可比,又豈特所謂'宣綾包角藏經箋'而已。"

明代藏書家逐漸形成了不同的類型與流派,是私家藏書事業鼎盛的標誌。胡應麟論藏書家流派云:"畫家有賞鑒,有好事。藏書亦有二家:列架連窗,牙標錦軸,務爲觀美,觸手如新,好事家類也。枕席經史,沈緬青緗,却掃閉關,蠹魚歲月,賞鑒家類也。至收羅宋刻,一卷數金,列於圖繪者,雅尚可耳,豈所謂藏書哉?"③明中葉以後,浙東地區與蘇州地區的藏書家分别形成了自己的風格。前者可以范欽的天一閣、祁承㸁的澹生堂爲代表,他們並不特别注意收集宋元舊本,而是根據明代圖書出版的實際情況兼收並蓄,如天一閣閣藏精華在於明代的政書、官書、登科録、地方志書、當代詩文集以及金石碑帖,澹生堂則收集了大量的傳奇、小説、叢書、地方志等。而蘇州地區的藏書家特别注意收藏宋元舊本,太倉人王世貞不惜用一田莊購取宋本兩《漢書》,《天禄琳琅書目》卷二該書提要稱:

①《列朝詩集小傳》閏集《周藩宗正中尉睦㰟》。
②《徵刻唐宋秘本書目》卷首。西亭爲朱睦㰟號。鬱儀爲朱謀㙔字。
③《少室山房筆叢》卷四《經籍會通四》。

《漢書》，宋刻本，王世貞跋云："余平生所購《周易》《禮》經、《毛詩》《左傳》《史記》《三國志》《唐書》之類，過三千卷，皆宋本精絕。最後班、范二書，尤爲諸本之冠，前有趙吳興象。余失一莊得之。"次頁繪象旁有小楷書"王弇州先生象"六字。[①]

華亭（今上海市松江區）人朱大韶曾用一美婢換取宋本《後漢紀》，吳翌鳳云：

> 嘉靖中，華亭朱吉士大韶性好藏書，尤愛宋時鏤板。訪得吳門故家有宋槧袁宏《後漢紀》，係陸放翁、劉須溪、謝疊山三先生手評，飾以古錦玉籤，遂以一美婢易之。蓋非此不能得也。婢臨行，題詩於壁曰："無端割愛出深閨，猶勝前人換馬時。他日相逢莫惆悵，春風吹盡道旁枝。"吉士見詩惋惜，未幾捐館。[②]

此後，重視版本之風在錢謙益、毛晉、錢曾、黃丕烈等人中越演越烈。

明代藏書家還特別重視對藏書理論的研究，並寫出了一批理論著作。如萬曆間杭州人高濂所撰《燕間清賞箋》內有《論藏書》一節，仔細地闡述了宋元本的價值、特點，以及書賈作僞的各種手段，爲言版本者所樂道。祁承㸁《澹生堂藏書約》共分藏書約、讀書訓、聚書訓、購書訓、鑒書訓五則，作者對購書、鑒書的原則和方法進行了系統總結，在藏書理論上頗有建樹。胡應麟《少室山房筆叢》第四種《經籍會通》雖摭拾藏書故實而成，但是在論述收藏標準、藏書鑒定、印刷術的應用對私家藏書的影響等方

---

① 趙吳興指趙孟頫，王弇州指王世貞。
② 《遜志堂雜鈔》庚集。

面,均有參考價值。此外,姚士粦的《尚白齋秘笈序》專論藏書流通問題,頗有真知灼見。

明代藏書家還有一個突出優點是喜歡出版圖書。首先是藩府刻了不少書,潘承弼、顧廷龍云:

> 明時藩邸王孫襲祖宗餘蔭,優游文史,雕槧之業,邁軼前朝,今可溯者殆十數家。蜀府最先,自洪武迄萬曆,傳本不絕。寧藩自號臞仙,所刊多道家養性保命諸籍。他如唐藩之《文選》、吉府之《賈子》,於今傳誦;餘則代、崇、肅三府,各有垂典,並爲世睹。此成化以前藩邸之概略也。嘉靖以下,晉府最著淹雅。奕世載美,光啟前業。其所署有寶賢堂、志道堂、虛益堂、養德書院諸稱,循名可覘其實,其所刊有《文選注》《唐文粹》《宋文鑒》《元文類》《初學記》諸書,浩瀚卷帙,爲諸藩之冠。次則秦藩之《史記》、德藩之《漢書》、趙府之《詩輯》、益府之《玉篇》,並得擅美濟武。而鄭藩之通音律,所刊《樂律全書》尤爲審音家所推重,不獨以雕板著藝苑也。其他諸藩,曰周、曰徽、曰沈、曰伊、曰魯、曰楚、曰遼、曰潞,一二精槧,更僕難數,河間、衡陽,無與爲盛。[1]

明代著名藏書家如朱承爵、袁褧、范欽、王世貞、曹學佺、安國、徐火勃、毛晉等都刻了不少書。試以毛晉爲例,潘承弼、顧廷龍云:

> 汲古閣主人常熟毛晉藏書震海内,雕槧布寰宇,經史百家秘笈琳琅,有功藝林,誠非淺少。江左文獻所繫,有明十三朝無出其右者。雖云高資有賴,固亦篤好始能。起萬曆之季,迄順治之初,歷時四十餘年,成書六百餘種,自刻、代

---

[1]《明代版本圖録初編》卷四。

刻皆極精工。[①]

　　明代私家在圖書保管方面的一個新特點是訂立了一些規章制度，這對防止圖書散佚有明顯的效果，詳見本編第六章《圖書流通》第三節《流通的規章制度》。明代藏書家普遍編有目錄，可考者有四十餘種，現存者有二十餘種。[②] 不少目錄著錄了豐富的小説與戲劇作品，反映了文學觀念的變遷。

九　清

　　清朝統治者一面大興文字獄，以壓制人民强烈的反抗意識，一面大力提倡文教事業，以緩和民族矛盾。在異族統治的背景下，漢族士大夫普遍重視學術研究，圖書出版業也十分興盛，因此清代私家藏書事業發展到了全盛時期，並形成了一些新特點。

　　首先，清代藏書家的愛好、特點更爲鮮明。如洪亮吉云：

　　　藏書家有數等，得一書必推求本原，是正缺失，是謂考訂家，如錢少詹大昕、戴吉士震諸人是也。次則辨其板片，注其錯訛，是謂校讎家，如盧學士文弨、翁閣學方綱諸人是也。次則搜采異本，上則補石室金匱之遺亡，下可備通人博士之瀏覽，是謂收藏家，如鄞縣范氏之天一閣、錢唐吳氏之瓶花齋、崑山徐氏之傳是樓諸家是也。次則第求精本，獨嗜宋刻，作者之旨意縱未盡窺，而刻書之年月日最所深悉，是謂賞鑒家，如吳門黃主事丕烈、鄔鎮鮑處士廷博諸人是也。又次則於舊家中落者，賤售其所藏，富室嗜書者，要求其善

---

① 《明代版本圖錄初編》卷七。
② 參見汪辟疆《目錄學研究·論唐宋元明四朝之目錄》附《四朝目錄存佚統表》。

價，眼別真贋，心知古今，閩本、蜀本，一不得欺，宋槧、元槧，見而即識，是謂掠販家，如吳門之錢景開、陶五柳、湖州之施漢英諸書估是也。[①]

第一種爲專家學者，他們爲讀書治學而藏書，錢大昕可爲其代表人物。阮元云：“先生所著書，若《廿二史考異》《通鑑注辨正》《元史藝文志》《三統術衍》《金石跋尾》《潛研堂文集》，久爲海內學者所讀矣。別有《十駕齋養新錄》廿卷，乃隨筆札記經史諸義之書。學者必欲得而讀之，迄刻於版。凡此所著，皆精確中正之論。即瑣言剩義，非貫通原本者不能。譬之折杖一枝，非鄧林之大不能有也。”[②]錢大昕特別注意收藏金石文字，據其手編《竹汀居士年譜》，乾隆二十二年丁丑，年三十歲，五月授翰林院編修，“公事之暇，入琉璃廠書市，購得漢唐石刻二三百種，晨夕校勘，證以史事，輒爲跋尾。收藏金石文字自此始”。遂爲終身嗜好。乾隆五十四年己酉，年六十二歲，“是冬重訂《金石錄》，前後收藏，共得二千通，與趙明誠著錄之數恰同”。錢氏復云：“金石之學與經史相表裏。……蓋以竹帛之文久而易壞，手鈔板刻展轉失真，獨金石銘勒出於千百載以前，猶見古人真面目，其文其事信而有徵，故可寶也”。可證錢大昕在考訂著述方面的成就，與其所藏豐富的金石文字是分不開的。

第二種藏書家特別喜歡做校勘工作，可以盧文弨爲代表。嚴元照稱：“先生喜校書，自經傳子史，下逮説部、詩文集，凡經披覽，無不丹黄者。即無別本可勘同異，必爲之釐正字畫然後快，嗜之至老愈篤，自笑如猩猩之見酒也。”[③]錢大昕亦云：“抱經先生

---

①《北江詩話》卷三。
②《十駕齋養新錄》卷首《序》。
③《悔庵學文》卷八《書盧抱經先生札記後》。

精研經訓,博極群書。自通籍以至歸田,鉛槧未嘗一日去手。奉
廩修脯之餘,悉以購書,遇有秘鈔精校之本,輒宛轉借録。家藏
圖籍數萬卷,皆手自校勘,精審無誤。凡所校定,必參稽善本,證
以它書,即友朋後進之片言,亦擇善而從之,洵有合於顏黃門所
稱者,自宋次道、劉原父、貢父、樓大防諸公,皆莫能及也。"[1]

　　第三種藏書家特別重視收藏,並把豐富的藏書當作財産,希
望子孫永久保存。這方面的成就當推范氏天一閣爲最大。沈叔
埏《書天一閣書目後》云:"范氏之守世書也,余嘗求其故而不可
得。或曰其家奉司馬公遺訓,代不分書,書不出閣。有借鈔者,
主人延入,日資給之,如鄞侯父承休,聚書三萬餘卷,戒子孫,世
間有求讀者,別院供饌是也。或曰閣扃鐍惟謹,司馬後人分八九
宅,各司其管;一管不至,閣不能開,借書者以爲難,書得不散。"[2]

　　第四種藏書家可以説都是版本學家,他們特別注意收藏宋
元舊本,並且特別善於做版本鑒定工作,此類藏書家可以黄丕烈
爲代表。王芑孫云:"今天下好宋板書,未有如黄蕘圃者也。蕘
圃非惟好之,實能讀之,於其板本之後先、篇第之多寡、音訓之異
同、字畫之增損,及其授受源流、翻摹本末,下至行幅之疏密廣
狹,帙綴之精粗敝好,莫不心營目識,條分縷析。積晦明風雨之
勤、奪飲食男女之欲,以沈冥其中,蕘圃亦時自笑也。故嘗自號
佞宋主人云。"[3]

　　第五種實際上爲富有經驗的書商,今人一般敬稱爲"書友"。
錢景開即是一例。嚴元照《書春秋經傳集解宋刻殘本後》云:宋
刻《左傳》四卷,"萃古齋主人錢景開所貽"。"景開名時霽,湖之

①《潛研堂文集》卷二五《盧氏群書拾補序》。
②《頤綵堂文集》卷八。
③《淵雅堂全集》卷七《黃蕘圃陶陶室記》。

書估也,寓於蘇州。能詩,善鑒別宋元板刻並法帖書畫。"①顧千里《題清河書畫舫》:常熟錢遵王、毛子晉父子、席玉炤、陸敕先、馮定遠、曹彬侯"各家書散出,予見之最早最多,往往收其一二。乾隆年間,滋蘭堂主人朱文游三丈、白隄老書賈錢聽默……能視裝訂籤題根腳上字,便曉屬某家某人之物"。②

　　清代藏書家還持續不斷地精雕細刻了許多很有價值的書。如清吳修稱納蘭性德"康熙癸丑進士,選侍衛。愛才好客,所與游皆一時名士。嘗集宋元以來諸儒説經之書,刻爲《通志堂經解》一千八百餘卷"。③ 鮑廷博曾校刻《知不足齋叢書》計二百零七種,七百八十一卷,盧文弨云:"吾友鮑君以文者,生而篤好書籍,於人世一切富貴利達之足以艷人者,舉無所槩於中,而惟文史是耽。所藏奔多善本,並有人間所未盡見者。進之秘省之外,復不私以爲枕秘,而欲公之。晨書暝寫,句核字讎,乃始付之梓人氏。棗梨既精,剞劂亦良,以是毀其家,不卹也。"④張海鵬嘗輯刻《學津討原》一百九十二種,一千零四十八卷,《墨海金壺》一百一十五種,七百二十七卷;《借月山房彙鈔》一百三十五種,二百八十三卷。

　　值得一提的還有黎庶昌於光緒七年、十三年兩度出使日本,竭力搜訪遺文墜典,積成巨帙,翻雕行世,名曰《古逸叢書》。其《刻古逸叢書序》云:"古籍之僅存,兵燹腐蠹之無常,其勢不日趨散亡不止……何幸復見於異邦,而自予得之且以付刊焉,予亦不自知所以然。庸詎知非天之有意斯文,而啟予贊其始也!……書凡二百卷,二十六種,刻隨所獲,概還其真。

①《悔庵學文》卷六。
②《思適齋書跋》卷三《清河書畫舫十二卷》。"聽默"亦爲錢時霽字。
③《昭代名人尺牘小傳》卷八《成德》。
④《藏書紀事詩(附補正)》卷五《鮑廷博以文》引。

經始於壬午(一八八二),告成於甲申(一八八四),以其多古本
佚編,命之曰《古逸叢書》。"①《古逸叢書》刻得與原本毫髮不爽,
幾與宋槧元刊等視。

　　清代藏書家對藏書理論的研究也達到了一個新的水平。明
末清初的曹溶特撰《流通古書約》,專門探討了古書流通問題。
作者首先對某些藏書家"以獨得爲可矜,以公諸世爲失策"的心
理及不良後果進行了分析,接着提出了一個解決辦法:

　　　　予今酌一簡便法,彼此藏書家,各就觀目録,標出所缺
　　者,先經注、次史逸、次文集、次雜説,視所著門類同、時代先
　　後同、卷帙多寡同,約定有無相易,則主人自命門下之役,精
　　工繕寫,較對無誤,一兩月間,各齋所鈔互换。此法有數善:
　　好書不出户庭也;有功於古人也;己所藏日以富也;楚南燕
　　北皆可行也。②

此約雖然具有較大的局限性,如僅在藏書家之間進行,只采用代
鈔互换的方法,書不出户。但是對增加圖書的複本還是大有好
處的。

　　乾隆年間孫慶增所著《藏書記要》,對私家藏書的技術問題
作了全面而細緻的闡述,有很大影響,我們在本編第一章第一節
已經作了介紹,兹不贅述。特别值得一提的是周永年的《儒藏
説》。建立儒藏,最早是由明代藏書家曹學佺提出來的。《明
史·曹學佺傳》云:曹學佺"字能始……嘗謂'二氏有,吾儒何獨
無',欲修儒藏與鼎立。采擷四庫書,因類分輯,十有餘年,功未
及竣,兩京繼覆"。周永年有感於此,特撰《儒藏説》云:

————————————

①《古逸叢書》卷首。
②《知不足齋叢書》本《澹生堂藏書約》附録。

蓋天下之物，未有私之而可以常據，公之而不能久存
者。然曹氏雖倡此議，採摭未就。今不揣譾劣，願與海內同
人共肩斯任，務俾古人著述之可傳者，自今日永無散失，以
與天下萬世共讀之。……果使千里之內有儒藏數處，而異
敏之士或裹糧而至，或假館以讀，數年之間，可以略窺古人
之大全，其才之成也，豈不事半而功倍哉？[①]

顯然，周永年的《儒藏説》爲近代圖書館的出現，作了輿論準備
工作。

　　清代藏書家在圖書整理編目方面的突出成績是寫了大量的
藏書題跋，編了許多高質量的善本目録。我們在本書《版本編》
第八章《對版本的記録和研究》第四節《題跋》中，對之已經作了
較爲詳細的介紹。明末清初著名的藏書家錢曾對版本深有研
究，輯有《述古堂書目》《也是園書目》，收録宋元刻本和其它珍貴
圖書，其《述古堂書目》每於書名下多注明版本。特別值得人們
重視的是他的一部有提要的目録《讀書敏求記》，爲我們提供了
許多鑒定版本的手段和經驗，堪稱我國第一部研究版本的目録
專書。《四庫全書總目》提要稱其“述授受之源流、究繕刻之異
同，見聞既博，辨別尤精，但以版本而論，亦可謂之賞鑒家矣”。[②]
其優點是記述生動活潑，頗多真知灼見；其缺點是沒有統一格
式，缺乏規範。其後，著名藏書家多編有善本書目，如瞿紹基的
《鐵琴銅劍樓藏書目》、楊以增的《楹書隅録》、陸心源的《皕宋樓
藏書志》、丁丙的《善本書室藏書志》等，而其著録格式則日趨規
範化。

　　綜上所述，中國私家藏書有着悠久的歷史，而且必將長期延

---

①《松鄰叢書》甲編。
②《四庫全書總目》卷八七《讀書敏求記四卷》。

續下去。同國家藏書相比，私家藏書也有一些鮮明特點。

　　首先，私家藏書強調實用，往往能根據藏書家的愛好與需求，形成一些特藏。如一九七二年，在山東臨沂銀雀山漢墓中發現了不少漢簡，多爲兵家、陰陽、雜占方面的著作，可見墓主生前喜收兵書。[①] 鄭樵稱其"嘗見鄉人方氏望壺樓書籍頗多。問其家，乃云先人守無爲軍，日就一道士傳之，尚不能盡其書也。如唐人文集無不備。又嘗見浮屠慧邃收古人簡牘，宋朝自開國至崇觀間，凡是名臣及高僧筆蹟，無不備"。[②] 可見該道士特別愛收唐人文集，該和尚特別愛收宋人墨蹟。鄭振鐸云："物常聚於所好，山東于氏、李氏和清代的孔氏，都是藏曲的大家。今所見的許多重要曲本，殆多數源出於山東。"[③] 藏書家集中保管了大量專題與罕見文獻，也就降低了圖書的散失率。

　　其次是能够認真地從事校勘整理編目工作，比較注意圖書的流通。這在以上的叙述中已各舉事例作了説明。

　　隨着時代的進步，出版業與圖書館事業都得到了迅速發展，現代私家藏書在藏書量、分類編目水平、借閱量，以及保管的持久性方面，都無法與圖書館相比，但是私家藏書已成了十分普遍的社會現象，許多人都或多或少地購藏了自己所需要的圖書。可以説私家藏書的整體水平，乃是一個國家、一個民族、一個地區文明程度的重要標誌之一。

---

①參見羅福頤《臨沂漢簡概述》，載《文物》一九七四年第二期。
②《通志》卷七一《校讎略·收書之多論》。
③《西諦書話·跋脈望館鈔校本古今雜劇》。于氏指于慎行，李氏指李開先，孔氏指孔廣林。

第三節　學校藏書

我國學校約有國子監、州府縣學、書院、私塾、新型各級學校等類型，它們都或多或少地藏有圖書，並且各有特色，今分述如下。

一　官辦學校

我國官辦學校起源甚早，《孟子·滕文公》云："設爲庠序學校以教之。庠者，養也；校者，教也；序者，射也。夏曰校，殷曰序，周曰庠。學則三代共之，皆所以明人倫也。"學校自始即有藏書，如《史記·秦始皇本紀》載李斯之言曰："非博士官所職，天下敢有藏《詩》《書》、百家語者，悉詣守尉雜燒之。"博士的任務之一是在官辦學校中教授生徒，可見秦代的學校出於教學需要，是藏有《詩》《書》及諸子著作的。

兩漢教育事業得到了發展，班固嘗云："四海之内，學校如林，庠序盈門。"[1]這些學校應有一定數量的藏書。劉歆曾稱西漢政府"外有太常、太史、博士之藏"。[2] 據《漢書·武帝本紀》知建元五年置五經博士掌教弟子，則博士之藏當指西漢太學藏書。《後漢書·儒林傳》提到東漢有"辟雍、東觀、蘭臺、石室、宣明、鴻都諸藏典籍文章"。熹平石經樹立在太學門前，可視爲太學

[1]《文選》卷一《東都賦》。
[2]《太平御覽》卷六一九引《七略》。

藏書。

《宋書·禮志》稱:"晉武帝咸寧二年起國子學。"南北朝各國承晉制,多設國子學。《隋書·百官志》稱:"煬帝即位改爲國子監。"唐以後各代因之。讀書當然需要課本,唐代國子監采用壁經的方式爲學生們提供了標準的讀本。如劉禹錫《國學新修五經壁本記》云:"大曆中,名儒張參爲國子司業,始詳定五經,書於論堂東西廂之壁。"①《唐會要》卷六十六云:太和七年二月五日,敕唐玄度覆定石經字體,"十二月敕於國子監講論堂兩廊創立石壁九經並《孝經》《論語》《爾雅》共一百五十九卷、字樣四十九卷"。《舊唐書·文宗紀》亦稱:"開成二年十月癸卯,宰臣判祭酒鄭覃進石壁九經一百六十卷。"這些石壁經書也可視爲唐國子監藏書。

五代國子監的突出成就是雕印了大量經書,王國維云:五代監本經書,"或云九經,或云五經,實則《易》《書》《詩》、三《禮》《春秋》三傳外,尚有《孝經》《論語》《爾雅》《五經文字》《九經字樣》,皆成於晉漢之間"。② 此外,後周顯德年間還刻了《經典釋文》。王應麟云:"周顯德中詔刻《序録》《易》《書》《儀禮》《周禮》四經釋文,皆田敏、尹拙、聶崇義校勘。自是相繼校勘《禮記》、三傳、《毛詩音》並拙等校勘。"又《古文尚書音義》,"後周顯德六年,郭忠恕定古文,刻板"。③ 尹拙時任後周國子監祭酒,既然國子監的官員承擔了這些經書的大量校勘工作,國子監又存有這批經書的書版,可以推知五代國子監有相當數量的藏書。

兩宋國子監藏書事業得到迅速發展,據《宋史·邢昺傳》記載,真宗景德二年(一〇〇五)五月,"上幸國子監閱庫書,問昺經

①《全唐文》卷六〇六。
②《王國維遺書》第十一册《五代兩宋監本考》卷上。
③《玉海》卷四三《藝文·開寶尚書釋文》。

版幾何？昂曰：'國初不及四千，今十餘萬，經傳正義皆具。'"南宋國子監也刻了不少書，如李心傳云：紹興九年（一一三九）九月，應尚書郎張彥實之請，"取舊監本書籍，鏤版頒賜"。①《宋會要輯稿·選舉四》亦云：紹興二十一年（一一五一）五月，"輔臣復以爲言，上謂秦益公曰：'監中所闕之書亦令次第鏤板，雖有重費亦所不惜也。'由是經籍復全"。兩宋國子監刻了大量經書、史書、諸子著作及醫書。據王國維《五代兩宋監本考》，共有一百四十種左右，實際上當不止此數。從中可以看出，國子監的藏書也是相當豐富的。宋代國子監專門設有書庫官，章俊卿云："書庫官以京朝官充，掌印經史群書以備朝廷宣索賜予之用，及出鬻而收其直，以上於官。建炎三年省，紹興十三年復置一員，後省，三十二年詔學官兼書庫，乾道七年復置。"②

宋代地方官辦學校大量涌現，北宋真宗大中祥符四年（一〇一一）在永康設立鄉校，仁宗寶元元年（一〇三八），其他大郡也設立了學校，慶曆四年（一〇四四）詔令各州縣設立學校，並由本道使者選屬官爲教授，不足，再聘請鄉里宿學有道業者充任，同時規定不入官學不能參加科舉考試，這就大大促進了地方上官辦學校的發展。

宋代州學也有藏書。諸路州學藏書閣都以"經史"爲名，陸游指出："大觀二年（一一〇八）九月乙丑，天子既大興學校，舉經行之士，於是詔天下州學經史閣，皆賜名稽古。"③

地方學校的部分藏書是政府頒給的，如晁公武《郡齋讀書志》於《宋書》提要稱政和中，曾以《宋》《齊》《梁》《陳》《魏》《北齊》

①《建炎以來朝野雜記》卷四。
②《山堂先生群書考索》後集卷二六。
③《渭南文集》卷二〇《婺州稽古閣記》。

《周書》等七部史書，"頒之學官"。[①] 本書《版本編》第四章《雕印本的品類》第二節《按地域區分》二《蜀本》已引。如前所述，政府頒給諸道郡學的圖書，不少是國子監刻本。也有地方官員刻書將書版置於學宮的，如尤袤《昭明文選跋》云："貴池在蕭梁時實爲昭明太子封邑，血食千載，威靈赫然，水旱疾疫，無禱不應，廟有文選閣，宏麗壯偉，而獨無是書之板，蓋缺典也。往歲邦人嘗欲募衆力爲之，不成。今是書流傳於世，皆是五臣注本。五臣特訓釋旨意，多不原用事所出，獨李善淹貫該洽，號爲精詳，雖四明贛上，各嘗刊勒，往往裁節語句，可恨。袤因以俸鍥木，會池陽袁使君助其費、郡文學周之綱督其役，踰年乃克成，既摹本藏之閣上，以其板寘之學宮，以慰邦人所以尊事昭明之意云。"[②]葉德輝對宋代州軍郡學的藏書情況作過介紹，略云：

> 宋明國子監及各州軍郡學，皆有官書以供衆讀。今其事略可考見者，《天祿琳琅》一：宋版《春秋公羊傳解詁》十二卷，書中每間數紙，輒有真書木印，曰"鄂州學官書"、曰"鄂泮官書，帶去准盜"。考王應麟《玉海》，咸平四年六月，詔郡縣有學校聚徒講誦之所，賜《九經》書一部。大觀二年六月，州學藏書閣賜名稽古。則州郡學置官書，自宋初已然。李心傳《朝野雜記》載，王瞻叔爲學官，嘗請摹印諸經疏及《經典釋文》，貯郡縣以贍學，或省係錢各市一本，置之於學。是南渡後猶重其事，且有准盜之條。[③]

《金史·百官志》稱金國子監官職有"國子校勘，從八品，掌校勘文字"。則金代國子監不但有藏書，而且還有對藏書進行校

①衢本《郡齋讀書志》卷五《宋書一百卷》。
②《梁溪遺稿·補遺》。
③《書林清話》卷八《宋元明官書許士子借讀》。

勘整理的專職官員。

《元史·百官志》稱元國子監官職有典書一人。元國子監藏書處名崇文閣，王獻唐介紹海源閣所藏善本《鈔本春秋權衡》云：

鈔本《春秋權衡》十七卷八冊

依元大德刻本影鈔，每半頁九行，行二十二字。首頁有刻印題記，移錄於次：

《春秋權衡》係宋板，中有書犯御名者，乃是構字。此高宗時所刻，有元崇文閣印。江浙等處儒學提舉司承奉江浙等處行中書省札付准中書省文咨，置備國子監書籍奉上。依上令各學印完備校勘無差，合行申解者。

大德十一年五月　　日　　司吏王永①

吏目王勛

吏目趙雄飛

將仕佐郎江浙等處儒學副提舉陳公舉

（印：國子監崇文閣官書）　　（印：借讀者必須愛護，損壞闕失典，掌者不許收受）

從引文中可以清楚地看到，元代國子監的藏書不但可以借讀，而且已有相當嚴格的管理制度。

元代對地方教育事業也很重視，據《續文獻通考》卷五十《學

①《山東省立圖書館叢刊》第一種《聊城楊氏海源閣藏書之過去現在》。《菦圃藏書題識》卷五《宋刻顏氏家訓七卷考證一卷》、卷七《姚少監文集六卷》也記載了上述印鑒，可參考。

校》記載,至元二十五年(一二八八)有郡學縣學二萬四千四百所。這些郡縣學校有的雕印收藏了不少書,集慶路儒學是一個突出的例子,所藏書版有:

> 十七史書板計紙二萬三千張:《史記》一千八百一十九,《前漢》二千七百七十五,《後漢》二千二百六十六,《三國志》一千二百九十六,《晉書》二千九百六十五,《南史》一千七百七十三,《北史》二千七百二十一,《隋書》一千七百三十二,《唐書》四千九百八十一,《五代史》七百七十三。雜書板:《金陵志》四百八十,《貞觀政要》二百,《朱子讀書法》一百七十,《南唐書》一百八十,《禮部玉篇》七百七十,《集慶志》一百三十五,《修辭衡鑑》五十六,《農桑撮要》五十八,《救荒活民書》一百五十,《曹文正公詩集》二百八十五,《憲臺通紀》五百一十五,《陳子廉先生詩》二十,《魯齋先生詩解大學》一十九,《樂府詩集》一千三百八十,《厚德録》六十,《刑統賦》六十三。[1]

元代政府辦的地方學校的藏書,同樣可以出借,而且也有嚴格的管理制度。如葉德輝云:"陸《志》、陸《跋》:北宋刻大字本《資治通鑑》,卷中有'静江路學係籍官書'朱文長印。第六卷前有朱文木記曰:'關借官書,常加愛護,亦士大夫百行之一也。仍令司書明白登簿,一月一點,毋致久假,或省壞去失,依理追償,收匿者聞公議罰。'"[2]

明太祖、成祖都很重視文教事業,除創辦兩京國子監外,還在全國各地普遍辦起了府學、州學和縣學。明代國子監圖書的

---

[1]《金陵新志》卷九《學校志·路學》。
[2]《書林清話》卷八《宋元明官書許士子借讀》。陸《志》、陸《跋》指陸心源《皕宋樓藏書志》《儀顧堂題跋》。

典藏與出版工作，具體由典籍廳的典籍管理。明郭鎜云："典籍一人，從九品階，掌管監用書籍、書板。"①黃儒炳亦云："典籍：掌書籍經史子雜，以類分櫃而謹藏之。刻板者貯於庫。呈代交盤，各書及各板一一檢驗。夏日督役匠曬曝、印刷各書，嚴防匠役，不許損失。"②郭鎜復云："典籍別有廳，掌太學一應書籍板刻。藏書板庫相傳曰載道所，凡國朝御製書及頒降各經史子集，具以類分櫃而謹藏之。"③可見明代國子監藏書、藏版，有專人保管，藏書以類分櫃保管，還於夏日曝曬。

明代政府還常向地方學校贈書，如洪武十四年（一三八一）"頒《五經》《四書》於北方學校"。④洪武二十四年（一三九一）"命禮部頒國子監印本書籍於北方學校"。⑤"洪武二十八年（一三九五）校正《尚書會選》《孟子節文》，刻板給散天下學校。"⑥有些官員也爲地方學校的藏書建設作出了貢獻，如明瓊山（今海口）人邱浚（諡文莊）即一例。徐紹棨《廣東藏書紀事詩·邱文莊》云："公復於瓊山縣學辟樓藏書，顏曰'石室'，以餉士人。"

清代國子監也有專員專管典籍，《歷代職官表》卷三十四《國子監》云："典籍廳典籍，漢人一人（從九品），掌藏弆經史以備諸生誦習，凡書籍之刻板於監者，則主其摹印之事，以廣流傳，員額順治元年定。"清代國子監藏書豐富，有些是官員們捐送的，如國家圖書館元刻本《春秋左氏傳補注十卷》、明補修元刻本《古今韻會舉要三十卷》，均有"前分巡廣東高廉道歸安陸心源捐送國子

---

①《皇明太學志》卷一。

②《續南雍志》卷一一《職官表下》。

③《皇明太學志》卷八。

④《明史》卷二《太祖本紀》。

⑤《南雍志》卷一《事紀》。

⑥《古今圖書集成》理學彙編《經籍典》卷六《經籍總部》。

監書籍"等印記。[1]

二　書院

書院是我國古代私人或官府辦的學校，出現於唐代，書院藏書現象也隨之產生，如義門書院在江西九江府德安縣，"唐義門陳袞即居左建立，聚書千卷，以資學者，子弟弱冠，皆令就學"。[2]書院至宋得到了蓬勃發展，其名聲最著者爲應天府、嵩陽、白鹿洞、嶽麓四大書院，曾鞏云："大中祥符二年，應天府言民有曹誠者，即同文舊居，廣舍百五十楹，聚書千餘卷，以延學者，真宗嘉之，賜名應天府書院。"[3]元代對書院也采取鼓勵政策，《元史·選舉志》介紹各地興辦書院盛況云："先儒過化之地，名賢經行之所，與好事之家出錢粟贍學者，並立爲書院。"元代的書院藏書可以西湖書院爲代表，黃溍云：

> 西湖書院實宋之太學，規制尤甚，舊所刻經史群書，有專官以掌之，號書庫官。宋亡學廢，而版庫具在。至元二十八年（一三六八），承旨徐文貞公治杭，以其建置之詳，達於中書，俾書院額，立山長，書庫之所掌悉隸焉。郡人朱慶宗捐宜興州田二百七十五畝歸於書院，別儲以待書庫之用。[4]

明洪武元年（一三六八）曾立洙泗、尼山書院，其後各地相繼建立了不少書院。清朝統治者鑒於書院影響巨大，難以壓制，於

①見《中國善本書提要》經部春秋類、經部小學類。
②（同治）《九江府志》卷二二。
③《隆平集》卷一三《侍從》。
④《松鄰叢書》甲編《元西湖書院重整書目》卷首《西湖書院重整書目記》。

是轉而采取了公開提倡、加强控制的策略，以至全國各地都辦起
了書院。清代書院藏書蔚然成風，即使一些偏遠地區的書院，往
往也有豐富的藏書，如李坤《昆明經正書院藏書記》談到該書院
"購書於滬、於粤、於楚、於金陵，先後凡數十萬卷，櫛庋之樓，縱
人往觀。游其地者，如荒之得賑，饑之得食；又如宴人驟得珍饌，
恣情啖嚼，不復計腹之彭亨也。"①

　　書院藏書的來源主要有以下途徑。其一是御賜。書院就其
本質而言，是爲封建統治階級培養人才，所以皇帝往往以御賜圖
書的方法加以鼓勵。如王應麟云：太平興國二年（九七七）"三月
庚寅，知江州周述言廬山白鹿洞學徒數千人，請賜九經書肄習，
詔從其請"。復云：嶽麓書院中開講堂，揭以書樓。咸平四年
（一〇〇一），李元則奏："嶽麓山書院修廣舍宇，生徒六十餘
人，請下國子監，賜諸經釋文義疏、《史記》《玉篇》《廣韻》。從
之。"②清代皇帝也曾多次頒賜圖書給書院，如班書閣《書院藏書
考》云：

　　　　"康熙二十五年（一六八六），頒發《御纂日講解義》、經
　　史諸書於白鹿、嶽麓二書院。"（《皇朝文獻通考》卷六十九）
　　　　"乾隆元年（一七三六）議准聖祖仁皇帝《律書淵源》應頒發
　　直省書院。"（光緒《安徽通志》卷九十二）"乾隆十六年（一七
　　五一）上諭，經史，學之根柢也。會城書院，聚黌庠之秀而砥
　　礪之，尤宜示之正學。朕時巡幸所至，有若江南之鍾山書
　　院、蘇州之紫陽書院、杭州之敷文書院，各賜武英殿新刊《十
　　三經》《二十二史》一部，資髦士稽古之學。"（《皇朝文獻通

---

①《思亭文鈔》卷一。
②《玉海》卷一六七宮室部《嶽麓書院》。

考》卷七十一）①

清代還允許地方官吏動用公款購買圖書頒發給書院,如"乾隆元年議准,各督撫於省會書院,應將《十三經》《二十一史》諸書,購買頒發,令士子熟習講貫。其動用存公銀兩,仍報部查核"。② 清末巡撫劉坤一頒發給瑞州府(治所在今江西高安縣)鳳儀書院的書籍有:《周易折中》二十二卷、《書經傳説彙纂》二十一卷、《詩經傳説彙纂》二十一卷、《周官義疏》二十二卷、《儀禮義疏》四十八卷、《春秋傳説彙纂》三十卷、《禮記義疏》八十二卷、《小學集解》六卷、《資治通鑑綱目》三編四十八卷、《中庸衍義》十七卷、《二十二史佐治藥言》《學治臆説》《圖民録》等。③

私人贈書給書院也不乏其例,如朱熹《跋白鹿洞書院所藏〈漢書〉》云:"熹既爲劉子和作傳,其子仁季致書,以其先人所藏《漢書》四十四通爲謝。時白鹿書院新成,因送使藏,以備學者看讀。"④地方志書所載此類甚多,如江西之成岡書院,"元邑人李幼常建以儲書"。⑤ 吉水縣仁山書院,"明洪武初,邑人劉惠庭建,聚古今圖書,以待來學者"。⑥ 廣東雷州府雷陽書院,乾隆十一年(一七四六),黄錦記曰:"雷郡地邊海徼,書籍未備。余捐俸購《二十一史》《十三經》及子集各書五千餘卷,貯於博文館,以資搜覽。"⑦

有的書院爲鼓勵人們捐書,還製訂了一些章程,如安徽省太

①載《國立北平圖書館館刊》第五卷第三期。
②(光緒)《安徽通志》卷九二。
③(同治)《瑞州府志》卷五。
④《晦庵先生朱文公集》卷八一。
⑤(光緒)《江西通志》卷八一。
⑥(光緒)《江西通志》卷八一。
⑦(道光)《廣東通志》卷一七二。

平縣《初議公集圖書章程》云：

 一、各省多設書局，所刻書籍，大率皆精要必備之書。而邑人在各省游宦者，既多士人，游學四方者，亦復不少。宜各就所便，集資商購書籍，寄置書院，院中不收代買書籍錢文，以免多勞往返。

 一、書局刻書，各有斷限，此外精要未刻之書，未易更僕數。兵燹之餘，舊刻日愈寥落，如能購求寄送，尤當因罕見珍。

 一、書籍到院，即於書目注明送書姓名。一俟書目積成卷帙，隨時刊佈，以示不忘培文重學之意。[1]

這個章程也對其他書院產生了一定影響，如《安徽于湖中江書院尊經閣記》所附《募捐書籍並藏書規條》云：

 一、各處官紳諸公捐送書籍到皖，即於書目注明送書人姓名，仿仙源書院例也。一俟書目積成卷帙，隨時刊佈，以示不忘諸公績文勸學之至意。

 一、各省大憲批准巡道稟並札行頒發各書局所刻經籍，由巡道出具領紙，派員弁往領歸，分庫庋藏。收書簿上即登明書共幾部，係奉某省大憲頒發，以志名公鉅德嘉惠士林之意。

 三、遠近官紳頒發捐送書籍，隨到隨登簿。官則注明某省大憲頒發，或某省某官捐送。紳則注明某地某甫先生捐送。暫不分四部目次，祇論送到先後，以便隨時刊佈志謝。一俟積滿，四部十得六七，縹緗盈庫，油素分門，然後再按六

---

[1]《中國古代藏書與近代圖書館史料》錄自《仙源書院藏書目錄初編》。

略、七録分類重編,以示諸生分門肄習。①

購置當然也是書院增加藏書的重要方式,如元代四川的草堂書院就買了不少書,元李祁《草堂書院藏書銘》云:"蜀都阻於一隅,去之萬里,孰云能阻,稽於版籍,詢於文獻,北燕南越,西陝東吳,有刻則售,有本則書,僕輸肩賴,車遞牛汗,厥數惟何?廿有七萬,載之以舟,入於蜀江。"②浙江瑞安心蘭書院的藏書甚至是同人湊錢買的,陳虬《擬廣心蘭書院藏書引》云:"定議之初,人約二十家,家先出錢十五千,合三百千,購置書籍,續置有隔江塗田數十畝,歲近又可得息數十千,益務恢廣,自開辦以來,積二十一年矣,尋常文史,略可足用。饗遺甚夥,於是鄉里皆知有書社。"③

有的書院還專門訂了購書條例,如大梁書院所訂《購書略例》云:

> 書籍期於有用,上之研窮性理,講求經濟,次之博通考據,練習詞章,四者,其大較也。近刻種類日繁,備購匪易,先擇其最有用者購之。若此間書肆及津局暫時闕如,衹得異日續購。

> 所購各書,大半官局新印,紙質堅韌,可以經久。其遠年舊刊者,則紙多朽敗,擇購數種,聊補新印之闕。

> 各書偶有重出,或爲單行本,或爲叢刻本,或購自他處,艱於更易,故並存之。

> 醫卜星相及一切技藝之書,均未購置。間有一二種列入叢刻本,則未能剔除。

①《中國古代藏書與近代圖書館史料》録自《安徽于湖中江書院藏書目》。
②《雲陽集》卷十。
③《治平通議》卷八。

　　藏書家侈插架之富者，每種或多至十餘部，必一一注明某處刊本，藉資考證。茲則限於款項，無庸誇多鬪靡，故某處刊本大概從略。

　　此舉聊爲一簣之覆，殊慙簡陋，若有才力閎肆者起，增高繼長，蔚爲大觀，庶幾饜衆人之望。

　　捐款原啟及原購各書價值清單，皆彙存一總簿，在書院內，可隨時檢查。①

　　書院自己刻書也是補充藏書的一種方法。宋元書院刻書蔚然成風，據《四庫全書總目》《增訂四庫全書簡明目錄標注》《書林清話》等書記載，宋代書院刻書略如下表：

書院名稱	刻印書名	卷數	刻印年號
婺州麗澤書院（浙江金華）	司馬光《切韻指掌圖》呂祖謙《新唐書略》	二卷三十五卷	理宗紹定三年（一二三〇）無年號
象山書院（江西貴溪）	袁燮《絜齋家塾書鈔》	十二卷	理宗紹定四年（一二三一）
泳澤書院（浙江上虞）	朱熹《朱子四書集注》	十九卷	理宗淳祐六年（一二四六）
龍溪書院（福建漳州）	陳淳《北溪集》《外集》	五十卷一卷	理宗淳祐八年（一二四八）
竹溪書院（江蘇）	方嶽《秋崖先生小稿》	八十三卷	理宗寶祐五年（一二五七）

①《中國古代藏書與近代圖書館史料》錄自《大梁書院藏書目》。

續表

書院名稱	刻印書名	卷數	刻印年號
環溪書院 （福建福安）	楊士瀛《仁齋直指方論》 《小兒方論》 《傷寒類書活人總括》 《醫學真經》	二十六卷 五卷 七卷 一卷	理宗景定五年 （一二六四）
建安書院 （福建建甌）	朱熹《朱文公文集》 《續集》 《別集》 項安世《周易玩詞》	一百卷 十卷 十一卷 十六卷	度宗咸淳元年 （一二六五）
白鷺洲書院 （江西廬陵）	顏師古《漢書集注》 李賢《後漢書注》 劉昭《後漢書·志》補注	一百卷 九十卷 三十卷	
龍山書院	杜預撰陸德明釋文《纂圖互注春秋經傳集解》 馮繼先《春秋名號歸一圖》	三十卷 二卷	

　　元代書院刻書之風超過宋代，所刻書難以枚舉，單是廣東東莞圓沙書院，延祐二年（一三一五）刻有董楷《周易程朱先生精義附錄》二十卷、程頤《程子上下篇簡義》一卷、朱熹撰董楷輯《朱子易圖説》一卷、《周易五贊》一卷、《筮易》一卷、顧野王撰孫強增字《大廣益會玉篇》三十卷、陳彭年重修坿《玉篇廣韻指南》一卷；延祐四年（一三一七）刻有林駉、黃履翁《新箋決科古今源流至論》前集十卷、後集十卷、續集十卷、別集十卷、林駉《皇鑒箋要》六十卷；延祐七年（一三二〇）刻有《山堂先生群書考索》前集六十六卷、後集六十五卷、續集五十六卷、別集二十五卷；泰定二年（一

三二五）刻有陳彭年等撰《廣韻》五卷、潘自牧撰《纂記淵海》一百
九十五卷。①

　　明代書院往往也藏有書版，如江寧縣尊經書院，"明代曾貯
《國學經濟》及《二十一史》板"。② 此外如養德書院刻《文選》、東
山書院刻《文選補遺》、白鹿洞書院刻《史記》、鰲峰書院刻《侯鯖
錄》、瀛山書院刻《金粟齋先生文集》、雲丘書院刻《雙江聶先生文
集》、大梁書院刻《于肅愍公集》、義陽書院刻《何大復先生集》、正
誼書院刻《鐵崖先生文集》。③

　　清代書院刻書的規模遠邁前代，如廣州的學海堂書院共刻
印圖書二千三百三十四卷，其中《學海堂文集》共九十卷，收集了
五百多人著作，廣州廣雅書院共刻印圖書五千七百四十六卷，江
陰南菁書院共刻印圖書一千四百九十五卷。成都的尊經書院刻
印的圖書行銷四川、云南、貴州等省。④

　　顯然，書院刻書，不僅充實了書院藏書，而且也促進了學術
交流與文化傳播。

　　書院藏書在管理與利用方面水平較高，與國家藏書與私人
藏書相比，書院藏書注重利用。它不僅對本書院的讀者開放，有
的甚至對院外讀者開放。如興化文正書院《藏書凡例》云：

　　　　一、所藏諸書，須編目繕寫懸牌書院門首，通曉闔邑多士。
　　　　一、藏書之處，務須潔静。肄業諸生，不得擅入翻閲。
　　　　一、儲書非易，本不宜携書出院，因念寒士以館爲家，不
　　　　　克入院肄業。倘深藏不出，事近向隅，破格從權，故有出院

①參見談運澤《宋元書院刻書簡析》，載《湖北教育學院學報》（哲社版）第十卷
　　第五期。
②（嘉慶）《江寧府志》卷十六。
③參見張秀民《中國印刷史》第一章《雕板印刷術的發明與發展：明代書院本》。
④參見楊建東《古代書院藏書概述》，載《四川圖書館學報》一九八五年第五期。

之議。但觀書不能作輟，須俟肄業諸生閱竣後方准出院。

一、每月肄業諸生所閱之書，須由齋長榜示門首，使借書者一覽便知，免致相左。

一、在院肄業諸生欲觀書者，須親筆書條爲憑，至齋長處登簿取給。

一、借書出院，須有保結呈縣，由縣付條至齋長處取書，還書時，憑齋長給條至縣銷結。

一、卷數繁簡不一，簡單准取全册，繁者每取十本，挨次取閱，閱畢即還。無論在院不在院，極遲以半月爲限。逾限者下次不准再取。①

書院藏書多由專人管理，並訂有嚴格的規章制度。如《白鹿書院志》卷十一云："原有書目若干，其洞志書目若干，應補若干，查明造具收管。除現有四柱清册交洞中管幹收管。其書有缺失，當事及四方紳衿願送收藏者，仍入册注日月，收於新收項下。在洞生徒借讀者，寫一票於管幹處，領出以便稽考。繳書銷票，不許耽擱延捱，致誤後來借閱。損失者勒限賠補。"其借讀藏書票式如下：

某於　月　日借洞中藏書，某樣一部，計幾本看閱。繳書銷票，捐失賠還，不致久淹時日，此照。

今再録安徽于湖中江書院《募捐書籍並藏書規條》爲例，以見書院的管理水平，其規條略云：

一、尊經閣門平時出入鎖鑰，歸一人管理。每逢課期，或鈔古賦，鈔隱僻典故，（習見者不鈔，上千字者，午後貼出）或查出處注於題下，書若積多，則一人不能兼顧，須添一人分任其勞，派定正辦、副辦，事有專責，若有遺失，惟正副辦

---

①《中國古代藏書與近代圖書館史料》録自《興化文正書院藏書目》。

是問。

一、每年曬書，歸正副辦酌請精細人陸續收曬，務須親自檢點，年底邀各首事齊赴書院公同查驗。

一、尊經閣樓下置有桌椅，欲觀書或鈔書者，祇准在此閱鈔，限至遲十日必繳還。一概不許携帶出院，違者議罰。（無論官署、世家，皆不得循情面）

一、諸生借閱，掌書者先將書頁當面數清，如有脱頁，即於書頭上蓋戳記。收還亦須當面過數，倘有缺損，須借書補鈔。（恐有懶於照鈔，將書撕下，或有忌人知之者，會課時尤宜防）若妄加圈點批評，亦須面斥，以後不准借書。

一、借書但准平時。若課期前，即未逾十日限期，亦須送繳，以備出題時查考出處。出題日但准來查，自帶筆墨來鈔，不准借出。（緣書止一部，查者衆多也）

一、《史》《漢》《三國》及各種類書，祇准偶爾翻查，不准借出。四史局價甚廉，（金陵書局《史記》錢叁串貳百，兩《漢》錢陸串，《三國》錢壹串捌百）須各置一部，或數人分買傳觀亦可。若類書一查即了，不必借出。且恐常有人來查，至於孤本、鈔本，尤不准借。

一、院中書籍，公舉四人總理。另舉在院肄業生，或在院教讀者一人，專管借書，每年酌加薪水。如有遺失，總理查出，專管賠認。

一、院中書籍皆須蓋用學印，以昭信守。如有古刻珍秘之本，閱者不得以近刻之本換出，如有更驚，罰從奪牛。

一、每月，專管須開書厨晾風一二次。每年六、七月，專管者覓精細人曬書一次，曬後邀各總理清查一次。[1]

————————————

[1]《中國古代藏書與近代圖書館史料》錄自《安徽于湖中江書院藏書目》。

三　家塾

中國私人辦學起源甚早，孔子就是一位偉大的教育家，司馬遷云："孔子以《詩》《書》《禮》《樂》教，弟子蓋三千焉，身通六藝七十有二人。"①孔子之後，其風綿延不絕，不少家塾都有豐富的藏書。今舉數例如下。

宋釋文瑩云："僞吳故國五世同居者七家，先主昇爲之旌門閭，免征役，尤著者江州陳氏，乃唐元和中給事陳京之後，長幼七百口，不畜僕妾，上下雍睦。……別墅建家塾聚書，延四方學者，伏臘皆資焉，江南名士，皆肄業於其家。"②南宋蔡瑞也爲族人讀書創造了條件。葉適《石庵藏書目序》云："蔡君念族人多貧，不盡能學，始買書置石庵，增其屋爲便房，願讀者處焉，買田百畝助之食，嗚呼！蔡君可謂能教矣！"③可見宋代家塾藏書供人閱讀，並已初步具有公共圖書館的性質。

宋代某些家塾還喜歡刻書。如建安蔡子文東塾之敬室刻邵雍《擊壤集》十五卷、建溪三峰蔡夢弼傅卿家塾刻《史記》一百三十卷、建安陳彥甫家塾刻葉蕡《聖宋名賢四六叢珠》一百卷、梅山蔡建侯行父家塾刻《陸狀元集百家注資治通鑑詳節》一百二十卷、《李學士新注孫尚書尺牘》十六卷、建安黃善夫宗仁家塾之敬室刻《史記正義》一百三十卷、《漢書》一百二十卷、建安劉元起家塾之敬室刻《後漢書》一百二十卷、建安魏仲舉家塾刻《新刊五百家注音辨昌黎先生文集》四十卷等，建安曾氏家塾刻《文場資用

---

①《史記》卷四七《孔子世家》。
②《湘山野錄》卷上。
③《水心先生文集》卷一二。

分門近思録》二十卷等，建安虞氏家塾刻《老子道德經》四卷等。①

　　元代家塾繼承傳統，也刻了不少書，如花谿沈氏家塾刻趙孟頫《松雪齋集》十卷、《外集》一卷、《附録》一卷、古迁陳氏家塾刻《尹文子》二卷、雲坡家塾刻《類編層瀾文選前集》十卷、《後集》十卷、《續集》十卷、《別集》十卷、商山書塾刻趙汸《春秋屬辭》十八卷等。②

　　有些書商借書塾爲名，使其所刻書取得購書者的信任，增加銷量。然而這也説明普遍建立書塾在宋元時期是一種社會風氣，某些家塾能刻書，當然與其藏書數量相關。

　　清代家塾也頗好藏書，且供人閱讀。丁申曾談到乾隆年間，杭州黄樹谷先世有官少參者，黄樹谷即用少參故居辦了座廣仁義塾。"義塾在武林門外東馬塍北，少參貞父先生故第，即其居開塾，聚書其中，供四方來學者閱誦。每書全部板心折縫處，斜蓋'廣仁義塾'四大字爲記，使人不能巧偷豪奪。書多精本，亦藏書家之變體也。"③廣仁義學翻刻的《耕織圖》卷末有錢琦跋云："廣仁義學，聚古今圖籍，以公願學之士。創之者錢塘善士黄樹谷，成之者新安善士程鍾也。又敬刻此書於義學者，則程鍾、同里葉生以仁也。"④

　　孫星衍將三萬多卷藏書置於族祠，以便在家塾就讀者借閱。他還特地編了部《孫氏祠堂書目》，其《序》云："昔之聚書者，或贈知音，或遭兵燹，或以破家散失，或爲子孫售賣。高明所在，鬼神瞰之，予故置之家祠，不爲己有。既經水患，卷帙叢殘，知免天災

豪奪之咎,但捨之作宦,不能多携,懼爲蠹簡,是切遂初之志,因
刊目録,略述淵源,以教家塾。"①

　　清代家塾藏書處所隨着時代的進步,正朝着學校圖書館方
向發展,廣仁義學已初見端倪,晚清國英創辦的共讀樓則已相當
成熟了。其《共讀樓書目序》云:

　　　　余早有購藏書籍之志,同治甲子(一八六四)勸同志諸
　　君子共立崇正義塾。嗣屢蒙恩擢,廉俸所餘,獨以購書。光
　　緒丙子(一八七六),於家塾構藏書樓五楹,顔曰共讀。其所
　　以不自秘者,誠念子孫未必能讀,即使能讀,亦何妨與人共
　　讀。成己成人,無二道也。兹以養疴在里,檢所成書,編成
　　目録,除叢藏暫未列入,現計書三千餘種、二萬餘卷,法帖四
　　百餘册。願嗜古者,暇輒往觀。果各就夫性之所近,諳練其
　　才,擴充其識,將可以濟時局,挽頹俗,儲經邦,濟世安民,正
　　俗之學,爲異日報國資,是則余之厚幸而切望也夫。②

　　總之,我國古代學校藏書規模不大,管理人員較少,内容側
重於教學用書。其突出優點是可供士子借閱。此外,各類學校
都出版過一些質量比較高的圖書,也爲我國的圖書出版事業作
出了貢獻。

第四節　寺觀藏書

　　除官府、私家、學校外,佛寺、道觀也是古代重要的藏書

①《孫氏祠堂書目》卷首。
②《共讀樓書目》卷首。

單位。

一　佛寺

佛寺藏書現象是伴隨佛教的傳入與寺廟的建立而出現的。漢明帝在東都建白馬寺，印度僧人攝摩騰等在此譯出《四十二章經》，説明白馬寺既藏有該書原著，又藏有其譯本，荀勗晉《中經簿》開始著録佛經，[1]可見當時的佛經翻譯事業已初具規模，譯本入藏秘閣，深受統治者的重視。西晉初期，洛陽、長安兩地約有佛寺一百八十所，證明已有不少佛教信徒，而這正是寺廟譯書藏書的群衆基礎。東晉太元初，名僧道安的弟子慧遠在廬山創東林寺，由於“經流江左，多有未備。遠乃命弟子法净等遠尋衆經，踰越沙雪，曠歲方還，皆獲胡本，得以傳譯。所以禪法經戒，皆出廬山，幾且百卷”。[2] 這説明地方佛寺也翻譯、收藏不少佛經。

“南朝四百八十寺，多少樓臺烟雨中。”[3]宋、齊、梁、陳四個王朝的君主都佞佛，寺廟藏書在整理編目方面又有所發展。如僧祐入建康（今南京）定林寺，曾“造立經藏，搜校卷軸”。[4] 並在“總集衆經，遍閲群録”[5]的基礎上撰寫了《出三藏記集》。後來他的學生劉勰將鍾山定林寺四千餘卷藏經編爲《定林寺經藏目録》，《梁書·劉勰傳》云：“勰早孤，篤志好學，家貧不婚娶，依沙門僧祐，與之居處，積十餘年，遂博通經論，因區別部類，録而序之。今定林寺經藏，勰所定也。”梁武帝是有名的崇佛皇帝，《隋書·

---

① 《廣弘明集》卷三《七録序》附《古今書最》。
② 《出三藏記集》卷一五。
③ 《全唐詩》卷五二二杜牧《江南春絶句》。
④ 《高僧傳》卷一三《齊京師建初寺釋僧祐》。
⑤ 《出三藏記集》卷首自序。

經籍志》稱其"大崇佛法,於華林園中,總集釋氏經典",於天監十四年(五一五)詔安樂寺沙門釋僧紹撰《華林佛殿衆經目録》,但"未愜帝旨",後來又命新安寺沙門釋寶唱重撰。釋寶唱撰成《衆經目録》"一帙四卷,雅愜時望,遂敕掌華林園寶雲經藏,搜求遺佚,皆令具足。備造三本,以用供上"。①

北朝寺廟藏經事業也頗興盛,魏宣武帝命舍人洛陽李廓撰藏經之目《衆經録》、北齊後主高緯武平年間,釋法上撰藏經之目《衆經目録》,姚名達嘗云:"綜觀廓、上兩《録》分類之精,遠勝南朝諸録,且爲隋代諸録之藍本,不意末世而有此作也!"②

隋代由於文帝、煬帝均崇佛,故隋代寺廟藏書事業達到了空前的水平。《隋書·經籍志》云:"開皇元年,高祖普詔天下,任聽出家,仍令計口出錢,營造經像,而京師及并州、相州、洛州等諸大都邑之處,並官寫一切經,置於寺内;而又別寫,藏於秘閣。天下之人,從風而靡,競相影慕,民間佛經,多於六經數十百倍。"隋代釋法經撰《大隋衆經録目》、費長房撰《歷代三寶紀》、彦琮撰《崑崙經録》、智果撰《衆經目録》,反映了隋代佛經整理水平。

唐代對佛教也相當重視,釋静泰云:"貞觀九年四月,奉敕苑内寫一切經。""貞觀十一年四月,皇太子於延興寺造一切經。"③"龍朔三年正月二十三日,敕令於敬愛道場寫一切經典。"④"麟德元年正月二十六日,敕取履昧沙門十人,惠概、明玉、神察、道英、曇邃等,並選翹楚,尤閑文義,參覆量校,首末三年。又置官寮……敕使韓康、李充、盧行訥、鄭祖均等,精加檢覆。寫舊經論

---

①《續高僧傳》卷一《梁楊都莊嚴寺沙門釋寶唱傳》。
②《中國目録學史·宗教目録篇·分類甚精之李廓與法上》。
③《大唐東京大敬愛寺一切經論目》卷一。
④《大唐東京大敬愛寺一切經論目》序。

七百四十一部，二千七百三十一卷。又寫大唐三藏法師新譯經
論七十五部，一千三百三十五卷，入藏。其有古來有目而無本
者，合三百八十二部，七百二十五卷，隨訪隨寫。"[1]靜泰還專門編
了《大唐東京大敬愛寺一切經論目》。唐代佛經目錄的編撰水平
到釋道宣的《大唐内典録》與釋智昇的《開元釋教録》達到頂峰。
《大唐内典録》卷三爲《歷代衆經總撮入藏録》，收現存之書凡八
百部，三千三百六十一卷。《開元釋教録》卷十九爲大乘入藏録，
卷二十爲小乘入藏録，末附賢聖集。皆標明經名與紙數，共收入
藏經書一千零七十六部，五千零四十八卷。當時佛寺藏經水平
於此可見。

　　宋代統治者也大力提倡佛教，隨着雕版印刷術的普及，兩宋
在雕印佛經方面取得了突出成就，我們在本書《版本編》第四章
《雕印本的品類》第一節《按時代區分》三《宋本》中已作了介紹，
可參看。宋代所刻多部大藏經多由寺院出面募捐雕梓。經版刻
成後，當然允許人刷印以廣流傳。如宋釋居簡云："近世蜀之昌
州不動居士馮公，以無量壽願施五千四十八卷，凡四十八藏。
《般若》《寶積》《華嚴》《涅槃》合八百四十一卷。"[2]僅此一例，也可
見宋代寺廟刻經藏經事業的興盛。

　　遼代統治者也大力提倡佛教，曾官刻大藏經兩部，一部刻成
於興宗重熙七年(一〇三八)，並於該年建大同(遼西京)華嚴寺
薄伽教藏，藏《藏經》五百七十九帙。重熙十三年(一〇四四)，契
丹貴族志智和尚在燕都募錢三百萬，印裝極精。不少佛徒信士
籌款捐錢印刷佛經置於佛寺中，如重熙二十二年(一〇五三)中
京道興中府安德州(今遼寧朝陽縣東南)靈巖寺有寺僧潛奧等，

①《大唐東京大敬愛寺一切經論目》序。
②《北磵文集》卷四《江東延慶院經藏記》。

"鳩集净財。購經一藏,用廣流通。二十四年(一○五五)建九聖殿以龕置焉"。[1] 乾統初年(一一○一至一一○三)有淶水縣董生罄其家産,"構大藏一座,印内典五百餘帙,在縣西北金山演教院中龕置"。[2]

金代寺廟藏書水平可以金藏的雕印爲代表,《永樂大典》卷四千六百五十《順天府七》云:

> 弘法寺在舊城。金大定十八年(一一七八),潞州崔進女法珍印經一藏進於朝,命聖安寺設壇爲法珍受戒爲比丘尼。二十一年(一一八一)以經版達於京師。二十三年(一一八三)賜紫衣宏教大師。以弘法寺收貯經板及弘法寺西地與之。明昌四年(一一九三)立碑石,秘書丞兼翰林修撰趙渢記,翰林侍講學士黨懷英篆額。

金藏雕成後,有些寺院也前往刷印收藏,如大定二十九年(一一八九)濟州(今山東省濟寧市)普照寺照公禪師"聞京師弘法寺有藏經版,當往彼印之,即日啟行,遂至其寺。凡用錢二百萬有畸,得金文二全藏以歸"。[3]

元代所刻佛經今可知者有宋咸淳五年(一二六九)至元泰定元年(一三二四),杭州路餘杭縣大普寧寺刻普寧藏;宋紹定四年(一二三一)至至治二年(一三二二),平江府磧砂延聖院刻磧砂藏;元大德十年丙午(一三○六),福州開元莊嚴禪寺住持沙門募緣刊補毗盧大藏經板一副;延祐二年(一三一五),福建道建寧路建陽縣後山報恩萬壽堂陳覺琳募衆雕刻過毗盧大藏;此外,福建平海道釋教總統印造龍龕法寶大藏六千二十卷,施於大顯聖寺。

---

① 《遼文匯》卷八《興中府安德州創建靈巖寺碑銘》。
② 《遼文匯》卷八《金山演教院千人邑記》。
③ 《金文最》卷一一一《濟州普照寺照公禪師塔銘》。

元時還刻有蒙文、藏文、西夏文大藏經。[①] 元代還大量印刷過大藏經，如至元十四年（一二七七），元世祖"命印大藏三十六藏，遣使分賜歸化方外，皆得瞻禮"。[②] 文宗又敕印造《藏經》三十六部，散施禪刹，江南亦有賜á。[③] 另有佛慧圓鑒雪堂禪師（名普仁），本許昌張氏子，嘗購二十藏，給河南鄭州一帶的佛寺，時間在成宗元貞二年（一二九六）。[④] 由此可見元代寺廟藏經的盛況。

明太祖朱元璋微時曾當過和尚，即位後，於洪武五年（一三七二）在應天府（今南京）蔣山召集衆僧校刻《大藏經》，約於永樂元年（或洪武三十一）告成，[⑤]稱爲《大明三藏聖教南藏》，簡稱《南藏》。

明成祖於永樂庚子十八年（一四二〇）刊刻《大藏經》，於正統庚申五年（一四四〇）刻成。卷首冠有正統五年十一月御製序，稱："《大藏》諸經六百三十六函，通六千三百六十一卷，咸畢刊印，式遂流布。"後來萬曆皇帝的母親慈聖皇太后又增刻四百十卷，稱《續入藏經》，總稱爲《大明三藏聖教北藏》，簡稱《北藏》。

這兩部大藏經都曾廣爲傳播。如《南藏》經版藏於大報恩寺，民間請印甚易，萬曆間廣爲印行，每年約印造二十藏，以致經板模糊。著名航海家鄭和也曾印造十部，捨於南京靈谷寺、鷄鳴寺、北京皇后寺、牛首山佛窟禪寺、天界禪寺、福建南山三峰塔

---

① 參見張秀民《中國印刷史》第一章《雕板印刷術的發明與發展：元代刻本內容·宗教書》。
②《釋氏稽古録》卷四。
③《鈔定日下舊聞考》卷五〇引《析津志》。
④《金石萃編補正》卷四《鄭州滎陽縣洞林大覺禪寺藏經記》。
⑤ 參見張秀民《中國印刷史》第一章《雕板印刷術的發明與發展：明代印本內容·宗教書》。

寺、鎮江金山寺、静海禪寺。其家鄉雲南五華寺則捨有兩藏。鄭氏願文云：

> 累蒙聖恩，前往西洋等處公幹，率領官軍寶船，經由海洋，托賴佛天護持，往回有慶，經置無虞，常懷報答之心。於是施財陸續印造《大藏尊經》，舍入名山，流通誦讀。[1]

《北藏》印本也廣爲傳播，如正統十二年，工部右侍郎王祐言："刊造大藏經，頒賜天下寺院。臣原籍山陰縣，柯橋禪寺乃臣家供奉香火者，伏乞賜經，俾寺僧朝夕唪誦，以祝聖壽。"英宗從之，"江南諸刹所有，皆景泰敕賜物也"。[2] 萬曆十三年（一五八五）又敕造《大藏經》，布賜天下名山，其中單是五臺山一處先後派太監送去的就有十藏。[3]

清雍正皇帝曾組織人刻過一部《大藏經》，俗稱《龍藏》。校刻地點在北京賢良寺，自雍正十三年（一七三五）開始，至乾隆三年（一七三八）結束。乾隆四年敕印一百部。經版原存武英殿，後因請印不便，移儲柏林寺。今日全部經版仍在該寺，爲北京圖書館保管。印本爲梵夾裝，半頁五行，行十七字，字體楷書精美，浙江圖書館有一部，藏南潯嘉業堂。此外，清政府還刻過藏文、滿文、蒙文大藏。[4] 清代民間刻經也十分盛行，以江蘇爲例，就有金陵刻經處、江北刻經處、無錫萬松院恒記經房、揚州衆香庵法雨經房、上海頻伽精舍、蘇州瑪瑙經房、蘇州洞庭西山祇樹庵刻經處、常州毗陵刻經處等。[5] 這些刻經處多設在寺廟，爲清代寺

---

①見《骨董瑣記三記》卷六《鄭和印造大藏經》。

②《明英宗實錄》卷一五〇。

③（康熙）《清涼山新志》卷三《崇建》。

④參見張秀民《中國印刷史》第一章《雕板印刷術的發明與發展·清代印本內容·宗教書》。

⑤參見李安《楊仁山和金陵刻經處》，載《中國哲學》第三輯。

廟藏書事業創造了條件。

民國期間,各地佛寺仍藏有不少佛經,這從當時山東省所作的調查中可以略窺一斑,民國二十年(一九三一)五月七日《申報》載:

> 佛藏經在山東各地藏者不少,而全本則綦鮮。據官方調查,所知者如下:
>
> 一　披縣海南寺有明版佛藏經半部,已運到濟南省立圖書館整理。
>
> 二　披縣千佛寺有明版佛藏經半部,現尚由彼保存。
>
> 三　濟陽縣釋迦寺有明版佛藏經全部,該處所存者,既係全豹,又且經清初大儒張爾歧手閱,最爲珍貴。省教育廳已令濟陽教育局調查,尚未呈復。
>
> 四　濟陽東關淨居寺,有新版佛藏經全部,係潘復所捐贈。
>
> 五　濟陽舜井街宅某私家,藏明佛藏經半部。
>
> 六　青島嶗山太清宮,據丁伯珍君調查,亦有佛藏經一部。

寺廟除收藏佛經外,往往也收藏世俗圖書。白居易藏文集於寺院世所共知,其《蘇州南禪院白氏文集記》云:"其集家藏之外,別錄三本:一本置於東都聖善寺鉢塔院律庫中,一本置於廬山東林寺經藏中,一本置於蘇州南禪院千佛堂內。"[1]《白氏長慶集後序》復云:

> 白氏前著《長慶集》五十卷,元微之爲序,後集二十卷,自爲序。今又續後集五卷,自爲記。前後七十五卷,詩筆大

---

[1]《白氏長慶集》卷七〇。

小凡三千八百四十首。集有五本：一本在廬山東林寺經藏院，一本在蘇州禪林寺經藏内，一本在東都勝善寺鉢塔院律庫樓，一本付龜郎，一本付外孫談閣童。各藏於家，傳於後。其日本、新羅諸國及兩京人家傳寫者，不在此記。[1]

儒士常與釋子交往，也常寄居寺院讀書，故不少寺廟藏有世俗圖書，文士也往往把自己的圖書寄藏在佛寺之中。如蘇軾《李氏山房藏書記》云：“余友李公擇少時讀書於廬山五老峰下白石庵之僧舍。公擇既去，而山中之人思之，指其所居爲李氏山房，藏書凡九千餘卷。”[2]李公擇藏書佛寺的做法產生了一定的影響，南宋洪咨夔也取法於他。魏了翁《洪氏天目山房記》云：“寶慶元年（一二二五）吾友洪舜俞自考功郎言事罷歸於潛，讀書天目山下寶福僧寺。……舜俞合新、故書得萬有三千卷，藏之閒復閣下，如李氏廬山故事。”[3]這種現象在明代也不乏其例，如山東省博物館藏鈔本《玉軒新纂古今書目》彭輯五題記云：

> 明初劉懷遠先生藏書極富，輯有《玉軒書目》二卷，都一千五百餘種，其名目多罕見，十有六七皆吾人所不知者，即各家書目亦未列舉者甚多。至於每種之版本，最晚者亦明初刊，此不必待言也。劉氏，山東德州人，書藏州城某寺内，其收藏之富爲歷代藏書家之冠，勝於天一閣、海源閣等，不過世無知者。民國紀年，不幸遭於火，其焚餘之殘篇斷簡，尚有卅餘種，經友人雪蓬君檢出藏之，亦不幸之幸也。僅將始末略志數語於端。時民國二十二年，冀南彭輯五識於濟

---

① 馬元調本《白氏長慶集》卷末。
② 《蘇東坡全集》卷一一。
③ 《鶴山集》卷四九。

南聚文齋。①

再如謝兆申,字耳伯,邵武人,萬曆中貢生,有《謝耳伯先生詩集》八卷。朱彝尊云:"晉江黃監丞明立序《耳伯集》,稱其喜交異人,購異書,摭異聞。自墳典丘索,經緯流略,稗官瑣語,靡不甄錄。交游既廣,橐中裝,半以佞佛,半以市書。有三十乘留僧舍,已散佚。予嘗入閩,購其手鈔《張伯雨詩》,與世所傳者迥別。惜乎三十乘者,悉蕩爲煙塵矣。"②

此後,阮元於清嘉慶十四年(一八〇九)在杭州靈隱寺立書藏,並撰《杭州靈隱書藏記》及《書藏條例》;③復於嘉慶十八年(一八一三)在鎮江焦山立書藏,並撰有《焦山書藏記》及《書藏條例》。④ 阮元所立之靈隱書藏、焦山書藏,所藏均爲世俗圖書,阮元《焦山書藏記》云:"此藏立,則凡願以其所著、所刊、所寫、所藏之書藏此藏者,皆哀之。"可見其所有不限佛典。

綜上所述,寺廟藏書也源遠流長,面廣量大,藏書來源渠道多。首先,由於歷代統治者的重視,官譯、官鈔、官刻、官頒了大量經書;其次,寺廟采用募捐的方式譯、鈔、刻、印了大量經書;再次,一些善男信女們捐鈔、捐刻、捐印了大量經書;此外,一些官員或知識分子也捐贈或寄存了不少圖書。由於佛寺多在僻靜之地,普通讀者甚少,又有專人管理,故能藏之久遠。今録阮元《杭州靈隱書藏記》所附《書藏條例》如下,以見佛寺書藏之規制及管理水平。

　　一、送書入藏者,寺僧轉給一收到字票。

①又見王獻唐《雙行精舍書跋輯存》二三五頁。
②《靜志居詩話》卷一八《謝兆申》。
③《揅經室三集》卷二。
④《中國古代藏書與近代圖書館史料》録自《焦山書藏書目》。

一、書不分部，惟以次第分號，收滿"鶯"字號厨，再收"嶺"字號厨。

一、印鈐書面暨書首葉，每本皆然。

一、每書或寫書腦，或挂綿紙籤，以便查檢。

一、守藏僧二人，由鹽運司月給香鐙銀六兩。其送書來者，或給以錢，則積之以爲修書增厨之用，不給勿索。

一、書既入藏，不許復出，縱有翻閱之人，但在閣中，毋出閣門。寺僧有嚮借霉亂者，外人有携竊塗損者，皆究之。

一、印内及簿内"部"字之上，分經、史、子、集填注之，疑者闕之。

一、唐人詩内複"對"、"天"二字，將來編爲"後對"、"後天"二字。

一、守藏僧如出缺，由方丈秉公舉明静謹細、知文字之僧充補之。[1]

二　道觀

道教爲我國漢族的固有宗教，道士們的修道之所曰觀、曰館、曰宫、曰殿、曰堂、曰廟、曰廬，不一而足，而以觀最爲流行。今略依陳國符《道藏源流考》，對道觀藏書情况作些介紹。

道教徒藏書見於著録，當以葛洪《抱朴子·遐覽》爲最早。《晉書·葛洪傳》云：洪字稚川，句容人，究覽典籍，尤好神仙導養之法。從祖玄，以其煉丹秘術授弟子鄭隱。洪就隱學，悉得其法，博聞深洽，江左絶倫。葛洪自稱："《遐覽》者，欲令好道者知

---

[1]《揅經室三集》卷二。

異書之名目也。"①鄭隱藏道書甚富,葛洪録其書約一千二百卷。葛洪復云:"道書之出於黃老者蓋少許耳。率多後世之好事者,各以所知見滋長。遂令篇卷至於山積。"②可見當時道教徒著書、藏書已有相當規模,並做了編目工作。

南朝宋明帝迷信道教,曾於泰始三年(四六七)詔廬山太虛觀道士陸修静入都,泰始七年(四七一)救令陸修静上《三洞經書目録》,陸氏稱:"道家經書並藥方符圖等,總一千二百二十八卷。云一千九十卷已行於世,一百三十八卷猶在天宫。"③此目反映了南朝宋代官修道觀藏經的情况。

北周武帝天和五年(五七○)玄都觀道士上《玄都經目》,云有六千三百六十三卷,二千四十卷見有其本,四千三百二十三卷云並未見。建德中,更令王延校定道書,凡八千三十卷。延並作經目《三洞珠囊》七卷。大體反映了北朝北周武帝天和、建德年間道觀的藏經水平與編目情况。④

唐代弘揚道教,道觀藏書水平有了明顯的提高,其最重要的工作是先天、開元間,救京太清觀主史崇玄及京太清觀、玄都觀、東明觀、宗聖觀、東都大福唐觀、絳州玉京觀大德,昭文館,崇文館學士修《一切道經音義》。其《序》云:史崇玄等奉救"集見在道經,稽其本末,撰其音義。然以運數綿曠,年代遷易,時有夷險,經有隱見。或劫初即下,劫末還昇。或無道之君,投以煨燼。或好尚之士,秘之巖穴。因而殘缺,紊其部伍。據目而論,百不存一。今且據京中藏内見在經二千餘卷,以爲音訓,具如目録。餘經儀傳

---

①《抱朴子内篇》卷四《遐覽第十九》。
②《抱朴子内篇》卷二《釋滯第八》。
③《法苑珠林》卷六九《破邪篇妄傳邪教第三》。
④參見陳國符《道藏源流考·歷代道書目及道藏之纂修與鏤板·北周玄都觀經目》。

論疏記等文,可易解者,此不詳備。其所散逸,佇別搜求,續冀修繕,用補遺闕。而經且久遠,字出靈聖,梵音罕測,雲篆難窺。或爲無識加增,或爲傳寫妄誤。或持浮詭之説,竊揉真文。或採菁華之言,將文釋典。不可齊其所見,斥以靈篇。具列如左。及今所音經目與舊經目録,都爲一百一十三卷。"①開元年間,除對道經做過認真的校勘注釋工作外,也大規模地開展過整理編目工作,如馬端臨引《宋三朝國史志》云:"班志藝文,道家之外,復列神仙,在方伎中。東漢後道教始著,而真仙經誥别出焉。唐開元中,列其書爲藏,目曰《三洞瓊綱》,總三千七百四十四卷。"②安史之亂,兩京秘藏,多遇焚燒。肅宗上元年中所收經録六千餘卷。至代宗大曆年,道士冲虚先生殿中監申甫海内搜揚,京師繕寫,又及七千卷。穆宗長慶之後,至懿宗咸通年之間,兩街所寫,才五千三百卷。③ 此外,唐代各處道觀也有收藏道教經典的。如《茅山志》卷二十四著録唐檢校尚書彭濆奉敕撰《經藏碑》,是唐代茅山道觀當藏有道家經書。又《天台山志》引徐靈符《小録》云:"道士陳寡言嘗隱居玉屑峰,號華琳。有經鐘一樓。經皆咸通十一年書。後題云:上清三洞弟子葉藏質,爲姊劉氏四娘造,永鎮玉霄藏中。"

五代道觀藏經可述者有以下數事。杜光庭曾談及他在蜀中重建道藏,略云:"真宫道宇,所在凋零。玉笈琅函,十無二三。余屬兹艱會,漂寓成都,扈蹕還京,淹留未幾,再爲搜捃,備涉艱難,新舊經誥僅三千卷。"④吴越王錢俶也曾在天台桐柏崇道觀建有道藏,宋金允中編《上清靈寶大法》卷二十四云:"天台桐柏崇道觀,

<hr>

①《一切道經音義》卷首序。
②《文獻通考》卷二二四《經籍五十一》
③參見《道藏源流考·歷代道書目及道藏之纂修與鏤板·安史之亂兩京秘藏被焚》。
④《太上黄録齋儀》卷五二。

乃五代之末，吳越王錢氏所建。藏中諸經，拘集道童及僧寺行者，衆共鈔録，以實其中。碧紙銀書，悉成卷軸。"一些民間道士往往也聚書甚多，如《舊五代史·梁文矩傳》稱梁氏"喜清静之教，聚道書數千卷，企慕赤松、留侯之事，而服食尤盡其善。天福八年以疾卒"。

　　宋代爲道藏的整理出版收藏做了大量工作，不少官員參預其事，使整理道藏的水平大爲提高。如《混元聖紀》卷九云："初，太宗嘗訪道經，得七千餘卷，命散騎常侍徐鉉、知制誥王禹偁校正，删去重複，寫演送入宮觀，止三千三百三十七卷。"宋真宗時宰相王欽若也領校過道藏，《混元聖紀》卷九復云："大中祥符二年己酉，詔左右街選道士十人校定道藏經典。至三年，又令崇文院集館閣官僚詳校，命宰臣王欽若總領之。""欽若沿舊《三洞四輔經目》增補，凡四千三百五十九卷。撰成篇目上進，賜名《寶文統録》，帝親製序。"《宋史·王欽若傳》亦稱："欽若自以深達道教，多所建明，領校道書，凡增六百餘卷。"又有張君房修撰了《大宋天宮寶藏》與《雲笈七籤》。大中祥符初年王欽若等領校道藏，然其綱條漶漫，部分參差，與《瓊綱玉緯》之目，舛謬不同。歲月坐遷，科條未究。王欽若等共薦海寧謫官張君房主其事。五年冬，張君房除著作佐郎，俾專其事。君房於時盡得所降到道書，並續取到蘇州舊道藏經本千餘卷，越州、台州舊道藏本亦各千餘卷，及朝廷續降到福建等州道書《明使摩尼經》等。與道士依三洞綱條、四部録略，品詳科格，商較異同，以詮次之，始能成藏。都四千五百六十五卷，起《千字文》"天"字爲函目，終於"宮"字號，得四百六十六字。題曰《大宋天宮寶藏》。至天禧三年春，寫録成七藏以進之。君房撮其精要，爲《雲笈七籤》百二十卷。[1]

①參見《道藏源流考·歷代道書目及道藏之纂修與鏤板·張君房修大宋天宮寶藏雲笈七籤》。

　　宋徽宗尤崇道教，自號道君皇帝，復重校並刊刻道藏。南宋彭耜云："我朝崇寧中再校定《道藏》經典。"①李璧序《四十九章經》云："至崇觀間，大藏又增至五千三百八十七卷。"②《宋史·徽宗本紀》云：政和三年"十二月癸丑，詔天下訪求道教仙經。"宋梁克家云：福州閩縣九仙山巔，崇寧中建有天寧萬壽觀，皮"《政和萬壽道藏》：政和四年黃尚書裳請建廢（陳國符按：當作"飛"）天法藏（陳國符按：即輪藏），藏天下道書，總五百四十函，賜今名，以鏤板進於京。"③

　　北宋因朝廷特別尊崇道教，各地道觀藏書甚夥，如宋范鎮《道藏記》云：

　　　　宋興，祥符天禧中，始崇起其教。而玉清昭應宫、景靈宫、會靈觀、祥源觀皆置使典領。又命其徒與諸儒哀其書，是正謬訛，繕寫以藏於其處。而以其餘賜天下宫觀，以廣其傳。獨劍南一道，未遑暇焉。嘉祐初，成都府郫縣道士姚若谷、梓州飛烏縣道士朱知善慨然欲盡讀其書而莫由得也，於是東走於鳳翔府之上清太平宫，慶成軍之太寧宫，又東至於亳州之太清宫，明道宫，凡得書二千餘卷。……治平元年，今天子既即位，若谷又與其徒仇宗正、鄧自和列言於府曰：釋氏書遍滿州縣，而道家所録，獨散落不完。願至京師，得官本以足其傳。於是端明殿學士兼翰林侍讀學士尚書户部侍郎韓公知府事，以其狀聞。且言蜀之名山秘洞，勝景爲多；而道家書不完，無以奉揚清静之風。有詔即建隆觀給官

---

①《道德真經集注雜記》卷上。
②《文獻通考》卷二二四《經籍五十一》。
③《淳熙三山志》卷三八。參見《道藏源流考·歷代道書目及道藏之纂修與鏤板·政和刊萬壽道藏》。

本以足其傳。凡得五百帙，四千五百卷。溢於唐者，又千九百二十二卷，可謂完且備矣！若谷、宗正、自和且將益其書爲五本，藏於成都之天慶觀、郫縣之崇道觀、青城山之丈人觀、梓州飛烏縣之洞靈觀、綿州之洪德觀。[①]

南宋曾重建道藏，孝宗淳熙二年，令福州閩縣九仙山巔報恩光孝觀以所庋《政和萬壽道藏》五百四十函送行在所。太乙宮即鈔錄一藏，四年成。其後敕寫錄成數藏，六年成，尋分賜道觀。[②]

各地道觀也往往有道藏。據陳國符考證，臨安府的太乙宮、佑聖觀、龍翔宮、宗陽宮、四聖延祥觀、天慶觀、洞霄宮，以及武康縣昇玄報德觀、鄞縣蓬萊觀、仙居縣凝真宮、茅山元符萬寧宮、崇禧觀、毗陵州天慶觀、宜興通真觀、新建縣建德觀、奉新縣昭德觀、廬山太平興國宮、龍虎山上清正一宮、崇仁縣善修觀、武當山五龍靈應宮、紫雲山崇仙觀、龍溪縣玄妙觀等處均藏有道藏。[③]

金代朝廷曾讓孫明道主持刊印過《大金玄都寶藏》，魏博霄《十方大天長觀玄都寶藏碑銘》云：

> 十方大天長觀（舊址在今北京白雲觀西）新作《玄都寶藏》，提點冲和大師孫明道……曰……國家定都永安（陳國符按：《金史·地理志》，海陵王貞元元年定都燕京，改號爲中都），迄今四十餘年。天長觀實奉香火。舊貯藏經，缺而未完。住持道士，繼承非一，因仍苟簡，莫有以補綴爲意者。大定丙午（一一八六），明道始奉詔提點觀事。……後二年，會有詔以南京（今開封）道藏經板付觀。又易置玉虛觀（陳

---

①（嘉慶）《四川通志》卷三八。

②參見《淳熙三山志》卷三八。

③參見《道藏源流考·歷代道書目及道藏之修纂與鏤板·南宋各處新建道藏》。

國符按：同治《畿輔通志》卷一百七十八，玉虛觀在罐兒衚衕，已頹敗）經於飛玄之閣，以備觀覽。天長舊經，還付玉虛。其舊有名籍，而玉虛不具者，聽留勿還。……其北宮第一區，並以賜觀，俾搆屋列槶，以貯經板。仍置文臣二員，與明道經書參訂。即補綴完成，印經一藏。既又命選精勤道士一員住持，須及五年，若職事修舉者，賜紫衣德號。仍歲度支服勤道童二人以爲常。明道奉詔，不遑居處，分遣黃冠，訪遺經於天下。且募工鳩材。有趙道真者，願以板材自任，丐化諸方，不二年間，勝緣俱辦。瓌材會珍，良工萃巧，槶庋屹立，鏤槧具完。凡得遺經千七十四卷，補板者二萬一千八百册有畸，積册八萬三千一百九十八，列庫四區，爲楹三十有五，以架計者百有四十。明道於是倡諸道侶，依三洞四輔，品詳科格，商較異同，而詮次之，勒成一藏，都盧六千四百五十五卷，爲秩六百有二，題曰《大金玄都寶藏》。[1]

此外，金代一些地方的重要道觀也藏有道藏。如（光緒）《鹿邑縣志》卷十下載金胡筠《續修太清宮記》談及亳州太清宮庋有道藏。《甘水仙源錄》卷二載元陳時可《長春真人本行碑》談及金代山東登州府棲霞縣太虛宮藏有道藏。元元好問《遺山文集》卷三十一《通真子墓碣銘》談到管州（今山西靜樂縣）藏有道藏。

元初披雲真人宋德方於太宗九年（一二三七）倡刊道藏，令其弟子通真子秦志安於平陽玄都觀總領其事，乃設經局據管州所存金藏，搜羅遺逸道經，校讎付刊。元好問《通真子墓碣銘》云：

披雲爲言：喪亂之後，圖籍散落無幾，獨管州者僅存。

吾欲力紹絕業，鋟木宣布。有可成之資，第未有任其責者。
獨善一身，曷若與天下共之？通真子再拜曰：受教。乃立局
二十有七，役工五百有奇，通校書平陽玄都觀以總之。其於
三洞四輔萬八千餘篇，補完訂正，出於其手者爲多。仍增入
《金蓮正宗記》《煙霞錄》《繹仙》《婺仙》等傳附焉。起丁酉
（一二三七），盡甲辰（一二四四）。①

元代各處道觀所藏道藏情況，陳國符曾作概括的介紹，略云：元
代北方道藏，多罹焚經之禍。南方道藏，頗多由南宋流傳至元代
者。蓋南宋末年，南方道觀，多未經兵燹；暨元末始燬於兵火。
其道藏經或道經亦得傳至元代。如天台山桐柏宮吳越王所建道
藏、杭州佑聖觀、茅山、廬山太平興國宮、新建建德觀、閤皁山崇
真宮、盧陵玄妙觀、南豐紫霄觀、武當山五龍靈應宮、龍溪玄妙觀
道藏是也。②

　　明永樂中，成祖敕第四十三代天師張宇初纂校《道藏》，如
《皇明恩命世錄》卷三載《命編進道書敕》云："敕真人張宇初：前
者命爾編修道教書，可早完進來，通類刊板。故敕。永樂四年十
一月十九日。"就在所編道藏快要完成付梓時，因成祖去世而耽
擱了下來，仁宗、宣宗相繼嗣位而置之未理。暨英宗正統九年始
刊版成功。北京白雲觀正統十三年許彬碑云：

　　　臣彬仰惟太宗文皇帝臨御之日，嘗命道流合道藏諸品
經，纂輯校正，將鋟梓以傳；而功未就緒，奄忽上賓。肆今皇
上，以至聖之德，統承天位。體皇曾祖之心，以天下生民爲
念，追尊先志，於是重加訂正，增所未備，用壽諸梓。③

①《遺山文集》卷三一。
②《道藏源流考·歷代道書目及道藏之纂修與鏤板·元代各處道藏》。
③《道藏源流考·歷代道書目及道藏之纂修與鏤板·正統刊道藏》。

正統道藏刊成後，曾印施各處宮觀，如《皇明恩命世録》卷六載
《頒賜藏經旨》云：

> 皇帝聖旨：朕體天地保民之心，恭成皇曾祖考之志，刊
> 印道藏經典，頒賜天下，用廣流傳。兹以一藏安奉龍虎山大
> 上清宮，永充供養。聽所在道宮道士，看誦讚揚。上爲國家
> 祝釐，下與生民祈福。務須祇奉守護，不許縱容閑雜之人，
> 私借觀玩，輕漫褻瀆，致有損壞遺失。違者必究治之！諭。
> 正統十二年八月初十日。

同時還將道藏賜給了三茅山元符宮、南京獅子山盧龍觀、長壽山
朝真觀等處。[1]　其後明代皇帝曾繼續印造道藏經頒賜宮觀，如憲
宗成化十二年二月以一藏安奉南京朝天宮，以一藏安奉南京方
山洞玄觀。神宗萬曆二十七年頒賜三台縣雲臺觀一藏，龍虎山
大上清宮一藏，西嶽華山西嶽廟一藏，恒山北嶽廟一藏。[2]　萬曆
三十五年，明神宗還詔令校刊續道藏經。如《續道藏經》壁字號
《漢天師世家》卷四末附識語：“大明萬曆三十五年，歲次丁未，上
元吉旦，正一嗣教凝誠志道闡玄弘教大真人掌天下道教事五十
代孫國祥奉旨校梓。”

自正統道藏刊就後，明清歷朝，印施各處宮觀道藏甚多，據
陳國符統計，明清各處藏有道藏的寺觀有：北京白雲觀，順天府
通州元靈觀，保定府唐縣清虚宮，定州曲陽縣總元觀，宣化府赤
城縣靈真觀，宣化府延慶州藏經閣，山東勞山太清宮，兗州府鄒
縣白雲宮，登州府寧海州昆侖山神清觀，山西省太原府陽曲縣玄
通觀，渾源州恒山九天宮、岳廟，澤州府陽城縣紫微宮，蒲州府永
濟縣通元觀，河南省河南府登封縣嵩山中嶽廟，河南省陝州靈寶

① 參見《茅山志》後編及《金陵玄觀志》卷三、卷七。
② 參見《道藏源流考・歷代道書目及道藏之纂修與鏤板・正統刊道藏》。

縣道聖宮,陝西省西安府盩厔縣東南樓觀,同州府華陰縣華山太虛庵、萬壽閣,江蘇省江寧府城朝天宮、獅子山盧龍觀,江寧府上元縣長壽山朝真觀、方山洞玄觀、都城外中和橋玄真觀、郭城外東城黃鹿觀,江寧府溧陽太虛觀、泰清觀,江寧府句容縣青元觀,茅山元符宮、乾元觀,蘇州府城外西鄉穹窿山上真觀,蘇州府嘉定縣集仙宮,揚州府儀徵縣玄妙觀,浙江省杭州府城三茅寧壽觀、錢塘佑聖觀,寧波府鄞縣冲虛真觀,安徽省太平府當塗縣希彝觀,寧國府宣城縣玄妙觀,江西省南昌府南昌縣逍遙山萬壽宮,江西省南昌府新建縣建德觀,廣信府貴溪縣龍虎山大上清宮,湖北省襄陽府均州武當山玄天玉虛宮,湖南省衡山縣南嶽廟,四川省潼川府三台縣佑聖觀,盛京奉天府承德縣太清宮,上海白雲觀。[①] 由此可見,明清道觀藏道藏也是相當普遍的現象。

關於道藏的保管方法,《洞玄靈寶三洞奉道科戒營始》卷二《寫經品》云:

> 科曰:夫經皆須作藏。有二種:一者總藏,二者別藏。總藏者,三洞四輔同作一藏,上下或左右前後作重級,各安題目三洞寶經藏。別藏者,三洞四輔各作一藏。凡有七種:一者大洞真經藏,二者洞玄寶藏,三者洞神仙經藏,四者太玄經藏,五者太平經藏,六者太清經藏,七者正一經藏。皆明題目,以相甄別。若次安之。若各藏如並藏,法皆安經臺或天尊殿當陽左右間,左三洞,右四輔,每藏皆作臺舉之,不得正爾頓地。巾帕袟蘊如法。置几案香爐龍壁,燒香明燈存念,並須得所。藏之大小,皆在時之所制,不復爲常。

卷三《法具品》還對道藏的裝幀形式與藏書器具、處所作了介紹:

---

① 參見《道藏源流考·歷代道書目及道藏之纂修與鏤板·明清各處道藏》。

　　科曰：凡經每一部或五卷、十卷皆須著帙。凡帙有五種：一者錦綺，二者織成，三者繡作，四者純綵，五者畫繪。皆安裏及帶如法。皆書題曰某經。

　　科曰：經函凡有十二種：一者雕玉，二者純金，三者純銀，四者金鏤，五者銀鏤，六者純漆，七者木畫，八者彩畫，九者金飾，十者寶裝，十一者石作，十二者鐵作。大小任宜。

　　科曰：凡經厨有六種：一者寶裝，二者香飾，三者金銀隱起，四者純漆，五者沉檀，六者名木。大小任時。

　　科曰：凡經架有十種：一者玉作，二者金作，三者銀作，四者沉木，五者紫檀，六者白檀，七者黃檀，八者名木，九者純漆，十者金銀隱起。或金玉珠綵裝校。皆須作函藏舉，勿得隨意頓地。

　　科曰：凡造經藏，皆外漆內裝沉檀，或表裏純漆，或內外寶裝，或表裏彩畫，或名木純素，各在一時，大小多少，並隨力辦。或作上下七重，或三重；並別三間，或七間，安三洞四輔，使相區別。門上皆置鎖鑰。左右畫金剛神王。悉須作臺安，不得直爾頓地。

還有的寺觀采用輪藏的方式藏道藏經典。元虞集《龍虎山道藏銘並序》記元代龍虎山清正一宮輪藏云：

　　藏以木爲匱，置室中，高若干尺，內廣圍經若干尺，觚其隅，爲八面，面爲方格，以次盛經之函，刻木爲天上神仙地靈水官飛龍翥鳳之屬，附麗其上，皆塗以金，中立鉅木貫之，下施輪令其關以旋轉，言象天運焉。[①]

《洞真太上太霄琅書》卷七《受經營十事訣》第二十五也較爲詳細

---

①《龍虎山志》卷一六。

地談到了道藏的典藏情況,今録之如下:

受經之身,應營十事:

一者經箱,法用檉柏,在所或無,聽用桐梓。高六寸,廣九寸,長一尺三寸,厚四分。新淨完密。洗拭盛經。登涉須輕,竹笈可用。或並合衆經,須嚴如法,小大相容,不限度數。

二者經案,局脚各五,亦七亦九。梓柏隨宜。脚亦可鐵摽㩉釘。鏢漆素咸通。脚之小人,疏概令調。高應九寸,面廣一尺三寸,長二尺四寸,厚四分。以擎經箱。又爇香須一,法式皆同。

三者經㯹,以竹爲帙。黄繒裝之,大小取適,計容卷軸,不須廣長。裏及緑帶,亦用黄繒,無者糊紙,帶用紵麻,務存素淨,不假粉華。錦繡七寶,幸有作之;不可滯着,以爲必是。是權教之末耳,慎勿經營苟爲。

四者經巾,大略須三:覆帙箱中,常應用一。出經案上,蓋覆須二。皆以玄黄絳碧及紫絹練袂裏,紋縵隨時。廣極其幅。長可五尺。直合縫之,亦可四緣。無煩綺結珠玉,莊嚴鈴佩,奢長起彼盜心。遏惡之路,用開善之門。莫過簡素,幽顯俱通矣。

五者經帊,當當(疑衍)有三兩幅,作之如巾。所用:行時須一,以帊經箱。齋時須一,以覆經箱。壞則易治,無致氎縷。周事而已,不得盈長。故敗火淨,勿雜用之。凡諸法物皆依此例。

六者經帳,皁絳爲之。横繞四方,周極其幅。幅下安緣,緣用縑絺,象乎宸蓋。不須垂裙,亦不假帶。無事金銀寶飾奢麗,義同巾袂。材竹爲竿,漆素適意,高下相稱,員斗隨人。

七者高座，宜有三：一以安經，一以轉讀，一以講議。材以槻楠，亦可檉柏，俱高五尺，其方亦然。亦可四尺，又加五寸，亦得六尺。高下相副，側咸隨時染素，無在華麗。若有妙畫之能，可摹存思之象。帳單及複，豐儉如前。

八者香橙，高與座齊，長亦如之，廣數局腳，略與案同，釘鏢漆素，不限其制。

九者香爐，奩合嚴淨。瓦木金銀銅鐵，隨時製宜。高座之前，各備其一。又自隨行止，常須一具，小大精粗，無定制例。香燈爐奩，各依高座。高座蓆，蓆皆令厚淨。法師塵尾，都講經格，几巾壺籠，四周牀席，悉使素整，慎勿闕如。貧未能備，隨急先營。

十者齋堂，法應南向。三間五間，隨所能辦。四面間架，巡繞得通。南北二戶，各有兩窗。東西兩頭，窗又各一。關閉以時，不得妄敞。一間之製，大較象茲。

總之，道觀藏書雖不若佛寺藏書之盛，但是也源遠流長。道經的整理編目工作雖不若佛經整理編目工作那麼廣泛，有系統，有條理，但是也持續不斷地做了不少工作，保存了許多珍貴的史料。

第五節　近代圖書館

從鴉片戰爭到五四運動時期，我國封建社會的藏書樓急劇地朝近代圖書館方向轉變。在這一轉變過程中，一些主張維新、變革的先進人士，在圖書典藏事業的理論與實踐兩個方面，都起了巨大的推動作用。

一　近代圖書館産生的背景

甲　圖書館觀念的引入

　　鴉片戰争與甲午戰争的炮聲喚醒了中國當時的一些先知先覺者,使他們充分認識到了中國落後挨打的現狀,而要改變這一局面,就必須向西方學習,内容之一就是建立圖書館,交流信息,開啟民智。如鄭觀應於光緒十八年(一八九二)曾向清政府建議:

　　　　宜飭各直省督、撫於各廳、州、縣分設書院,購中外有用之書,藏貯其中,(凡外國未譯之書,宜令精通西文者譯出收儲)派員專管。無論寒儒博士,領憑入院,即可遍讀群書。至於經費,或由官辦,或出紳捐,或由各省外銷款項、科場經費,將無益無名之用度,稍爲撙節,即可移購書籍而有餘。仍常年儲備專款,分派員役管理稽查所有新書,隨時添購。果能認真經理,數十年後,賢哲挺生,兼文武之資,備將相之略。或鉤元摘秘,著古今未有之奇書;或達化窮神,造中外所無之利器,以範圍天地,籠罩華夷,開一統之宏規,復三王之舊制。[①]

　　再如光緒二十二年(一八九六)五月二日,刑部左侍郎李端棻上《請推廣學校摺》,提出興辦學校以勵人才而資禦侮的五項措施,其目爲:設藏書樓、創儀器院、開譯書局、廣立報館、選派游歷。其論藏書樓一節云:

　　　　好學之士,半屬寒畯,購書既苦無力,借書又難其人,坐

------

① 《盛世危言增訂新編》卷四《藏書》。

此孤陋寡聞無所成就者,不知凡幾。高宗純皇帝知其然也,特於江南設文宗、文匯、文瀾三閣,備庋秘籍,恣人借觀。嘉慶間,大學士阮元推廣此意,在焦山、靈隱起立書藏,津逮後學。自此以往,江浙文風甲於天下,作人之盛,成效可睹也。泰西諸國頗得此法,都會之地皆有藏書,其尤富者至千萬卷,許人入觀,成學之眾,亦由於此。今請依乾隆故事,更加增廣。自京師及十八行省會,咸設大書樓,調殿板及官書局所刻書籍,暨同文館、製造局所譯西書,按部分送各省以實之。其或有切用之書,爲民間刻本,官局所無者,開列清單,訪明價值,徐行購補。其西學書陸續譯出者,譯局隨時詧送。妥定章程,許人入樓觀書,由地方公擇好學解事之人,經理其事。如此,則向之無書可讀者,皆得以自勉於學,無爲棄才矣。[1]

鄭觀應、李端棻強調廣搜中外圖書,選派專人管理,許人遍讀群書,可見他們所提倡的藏書樓,已經具備了圖書館的含義。

梁啟超於光緒二十五年(一八九九)五月一日發表《論圖書館與開進文化一大機關》一文,列舉了圖書館八點功用:

一、圖書館使現在學校教育之青年學子,得補助其知識之利也。

一、圖書館使凡青年志士,有不受學校教育者,得知識之利也。

三、圖書館儲藏宏富,學者欲查故事,得備參考也。

四、圖書館有使閱覽者隨意研究事物之利也。

五、圖書館有使閱覽者於頃刻間得查數事物之利也。

---

[1]《變法自強奏議彙編》卷三。

六、圖書館有使人皆得用貴重圖書之利也。

七、圖書館有使閱覽圖書者得速知地球各國近況之利也。

八、圖書館有不知不覺使養成人才之利也。[1]

羅振玉、王國維於光緒二十七年（一九〇一）四月創刊《教育世界》，常有翻譯文章介紹歐美圖書館的實況，如創刊號登載《日本文部大臣宮彥圖書館事務分掌規則》，二十七年五月登載《關於幼稚園圖書館等及私立小學校規則》，二十八年九月登載《歐美書藏紀要》，二十九年四月登載《美國輪閱圖書館》，同年五月登載《記美國少年圖書館》。[2] 光緒二十八年，羅振玉更提出新教育制度，倡導“一種全國民衆圖書館及博物館的系統”，[3]建議在全國普設公共圖書館與博物院，除在京師及各省省會設立圖書館外，並在每一府、廳、州、縣亦得設立。每一所圖書館應蒐藏中日西文書籍，並開放供民衆閱覽。

爲了更有力地實現社會改革，康有爲、梁啟超等還於光緒二十一年（一八九五）七月初成立了強學會，此後上海、湖南、廣東、天津等地也紛紛仿效，組織學會、創辦報刊、開辦學堂。這些學會無不呼吁並致力成立圖書館。如《上海強學會章程》云：

> 此會擬宏開區宇，廣集圖書。……今之聚書，務使海内學者知中國自古有窮理之學，而講求實用之意，亦未遠遜，正不必驚望而無極，更不宜畫界以自封。泰西通都大邑，必有大藏書樓，即中國圖籍，亦藏弆至多。今合中國四庫圖

---

①《清議報》第十七期。

②張錦郎《清末的圖書館事業》，載《“國立中央圖書館”館刊》新六卷二期。

③裘開明譯《世界民衆圖書館概況專號——中國》，載《文華圖書館學專科學校季刊》六卷二期。

書,購鈔一份,而先搜其經世有用者。西人政教及各種學術圖書,皆旁搜購採,以廣考鏡而備研求。[①]

有些學會還對如何購書、分類、編目、保管、借閱,以及賠償作了明文規定,如《蘇學會簡明章程》云:

一、購買書籍由經理會同協理等,量會費之多寡,核要開單,公同議定。

一、書籍當依類編目,易於檢尋。寫書目三份,一存經理處,一存會中,一存管理處。俟藏書既多,再刊書目單分送同人。

一、書籍每日由協理輪查一次,如有損壞遺失等情,須由管書人追根賠補。

一、每逢五逢十爲發書之期,以五日爲一限期,能多閱者每期發書兩本,少者一本,上期取去,下期繳換。

一、會友欲看何書,須先向管書處掛號,以先後爲序,不得爭執。本會發有取書印摺一扣,各人每逢發書之期,持摺取書。第一期發書幾本,第二期收回前期之書,再發書幾本,均注明摺上,鈐以管書人私印,以後準此,一期不繳,以後不發。

一、看書借書如有塗抹缺失等事,在會中本人罰繳書值,本數少者倍之,不繳者將名除去。[②]

可見,各學會不僅爲建立近代圖書館大造輿論,而且也提出了切實可行的具體辦法。

乙　新聞出版業的發展

①《中國古代藏書與近代圖書館史料》録自《國聞報》第三一六號。
②《中國古代藏書與近代圖書館史料》録自《國聞報》第三一六號。

　　鴉片戰爭以後，我國新聞出版業勃興，這也爲近代圖書館在拓寬典藏内容、滿足讀者需求方面創造了條件。一八四○年以後，香港、上海、北京、天津等城市都相繼出版了不少報導新聞時事的報刊，如《香港新聞》《申報》《時務報》《中國日報》《國聞報》《蘇報》等。隨着新聞出版業的發展，爲了滿足各類讀者的不同需要，也陸續出現了一些專業性報刊，如一八九七年出版的《實學報》《農學報》，一八九八年出版的《格致新聞》《商務報》，一九○○年後出版的《外交報》《東方雜志》《教育雜志》等。此外，專刊文藝小説的有《新小説》《小説林》等，專談婦女問題的有《女子世界》《中國女報》等，專以兒童爲對象的有《蒙學報》《蒙學畫報》等。還有供一般民衆閱讀的白話報刊，幾乎遍及各省，成爲白話文運動的先聲。辛亥革命後，報紙、雜志更是風起雲涌，難以枚舉。

　　近代出版業一個鮮明特點是翻譯出版了大量西方著作，梁啓超《西學書目表·序例》對這段時間的譯書活動的意義及成果作了總結，略云：

　　　　海禁既開，外侮日亟。曾文正開府江南，創製造局，首以譯西書爲第一義，成者百種。而同時，同文館及西士之設教會於中國者，相繼譯録，至今二十餘年，可讀之書，略三百種。……今以西人聲、光、化、電、農、礦、工、商諸子與吾中國考據、詞章、貼括家言相較，其所知之簡與繁，相去幾何矣。兵志曰："知己知彼，百戰百勝。"人方日日營伺吾側，纖悉曲折，虛實畢見，而我猶枵然自大，偃然高卧，匪直不能知敵，亦且昧於自知，坐見侵陵，固其宜也。故國家欲自强，以多譯西書爲本的學子欲自立，以多讀西書爲功。此三百種者，擇其精要而讀之，與世界藩變之蹟，國土遷異之原，可以粗有所聞矣。

　　中日甲午戰爭的失敗,使中國知識分子看到了日本自維新以來學習西方的成功道路,於是將視野轉向日本。同時,日文與我國文字本有淵源關係,也便於我國人士學習。而且,西方許多重要著作都有日譯本,通過習日文、譯日籍也可以達到學習西方的目的,所以當時也翻譯了不少日文書,其中社會政治書比自然科技書翻譯得要多些。

　　清末統治者在鎮壓太平天國農民起義之後,爲了"端吏治而正人心",①在各省省會及部分大城市普遍設立了官書局。官書局刻書的目的主要在於鞏固封建統治,所刻幾乎是清一色的國學圖書。由於官書局經費充裕,有專家主持其事,在底本的選擇和校勘方面都比較可靠,而且書價低廉,所以雖然不合潮流,但對保存發揚傳統文化却不無補益。

　　近代新聞出版業的發展,在報刊與中外圖書方面都適應了近代圖書館的需要。同傳統的藏書樓相比,近代圖書館在收藏方面有着明顯的特點,對圖書報刊一般都兼收並蓄,並且特別重視采購新出版的譯本。如梁啟超《論學會》云:"七曰咨取官局群籍,概提全份,以備儲藏。八曰盡購已翻西書,收庋會中,以便借讀。九曰擇購西文各書,分門別類,以資翻譯。十曰廣翻地球各報,散佈行省,以新耳目。十一曰精搜中外地圖,懸張會堂,以備流覽。"②《揚州醫時學會章程》云:"會中以廣購書籍爲第一要義。""本會除購買書籍外,各種報章皆宜廣搜博采,以新耳目而開智慧。"③《皖省藏書樓開辦大略章程十二條》亦云:"一,本樓購置圖籍,凡屬有益經世之學,無論古今中外,均須隨時增購,以供衆覽,庶備講求實學轉移風氣之用。二、本樓圖籍之外,旁及各

①丁日昌《丁中丞政書》卷一《設立蘇省書局疏》中語。
②《時務報》第十册光緒二十二年(一八九六)十月初一日。
③《國聞報》第三六三號光緒二十四年(一八九八)九月十九日。

報,無論旬報、日報,但非淺鄙狂妄之説,均當全年訂閲,免蹈知古昧今之弊。"①可見近代出版業與近代圖書館事業相輔相成,互相促進,爲推動我國社會的進步,作出了應有的貢獻。

丙　大力興辦新式學校的需要

鴉片戰爭以後,爲了向西方學習,新式學校發展很快。同治元年(一八六二),總理衙門在北京創立同文館,招收滿族學生學習英、法、俄文;一八六三年,上海設立了廣方言館;一八六四年,廣州設立了廣州同文館。一八八〇年,在天津設北洋水師學堂,一八八五年設天津武備學堂,一八八八年設廣東陸師學堂,一八八七年設廣東水師學堂,一八九〇年設南京水師學堂,一八九三年設湖北自強學堂等。甲午戰爭後,李端棻上《請推廣學校摺》,對洋務派興辦學校的舉措進行了總結,並建議廣泛推廣。略云:

> 夫二十年來,都中設同文館,各省立實學館、廣方言館、水師武備學堂、自強學堂,皆合中外學術相與講習,所在而有……臣請推廣此意,自京師以及各省、府、州、縣,皆設學堂。……臣查各省及府、州、縣,率有書院,歲調生徒入院肄業,聘師簡授,意美法良,惟奉行既久,積習日深,多課帖括,難育異才。今可令每省、每縣,各改其一院,增廣功課,變通章程,以爲學堂。②

維新派代表人物梁啟超明確指出:"變化之本,在育人才;人才之興,在開學校;學校之力,在變科舉。"③光緒二十四年(一八九八),詔令所有書院改爲學校。而學校附設圖書館又成了客觀的需要。如清光緒二十四年,京師大學堂成立,《京師大學堂章程》

①《匯報》第二七六號,光緒二十七年(一九〇一)。
②《變法自強奏議彙編》卷三。
③《飲冰室合集》文集之一《變法通議》。

第一章第六節云：

> 學者應讀之書甚多，一人之力必不能盡購。乾隆間，高宗純皇帝於江浙等省設三閣，盡藏四庫所有之書，俾士子借讀，嘉惠士林，法良意美。泰西各國於都城省會皆設有藏書樓，亦是此意。近張之洞任廣東，設廣雅書院，陳寶箴任湖南，所設時務學堂，亦皆有藏書。京師大學堂爲各省表率，體制尤當崇閎，今設一大藏書樓，廣集中西要籍，以供士林流覽而廣天下風氣。[①]

二　近代圖書館概況

隨着圖書館觀念的逐步深入人心，各種學校紛紛建立，近代新聞出版業又得到了蓬勃發展，各類圖書館也隨之産生。

甲　公共圖書館

我國第一所官辦的公共圖書館於光緒三十一年（一九〇五），由時任湖南巡撫龐鴻書奏建，正式在長沙成立。其奏文云：

> 查東西各國都會，莫不設有圖書館，所以庋藏群籍，輸進文明，於勸學育才，大有裨益。湘省各屬學堂，經已次第建設；然科學未備，教員所編講義，又皆各以意取；亟應詳加校訂，參酌通行教科書，及東西洋已譯各科學善本，薈萃成帙，頒行通用，以收一道同風之效。其各省新編新譯，與夫從前官私著述，苟可裨益教育，皆宜旁搜博引，以備調查編輯之需，建設圖書館萬不可緩。前撫臣趙爾巽在省垣漢長沙定王臺創設，由各紳捐置圖籍，款項無多，規模尚隘。上

---

①《中國古代藏書與近代圖書館史料》錄自《國聞報》第二四八號。

年撫臣端方始委員赴日本調查，並購求書籍，延訂素有名
望、學識兼長者分任纂集各事，飭善後釐金局籌開辦費一萬
兩，再撥常年款一千二百兩，辦理甫有端倪，適值交卸。臣
接任後，疊與學務處司道籌商，以定王臺原址狹隘，非購民
房另造，不足以壯觀瞻。添撥開辦費五千兩，造就藏書樓一
所，計三層，縱橫面積四十丈，閱覽四所，縱橫二十四丈。外
更有買卷繳卷處，領書處等屋，現已一律告竣。所購日本圖
書，亦經運到。當飭編明書目，擬定章程，遴委監督，以董其
成。添派分校繕校收掌提調各紳員，薪水銀均由善後局核
實開支。刊發木質關防，文曰"湖南圖書館之關防"，俾昭信
用。湘省始基初肇，仍應寬籌長款，以圖擴充。[1]

其後，各省相繼成立公共圖書館，[2]其中北京圖書館的前身京師
圖書館的建立尤爲重要。羅振玉曾發表《京師創設圖書館私議》
一文提倡此事，略云："保固有之國粹，而進以世界之知識，一舉
而二善備者，莫如設圖書館。方今歐、美、日各邦，圖書館之增
設，與文明之進步相追逐，而中國則尚闃然無聞焉。鄙意此事亟
應由學部倡率，先規畫京師之圖書館，而推之各省會。"[3]宣統元
年(一九〇九)七月二十五日，遂由學部奏設京師圖書館，並派繆
荃孫充監督，徐坊署副監督，楊熊祥任提調，原奏稱：

伏查本年閏二月，臣部奏陳預備立憲，分年籌備事宜，
本年應行籌備者，有在京師開設圖書館一條，奏蒙允准，欽

①《清朝續文獻通考》卷一〇一《學校考》八《圖書》。
②詳見教育部調查之《各省圖書館一覽表》，載《教育公報》第三年(一九一六)
　第十期。
③《中國古代藏書與近代圖書館史料》第三章《近代圖書館的產生》第一節《清
　末關於創設圖書館的建議》。

遵在案。自應即時修建館舍，搜求圖書，俾承學之士，得以觀覽。惟是圖書館爲學術之淵藪，京師尤繫天下觀聽，規模必求閎遠，蒐羅必極精詳，庶足以供多士之研求，昭同文之盛治。……如蒙俞允，即由臣部咨行各該衙部暨各省督撫，遵照辦理。並督飭該館監督、提調等迅速籌辦，冀得早日觀成。[①]

宣統二年（一九一〇）即有《學部奏擬定京師及各省圖書館通行章程摺》公布。原件如次：

　　第一條　圖書館之設，所以保存國粹，造就通才，以備碩學專家研究學藝，學生士人檢閱考證之用。以廣徵博采，供人瀏覽爲宗旨。

　　第二條　京師及各直省省治，應先設圖書館一所。各府、廳、州、縣治應各依籌備年限以次設立。

　　第三條　京師所設圖書館定名爲京師圖書館。各省治所設者，名曰某省圖書館。各府、廳、州、縣治所設者，曰某府、廳、州、縣圖書館。

　　第四條　圖書館地址，以遠市避囂爲合宜。建築則取樸實謹嚴，不得務爲美觀。室內受光通氣，尤當考究合度，預防潮濕霉蝕之弊。

　　第五條　圖書館應設藏書室、閱書室、辦事室。

　　第六條　圖書館應設監督一員、提調一員。（京師書籍浩繁，得酌量添設，以資助理）其餘各員，量事之繁簡，酌量設置。京師圖書館呈由學部核定。各省圖書館呈由提學使司轉請督撫核定。各府、廳、州、縣治圖書館呈由

---

① 《中國古代藏書與近代圖書館史料》錄自《政治官報》第六七六號。

提學使司核定。(各省治暨各府、廳、州、縣治圖書館,事務較簡,圖籍較少,祇設管理一人,或由勸學所總董、學堂監督、堂長兼充)

第七條　圖書館收藏圖籍,分爲兩類:一爲保存之類,一爲觀覽之類。

第八條　凡內府秘笈、海內孤本、宋元舊槧、精鈔之本,皆在應保存之類。保存圖書,別藏一室。由館每月擇定時期,另備券據,以便學人展視。如有發明學術堪資考訂者,由圖書館影寫、刊印、鈔録,編入觀覽之類,供人隨意瀏覽。

第九條　凡中國官私通行圖書、海外各國圖書,皆爲觀覽之類。觀覽圖書,任人領取翻閲,惟不得污損剪裁及携出館外。

第十條　中國圖書,凡四庫已經著録及四庫未經采入者,及乾隆以後所有官私圖籍,均應隨時采集收藏。其有私家收藏舊槧精鈔,亦應隨時假鈔,以期完備。惟近時私家著述有奉旨禁行及宗旨悖謬者,一概不得采入。

第十一條　海外各國圖書,凡關係政治學藝者,均應隨時搜采,漸期完備。惟宗旨學説偏駁不純者,不得采入。

第十二條　京師暨各省圖書館得附設排印所、刊印所。如有收藏秘笈孤本,應隨時仿刊發行,或排印發行,以廣流傳。

第十三條　京師圖書館書籍鈐用學部圖書之印。各省圖書館書籍由提學使鈐印。各府、廳、州、縣圖書館書籍,由各府、廳、州、縣鈐印。無論爲保存之類、觀覽之類,概不得以公文調取,致有損壞遺失之弊。

第十四條　圖書館每年開館閉館時刻收發書籍,接待士人各項細則,應由館隨時詳擬。京師圖書館呈請學部核定,各省圖書館暨各府、廳、州、縣圖書館,呈請提學使司核定。

　　第十五條　圖書館管理員均應訪求遺書及版本,由館員隨時購買,以廣搜羅。惟須公平給價,不得藉端强索。其私家世守不願出售者,亦應妥爲借出,分別刷印、影鈔、過録,以廣流傳。原書必應發還,不得損污勒索。

　　第十六條　海内藏書之家,願將所藏秘笈暫附館中擴人聞見者,由館發給印照,將卷册數目、鈔刻款式、收藏印記,一一備載。領回之日,憑照發書。管理各員尤當加意保護,以免損失。其借私家書籍版片鈔印者,亦照此辦理。

　　第十七條　私家藏書繁富,欲自行籌款隨在設立圖書館以惠士林者,聽其設立,惟書籍目録、辦理章程,應詳細開載,呈由地方官報明學部立案。善本較多者,由學部查核,酌量奏請頒給御書區額,或頒賞書籍,以示獎勵。

　　第十八條　京師圖書館經費,由學部核定籌撥,撙節開支。各省由提學使司核定籌撥,撙節開支。各府、廳、州、縣由地方公款内籌撥,撙節開支。

　　第十九條　京師及外省各圖書館均須刊刻觀書券,以便稽察。凡入館觀書,非持有券據不得闌入。

　　第二十條　圖書館辦事章程如有未盡事宜,應隨時增訂。在京呈由學部核定施行。在外呈由提學使轉詳督撫核定施行。[①]

此章程較爲全面地反映了清末公共圖書館在采購、編目、典藏、流通、閲覽、組織管理等方面所達到的水平。

　　民國初年,爲了滿足普通讀者讀書看報的需要,北京及其他

①《中國古代藏書與近代圖書館史料》録自《教育公報》第一一三期。

城市曾興辦了不少通俗圖書館。一九一六年《教育公報》第三卷第十期載有《京師通俗圖書館成立之經過》一文，介紹了北京首建通俗圖書館的情況：

> 通俗教育以啟發一般人民普通必需之知識爲主，故通俗圖書館之設，實關緊要。其中採集之圖書，以人民所必需且易曉者爲宜。京師地面遼闊，雖由京師學務局設立公衆閱書處十餘所，然均附屬於各宣講所內，圖書無多，規模甚小。且當時各省對於此項圖書館均未設立。本部因於民國二年創設京師通俗圖書館一所，爲各省倡。委任社會司科員經理於宣武門大街租房一區，計二十一間，蒐集圖書，撰擬規程。凡三閱月，至十月下旬成立，開館閱覽，並附設公衆體育場、新聞閱覽處各一所。惟因當時國家財政困難，一切組織均極簡樸。自開辦迄今，已二年有餘。中間因經費稍裕，添設兒童閱覽室一處，續租本館後院房屋一所，計十二間，陸續增購圖書至一千四百餘種。其地既當要衝，閱覽者尚稱繁盛，計每日平均閱覽人數約六百二十餘人。民國四年一月，委任主事王丕謨兼充該館主任。由該館復修訂規則十四條，詳部批准在案。該館經費、預算每年一萬五千五百四十元，經財政部核減爲八千元。現每月祇領五百元，尚不及核減之數。所有薪資、房租、購書及雜費等項，均儘此數開支。此該館之大略情形也。[①]

在京師通俗圖書館的影響下，各省紛紛建立了通俗圖書館，據《教育公報》第三年第十期所載《各省通俗圖書館調查表》，一九一六年直隸、奉天等二十一省共有通俗圖書館二百三十七處，

①亦載《中國古代藏書與近代圖書館史料》。

每日平均閱覽人數約八千人。可見通俗館受到了民眾的熱烈歡迎。林傳甲一九一七年八月十二日《呈教育部請整頓圖書館以廣社會教育文》云："前年，傳甲在黑龍江兼任通俗教育社社長，創辦通俗圖書館，比之省立圖書館，用款不及什一，閱書人數則多至數十倍。"①從《魯迅日記》中可以看出魯迅先生也經常赴通俗圖書館看書，如一九一四年十二月二十二日"午後同徐吉軒、許季上至通俗圖書館檢閱小説"。一九一五年八月八日"下午又至通俗圖書館訪王仲猷，假書數册而歸"。

乙　學校圖書館

成立於同治元年(一八六二)培養翻譯外文人才的同文館，由於教學需要，即附設有圖書館。光緒十三年(一八八七)刊《同文館題名録》所載《同文館書閣藏書》云：

> 同文館書閣存儲漢洋書籍，用資查考，並有學生應用各種功課之書，以備隨時分給各館用資查考之書。漢文經籍等書三百本，洋文一千七百本，各種功課之書、漢文算學等書一千本。除課讀之書隨時分給各館外，其餘任聽教習、學生等借閱。注册存記，以免遺失。

成立於清光緒二十四年(一八九八)的京師大學堂所設藏書樓實即圖書館，《京師大學堂章程》論及此事，本節前文已引，可參看。同年成立於上海的南洋公學也設有圖書館。《南洋公學章程》第六章有藏書、譯書二節，略云：

> 第一節，公學設一圖書院，調取各省官刻圖籍，其私家所刻及東西各國圖籍，皆分別擇要購置庋藏，學堂諸生閱看各書，照另定收發章程辦理。第二節，學生本有翻譯課程，

---

① 《中國古代藏書與近代圖書館史料》録自《教育公報》第四年第四期。

另設譯書院一所,選諸生之有學識而能文者,將圖書院購藏東西各國新出之書擇要翻譯,陸續刊行。[①]

在京師大學堂圖書館的影響下,北京及各地紛紛建立學校,並附設了圖書館。美國人韋棣華女士(Mary Elizabeth wood,1862—1931)在武昌籌辦的文華公書林(Boone Library)影響尤大,嚴文郁敘其事云:

> 韋女士於光緒二十五年來華探視在武昌傳教的兄弟,正巧文華大學師資缺乏,遂受聘爲該校英文教授。而文華大學圖書館規模甚小,館藏貧乏,不敷教學需要,女士有鑒於此,除極力爭取房舍,擴充館藏外,並返美就讀紐約普萊特學院(Pratt Institute)及波士頓西蒙斯學院(Simmons College),專攻圖書館學,以爲實際的助力。二度來華,即正式創設公書林於武昌。取名公書林,已深寓"公之於衆"的意義。該館將文華大學的中西文圖書期刊,公開陳列,凡武漢地區各機關及學校及一般民衆均可使用。同時打破舊式貯之高閣的藏書樓觀念,採取開架式,供人自由閱覽。[②]

又,《私立武昌文華圖書館學專科學校一覽》中之《記武昌文華公書林》一文也作了具體介紹:

> 文華公書林於光宣年間,經韋女士一手經營,其始僅少數書報散置於文華校院東區之一小八角亭內而已。現有館舍於辛亥起義時落成,民國十年間更擴大三分之一。其內部佈置有編目室、參考室、閱覽室、報紙雜誌室、書庫、孫公紀念室(專藏商學書籍)、羅瑟紀念室(專藏關於中國情事之

---

① 《中國古代藏書與近代圖書館史料》錄自《國聞報》第二五四號。
② 《中國圖書館發展史》第三章《萌芽時期的圖書館事業》第一節《光緒末年》。

西文書籍)、司徒氏紀念廳及各辦公室、本校課堂、實習室、圖書館學研究室及辦公室等亦在本館內。文華公書林雖爲文華中學、文華大學、華中大學之學校圖書館,同時亦對其他學校機關與個人服務。[1]

丙　私人圖書館

隨着時代的進步,一些藏書樓也向公衆開放,從而具備了圖書館的性質,並爲近代圖書館的形成與發展作出了貢獻。鄭觀應於光緒十八年(一八九二)嘗云:"近日則吳興陸氏之皕宋樓首屈一指,另建守先閣,請於大府,奏於朝廷,供一郡人士觀覽,其大公無我之心,方之古人,亦何多讓!"[2]此後安徽、浙江兩省紳士亦約集同志,創建藏書樓,以供讀者閱鈔。當時私人創辦圖書館影響最大而又最成功的當推浙江紹興徐樹蘭於光緒二十八年(一九〇二)捐資創辦,光緒三十年(一九〇四)正式開放的古越藏書樓。光緒三十年,徐樹蘭《爲捐建紹郡古越藏書樓懇請奏咨立案文》云:

> 近來東南各省集貲建設藏書樓者亦復接踵而起。紹興統轄八縣,綴學之士,實繁有徒。當此科舉更章之際,講求實學,每苦無書。職不揣棉薄,謹捐銀八千六百餘兩,於郡城西偏購地一畝六分,鳩工營造,名曰古越藏書樓,以爲藏書之所,參酌東西各國規制,擬議章程,以家藏經史大部及一切有用之書,悉數捐入,延聘通人,分門排比,所有近來譯本新書以及圖書標本,雅馴報章,亦復購備,共用銀二萬三千五百六十餘兩。大凡藏書七萬餘千卷,編目三十五卷。建屋凡四層,前三層皆係高樓,分藏書籍,以中層之廳事爲

_____

[1] 亦載《中國古代藏書與近代圖書館史料》。
[2] 《盛世危言增訂新編》卷四《藏書》。

閱書所,桌椅器物皆備,綜共用銀三萬二千九百六十餘兩。又每年助洋一千元,禮延監督一人,總董其事,司事三人,分司其書。規模粗具,以備閤郡人士之觀摩,以爲府縣學堂之輔翼。所需開辦經費銀三萬二千九百六十餘兩,及常年經費,每年捐洋一千元,均由職自行捐備。[①]

其藏書宗旨與典藏範圍同傳統的藏書樓相比也有明顯的變化,如《古越藏書樓章程》云:"本樓創設之宗旨有二:一曰存古,一曰開新。""學問必求貫通,何以謂之貫通,博求之古今中外是也。往者士夫之弊,在詳古略今;現在士夫之弊,漸趨於尚今蔑古。其實不談古籍,無從考政治學術之沿革;不得今籍,無以啟借鑒變通之途徑。故本樓特闡明此旨,務歸平等,而杜偏駮之弊。"[②]

此外,近代天主教會和一些機關團體也辦過圖書館,如上海徐家匯天主堂藏書樓、北京教育部圖書室等,我們就不再詳加論述了。

三 近代圖書館的特點

近代圖書館與古代藏書樓相比,具有一些鮮明的特點。

首先,近代圖書館具有明確的辦館宗旨,即把圖書館當作傳播知識、教育民衆、造就人才的重要機構。如《京師圖書館及各省圖書館通行章程摺》第一條云:"圖書館之設,所以保存國粹,造就通才,以備碩學專家研究學藝、學生士人檢閱考證之用。以

---

① 《古越藏書樓書目》卷首。
② 《古越藏書樓書目》卷首。

廣徵博采,供人瀏覽爲宗旨。"①《湖南圖書館暫定章程》第三章
《宗旨》亦云:"本館以保存國粹,輸入文明,開通智識,使藏書不
多及旅居未曾携帶書籍者,得資博覽,學校教員學生得所考證爲
主義。"②

　　其次,藏書的内容有了很大的改變,通常是古今兼容,中外
並蓄,文理俱收,日報期刊皆在陳列保藏之列。如《京師圖書館
及各省圖書館通行章程摺》云:

　　　　第九條　　凡中國官私通行圖書、海外各國圖書,皆爲觀
　　覽之類。觀覽圖書,任人領取翻閲,惟不得污損剪裁及携出
　　館外。

　　　　第十條　　中國圖書,凡四庫已經著録及四庫未經采入
　　者,及乾隆以後所有官私圖籍,均應隨時采集收藏。其有私
　　家收藏舊槧精鈔,亦應隨時假鈔,以期完備,惟近時私家著
　　述有奉旨禁行及宗旨悖謬者,一概不得采入。

　　　　第十一條　　海外各國圖書,凡關係政治學藝者,均應隨
　　時搜采,漸期完備。惟宗旨學説偏駁不純者,不得采入。③

一些地方圖書館的人士思想更加解放,選書標準更加切合實際,
更加緊跟形勢。如《皖省藏書樓開辦大略章程十二條》云:

　　　　一,本樓購置圖籍,凡屬有益經世之學,無論古今中外,
　　均須隨時增購,以供衆覽,庶備講求實學轉移風氣之用。

　　　　一,本樓圖籍之外,旁及各報,無論旬報、日報,但非淺
　　鄙狂妄之説,均當全年訂閲,免蹈知古昧今之弊。④

---

①《中國古代藏書與近代圖書館史料》録自《學部官報》第一一三期。
②《中國古代藏書與近代圖書館史料》録自《學部官報》第一二期。
③《中國古代藏書與近代圖書館史料》録自《學部官報》第一一三期。
④《中國古代藏書與近代圖書館史料》録自《匯報》第二七六號。

某些學會還特別注意自然科學著作，如湖南《常德明達學會章程》云：“西國都邑，皆設大藏書樓，庋書數千萬卷，隨人縱覽，故異才日出，學術日新。本會擬擇中國書籍，先購其經世有用者，製造局、同文館所譯西書甚多，均採購之。然書中義理非圖不明，圖中用度非器不顯，今並購中外各種輿圖，動物、植物圖，測量、藝學各器，以資試驗而收實功。”①

　　第三，近代圖書館都主張並實行圖書流通。如京師圖書館於一九一二年七月製訂的《京師圖書館暫定閱覽章程》第八條規定：“學校職員、教員、學生有編輯參考之急需，由各校長函請寄贈特別普通券，俱免取券資。但每校以五卷爲限，入門時，向購券處驗明，換取領書證，與前條同。惟交證時，仍將原券領還。”第十六條規定：“本館無論士農工商軍界暨女學界，皆得入覽，限定每星期及二、三、四、五等日。”②《湖南圖書館暫定章程》第四條規定：“本館所藏各種圖書報章，凡有志嚮學者，皆得照規例入館參閱。”③《雲南圖書館章程》第一章第十一款云：“本館所藏圖書、報紙，凡政界、學界、實業界、軍事界之人，勿論本省客籍，皆得照規則入館參閱。”④

　　至於學校圖書館，當然更是直接爲老師與學生服務。例如國立北京大學圖書館“第一閱覽室置漢籍，第二閱覽室置雜誌，第三閱覽室置各種日報，第四閱覽室置東西文籍。此外各學系均設有分閱覽室，可以隨時調取圖書館之書籍，於一定期間存置

---

①《中國古代藏書與近代圖書館史料》錄自光緒二十四年（一八九八）二月二十一日《湘學報》。
②《中國古代藏書與近代圖書館史料》錄自《京師圖書館檔案》。
③《中國古代藏書與近代圖書館史料》錄自《學部官報》第十二期。
④《中國古代藏書與近代圖書館史料》錄自《雲南圖書博物館一覽·規章》。

該室，以供研究之用"。① 近代學校圖書館已實行圖書借閱制度，如清華學校圖書館一九一七年製訂的《圖書館規則》云：

> 七、職教員及學生，除中等科第一、二年級學生一科不得取書外出外，每次准取書籍雜誌共二本。如教員爲教授上取用者，不在此例。
>
> 八、取出書籍雜誌之期限，以兩星期爲度。倘取出之書籍雜誌，適值校中需用時，雖期限未滿，亦得向取書人索還。②

一些機關團體圖書館的藏書也供借閱。如一九一三年九月製訂的《教育部圖書室規則》第一條云："圖書室庋藏圖書雜誌，專供本部職員閱覽之用。但本京各學校及各學會之職員或學生，持有該機關介紹書者，亦得請求閱覽。"③

第四，近代圖書館的管理水平有了很大提高。各圖書館通常均有專人分工負責管理。如《浙江公立圖書館章程》第二條規定："本館設館長一人，由省長遴選碩學通儒充任。管理員一人，編纂員一人，文牘一人，庶務一人，掌書四人，繕録一人，均由館長任用，並存報省長。"④學校圖書館的組織機構也相當嚴密。如清華大學前身清華學校之圖書館，除主任（對外負責）、副主任外，下設：

> 參考部　　職員一人，由副主任兼理。
>
> 購置部　　職員一人。
>
> 編目部　　職員二人，用"杜威分類法"及"字典目録"。

---

① 《中國古代藏書與近代圖書館史料》録自《圖立北京大學概略》。
② 《中國古代藏書與近代圖書館史料》録自《清華學校一覽》。
③ 《中國古代藏書與近代圖書館史料》録自《教育公報》第七年第十二期。
④ 《中國古代藏書與近代圖書館史料》録自《教育公報》第五年第三期。

　　出納部　　職員二人,及學生助手一人。

　　登錄部　　職員一人,仿美國"紐渥克(Newask)借閱制度"。

　　裝訂部　　職員二人。

　　除職員外,復有館役六人。①

　　此外,近代圖書館的各項規章制度都已相當健全。僅以京師圖書館爲例,就有《京師圖書館暫定閱覽章程》《京師圖書館暫行圖書閱覽規則》《徵求書籍簡章》《交換閱覽圖書簡則》《閱覽互借圖書暫行規則》《鈔閱書籍特許券規則》《印書免費契約》《修正京師圖書館藏書流布暫行規則》等。這些規則使圖書館工作有章可循,是圖書館工作逐步走向規範化的標誌。

　　近代圖書館普遍做了整理編目工作,沈紹期一九一八年三月製訂的《中國全國圖書館調查表》,在所統計的三十三個圖書館中,有二十九個圖書館編了目錄。圖書目錄的分類方法多種多樣,有的仍按傳統分類法分類,如北京京師普通圖書館依《四庫全書》體例,附新書目錄;有的在四部分類法的基礎上作了一些改進,如河南普通圖書館目錄分經、史、子、集、叢書、時務六門;有的目錄改進得多一些,如無錫天上市普通圖書館目錄分經、史、子、集、叢書、文學、理學、法學、醫學、教育、實業、叢書、日文等類。有的圖書館圖書目錄兼用中外圖書分類法,如金陵大學校圖書館,漢文仿《四庫全書》分類法,西文按美國杜威十類法分;也有用自編的分類法的,如北京通俗圖書館目錄,分經學、歷史、傳記、地理、教育、政法、軍事、實業、算術、經濟、理科、宗教、醫藥、小説、雜誌、文牘、講演、詞曲、新舊劇、圖畫、體育、報告、雜

---

①《中國古代藏書與近代圖書館史料》錄自《清華學校一覽》。

書等類。[1]

　　所有這些特點都充分反映了我國由古代藏書樓向現代圖書館過渡時期的真實情況。近代圖書館在我國圖書館事業發展史上占有輝煌的一頁。

①《中國古代藏書與近代圖書館史料》録自《教育公報》第五年。

第三章　圖書收集

　　收集是圖書保管與利用的先決條件,本章着重探討圖書收集的標準、方法,以及如何鑒定圖書的收藏價值。

第一節　收集的標準

　　圖書浩如煙海,任何一個藏書單位都不可能毫無選擇地收集一切圖書加以典藏。人們在收集圖書的時候,都自覺地或不自覺地執行着一定的標準。

　　收集圖書以適用爲最基本的標準,而一本書是否適用是由藏書單位的性質與藏書目的決定的。

　　如宮廷藏書的目的,一方面顯示文運之盛,而主張兼收並蓄;另一方面則爲了鞏固封建統治,而大肆焚禁對其不利的圖書。清高宗的觀點尤爲鮮明,如乾隆三十八年五月十七日詔曰:"方今文治光昭,典籍大備,恐名山石室儲蓄尚多,用是廣爲搜羅,俾無遺佚,冀以闡微補闕。所有進到遺書並交總裁等,同《永樂大典》内現有各種詳加校勘,分別刊鈔,擇其中罕見之書有益於世道人心者,壽之梨棗,以廣流傳,餘則選派謄録,匯繕成編,陳之册府,其有俚淺訛謬者,止存書名,匯入總目,以彰右文之盛,此采輯《四庫全書》之本旨也。"①同時,他也要借此機會禁燬一切對清政府不滿、不利的圖書。如乾隆三十九年八月五日詔曰:"各省進到書籍不下萬餘種,並不見奏及稍有忌諱之書。豈有裒集如許遺書竟無一字違礙字迹之理。況明季末造,野史甚多,其間毁譽任意,傳聞異詞,必有詆觸本朝之語,正當及此一番查辦,盡行銷燬,杜遏邪言,以正人心而厚風俗,斷不宜置之不辦。"②顯然,詔令搜訪遺書以彰千古同文之盛與詔令銷燬抵觸清政府的書籍,似相反而實相成,其共同目的都是爲了鞏固其政權。

　　封建社會的學校是爲培養統治階級接班人服務的,所以特別注重收藏經學著作。如《安徽于湖中江書院尊經閣記》云:"經之所以薰陶萬士,涵養德性,磨礲器業,別黑白而定一尊也。然經者所以立天地之心,正群倫之命,揣物輕重若權度,灼知吉凶若蓍龜,抉衆理之精義以入神,操萬事之要領以應務,猶之布帛菽粟,百姓日用衣食而不可須臾離也。""諸不在三物六藝四術之科,孔門七十子之微言大誼,凡涉歧旁邪經,曲學阿世,紛紜雜出者,宜絶其術,勿使並進。"③而對於離經叛道的著作則嚴加排斥。如清末梁鼎芬序《豐湖書藏書目》云:"書藏意在搜羅往籍,於國朝人文集尤所加意。然如袁枚之素行無恥,得罪名教,淫書讕語,流毒海内,三五成群,成爲盗賊,成爲風氣,不可救藥;龔自珍心術至壞,生有逆子,敗亂大事,文字雖佳,不與同中國。凡此二人著述,永遠不得收藏,以示嫉惡屏邪之意。諸生其懍守之! 如

---

①《四庫全書總目》卷首。
②《辦理四庫全書檔案》上册。
③《安徽于湖中江書院藏書目》卷首。

有違背,非吾徒也。"①都是明顯的例子。

隨着時代的進步,有些學校的負責人接受了新思想,其擇書標準也就發生了變化。如謝元洪《興化文正書院藏書序》云:"昔嘗怪漢宋兩家門户之見,鑿枘不相入,今國家中外互市,異言蜂午,則又別其目曰中學,曰西學,維新守舊,斷斷如也。竊謂學無判中西,擇取有用而已。烏喙有毒起沉痼,螣蛇有毒療拘攣(攣),西學有毒藥儒緩。吾獨太息於今之阿附西學者,適中西學毒也。去其毒,集其益,析邪正,斠純雜,決自先辨義利始。然懼其尠見寡聞也,使之瀏覽載籍,上下千百年,猶懼其泥古未通今也,使之旁涉時務書,兼采西學,以補所不足。元洪自慚譾陋,於學術曾未窺萬一,而提倡之責,竊願與諸君子起而任之。"②

我國近代圖書館收集圖書的標準起了很大變化,特別强調實用濟時。如《蘇學會簡明章程》云:"本會所購之書分爲六門:曰史學、曰掌故學、曰輿地學、曰算學、曰農商學、曰格致學,其餘訓詁詞章概不備。"③《皖省藏書樓開辦大略章程十二條》亦云:

一、本樓購置圖籍,凡屬有益經世之學,無論古今中外,均須隨時增購,以供衆覽,庶備講求實學轉移風氣之用。

二、本樓圖籍之外,旁及各報,無論旬報、日報,但非淺鄙狂妄之説,均當全年訂閱,免蹈知古昧今之弊。

三、本樓藏書概求實用,除理學爲儒學正宗,詞章亦文人要技,此項書籍,自應備辦外,其餘瑣碎之考據,猥鄙之詞曲,古董之書畫,概不厠入。偶有捐贈,亦當璧謝,以昭劃

---

①見徐紹棨《廣東藏書紀事詩·豐湖書藏》引。
②《興化文正書院藏書目》卷首。
③載光緒二十四年(一八九八)七月二十日《國聞報》第三一六號。

一，而免紛歧。①

再如奉天（今遼寧）圖書館"開辦伊始，以奉省款項支絀，除撥款三千餘金購辦藏書外，復將前省學堂、前學務處購辦之書盡行撥入，上溯周秦，下迄昭代，凡承學之士所通行瀏覽之書，燦乎略備。歐美日本之譯籍及旁行斜上之原文，一切關於法治、文史、數理、農工商各科學者，亦復羅布棋列，略具概要。奉省人士，家無藏籍者，多每日至館閱覽，藉此以爲求學地，亦教育輔助之一端也"。②

私家收藏圖書的目的彼此間有很大差別，所以其搜集圖書的標準也相當複雜。

一般士子都視參加科舉博取功名爲正途，而按照封建統治階級接班人的標準來要求自己，藏書也偏重正經正史。如孫慶增云："藏書之道，先分經史子集四種，取其精華，去其糠秕，經爲上，史次之，子集又次之。……所以書籍首重經史，其次子集。"③葉德輝亦云："置書先經部，次史部，次叢書。經，先十三經；史，先二十四史；叢書，先其種類多、校刻精者。初置書時豈能四部完備？於此入手，方不至誤入歧途。"④

也有一些知識分子不以功名爲意，而以讀書、治學、寫作爲樂，他們收集圖書的標準往往突破正統觀念，或兼綜四部，或各有專藏，而這恰恰是私家藏書的特點與價值所在。如宋代藏書家蔡致君之子云："吾世大梁人，業爲儒。吾祖、吾父皆不事科舉，不樂仕宦，獨喜收古今之書。空四壁，捐千金以購之，常若饑

①載光緒二十七年（一九〇一）《匯報》第二七六號。
②《中國古代藏書與近代圖書館史料》第三章《近代圖書館的產生》第四節《各地區圖書館的創立：奉天圖書館簡史》。
③《藏書記要》第二則《鑒別》。
④《觀古堂藏書十約·購置》。

渴然。盡求善工良紙,手校而積藏之,凡五十年。經史百家,《離
騷》《風》《雅》,儒墨、道德、陰陽、卜筮、技術之書,莫不兼收而並
取,今二萬卷矣。"①明代著名藏書家祁承㸁也主張收書眼界欲
寬,指出:

> 夫購書無他術,眼界欲寬,精神欲注,而心思欲巧。蓋
> 今世所習爲文,人守一經,從博士弟子業者也。如古之著書
> 立言,不求聞達者,千百中不一二見焉,習俗溺人,爲毒滋
> 甚。每見子弟於四股八比之外,略有旁覽,便恐妨正業,視
> 爲怪物。即子弟稍竊窺目前書一二種,便自命博雅,沾沾自
> 喜,不知宇宙大矣。古今載籍,如劉氏《七略》、王儉《七志》、
> 阮孝緒《七録》,俱在人耳目者無論已。……若金陵之焦太
> 史弱侯,藏書兩樓,五楹俱滿,余所目睹,而一一皆經校讎探
> 討,尤人所難;婺州胡元瑞以一孝廉,集書至四萬二千三百
> 八十四卷。此皆近日士紳家事也,安可以鬚眉男子,竟同三
> 家村擔板漢乎。余故略一拈出,令汝輩知曠然宇宙,自有大
> 觀。所謂眼界欲寬者,此也。②

有的藏書家則偏重收集某類圖書,形成專藏。文學作品常
常是許多藏書家收藏的對象。如宋宋次道收唐人詩集頗多。徐
度云:"詩人之盛,莫如唐。故今唐人之詩集、行於世者無慮數百
家。宋次道龍圖所藏最備,嘗以示王介甫,且俾擇其尤者。公既
爲擇之,因書其後曰:'廢日力於斯,良可嘆也,然欲知唐人之詩
者,視此足矣。'其後此書盛行於世,《唐百家詩選》是也。"③明末
清初的曹溶則收集了大量的宋元人文集。王士禎云:"曹侍郎秋

①《斜川集》卷四《夷門蔡氏藏書目叙》。
②《澹生堂藏書約·藏書訓略·購書》。
③《却掃編》卷中。

岳,好收宋元人文集。嘗見其《静惕堂書目》,所載宋集,自柳開
《河東集》已下凡一百八十家;元集自耶律楚材《湛然集》已下凡
一百十有五家,可謂富矣。"①

　　還有的藏書家專門收藏某一類型文獻,譬如地方志。謝興
堯曾談及我國現代對方志的收藏情况:"各省地方志,最初無人
注意,民國十五六年間,如地方志之最佳者(明季清初及少見
者),不過五角一本,大約一部四册六册,價僅二三元,普通者每
部不過一元餘。猶憶某次於隆福寺書店,見人買方志書,不論部
册,以手杖量其書堆之高矮,爲省手續,其賤可知。後因外人欲
明中國各地版圖、山川、産業、風物等情,乃大購方志,國人亦漸
知其重要,價值因扶摇直上。"②我國私家收藏方志可以任鳳苞、
張國淦爲代表。王謇云:"任振采(鳳苞),宜興人。專收集方志,
以數十年之精力,所積孤本甚多,爲南北第一。有《天香園方志
目》。去秋悉以捐獻天津市文化局,時任氏年八十二矣,未幾即
歸道山。任氏有老僕爲司典籍,於方志版本頗能辨別。每至書
肆,娓娓而談,聞者多目爲學者。"③張國淦,湖北蒲圻人,所藏方
志至一千六百九十八部,一萬八千餘册。一九五二年售歸國有,
藏於湖北省圖書館,撰有《中國古方志考》。

　　還有人特別注意收集鄉邦文獻,(民國)《福建通志·文苑
傳》卷八云:"鄭杰字昌英,侯官人,乾隆間貢生。父庭澄……積
書三萬卷。……杰自弱冠爲諸生,即潛心稽古。……喜博覽肆
搜,於閩中文獻,尤寶貴勿失。每獲一碑版卷軸有標題可識者,
曰:'此吾鄉先輩物也。嗚呼,幾亡之矣!'每獲一詩文集,或版漫
漶不恒見,或稿完具而未鋟者,曰:'此吾鄉先生之著述也。嗚

①《池北偶談》卷一六《宋元人集目》。
②《中國出版史料補編·書林逸話》。
③《續補藏書紀事詩·任鳳苞》。

呼！幾湮没矣！'由是什襲珍藏，唯恐廢墜。"所輯《國朝全閩詩録》初集二十一卷、續集十一卷，均有刻本。

專家學者往往根據讀書治學的需要來收集圖書，嚴可均曾説：

> 余家貧，不能多聚書。顧自周秦漢，以逮北宋，苟爲撰述之所必需，亦略皆有之，南宋以下，寥寥焉。非不欲也，力不足也。四十年來，南游嶺海，北出塞垣，遇希有之本，必倩精寫；或肯售，即典衣不吝。今插架僅二萬，不全不備，以檢近代諸家書目，如世善堂、天一閣、萬卷樓、世學樓、傳是樓、曝書亭及同時同好如魯孔氏、閩張氏、漢陽葉氏、陽湖孫氏、績溪方氏，以及石刻之本、異國之本、道釋之藏，彼有而余無者多矣，彼無而余有者亦不少也。黄氏丕烈聚書多宋本，余與之交，不敢效之。書非骨董，未得宋本，得校宋本，足供撰述可耳。[1]

近人陳垣也持這種態度，他常對劉乃和説："我不是藏書家，不重藏宋、元等版本，也無力購買，只藏我閲讀、實用的書籍。"[2]正是從讀書治學的角度看問題，顧頡剛認爲"以前人收集圖書，目光所注，至爲狹隘"。指出：

> 我們只要能够用了材料的觀念去看圖書，能够用了搜集的觀念去看圖書館的事業，我們現在真不知道有多少新的工作可做。以前人看圖書是載聖人之道的，讀書是要學做聖人，至下也是文人，所以藏書的目的是要勸人取它作道

---

① 《鐵橋漫稿》卷八《書葛香士林屋藏書圖後》。世善堂主陳第、天一閣主范欽、世學樓主鈕石溪、傳是樓主徐乾學、曝書亭主朱彝尊，孔氏指孔昭焕，張氏指張祥雲，葉氏指葉名澧，孫氏指孫星衍，方氏指方大治。
② 《陳垣與北京圖書館》，載《文獻》第十四輯。

德和文章的標準的。現在我們的目的是在增進知識了,我
們要把記載自然界和社會的材料一齊收來,無論什麼東西,
只要我們認爲是一種材料就可以收下,不但要好的,並且要
壞的。這沒有什麼奇怪,研究動植物的人,不但要采集翠鳥
奇花,並且要采集毒蛇惡草,態度正和我們一樣。

他提出以下十六類文獻,均在搜集範圍之内:一、經史子集及叢
書;二、檔案;三、地方志;四、家族志;五、社會事件之記載;六、個
人生活之記載;七、賬簿;八、中國漢族以外各民族之文籍;九、基
督教出版之書籍及譯本書;十、宗教及迷信書;十一、民衆文學
書;十二、舊藝術書;十三、教育書;十四、古存簡籍;十五、著述稿
本;十六、實物的圖像。^① 顧頡剛的見解打開了我們的眼界,而中
國古代的藏書家當然是難以做到這一點的。

　　學者們爲編纂著述需要而藏書的例子甚多,如張金吾云:
"月霄十年來小大彙收,今古並蓄,合之先人舊藏,已有八萬卷。
又念金源氏有中國百十餘年,著作之家,乘時蔚起,未有裒集其
文者。遂矢志網羅,以補一朝之闕,故於金、元兩代遺集,更加意
搜訪。中如王朋壽之《類林》、孔元措之《祖庭廣記》、蔡松年之
《明秀集注》,與吳宏道之《中州啟札》,皆當世絶無僅有之
書也。"^②

　　鄭振鐸可算得上現代學者兼藏書家的典型,嘗云:"我不是
藏書家,我從來沒有想到爲藏書而藏書,我之所以收藏一些古
書,完全是爲了自己研究方便和手頭應用需要的。"^③趙萬里曾詳
盡地介紹過鄭振鐸收書的範圍與重點,指出:

①《購求中國圖書計劃書》,載《文獻》一九八一年第八輯。
②《愛日精廬藏書志》卷首序。
③《鄭振鐸文集》卷七《劫中得書記》卷首《新序》。

　　西諦對於歷代文學作品,總是按照中國文學發展過程,大力進行搜訪工作。從《詩經》《楚辭》,到戲曲、小説、彈詞、寶卷,面面具到,齊頭並進,四十年如一日,他不但重視作家的别集,還特别强調總集和地方藝文類書籍所起的作用。他認爲總集類書籍不但可和各家别集互相比勘,取長補短,而且還可看出各個歷史時期文學流派的特色和選家對文學批評的傾向。在解答具體問題時,兩者之間,更有着千絲萬縷的關係。①

這些藏書對鄭振鐸撰寫《插圖本中國文學史》《中國俗文學史》無疑發揮了很大的作用。

　　有的學者往往結合自己的個人愛好與研究課題,專門注意收集某一種書的各種版本,如倫明云:"定州王鐵珊(瑚)好讀《老子》,凡《老子》異本,收之殆備。"②盧弼有《水經注》各種版本數十部。③我國現代著名詞曲專家吳梅嘗謂:"吾十八歲即喜曲子,遇書肆中有傳奇即購歸。"④平生藏曲甚富,多明嘉靖善本,遂題藏書處曰百嘉室。王謇《續補藏書紀事詩·吳梅》云:"嘗見師手寫《百嘉室藏書目》,有元刊温公《切韻指南》、《歐陽公文集》、楊朝英《太平樂府》等三種,明永樂經廠巨本《佛曲》、弘治本《參同契》等八十餘種,清内府套印本《(欽定)曲譜》等五十餘種,别有元、明、清本曲目一百二十九部,四百七十六種,均百嘉室上駟。"⑤還有喜歡收藏小説的,陳繼儒説:"余猶記吾鄉陸學士儼山、何待詔

①《西諦書目》卷首《西諦書目序》。
②《辛亥以來藏書紀事詩·王鐵瑚》。
③《民國人物小傳》第六册《盧弼》。
④北京圖書館善本組輯録《吳梅戲曲題跋》上《四聲猿四卷》,載《文獻》第十二輯。
⑤千帆附識:吳先生書後歸國家圖書館,鄭西諦斡旋之力也。

柘湖、徐明府長谷、張憲幕王屋皆富于著述，而又藏稗官小説，與
吳門文、沈、都、祝數先生往來，每相見，首問近得何書。各出笥
秘，互相傳寫，丹鉛涂乙，矻矻不去手。其架上芸裹緗襲，幾及萬
簽，率類是，而經史子集不與焉。"(陳繼儒《晚春堂集》卷二《藏説
小萃序》)。

　　有些藏書家在確定收集標準時，側重形式。不少人酷愛收
集宋元善本。明末清初常熟大藏書家錢謙益的藏書樓名曰絳雲
樓，編有《絳雲樓書》，曹溶《絳雲樓書目題辭》稱其"所收必宋元
板，不取近人所刻及鈔本，雖蘇子美、葉石林、三沈集等，以非舊
刻，不入目録中"。[①]　其族孫錢曾亦有同好，嘗云：

　　　　竭予二十餘年之心力，食不重味，衣不完采，摒當家資，
　　悉藏典籍中。如蟲之負版，鼠之搬薑，甲乙部居，粗有條理。
　　憶年驅雀時，從先生長者游，得聞其緒論。逮壯有志藏弆，
　　始次第訪求，問津知塗，幸免於冥行摘埴，然生平所嗜，宋槧
　　本爲最。馮定遠每戲予曰："昔人佞佛，子佞宋刻乎！"相與
　　一笑，而不能已於佞也。[②]

黃丕烈也是一位突出的宋元古本愛好者，嘗云："余喜蓄古籍，苟
宋元舊刻，雖方伎必收焉。"[③]"余素不諳醫，而喜蓄醫書，非真好
醫書也，好醫書之爲宋元舊刻者。"[④]他對宋刻本情有獨鍾，自稱：
"予喜聚書，必購宋刻，昔人佞宋之譏有同情焉。"[⑤]"余以求古名
其居，爲藏宋刻書籍也，因自號佞宋主人。"[⑥]

---

① 《絳雲樓書目》卷首。
② 《述古堂藏書目》卷首自序。
③ 《蕘圃藏書題識》卷四《史載之方二卷》。
④ 《蕘圃藏書題識續録》卷二《洪氏集驗方五卷》。
⑤ 《蕘圃雜著・百宋一廛書録序》。
⑥ 《蕘圃雜著・求古精舍金石圖序》。

　　與黃丕烈百宋一廛同時而又相匹敵的尚有吳騫的千元十架。《海昌備志》卷十八云:"吳騫字槎客,號兔牀,家新倉里。篤嗜典籍,遇善本傾囊購之弗惜,所得不下五萬卷,築拜經樓藏之。晨夕坐樓中展誦摩挲,非同志不得登也。得宋本《咸淳臨安志》九十一卷、《乾道志》三卷、《淳祐志》六卷,刻一印曰'臨安志百卷人家',其風致如此。"《東湖叢記》卷六《藏書印記》亦云:"黃蕘圃主政百宋一廛,吳兔牀明經以千元十架相敵,故老風流,猶令聞者色飛眉舞。"

　　還有以印書紙張爲收藏標準的,近人陶湘即有此愛好。倫明《辛亥以來藏書紀事詩·陶湘》云:

　　　　武進陶蘭泉(湘)不重宋、元本,所藏明閔氏套印本、汲古閣刻本、武英殿刻本,俱完全不缺;又搜明刻附圖諸書、五色紅格醫書、《匯刻書目》所載大小叢書,各甚備。不問何類,凡開花紙所印皆收之,一時有"陶開花"之稱。其《程氏墨苑》五色本最罕見。

現代著名藏書家周叔弢收書也是從形式精美着眼的,其子周珏良説:

　　　　許多文章都提到他藏書有"五好"的標準。所謂"五好"就是:一、版刻好,等於一個人先天體格强健;二、紙張好,等於一個人後天營養得宜;三、題跋好,等於一個人富有才華;四、收藏印章好,宛如美人薄施脂粉;五、裝潢好,像一個人衣冠整齊。[①]

傅增湘也談到了周叔弢藏書的這一特點:

―――――――――

①《我父親和書》,載《文獻》第二十一輯。

顧君之收書也，與恒人異趣，好尚雖摯而懸格特嚴。凡遇刻本，卷帙必取其周完，楮墨務求其精湛；尤重昔賢之題識與傳授之淵源。又其書必爲經子古書、大家名著，可以裨學術，供循誦者。至鈔校之書，審爲流傳之祖本或名人之手迹，必精心研考以定其真贋。不幸有俗書惡印，點污塗抹之累，則寧從割舍，不予濫收。設遇銘心絕品，孤行秘本，雖傾囊以償，割莊以易，而曾不之恤。既收之後又亟繕完補綴，存其舊裝，襲以金粟之箋，盛以香楠之匣，牙籤錦帙，芸芬麝馥，寶護周勤。故其藏書不侈閎富之名，而特以精嚴自勵。[1]

有的藏書家由於受到經濟條件的限制，往往以廉價實用爲標準。如明中葉藏書家陸深《江東藏書目録序》云："余家學時，喜收書，然覰覰屑屑，不能舉群有也。壯游兩都，見載籍，然限於力，不能舉群聚也。間有殘本不售者，往往廉取之。故余之書，多斷缺。缺少者，或手自補綴，多者幸他日之偶完，而未可知也。"沈節甫《玩易樓藏書目録·自序》也説："余性迂拙，無他嗜好，獨甚愛書。每遇貨書者，惟恐不余售。既售且去，惟恐其不復來也。顧力不足，不能多致，又不能得善本，往往取其直之廉者而已。即有殘闕，必手自訂補，以成完帙。"近人范祥雍則明確提出"買舊書，少買新書；買廉價書、特價書，少買高價書、實價書；逛冷攤，少跑大書鋪"。[2]

有的藏書家在實踐中也體會到，用廉價收得不全之書，只要留心搜訪，往往由不全變全。李文藻《琉璃廠書肆記》云：

　　內城隆福寺，遇會期多有賣書者，謂之趕廟。散帙滿地，往往不全而價低。朱少卿豫堂，日使子弟物色之，積數

①《自莊嚴堪勘書圖·序》，載《文獻》第二十一輯。
②《續補藏書紀事詩·范祥雍》。

十年,蓄數十萬卷,皆由不全而至於全。蓋不全者,多是人家奴婢竊出之物。其全者固在,日日待之而自至矣。[①]

還有的達官貴人附庸風雅,以藏書爲擺設,因此專門搜集形式華美的圖書,如大軍閥張勛即一例。倫明《辛亥以來藏書紀事詩·張勛》云:

> 辛亥後,武人擁厚貲大治宮室,以圖書供點綴。惟張少軒將軍(勛)自有宗旨,所收書以殿本爲限,殿本書又及百册者爲限。書坊覘其值,就不百册者,每頁中墊以紙,一册可分裝二、三册,張亦不細審也。自是遂成風氣。其始猶用細潔之紙,漸且用粗劣者代之矣;其始但施於貴重之書,漸且普通之書亦爲之矣。購者亦知其弊,咨不增價;而積習牢不可破,今滬、浙盡效顰。甚矣,壞習之易移人也!

可見,收集圖書的標準雖然多種多樣,然而都反映了各自的藏書目的,體現了適用的原則。

第二節　收集的方法

鄭樵對收集圖書的途徑作過較爲系統的總結,指出:"求書之道有八:一曰即類以求,二曰旁類以求,三曰因地以求,四曰因家以求,五曰求之公,六曰求之私,七曰因人以求,八曰因代以求,當不一於所求也。"[②]下面就引申鄭説,陳述如次。

---

① 《南澗文集》卷上。
② 《通志》卷七一《校讎略·求書之道有八論》。

一　鈔録

鈔録是圖書最原始、最基本的復製方式。在雕版印刷術發明以前，我國的圖書是靠鈔録來傳播的；在雕版、活字排版印刷術發明以後，鈔録仍然被廣泛采用。這是因爲並非所有的圖書都能够采用雕版印刷或活字排版印刷的方式廣泛傳播。有時鈔録比購買印本圖書更方便、更經濟，而且鈔書也是一種學習方法，所以鈔録始終是中國古代公私藏書的一種重要收集方式。故孫慶增云：

> 書之所以貴鈔録者，以其便於誦讀也。歷代好學之士皆用此法，所以有刻本，又有鈔本、有底本。底本便於改正，鈔本定其字劃，於是鈔録之書，比之刊刻者更貴且重焉。況書籍中之秘本，爲當世所罕見者，非鈔録則不可得，又安可以忽之哉，從未有藏書之家而不奉之爲至寶也。[1]

葉德輝亦云："居今日而言收藏，可以坐致百城，琳琅滿室矣！而猶有待於傳録者，蓋其書或僅有鈔本，不能常留，過目易忘；未存副録，校刻則有不給；久假復不近情。有彼此借鈔，可獲分身之術。"[2]

古人還把鈔書當作學習的一種方法，如東晉范汪"年十三喪母，居喪盡禮，親鄰哀之。及長，好學，外氏家貧，無以資給。汪乃廬於園中，布衣蔬食，然薪寫書。寫畢，誦讀亦遍，遂博學多通，善談名理"。[3]　南齊蕭鈞"好學，常手細字書《五經》，一部爲一

---

① 《藏書記要》第三則《鈔録》。
② 《觀古堂藏書十約·傳録》。
③ 《晉書》卷七五《范汪傳》。

卷,置之巾箱中。侍讀賀玠問曰:'殿下家有墳索,何須此蠅頭細書,別藏巾箱?'答曰:'巾箱《五經》,檢閱且易,一更手寫,則永不忘。'"①

先秦至清,鈔本在國家藏書中占有較大比重。其特點是大規模有組織有計劃地進行鈔寫。如《新唐書·藝文志》云:

> 貞觀中,魏徵、虞世南、顏師古繼爲秘書監,請購天下書,選五品以上子孫工書者爲書手,繕寫藏於內庫,以宮人掌之。玄宗命左散騎常侍、昭文館學士馬懷素爲修圖書使,與右散騎常侍、崇文館學士褚無量整比。會幸東都,乃就乾元殿東序檢校。無量建議:御書以宰相宋璟、蘇頲同署,如貞觀故事。又借民間異本傳錄。及還京師,遷書東宮麗正殿,置修書院於著作院。其後大明宮光順門外,東都明福門外,皆創集賢書院,學士通籍出入。既而太府月給蜀郡麻紙五千番,季給上谷墨三百三十六丸,歲給河間、景城、清河、博平四郡兔千五百皮爲筆材。兩都各聚書四部,以甲、乙、丙、丁爲次,列經、史、子、集四庫。其本有正有副,軸帶帙籤皆異色以別之。

兩宋國家藏書機構也開展過大規模的藏書活動,如高宗紹興十五年(一一四五)五月二十八日秘書省復置補寫所,招聘書手數十人。爲便於管理,還對書手提出了一些具體要求。據《宋會要輯稿·崇儒四》記載,"楷書課程舊制每日寫二千字,遇入冬書寫一千五百字,並各置工課手歷,每日抄轉書勘點檢,月終結押。"明、清雕版印刷、活字排版印刷事業雖然十分盛行,但是《永樂大典》《四庫全書》均爲鈔本。如《四庫全書》共鈔正本七部、副本一

---

①《建康實錄》卷一六。

部,每部十億字。鈔寫者是從參加科舉考試的落榜生中挑選出來的,條件是字畫勻净,乾隆四十二年(一七七七)前後有六百餘名,後來增加到一千名。《四庫全書》館規定:"在館諸生每日限寫一千字,五年共限寫一百八十萬字。"①後來又要求每人每天寫兩千字。② 爲便於考核,還要求謄録者在所鈔書的尾頁上寫明姓名。③

鈔録也是私家收集圖書的重要方式之一。藏書家通常采用自己鈔的方式。如《梁書・袁峻傳》稱:"袁峻字孝高,早孤,志篤好學,家貧無書,從假借必皆鈔寫,自課日五十紙,紙數不登則不止。"《舊唐書・柳公綽傳》介紹了柳公綽之子柳仲郢的鈔書情況:

> 仲郢以禮法自持,私居未嘗不拱手,内齋未嘗不束帶。三爲大鎮,厩無名馬,衣不薰香。退公布卷,不舍晝夜。《九經》《三史》一鈔,魏晉已來南北史再鈔。手鈔分門三十卷,號《柳氏自備》。又精釋典,《瑜伽》《智度大論》皆再鈔。自餘佛書,多手記要義,小楷精謹,無一肆筆。

司馬光在六十八歲時還鈔成《微言》三卷,"所鈔自《國語》而下六書,其目三百一十有二,小楷端重,無一筆不謹,百世之下,使人肅然起敬。"④明代藏書家錢穀及其子允治均愛鈔書,錢謙益云:

> 錢穀,字叔寶,少孤貧。游文待詔門下,日取架上書讀之。以其餘功點染水墨,得沈氏之法。晚葺故廬,讀書其中。聞有異書,雖病必强起,匍匐請觀。手自鈔寫,幾於充

---

① 《辦理四庫全書檔案》上册三十六頁。
② 參見《辦理四庫全書檔案》上册九十六頁。
③ 參見《辦理四庫全書檔案》下册三十七頁。
④ 《直齋書録解題》卷十《微言三卷》。

棟，窮日夜校勘，至老不衰。子允治，酷似其父。年八十餘，
隆冬病瘍，映日鈔書，薄暮不止。[①]

明末藏書家顧華亦好鈔書，彭士望《長洲舊文學顧君生壙志》
稱其：

> 性獨好書，甚於饑渴飲食。其有裨於身心家國天下之
> 務，足備一代之文獻者。耳目所及，輒展轉窮搜之，必購得
> 之爲快。或書衷重及未板行而隱秘者，求之益力。得之則
> 狂喜，神色飛動。或力有所不能得，則手自鈔寫，窮日夜可
> 盡百十紙。夜嘗不寐，寐亦止盡數刻，而張燈披衣，往往達
> 旦。手不釋卷，不停鈔，自以爲愉快極，雖老至不知也。凡
> 鈔閱校讎，精審不訛一字，稍涉疑義，則盡記之，舉其辭問晰
> 乃已。[②]

有條件的藏書家爲了節省時間，提高效率，還請人傳鈔。有
讓家裏人鈔的，如宋代的尤袤，其《家譜本傳》云："公平居無事，
日取古人書錄之，家人女稺莫不識字，共錄三千餘部，建萬卷藏
書樓，又闢書堂於錫山之麓。"[③]清代藏書家陸烜常命侍妾沈虹屏
鈔書，葉昌熾叙其事云：

> 八月十一日，又爲翰怡作張懷瑾"紛紛欣欣，心開目
> 明"。内有《尚書義》一部，平湖陸烜子章撰。全帙皆侍妾沈
> 虹屏所書，小楷娟秀。裝池者觀其小印，亦釵而非弁，誠爲
> 玉臺之佳話，鎮庫之尤物。既勸翰怡藏之，亟先錄之，共十
> 二册。所見爲首尾二册，乾隆五十一年正月自序，序後署侍

---

①《列朝詩集》丁集卷八。
②《樹廬文鈔》卷九。
③《梁谿遺稿》卷末《附錄》。

史沈彩書。《堯典》後有題識云："主君作《書義》，皆命彩手
鈔，故嘗贈彩詩有'傳經可有粲花舌，詰屈聱牙記伏生'，又
'妙筆簪花非玩物，藉傳皇極答蒼生'之句。此三易稿也。
始寫於乾隆丙午十二月十七日，爲立春日。時連朝雨雪，江
梅初包，天寒手顫，僅免呵凍云。胥山蠶妾沈彩識。"下鈐
"沈采"印。《舜典》後題"侍妾沈彩繕寫"，下鈐"沈采"、"繡
窗餘暇"二印。《吕刑》後題"女史沈彩虹屏鈔"，下鈐"簪花
格"、"虹屏"二印。《文侯之命》後題"女史沈彩寫"，有"希
衛"印。《費誓》後題"侍史沈彩書"。……末一葉鈐"飄香手
裝"方印，飄香亦似侍兒小名也。①

　　有命僮僕鈔書的，如："《困學齋雜録》，汝南袁表命工徐堂録
於陶齋。毛汲古影宋本，有家人劉臣、斧季甥王乃玉。黄蕘圃藏
書甲於海内，門僕張泰善於鈔書，有'入門僮僕盡鈔書'一印。"②
　　有命下屬鈔書的，如《新五代史·楊邠傳》稱後漢楊邠官至
中書侍郎兼吏部尚書，"居家謝絶賓客，晚節稍通縉紳，延客門
下，知史傳有用，乃課吏傳寫"。明代藏書家葉盛，謚文莊。錢大
昕云："文莊藏書之富，甲於海内，服官數十年，未嘗一日輟書，雖
持節邊徼，必携鈔胥自隨。每鈔一書成，輒用官印識於卷端，其
風流好事如此。"③明代藏書家項篤壽字子長，朱彝尊云：子長"性
好藏書，見秘册，輒令小胥傳鈔，儲之舍北萬卷樓"。④　而朱彝尊
本人也曾命下屬鈔書，並因此而丟官，嘗云："（予）中年好鈔書，
通籍以後，見史館所儲，京師學士大夫所藏弆，必借録之。有小

①《緣督廬日記鈔》卷一六。
②《骨董瑣記》卷八《鈔書僮僕》。
③《潛研堂文集》卷三一《紅雨軒集跋》。
④《曝書亭集》卷五三《書萬歲通天帖舊事》。

史能識四體書，日課其傳寫，坐是爲院長所彈去官，而私心不悔也。"①

　　還有冒險犯禁託人代鈔的，如錢曾云："天啟乙丑（一六二五），牧翁削籍南還，託錦衣胡錦山於內閣典籍鈔《昭示姦黨三錄》……繕寫者搖手咋舌，早晚出入閣門，將鈔書夾置褲襠中而出，丁卯（一六二七）四月始卒業，鈔寄之難如此……牧翁據此考定《開國功臣事略》。"②

　　當然，出錢請人鈔書更爲普遍，以至有人專門以鈔書爲業。這種現象起源甚早，王子年《拾遺記》曰："張儀、蘇秦二人同志，遞剪髮以相活，或傭力寫書，行遇聖人之文，無題記則以墨畫於掌內及股裏，夜還更折竹寫之。"③漢代以後，傭書現象更爲普遍，如《後漢書·班超傳》稱班超"家貧，常爲官傭書以供養"。《南史·朱異傳》稱朱異"以傭書爲業，寫畢便誦，遍覽經史，尤明《禮》《易》；涉獵經史，兼通雜藝"。《北史·劉芳傳》稱劉芳"晝則傭書以自資給，夜則誦經不寢"。他爲僧人"傭寫經論，筆迹稱善，卷直一縑，歲中能入百餘匹，爲此數年，賴以頗振"。陸游《跋尹耘師書劉隨州集》云："傭書人韓文持束紙支頭而睡，偶取視之，《劉隨州集》也，乃以百錢易之。"④明范欽從子范大澈亦好聚書，鄭梁稱其"月俸所入，輒以聚書。聞人有鈔本，多方借之。長安旅中，常雇善書者謄寫，多至二三十人"。⑤葉德輝對清末民初湖南藏書家花錢請人鈔書的情況述之頗詳，其言云：

①《曝書亭集》卷三九《鵲華山人詩集序》。
②《讀書敏求記校證》佚文《昭示姦黨三錄三卷》。
③《太平御覽》卷六一九引。《拾遺記》是僞書，蘇、張事不可信，然亦見傭書之事出現甚早。
④《渭南文集》卷二七。
⑤《藏書紀事詩》卷二《范欽堯卿·從子澈子宣》。

　　傳録之法，多倩傭書者，以別舍處之。以工貲計，湘省
最廉。善書者一日可書五千字。凡字一千，不過七、八十文
内外；若至百文一千，則謀者蠅集矣。故鈔一書，字至十萬，
僅費錢七、八千，較之千金買《漢書》、貂裘賄侍史，其廉爲何
如耶！鈔寫之紙以日本、高麗繭紙爲上，其紙吸墨而滑筆，
但使寫手輕匀，易於增色。其次中國之潔净花胚（即官堆之
高者）。杭連雖白，至爲不佳。墨乾則筆澀，墨濕則字毛，一
遇積霉，或沾鼠溺，則腐碎不可觸手。此余二十年所親歷，
故能言其害也。[①]

　　爲了提高鈔書的質量，一般要在鈔書紙上預畫行格。馬
衡云：

　　　古時鈔書，必以墨畫直格，唐時謂之邊準，宋時謂之解
　　行。宋程大昌《演繁露》（卷七）引李義山集新書序曰："治紙
　　工率一幅以墨爲邊準（原注：今俗呼解行也），用十六行式
　　（原注：'言一幅解爲墨邊十六行也'），率一行不過十一字。"
　　而宋趙彦衛《雲麓漫鈔》（卷三）曰："釋氏寫經一行以十七字
　　爲準，故國朝試童行誦經，計其紙數，以十七字爲行，二十五
　　行爲一紙。"據程氏、趙氏所説，行數、字數各有定式，今所見
　　唐以前之卷子本，似不盡相符，惟釋氏寫經則以每行十七字
　　爲準耳。[②]

鈔書預畫行格的傳統一直保持到清代，如清蔣衡曾用十二年時
間鈔成十三經，其自跋云：

　　　余矢志力書，計全經八十餘萬言。於是先其難者，以

①《觀古堂藏書十約・傳録》。
②《凡將齋金石叢稿》卷七《論書籍制度》。

《春秋左傳》二十萬言始，凡五年訖工；繼以《禮記》十萬言，
又二年；其餘《周易》《尚書》《毛詩》《周禮》《儀禮》《公羊》《穀
梁》《爾雅》《孝經》《論語》《孟子》，又五年，共歷一紀乃畢。
以碑洞石經爲式，用東洋紙，界烏絲欄書之。①

爲了提高鈔書的速度，做到整齊美觀統一，明清公私鈔書往往印
有專用的鈔書紙，《永樂大典》《四庫全書》皆如此。張忱石云：

《永樂大典》在裝幀上也別具一格。全書采用上等白宣
紙，印有朱絲欄，每半頁八行，大字占一行，小字鈔成雙行，
行二十八字，用極爲端正的楷書鈔寫，墨色黝黑，微發古香。
對於名物器什、山川地形等皆繪有圖形。所繪之圖，全用白
描手法，形態逼真，精麗工致，是古代書籍插圖中的佳品。
凡徵引書名和圈點，全用朱筆，相當醒目。版心亦爲朱色，
上魚尾內標有“永樂大典卷××”，下魚尾內記每卷頁碼。
每冊高營造尺一尺五寸六分、寬九寸三分。書面硬裱，用粗
黃布連腦包過，顯得格外莊重樸實。每冊三十至五十餘頁
不等，有一卷一冊的，亦有二卷或三卷一冊的，但以二卷一
冊者居多。每冊外封左上有一長方框，內題“永樂大典”四
字，其下用雙行小字注明卷幾至卷幾。右上角有一小方格，
題該冊所屬韻目，又低一字再注明這一冊又是該韻目之第
幾冊。這樣“考索之便”真是“探囊取物”了。②

明清私家鈔書用自己印製的統一的鈔書紙，也十分普遍，如明吳
寬鈔本，用紅格紙，版心有“叢書堂”三字；祁承爜鈔本，用藍格
紙，版心有“澹生堂鈔本”五字；清錢曾鈔本，用墨格紙，格欄外有

①錢泰吉《曝書雜記·蔣氏自跋十三經字冊》。
②《永樂大典史話》一《〈永樂大典〉的修纂起因及經過》。

“虞山錢遵王述古堂藏書”十字。[①]

　　還有一種影鈔法，即將紙蒙在珍本上，照式摹寫。毛晉的影鈔本最有名，孫慶增《藏書記要》第三則《鈔録》云：“汲古閣影宋精鈔，古今絶作。字畫、紙張、烏絲、圖章，追摹宋刻，爲近世無有能繼其作者。”

　　鈔録也會出現一些弊端，顧炎武曾撰《鈔書八弊》，指出：“書手粗率，捲腦折角；墨汁蠅矢垢汙；衆手傳接，揉熟紙本；開卷不收；分手鈔謄，折釘散亂；鈔寫有誤，恐被對出，反將原稿塗改；欲記起止，輒將原稿加圈加勾；粘補錯字扯用書角片紙。”[②]當然，鈔本最普遍的問題是由於所依據的底本有好壞，鈔書者的能力與態度有不同，因而導致鈔書水平參差不齊，各鈔本之間的文字差異較大，因此鈔本普遍存在着校勘問題，而且工作量相當大。

二　購買

　　購買圖書是豐富館藏最基本、最有效的方法。我國早在東漢就有了書肆，葉德輝《書林清話》卷二《書肆之緣起》專門介紹了書肆發展簡史，本書《版本編》第四章《雕印本的品類》第三節《按刻書單位區分》三《坊刻本》引用過，可參看。

　　宋代由於雕版印刷術的蓬勃發展，圖書的出版發行工作也達到了一個嶄新的水平。元吳澄云：“宋三百年間，鋟板成市，板本布滿乎天下，而中秘所儲，莫不家藏而人有……無漢以前耳授之艱，無唐以前手鈔之勤，讀者事半而功倍，何其幸也。”[③]北宋首

---

①參見本書《版本編》第六章《非雕印本的區分與鑒定》第二節《鈔本》。
②《亭林先生遺書彙輯·菰中隨筆》。
③《吳文正集》卷三四《贈鬻書人楊良甫序》。

都開封就是當時的圖書銷售中心,宋張擇端《清明上河圖》所畫
書鋪前有"發兌古今書籍"字樣。開封城内相國寺東門大街尤多
書籍鋪,孟元老《東京夢華録》卷三云:"相國寺每月五次開放,萬
姓交易。庭中設綵幙、露屋、義鋪,賣……時果……之類。殿後
資聖門前,皆書籍、玩好、圖畫之類。"北宋文學家穆修就曾在這
裏賣過書,魏泰稱其"晚年得《柳宗元集》,募工鏤板,印數百帙,
携入京相國寺設肆鬻之"。① 今傳宋本《抱朴子》内篇《祛惑》卷末
有牌記云:"舊日東京大相國寺榮六郎家,見寄居臨安府中瓦南
街東,開印輸經史書籍鋪,今將京師舊本《抱朴子》内篇校正刊
行,的無一字差訛,請四方收書好事君子幸賜藻鑒,紹興壬申歲
六月旦日。"②浙江的杭州、四川的成都與眉山、福建的建安與建
陽也是圖書的出版與銷售中心,正如魏了翁所説:"自唐末五季
以來,始爲印書。極於近世,而閩、浙、庸蜀之鋟梓遍天下。"③

　　宋代雖然雕印本盛行,但傭書銷售鈔本的現象依然存在,如
陸游《跋尹耘師書劉隨州集》云:"傭書人韓文,持束紙支頭而睡,
偶取視之,《劉隨州集》也,乃以百錢易之,手加裝褫。紹興二十
五年正月八日陸某記。"④是一例。

　　明代雕版印刷、活字印刷技術更爲普及,書商的活動範圍因
而更加廣泛,圖書市場的規模也更大更方便。正如曹溶所説:
"近來雕板盛行,煙煤塞眼,挾資入賈肆,可立致數萬卷。"⑤全祖
望稱顧炎武在游歷中,"偶有遺忘,即於坊肆中發書而熟復之";

---

①《東軒筆録》卷三。
②《中國版刻圖録》圖版十二。
③《鶴山集》卷四。詳見本書《版本編》第四章《雕印本的品類》第二節《按地域
　區分》。
④《渭南文集》卷二六。
⑤知不足齋本《澹生堂藏書約》附刊《流通古書約》。

“或與平日所聞不合,則即坊肆中發書而對勘之”。[①] 胡應麟曾記載明代北京、杭州、南京等地的書肆情況,今錄之如下:

> 凡燕中書肆多在大明門之右,及禮部門之外,及拱宸門之西。每會試舉子,則書肆列於場前;每花朝後三日,則移於燈市;每朔望並下澣五日,則徙於城隍廟中。燈市極東,城隍廟極西,皆日中貿易所也。燈市歲三日,城隍廟月三日,至期百貨萃焉,書其一也。凡徙,非徙其肆也。輦肆中所有,稅地張幕列架而書置焉。若縈繡錯也。日昃復輦歸肆中,惟會試,則稅民舍於場前,月餘試畢賈歸,地可羅雀矣。

> 凡武林書肆,多在鎮海樓之外,及湧金門之內,及弼教坊、清河坊,皆四達衢也。省試則間徙於貢院前,花朝後數日,則徙於天竺,大士誕辰也。上巳後月餘,則徙於岳墳,游人漸眾也。梵書多鬻於昭慶寺,書賈皆僧也。自餘委巷之中,奇書秘簡往往遇之,然不常有也。

> 凡金陵書肆,多在三山街及太學前。凡姑蘇書肆,多在閶門內外及吳縣前,書多精整,然率其地梓也。余二方皆未嘗久寓,故不能舉其詳。他如廣陵、晉陵、延陵、檇李、吳興,皆間值一二,歙中則余未至也。[②]

清代的書肆可以北京的琉璃廠爲代表,葉德輝嘗云:“京師爲人文薈萃之區,二百餘年,廠甸書肆如林。”[③]琉璃廠地處北京南城,東西長二里許,明清兩代在其地設窰燒製琉璃瓦件,故名。琉璃廠書肆的發展時期,是在乾隆三十八年(一七七三)組織編

---

①《鮚埼亭集》卷一二《亭林先生神道表》。
②《少室山房筆叢》卷四《經籍會通四》。
③《書林清話》卷九《都門書肆之今昔》。

纂《四庫全書》之後,當時《四庫全書》館的館臣多寓居宣武城南,琉璃廠位置適中,且小有林泉,故他們經常到那裏訪求自己所需要的書。琉璃廠附近有不少外地會館,大批赴京趕考的考生寓居其中,琉璃廠也是他們常去的地方,這在客觀上促進了琉璃廠圖書、古玩、字畫等行業的發展。琉璃廠書鋪的購書環境與服務態度也頗受顧客歡迎。郁默寫道:

> 書店門面雖然不寬,而内則曲折縱橫,幾層書架,及三五間明窗浄几之屋,到處皆是棐几湘簾,爐香茗碗。倦時可在暖炕床上小憩,吸煙談心,恣無拘束。書店伙計和顏悦色,奉承恐後,決無慢客舉動。買書固所歡迎,不買亦可。給現錢亦可,記賬亦可。雖是買賣中人,而其品格風度,確是高人一等。無形中便養成許多愛讀書之人,無形中也養成北京之學術空氣。所謂"民到於今受其賜"者,琉璃廠之書肆是矣。①

國家藏書除鈔録、徵集外,也要購買。今略舉數例。

武德五年(六二二),隋末唐初的戰爭已平息,於是令狐德棻"奏請購募遺書,重加錢帛,增置楷書令繕寫,數年之間,群書略備。"②"貞觀中,魏徵、虞世南、顏師古繼爲秘書監,請購天下書,選五品以上子孫工書者爲書手,繕寫藏於内庫,以宫人掌之。"③"安禄山之亂,尺簡不藏。元載爲相,奏以千錢購書一卷。又命拾遺苗發等使江淮括訪。"④

南唐烈祖李昪頗好購書,劉崇遠云:"高皇(李昪)初收金陵,

---

① 《琉璃廠書業煙雲録》,載《中國典籍與文化》一九九二年第三期。
② 《舊唐書》卷七三《令狐德棻傳》。
③ 《新唐書》卷五七《藝文志》
④ 《新唐書》卷五七《藝文志》。

首興遺教，懸金爲購墳典，職吏而寫史籍。聞有藏書者，雖寒賤
必優辭以假之；或有贊獻者，雖淺近必豐厚以答之。時有以學王
右軍書一軸來獻，因償十餘萬繒帛副焉。由是六籍臻備，諸史條
集，古書名畫，輻湊絳帷，俊傑通儒，不遠千里，而家至户到，咸慕
置書，經籍道開，文武並駕。"①

　　兩宋國家藏書也采用過購買的方式來豐富館藏，如：真宗咸
平三年，詔"中外臣庶家，有收得三館所少書籍，每上一卷，給千
錢"。② 名爲徵集，實乃購買。李心傳云："高宗始渡江，書籍散
佚。紹興初，有言賀方回子孫鬻其故書於道者，上命有司悉市
之。"③復云：紹興二年正月"甲子，詔平江府守臣市賀鑄家所鬻書
以實三館"。④

　　明初朝廷也積極采取購買的方式收集圖書，如《明太宗實
録》卷五十三云：

　　　永樂四年夏四月……己卯，命禮部遣使購求遺書。上
　　視朝之暇，輒御便殿閲書史，或召翰林儒臣講論。嘗問："文
　　淵閣經史子集皆備否？"學士解縉對曰："經史粗備，子集尚
　　多闕。"上曰："士人家稍有餘資，皆欲積書，況於朝廷，可闕
　　乎？"遂召禮部尚書鄭賜，令擇通知典籍者四出購求遺書。
　　且曰："書籍不可較價直，惟其所欲與之，庶奇書可得。"又顧
　　縉等曰："置書不難，須常覽閲乃有益。凡人積金玉皆欲遺
　　子孫，朕積書亦欲遺子孫，金玉之利有限，書籍之利豈有
　　窮也？"

---

①《金華子雜編》卷上。
②《麟臺故事》卷二《書籍》。
③《建炎以來朝野雜記》卷四《中興館閣書目》。按方回賀鑄字。
④《建炎以來繫年要録》卷五一。

而當時派人買書也留下了記録,如錢曾《讀書敏求記》卷二著録
《古列女傳》一卷、《續列女傳》一卷,提要云:"牧翁亂後入燕,得
於南城廢殿,卷末一條云:'一本,永樂二年七月二十五日蘇叔敬
買到。'當時采訪書籍,必貼進買人氏名,鄭重不苟如此。"①黄丕
烈《百宋一廛賦注》亦稱殘本任淵《山谷大全詩注》"末葉有黏籤
一條云:'永樂二年七月二十五日蘇叔敬買到。'抱沖道人得南城
廢殿本《古列女傳》有此,即載於《敏求記》者,其外未聞更見於他
書也。予嘗攜就小讀書堆驗之,字蹟正出一手"。②　又,王文進
《文禄堂訪書記》卷三著録元至元刻本《析疑論》,提要稱:"卷末
有條記曰:'永樂二年七月二十五日蘇叔敬買到'一行。"③皆可
驗證。

　　私家藏書主要靠購買。藏書家爲了購書往往節衣縮食,如
李清照《金石録後序》談到她與趙明誠購書情况時説:"食去重
肉,衣去重采,首無明珠翡翠之飾,室無塗金刺繡之具。遇書中
百家,字不刓闕,本不訛謬者輒市之,儲作副本。"

　　有些藏書家遇到好書,往往不惜破産購之。明萬曆間胡應
麟即一例,王世貞云:"余友人胡元瑞,性嗜古書籍,少從其父憲
使君京師。君故宦薄,而元瑞以嗜書故,有所購訪,時時乞月俸
不給,則脱婦簪珥而酬之。又不給,則解衣以繼之。元瑞之橐無
所不罄,而獨其載書,陸則惠子,水則米生,蓋十餘歲,而盡毀其
家以爲書,録其餘資,以治屋而藏焉。"④明末祁承爍也如此,其
《澹生堂藏書約》云:

---

①牧翁指錢謙益。錢謙益號牧齋。
②顧之逵字抱沖,藏書處名"小讀書堆"。
③詳見冀淑英《明代宫廷的圖書采訪》,載《文獻》一九八九年第四期。
④《弇州續稿》卷六三《二酉山房記》。

余十齡背先君子時，僅習句讀，而心竊慕古。通奉公在
仕二十餘年，有遺書五七架，庋卧樓上，余每入樓，啟鑰而觀
閲之，尚不能舉其義，然按籍摩挲，雖童子之所喜吸笙搖鼓
者，弗樂於此也。先孺人每促之就塾，移時不下樓，繼之以
呵責，戀戀不能舍，比束髮就婚，即内子奩中物，悉以供市書
之值。……凡試事過武林，遍問坊肆所刻，便向委巷深衢，
覓有異本，即鼠餘蠹剩，無不珍重市歸，手爲補綴，十餘年
來，館穀之所得，饘粥之所餘，無不歸之書者。

　書商的經營方法是十分靈活的，他們經常出入藏書之家，或
收購或銷售圖書，而有的藏書家爲了招徠書商，往往熱情接待，
酬以善價。元代藏書家沈景春就是一例，干文傳跋《嘯堂集古
録》云：

景春沈君，居樂圃坊，與余同游可邨賀先生之門。平生
寡嗜欲，惟酷好收書。有別業在閶門，西去城僅數里，景春
昔嘗居之。人有挾書求售，至必勞來之，飲食之，酬之善價，
於是奇書多歸沈氏，《集古録》其一也。昔人有以千金市馬
者，得駿骨予五百金，踰年而千里馬至者三。景春嗜書何以
異哉！元統後元十一月。[1]

明代藏書家沈節甫也有同樣感受，其《玩易樓藏書目録自序》云：
"余性迂拙，無他嗜好，獨甚愛書。每遇貨書者，惟恐不余售，既
售且去，惟恐其不復來也。顧力不足，不能多致，又不能得善本，
往往取其直之廉者而已。即有殘闕，必手自訂補，以成完帙。"[2]
明末清初藏書家毛晉爲了吸引書商，甚至在門口貼出廣告，表示

①《皕宋樓藏書志》卷四。
②《吳興藏書録·沈節甫玩易樓藏書目録》。

以高出別家百分之二十的價格購書,已見前引。[1]

　　當然,在書肆購書則是更爲普遍的方式,不少藏書家都喜歡在書店裏淘書。清初王士禛即有此愛好,朱彝尊云:“先生自始仕迄今,目耕肘書,借觀輒録其副。每以月之朔望觀慈仁寺日中集,奉錢所入,悉以購書。”[2]王士禛亦自稱:

　　　昔在京師,士人有數謁予而不獲一見者。以告崑山徐尚書健庵(乾學),徐笑謂之曰:“此易耳,但值每月三五,於慈仁寺市書攤候之,必相見矣。”如其言,果然。廟市賃僧廊地鬻故書,小肆皆曰攤也。又書賈欲昂其直,必曰“此書經新城王先生鑒賞者”。鬻銅玉器,則曰“此經商邱宋先生鑒賞者”,謂今冢宰牧仲(犖)也。士大夫言之輒爲絶倒。[3]

孔尚任《燕臺雜興》詠其事云:“彈鋏歸來抱膝吟,侯門今似海門深。御車掃徑皆多事,只向慈仁寺裏尋。”注曰:“漁洋龍門高峻,人不易見。每於慈仁廟市購書,乃得一瞻顔色。”[4]王士禛還談到他嗜書達到了如醉如癡的程度,自稱:“嘗冬日過慈仁寺,見孔安國《尚書大傳》、朱子《儀禮經傳通解》、荀悦、袁宏《漢紀》,欲購之。異日侵晨往索,已爲他人所有。歸來悒悵不可釋,病卧旬日始起。古稱書淫書癖,未知視予何如? 自知翫物喪志,故是一病,不能改也。亦欲使吾子孫知之。”[5]

　　乾隆間倪模藏書頗豐,王引之稱其“性嗜古書,每得秘本,手寫口誦,夜以繼日。校讎經史諸書,無慮數十種,自少至老,曾無

倦時。居京師，日游書肆，不惜以重價購舊本，至於質衣以償。嘗應禮部試，不第，載古書五千餘卷以歸。其好學如此。"①

這些書癡爲購得一部善本往往念念不忘，必得之而後快，如黃丕烈題宋本《鑒誡錄》云：

> 顧千里爲余言，有宋刻《鑒誡錄》，爲程念鞠豪奪去，此事已逾二十年矣。念鞠秘不示人，余雖識念鞠，亦未便借觀也。近念鞠宦游江西，家中書籍，大半散佚。惟此書尚保藏，余謀諸書賈之數與往來者，久而始得其書。索白鏹三十金，余愛之甚，易以番銀三十三圓，書計五十七葉，題跋一葉，以葉論錢，每葉四錢六分。宋刻書之貴，可云貴甚；而余好宋刻書之癡，可云癡絶矣。時嘉慶九年，歲在甲子，正月丁巳日。②

采用購買的方法收集圖書的優點是能够迅速增加館藏，所購圖書一般都經過精心挑選，比較實用。

三　繼承

繼承也是藏書建設的方法之一。大致有兩種情况：一是新朝繼承前朝的國家藏書，一是晚輩繼承前輩的家藏。先説第一種情况。

《史記·高祖本紀》云："高帝元年（前二〇六）冬十月，蕭何盡收秦丞相府圖籍文書。"又《蕭相國世家》稱："沛公至咸陽，諸將皆争走金帛財物之府分之。何獨先入收秦丞相御史律令圖書藏之。"

---

①《王文簡公文集》卷四《倪教授行狀》。
②《士禮居藏書題跋記續編》卷下。

　　《三國志·魏書·武帝紀》記載：建安五年（二〇〇）官渡之戰，曹操打敗袁紹，“盡收其輜重圖書珍寶”。可見其早就注意到圖書也是戰利品。

　　牛弘《請開獻書之路表》云：“魏文代漢，更集經典，皆藏在秘書，内外三閣，遣秘書郎鄭默删定舊文。時之論者，美其朱紫有别。晉代承之，文籍尤廣。”[1]西晉除繼承了魏國的藏書外，也接受了吳國的圖籍。《晉書·王浚傳》稱咸寧六年（二八〇）晉滅吳，王浚進入建康，先“收其圖籍”，並運至洛陽。

　　劉裕取代東晉，接管了東晉藏書，劉宋軍隊占領姚秦首都長安後，也“收其圖籍，五經子史，纔四千卷，皆赤軸青紙，文字古拙”。[2]

　　關於隋收陳代圖書、唐收鄭國圖書的情況，詳見《隋書·經籍志》。此後各朝在繼承前朝國家藏書方面，收獲甚多，如宋程俱《麟臺故事·書籍》云：

　　　　建隆初，三館有書萬二千餘卷。乾德元年（九六三）平荆南，盡收其圖書以實三館。三年，平蜀，遣右拾遺孫逢吉往收其圖籍，凡得書萬三千卷。……開寶八年（九七五）冬平江南。明年春，遣太子洗馬吕龜祥就金陵籍其圖書，得二萬餘卷，悉送史館，自是群書漸備。兩浙錢俶歸朝，又收其書籍。

　　元代也掠奪了宋代的國家藏書。據《元史·世祖紀》可知，至元十三年（一二七六）伯顔在受宋降後，遣宋内侍王埜入宮收圖籍。又命秘書監焦友直“括宋秘書省禁書圖籍”。三月，伯顔入臨安，又命郎中孟祺籍“秘書省、國子監、國史院、學士院、太常

----

[1]《隋書》卷四九《牛弘傳》。
[2]《隋書》卷四九《牛弘傳》。

寺圖書"。是年冬,秘書監、"兩浙宣撫使焦友直以臨安經籍、圖
畫、陰陽秘書來上"。另據《元史・董文炳傳》,當伯顔命董文炳
入臨安,收禮樂器及諸圖籍時,董文炳説:"國可滅,史不可没,宋
十六王,有天下三百餘年,其太史所記具在史館,宜悉收以備其
典禮。"當時收得宋史及各種注記共五千餘册。正如錢大昕
所説:

> 元起朔漠,未遑文事,太宗八年始用耶律楚材言,立經
> 籍所於平陽,編集經史。世祖至元四年,徙置京師,改名弘
> 文院。九年置秘書監,掌歷代圖籍,並陰陽禁書。及大兵南
> 伐,命焦友直括宋秘書省禁書圖籍。伯顔入臨安,遣郎中孟
> 祺籍南宋秘書省、國子監、國史院、學士院圖書,由海道舟運
> 至大都。秘書所藏,彬彬可觀矣。[1]

明洪武元年(一三六八)建都南京後,大將軍徐達破元大都,朱元
璋"命大將軍收秘書監圖書,太常法服,祭器、儀象、版籍"。[2] 並
"致之南京"。[3]

　　清代宫廷也繼承了明代内閣藏書,如清代掌管内閣典籍的
官員葉鳳毛所撰《内閣小志・内閣署》云:"内閣亦謂内院,因國
初内國史院、内秘書院、内宏文院之稱也。在午門内東廊之南,
門西向。……稍北向東小屋爲館銀庫、向南小屋爲典籍廳。由
滿票簽北去爲内閣後門,正對文華殿,出後門迤東紅牆内爲内閣
藏書籍紅本庫。庫皆樓,其樓甚長,東爲儀仗樂器庫,前明書籍
畫像醮檀鐘鼓諸物皆在内閣庫中。"

　　私家接受前輩圖書遺産,也是其藏書的一個重要來源。《後

①《補元史藝文志》卷一。
②《國史經籍志》卷首《序》。
③《萬曆野獲編》卷一《訪求遺書》。

漢書・列女傳》記載，曹操接見蔡文姬時説："聞夫人家先多墳籍。"蔡文姬答道："昔亡父賜書四千餘卷。"此事人所共知。

　　正因爲後輩繼承前輩藏書是十分普遍的現象，所以在中國歷史上出現了許多以世代藏書而著名的文化景觀。如宋周密嘗云："吾家三世積累，先君子尤酷嗜，至鬻負郭之田以供筆札之用。冥搜極討，不憚勞費，凡有書四萬二千餘卷，及三代以來金石之刻一千五百餘種，庋置書種、志雅二堂，日事校讎，居然籯金之富。"①

　　明代崑山葉盛及玄孫恭焕、六世孫國華，皆以藏書聞名。葉盛《書厨銘》云："讀必謹，鎖必牢；收必審，閣必高。子孫子，惟學斆，借非其人亦不孝。"②(乾隆)《蘇州府志》卷二十八《第宅園林》談及其世代藏書情況云：崑山"葉文莊公盛，宅在東城橋西。公生平嗜書，手自讎録至數萬卷，嘗欲作堂以藏之。取衛風《淇澳》學問自修之義，名曰'菉竹'。至公之玄孫恭焕，堂乃克成，太倉王世貞爲記。恭焕又於宅東作繭園，其孫工部國華，拓地增葺……嘗掘地得泉，味甘色白，因自號'白泉'云。恭焕曾孫，本朝刑部侍郎方藹猶居此"。王欣夫曾見舊鈔本《中吳記聞》有毛扆跋云："中元前四日，訪崑山葉九來，以一册贈之。九來爲文莊公後人，文莊書甲天下，所傳《菉竹堂書目》者也。……葉文莊子孫不啻數世，尚能守而勿失，健羨之餘，感慨繫之矣。"③(同治)《蘇州府志》卷九十六《人物》："葉奕苞字九來，國華次子。"葉奕苞嘗自稱："書之難難於説部，太腐則俚，太艷則妖，然而寧腐無艷。如《御覽》《廣記》卷帙最爲浩博，不免流於蕩佚。山園藏書無幾，經史子集而外，擇唐宋以來名人雜志有助見聞者，庋置翻

①《齊東野語》卷一二《書籍之厄》。
②見《拜經樓藏書題跋記》卷三《菉竹堂書目》。
③《藏書紀事詩(附補正)》卷二《葉文莊盛》。

閱,若猥褻鄙陋之詞,未嘗寓目。敢告無坊刻小説。"①看來葉奕
苞也是一位目的明確、自有主張的藏書家,葉盛菉竹堂藏書至少
流傳八代。

　　明代以圖書傳世最久者,當推范欽天一閣。全祖望云:

> 　　天一閣肇始於明嘉靖間,而閣中之書不自嘉靖始,固城
> 西豐氏萬卷樓舊物也。豐道生晚得心疾,樓上之書爲門生
> 輩竊去,又遭大火,所存無幾。范侍郎欽素好購書。先時,
> 嘗從道生鈔書,且求其作藏書記。至是,以其幸存之餘,歸
> 於是閣。又稍從弇州互鈔,以增益之。雖未能復豐氏之舊,
> 然亦雄視浙東焉。吾聞侍郎二子,方析産時,以爲書不可
> 分。乃別出萬金,欲書者受書,否則受金。其次子欣然受金
> 而去。今金已盡,而書尚存。②

天一閣後由范欽子孫及建國前後的政府出資修葺過,至今還妥
爲保存着,並且擁有豐富的藏書。陳登原《天一閣藏書考》、蔡佩
玲《范氏天一閣研究》,駱兆平《天一閣叢談》《天一閣藏書史志》,
均論之甚詳,可參看。

　　明末藏書家祁承爜也繼承了他父親的藏書,並傳給了後世。
其藏書銘曰:"澹生堂中儲經籍,主人手校無朝夕。讀之欣然忘
飲食,典衣市書恒不給。後人但念阿翁癖,子孫益之守弗失。"③
其子祁彪佳、其孫祁理孫皆爲著名藏書家。④

　　清代藏書家數世綿延不絶者當推常熟瞿氏。《常昭合志稿》

---

①《經鉏堂文稿・賓告篇》。
②《鮚埼亭集外編》卷一七《天一閣藏書記》。
③《藏書紀事詩》卷三《祁承爜爾光》。
④祁彪佳有八求樓,所藏戲曲作品甚多,著有《遠山堂明曲品劇品校録》。祁理
　孫有奕慶藏書樓,並有《奕慶藏書樓書目》。

卷三十二《人物志·藏書家·瞿鏞》云：

> 瞿鏞字子雍，罟里村人。……父紹基。……性喜購書，收藏稽瑞、愛日及士禮居諸家宋元善本，不吝重值。鏞承先志，搜羅不懈，積十餘萬卷。有齋曰恬裕，其書室也。……子秉淵字敬之，秉清字濬之，並諸生。當粤寇之難，邑中藏書大半毀失，秉淵兄弟獨不避艱險，載赴江北。寇退載歸，雖略有散亡，而珍秘之本保護未失。乃繪《虹月歸來圖》，乞人題詠以志幸，並刊《書目》十卷。

秉淵兄弟之後，瞿鏞之孫瞿啟甲頗能慎守藏書，張之洞、端方、繆荃孫等曾試圖將瞿氏藏書購歸京師圖書館庋藏，但均遭到了瞿啟甲的拒絕，故繆荃孫云："鐵琴銅劍樓巋然獨存，爲吳中第一大家。而瞿良士兢兢保守，不爲勢屈，幸而得存。"①

晚清丁申、丁丙也繼承了父祖藏書而發展之，張濬萬《嘉惠堂八千卷樓記》云：

> 錢塘丁氏嘉惠堂八千卷樓者，松生先生築以藏書者也。丁氏世孝友，先生之祖掌六公慕先世聞人名顯者，藏書八千卷。有言曰：吾聚書多矣，必有能讀書者爲吾子孫。遂作小樓於梅東里，梁山舟學士題其額曰八千卷樓。考曰洛者公，嗜學，於書無不讀，又嘗往來齊、楚、燕、趙間，遇善本輒載以歸。先生與其兄竹舟先生踵繼之，於是八千卷樓之名已巋然聞於時矣。②

采用繼承的方法獲取圖書的優點是能够迅速獲得成批圖書，從而爲自己的藏書奠定雄厚的基礎。晚輩不僅繼承了前輩

---

①《藝風堂文漫存·癸甲稿》卷三。
②《善本書室藏書志》卷末《附錄》。

的豐富藏書,而且還繼承了前輩收集、整理、利用藏書的經驗與傳統。

四　徵集

國家藏書機構、近代圖書館,往往采用徵集的方法來搜求圖書。由於利用行政力量,並輔之以獎勵措施,這種方法是卓有成效的。下面我們就以宋代、清代、近代圖書館的徵書活動爲例,了解一下徵集圖書的具體措施及其效果。

宋太祖乾德四年(九六六)曾開展了徵書活動。李燾云:乾德四年閏八月,"詔求亡書。凡吏民有以書籍來獻者,令史館視其篇目,館中所無則收之。獻書人送學士院試問吏理,堪任職官,具以名聞。是歲三禮涉弼、三傳彭幹、學究朱載皆應詔獻書,總千二百二十八卷"。①

同兩漢、隋代相比,北宋國家徵書活動有所發展。首先是編出了闕書目録,有目的地開展徵書工作;其次是明確公布獎勵措施和標準,使徵集者與應徵者,均有章可循。如程俱云:"太平興國九年(九八四)正月詔曰:國家宣明憲度,恢張政治,敦崇儒術,啟迪化源,國典朝章,咸從振舉,遺編墜簡,當務詢求;眷言經濟,無以加此。宜令三館以《開元四部書目》閱館中所闕者,具列其名,於待漏院出榜告示中外。若臣寮之家有三館闕者,許詣官進納。及三百卷以上者,其進書人送學士院引驗人材書札,試問公理,如堪任職官者,與一子出身;親儒墨者,即與量才安排。如不及三百卷者,據卷帙多少優給金帛。如不願納官者,借本繕寫畢,却以付之。自是,四方書籍往往出焉。"復云:淳化四年(九九

---

① 《續資治通鑑長編》卷七。

三)三月，"詔三館所少書有進納者，卷給千錢，三百卷以上量材録用"。真宗咸平四年（一〇〇一）十月又下詔曰："國家設廣内、石渠之署，訪羽陵、汲冢之書，法漢氏之前規，購求雖至，驗開元之舊目，亡逸尚多。庶墜簡以畢臻，更懸金而示賞，式廣獻書之路，且開與進之門。應中外臣庶家有收得三館所少書籍，每納到一卷，給千錢。仰判館看詳，委是所少之書，及卷帙別無差誤，方得收納。其所進書如及三百卷以上，量才試問，與出身，酬獎。如或不親儒墨，即與班行内安排。宜令史館抄出所少書籍名目，於待漏院張懸，及遞牒諸路轉運司，散行告示，申太平興國之詔也。"①北宋朝廷還主動派人赴外地徵集圖書。如"至道元年（九九五）六月，命内品監、秘閣三館書籍裴愈使江南兩浙諸州，尋訪圖書。如願進納入官，優給價值；如不願進納者，就所在差能書吏借本鈔寫，即時給還，仍賚御書石本所在分賜之。……先是，遣使於諸道，訪募古書奇畫及先賢墨迹，小則償以金帛，大則授之以官。數年之間，獻圖書於闕下者不可勝計，諸道又募得者數倍。"②北宋國家徵書還充分地利用了私家藏書目録。如真宗咸平二年（九九九）閏三月，"上謂輔臣曰：國家搜訪圖書，其數漸廣。臣庶家有聚書者，朕皆令借其目録，以參校内府及館閣所有，其闕少者，借本鈔填之，邇來所得甚多。非時平無事，安能及此也。"③

　　上有好者，下必有甚焉。由於朝廷徵集，故臣下每有獻納。如袁褧云："國朝開獻書之路，祥符中獻書者十九人，賜出身，得書萬七百五十四卷。"④程俱云："（天禧）二年五月，長樂郡主獻家

<hr />

① 《十萬卷樓叢書》本《麟臺故事》卷二《書籍》。
② 《十萬卷樓叢書》本《麟臺故事》卷二《書籍》。
③ 《十萬卷樓叢書》本《麟臺故事》卷二《書籍》。
④ 《楓窗小牘》卷下。

藏書八百卷,賜錢三十萬,以書藏秘閣。"①王象之云:"田偉藏書三萬七千卷,無重複者。黃魯直與其子游,曰:'文書之富,未有過田氏者。'政和中,詔求遺書,嘗上千卷,補三館之闕。"②

北宋前期的幾位皇帝持續不斷地下詔徵書,促成了國家藏書事業的興盛。南宋雖已偏安,仍十分重視圖書典藏事業,並且相當廣泛地做了圖書徵集工作。馬端臨云:

> 高宗渡江,書籍散佚,獻書有賞,或以官。故家藏者,或命就録,鬻者悉市之。乃詔分經、史、子、集四庫,仍分官日校。又内降詔,其略曰:"國家用武開基,右文致治,藏書之盛,視古爲多。艱難以來,網羅散佚,而十不得其四五。令監司郡守,各諭所部,悉送上官,多者優賞。"又復置補寫所,令秘書省提舉掌求遺書,詔定獻書賞格,自是多來獻者。③

高宗十三年(一一四三)詔求遺書對當時影響較大,詔曰:"朕雖處干戈之際,不忘典籍之求。雖下令於再三,十不得其四五。今幸臻於休息,宜益廣於搜尋。夫監司總一路之權,郡守寄千里之重,各諭所部,悉上送官。苟多獻於□□,當優加於褒賞。"④此詔貫徹頗力,如宋高宗紹興十三年"十二月詔:紹興府陸寘家藏書甚多,今本府取睦(引者按:當爲"陸")録繳申秘書省,據現闕數,許本家投進,仍委帥臣關借謄寫繳奏。陸寘子孫散居它州,令守臣依此施行。"⑤孝宗淳熙十三年(一一八六)也大規模地開展過徵書活動。《中興館閣續録》卷三《儲藏》云:

①《十萬卷樓叢書》本《麟臺故事》卷二《書籍》。
②《輿地紀勝》卷六五《人物》。
③《文獻通考》卷一七四《經籍考總叙》。
④《中興館閣録》卷三《儲藏》。
⑤《宋會要輯稿》第五十五册《崇儒四》。

　　秘書郎莫叔光言:"國家崇建館閣,文治最盛,太上皇帝
再造區夏。紹興之初已下借書及分校之令,至十三年詔求
遺書,十六年又定獻書推賞之格,圖籍於是備矣。然至於今
又四十年,承平滋久,四方之人益以典籍爲重,凡縉紳家世
所藏善本,外之監司、郡守搜訪得之,往往鋟板,以爲官書。
然所在各自板行,與秘書初不相關,則未必其書秘府之所遺
者也。臣愚欲乞詔諸路監司,諸郡守臣,各以本路本郡書目
解發至秘書省,聽本省以《中興館閣書目》點對,如見得有未
收之書,即復移文本處,取索印本,庶廣秘府之儲,以增文治
之盛。"有旨,令秘書省將未收書籍徑自關取。

　　元明兩朝在徵集圖書方面的措施較少。至清代乾隆皇帝辦
理《四庫全書》時,發動了歷史上最大的一次徵書活動。高宗於
乾隆三十七年(一七七二)一月四日下詔徵書,不僅有佈置,而且
有檢查。當他發現時逾九月無一人將書名奏進,又於乾隆三十
七年十月十七日降旨,要求:"各督撫等,其即恪遵前旨,飭催所
屬速行設法訪求,無論刊本、鈔本,一一匯送備采,俟卷帙所積稍
充,即開具目錄,附摺奏明,聽侯甄擇移取。"[1]乾隆三十八年三月
二十九日,又特地點名向江浙著名藏書家徵書,詔書指出:

　　遺籍珍藏固隨地俱有,而江浙人文淵藪,其流傳較別省
更多。果能切實搜尋,自無不漸臻美備。聞東南從前藏書
最富之家,如崑山徐氏之傳是樓、常熟錢氏之述古堂、嘉興
項氏之天籟閣、朱氏之曝書亭、杭州趙氏之小山堂、寧波范
氏之天一閣,皆其著名者,餘亦指不勝屈,並有原藏書目至
今尚爲人傳錄者,即其子孫不能保守而輾轉流播,仍爲他姓

_____

[1]《辦理四庫全書檔案》上冊三頁。

所有,第須尋原竟委,自不至湮没人間,縱或散落他方,爲之
蹤求,亦不難於薈萃。①

高宗還采取了一些獎勵措施。乾隆三十九年五月十四日,詔云:

　　國家當文治修明之會,所有古今載籍宜及時蒐羅大備,
以光册府而裨藝林,因降旨命各督撫加意採訪,彙上於朝,
旋據各省陸續奏進,而江浙兩省藏書家呈獻者種數尤多,廷
臣中亦有紛紛奏進者,因命詞臣分别校勘,應刊應録以廣流
傳,其進書百種以上者,並令擇其中精醇之本進呈乙覽,朕
幾餘親爲評詠,題識簡端,復命將進到各書於篇首用翰林院
印,並加鈐記,載明年月姓名於面頁,俟將來辦竣後,仍給還
各本家自行收藏,其已經題詠諸本,並令書館先行録副,將
原書發還,俾收藏之人益增榮幸。今閲進到各家書目,其最
多者如浙江之鮑士恭、范懋柱、汪啟淑、兩淮之馬裕四家,爲
數至五、六、七百種,皆其累世弇藏,子孫克守其業,甚可嘉
尚。因思内府《古今圖書集成》,爲書城鉅觀,人間罕覯,此
等世守陳編之家,宜俾專藏勿失,以裨留貽。鮑士恭、范懋
柱、汪啟淑、馬裕四家,著賞《古今圖書集成》各一部,以爲好
古之勸。又如進書一百種以上之江蘇周厚堉、蔣曾瑩,浙江
吳玉墀、孫仰曾、汪汝瑮,及朝紳中黄登賢、紀昀、勵守謙、汪
如藻等亦俱藏書舊家,並著每人賞給内府初印之《佩文韻
府》各一部,俾亦珍爲世寶,以示嘉獎。②

　　乾隆皇帝的徵書活動收效甚大,如汪啟淑云:"乾隆三十七
年(一七七二)開四庫館徵訪天下遺書,武英殿移取九百種,在京

①《辦理四庫全書檔案》上册一三頁。
②《四庫全書總目》卷首。

各官進呈九百八十三種,直隸總督進呈二百三十八種,奉天府尹進呈三種,兩江總督進呈一千三百六十五種,安徽巡撫進呈五百二十三種,江蘇巡撫進呈一千七百二十六種,浙江巡撫進呈四千五百八十八種,福建巡撫進呈二百五種,江西巡撫進呈八百五十九種,河南巡撫進呈一百十三種,山東巡撫進呈三百七十二種,山西巡撫進呈八十八種,湖南巡撫進呈四十六種,陝西巡撫進呈一百五種,湖北巡撫進呈八十四種,廣東巡撫進呈十二種,雲南巡撫進呈四種,兩淮鹽院進呈一千五百七十五種,共采訪得書一萬三千七百八十一種。"[1]

　　近代圖書館也大力采用徵集圖書的辦法來擴大藏書量,並呈現出一些新特點。如京師圖書館成立不久,即請求實行呈繳本制度。一九一六年二月,《京師圖書館呈請教育部規定全國出版圖書在內務部立案者應以一部交國立圖書館庋藏文》云:

　　　　英、法各國出版法中均規定全國出版圖書報部立案者,應以一部交國立圖書館存貯。日本自明治八年(一八七五)設立帝國圖書館後,亦即沿用此制。現值本館籌備進行之時,擬懇鈞部援照各國成例,奏請於前歲所頒出版法內,酌增此項條文,以蒐圖書而彰文化,實感德便。至於離經畔道之書,有礙風俗治安者,出版法中本已懸為厲禁,必不致厠雜其間,反滋流弊也。上陳各節,是否有當,理合詳請鈞部鑒核施行。[2]

此項請求得到了當時政府教育部的支持。

　　京師圖書館對私家藏書也做了大量徵集工作。一九一九年一月十八日《京師圖書館呈教育部謹擬徵集圖書簡章文》云:

---

①《水曹清暇録》卷五。
②《中國古代藏書與近代圖書館史料》録自《京師圖書館檔案》。

呈爲徵集圖書，謹擬簡章，陳請鑒核施行事。竊維中國書籍自清初建設四庫搜採之後，迄今二三百年，公家久未徵求，散佚之虞，匪可縷舉。私家爲圖書建築館宇者，實屬寥寥。一遇刀兵水火之災，無力保全，最易燬滅。絳雲之禍，前車不遠，一也。私家藏書最久者，海内獨推寧波范氏，然天一閣之書今亦散佚，蓋子孫不能世世保守勿失，二也。海通以來，外人搜求中國善本孤本之書，日盛一日，售主迫於饑寒，書估但圖厚利，數年之後，勢必珍篇秘籍盡歸海外書樓，中國學者副本亦難寓目，三也。名人著作及校本未刊行者，指不勝屈，亦有子孫無力刊行尚知保守者，但數傳之後，或漸陵夷，心血一生，空箱飽蠹，四也。且當四庫搜採之時，佚書尚多，加以二百年來名臣學士項背相望，著述之多，尤當及時徵集。敝館雖限於經費不能放手購求，但鈔錄校讐，或者尚易爲力。況熱心之士苟知公家保存可以長久，或且樂意捐助，亦未可知。總之，在館中能多一册書，即學術上多受一分利益，倘或再稽時日，竊恐異時徵求更屬不易。爲此謹擬簡章，仰乞鈞裁。如蒙核準，並請一面由部通咨京内外各機關，一面由本館函達各省圖書館及海内藏書家，以便廣爲搜輯。所有擬具徵書簡章各緣由，理合備文呈述，伏候訓示遵行，謹呈。

附　徵求書籍簡章

　　一　本館徵求之書籍如下：
　　　　甲　公家私家所藏書籍目録。
　　　　乙　名人未刊之著作。
　　　　丙　善本及名人校本。
　　　　丁　近時木刻及石印鉛印書報。

二　前條前三類書籍,有願其流通而或未印行,或係孤本,不便捐入本館者,可函知本館録副庋藏。其抄録方法臨時酌定。

三　第一條第四類書籍,無論叢書單本,皆可捐贈。譯本、講義、小説、雜誌、日報亦在此列。能捐至數份,尤所欣企。

四　凡捐助本館書籍者,當永記姓名於書籍目録之内,並彙集登報,以酬高誼。

五　捐助大宗書籍,價值甚鉅者,可援照教育部捐貲興學褒獎條例分别呈部,給予褒獎。其不願援照捐貲給獎者,並得另案陳明,特予名譽褒獎。[①]

一九一九年一月二十一日,《京師圖書館呈教育部謹擬變通捐助圖書褒獎辦法文》復云:"除捐助書籍有價可計,自願依褒獎條例分别核獎者,仍予照例辦理外,凡遇捐助善本藏書及卷帙較多,不願計貲給獎者,准予另案陳明,酌給獎章、匾額。其捐贈尤多,裨益學術教育尤鉅者,並得呈請大總統特予褒獎,庶以見大部徵求文獻之苦心,即以助國内圖書館之發達。"[②]此外,京師圖書館還向全國徵集過地方志、金石搨本,《京師圖書館檔案》有一九一六年十月四日《京師圖書館呈教育部請徵集全國地志金石搨本文》、一九一六年十月五日《教育部咨各省區徵求各種著名碑碣石刻等搨本文》。

地方圖書館也積極開展過徵集圖書的活動,如《湖南圖書館暫定章程》《雲南省圖書館章程》皆有徵集圖書的條款。書院和學校也常用徵集的方法搜集圖書,我們在本書第二章《典藏單

①《教育公報》第六年第三期。
②《教育公報》第六年第三期。

位》第三節《學校藏書》中，已作了介紹，可參看。

采用徵集的方法能够迅速而有效地補充圖書館所缺乏的珍貴藏書，藏書單位也能節省部分經費。

第三節　圖書收藏價值的鑒定

在研究了圖書收集的標準和方法之後，還要對圖書收藏價值作出正確的判斷，只有這樣，才能充分利用有限的條件，收集、保管、利用有價值的圖書，下面試對鑒定圖書收藏價值的幾個主要方面作些探討。

一　適用性鑒定

判斷一部書的收藏價值，首先要看它是否適用。胡應麟云："有裝印紙刻絶精而十不當凡本一者，則不適於用，或用而不適於時也。有摧殘斷裂而直倍於全者，有模糊漶滅而價增於善者，必代之所無與地之遠也。夫不適於時者，遇遇則重，不適於用而精焉，亦遇也。噫！"①黄丕烈亦云："夫書之貴賤以有用無用爲斷，並以名實相副者爲重。"②

從采購的角度來衡量一部書的價值，或是否實用，主要看該書是否符合自己搜集圖書的標準。由於人們搜集圖書的標準不同，所以購買同一部書的迫切程度也有差別。正如胡應麟所説：

①《少室山房筆叢》卷四《經籍會通四》。
②《蕘圃藏書題識》卷四《棠陰比事一卷》。

“今文人所急者，先秦諸書；詩流所急者，盛唐諸書；舉子所急者，宋世諸書。”①即指購書的人，各有偏重。但其文人、詩流、舉子之別，似有未當，至多亦不過指胡氏所處時代某些士人群體的觀念而已。

　　從讀書治學的角度看，張金吾的意見代表了傳統觀點，他説：“藏書不易言矣，著録貴乎秘，秘籍不盡可珍；槧木貴乎宋，宋槧不盡可寶，要在乎審擇之而已。夫所謂審擇之者，何也？宋之舊槧，有關經史實學，而世鮮傳本者，上也。書雖習見，或宋元刊本，或舊寫本，或前賢手鈔本，可與今本考證異同者，次也。書不經見，而出於近時傳寫者，又其次也。而要以有裨學術治道者爲之斷。”②由於讀書治學的需要，一位藏書家恰好遇到了與自己的課題關係密切的書，那麼他可能志在必得。如鄭振鐸跋《萬首唐人絶句一百一卷》，稱其一九五七年六月二日於北京中國書店，“見有嘉靖本唐人萬首絶句，大喜欲狂，即以半月糧購之。此書常見者爲萬曆趙宦光刊本，然多所改易，與原本面目全非。此嘉靖本是從宋本翻雕者，最爲罕見。近來影印本即借北京圖書館所藏此本付照。予方從事唐詩版刻考證，乃不能不收入之”。③

　　黃丕烈自號佞宋，遇到宋元舊刻自然戀戀不捨，千方百計收購。他曾藏南宋臨安府棚北睦親坊南陳宅書籍鋪印《唐女郎魚玄機詩》一卷，跋云：“此《唐女郎魚玄機詩集》也，書僅十二葉耳，索白銀八金，惜錢之癖與惜書之癖交戰而不能決，稽留者數日矣。至是始許以五番售余，可云快甚。而後乃令‘百宋一廛’又添一名書，好事之譏，余竊自哂。”④又，陳鱣記丕烈事云：“《周易集解》十卷，影宋寫本。……考毛扆斧季《汲古閣祕書目》，以此居首。注云宋版影鈔，定價銀五兩，以呈潘稼堂，不識幾易主後，爲漢川吳氏所有。嘉慶十一年十月，吳閶陶氏五柳居書肆，持以相視，直索十兩，余正擬購得。黃君蕘圃，已先知之。急遣人來，携首册而去。未幾，蕘圃卧病，然猶持書不釋。余欲其速愈也，因讓之。乃竟如其值買之，病果起。遂以香楠製櫝而藏。"①這些佚聞，至今爲人樂道。

　　有的藏書家爲了博聞多識，開闊眼界心胸，則特別注意搜集新異之書，而對書籍裝潢的好壞倒不在意。如高濂云："藏書者無問册帙美惡，惟欲搜奇索隱，得見古人一言一論之秘以廣心胸，未識未聞，致於夢寐嗜好，遠近訪求，自經書子史、百家九流、詩文傳記、稗野雜著、二氏經典，靡不兼收。故常景躭書，每見新異之典，不論價之貴賤，以必得爲期。"②這當然又是一種標準。

　　人們判斷圖書是否適用也可能隨着時間的推移而有所改變，如倫明云："夫價之有貴賤，常也。大率舊者貴而新者賤、精者貴而粗者賤，罕者貴而多者賤，今也不然，同是一書，適時則貴，過時則賤，而'時'之爲義又至暫。例如辛酉（一九二一）以前，宋元集部人所爭得也，乃過此則竟無問之者矣；又如辛未（一九三一）以前，明清禁書人所爭得者也，乃過此亦幾幾無問之者矣。"③

　　此外，人們還應當全面地長遠地看待書的適用價值，我們研究一個課題，與之相關的書都會程度不同的具有一定的適用價值；一部書現在看起來適用價值不大，而在未來却可能用得着，當然它也就具備了潛在適用價值。書的適用價值也是多方面

---

①《經籍跋文·宋本周易集解跋》。
②《遵生八箋》卷一四《燕閒清賞箋》上。
③《辛亥以來藏書紀事詩》卷首自序。

的,可以用來讀書治學,也可以用來點綴昇平、附庸風雅、銷售營
利、提高自己的收藏水平等等,在考慮其適用價值時,人們也應
將這些方面計算在内。

二　真僞鑒定

我們在權衡了書的適用程度,並打算購買之後,還要對書的
真僞作出鑒別,祁承㸁所謂"辨真僞,覈名實"①指的就是這項
工作。

書的真僞問題也就是書上所署的作者、製作時間與書的實
際作者、製作時間是否相符的問題,如完全相符則真,完全不相
符則僞,部分相符則有真有僞。關於書籍的真僞問題,我們在本
書《目録編》第七章《特種目録》第七節《辨僞書目録》中,已經作
了論述,而如何辨別書籍的真僞,我們在本書《版本編》第五章
《雕印本的鑒定》、第六章《非雕印本的區分與鑒定》中,也有所論
及,均可參看。在這裏僅將在收集典藏圖書時所采用的辨僞措
施,略加叙述,以見梗概。

首先要細察書的形式。書賈作僞通常在書的形式上做手
腳,如蔣光煦所云:"舊刻舊鈔本之中,苕賈弊更百出。割首尾,
易序目,剟劃以就諱,刓字以易名,染色以僞舊,卷有缺,剟他板
以雜之,本既亡,録别種以代之。反覆變幻,殆不可以枚舉。"②因
此,我們應當從形式入手,找出書賈作僞的蛛絲馬迹。"如無錫
市圖書館藏朱載堉撰《樂律全書》十四種四十二卷,明萬曆刻本,
此書流傳較多,售價不高,書賈爲了僞作成罕見本,把書名挖改

①《澹生堂藏書約·藏書訓略·鑒書》。
②《拜經樓藏書題跋記》卷末跋。

爲《皇明樂學大成》，著者挖改爲'臣無錫王瑛'，把鄉飲詩樂譜序
後的《靈星小舞譜》序後半頁割去，重新刻印一版接上，以欺騙藏
書家，挖補處，因怕被人發現馬脚，均加蓋'蔡映之印'、'小漁吳
郡太守'等藏書印。"[1]

　　接着應詳審書的内容。在形式上發現書賈作僞的痕蹟後，
還應當認眞研究書的内容，找出與僞造的作者、書名、書籍製作
時間相矛盾的地方，作爲辨僞的依據。如果僞書出於文化水平
較高的人之手，那麼更需要通過對書籍内容的辨析才能識破。
如《四庫全書總目》卷一百零九著録《靈城精義》二卷，舊本題南
唐何溥撰。提要稱其説"大抵因《皇極經世》而推演之。其法出
自明初寧波幕講僧，五代時安有是説。其非明以前書確矣。其
注題曰劉基撰，前列引用書目凡二十二種，如《八式歌》之類，亦
明中葉以後之僞書，則出於贋作，亦無疑義"。

　　第三要進行必要的考證。當我們從形式和内容兩個方面發
現僞書的破綻之後，必須通過考證加以證實。而目録學則是我
們進行考證的鋭利武器。如葉德輝云："鑒別之道，必先自通知
目録始。目録以欽定《四庫全書總目》提要、阮文達元《揅經室外
集》（原注：即四庫未收書目，兹從全集原名）爲途徑，不通目録，
不知古書之存亡；不知古書之存亡，一切僞撰抄撮、張冠李戴之
書，雜然濫收，淆亂耳目，此目録之學，所以必時時勤考也。"[2]現
舉無錫圖書館鑒別僞書一例如下：

　　　　館藏《東京實録》一百三十卷，曰梁溪尤袤著，查《大公
　　　　圖書館捐贈書目録》，載爲宋刻本。然細加研究，書商作僞

①何槐昌《明清書籍作僞的種種手段及其識別》，載《圖書館研究與工作》一九
　　八二年第一期。
②《藏書十約·鑒別》。

處畢現：

（一）書名：每卷原書名皆已剜去，另用紙補貼剜空處，紙張與原書不一。書名題字，是後來補上的，字體也與原書不一。如卷首"東京實録目録"六字，剜去了原書名四個字，存"目録"二字，用紙補貼剜空處，復用毛筆補寫"東京實録"四個字。書名上再鈐蓋朱色假印"御史之章"，以飾作僞痕蹟。

（二）著者：同書名剜補一樣，每卷原著者皆盡剜去，另用紙補貼，紙張與原書不一，所謂"梁溪尤袤"四個字，則是刻印在補貼紙上的，此四個字下面的"上進"二字，是原書原刻原印，故上下兩者字體不一。

觀此書序，卷首有王偁的序，卷首目録末有雙行文字版記："眉山程舍人刊印，已申上司，不許覆板"十六個字。書中缺筆至"敦"，乃避宋光宗名諱。刻書字體，係清人書法筆意，與明代影宋刻本字體不同，爲清影宋刻本。

循王偁序言之綫索，查王偁，字季平，宋眉州人，曾旁搜九朝事蹟，著《東都事略》。循《東都事略》查《北京圖書館善本書目》卷二紀傳類，有《東都事略》一百三十卷，宋王偁撰，清振鷺堂影宋刻本，吳騫跋，朱允達校。再查《增訂四庫簡明目録標注·別史類》，有《東都事略》，宋眉山程氏五峰閣刻本。於是知道，此書有宋代眉山程氏刻本，與書中版記、卷數相符。再核書中内容，遂知原書確係《東都事略》，《東京實録》乃作僞書名，原書著者是宋代眉州人王偁，而非宋代無錫人尤袤。原書應有清代著名藏書家吳騫（字槎客，海寧人）的跋，現卷末不全，吳跋被書商抽掉，以清除讓人看出是清代刻本的佐證。

那麼，書商何以改換書名，托僞宋代"梁溪尤袤"所著呢？此疑不難解。"梁溪"即無錫之别名，尤袤是南宋詩壇四大家之一，無錫名流，有萬卷樓和《遂初堂書目》聞於史。大公圖書館是我國近代著名的實業家、民族資本家榮德生先生於一九一六年創辦，在江南地區頗負盛譽。書商如此這般一番手脚，便以"宋代無錫名流著作"和"宋代蜀中刻本"兩條，向榮氏獲取高價。①

作者首先發現館藏《東京實録》的書名與作者經過剜補，是一部僞書，再細審書中的牌記與諱字找到了考證的綫索，又通過目録發現了作僞對象《東都事略》，經過比勘内容，從而證實僞書《東京實録》確係清影宋刻本《東都事略》，作者還分析了書賈作僞的動機，應當説其辨僞方法具有參考價值，其辨僞結論也是令人信服的。

三　質量鑒定

當我們對圖書的適用性、真僞作出鑒定以後，還要對圖書的質量作出判斷，質量不同，其收藏價值也就不一樣。

我們首先要注意圖書的原始性。如原稿，或接近原稿的舊鈔本、初印本，文獻價值自然要高一些；反之，文獻價值則要低一些。如黃丕烈將宋元舊刻作爲選購圖書的主要目標，主要是因爲宋元舊刻更多地保存了書的原貌。他深有體會地説："校勘群籍始知，書舊一日則其佳處猶在，不致爲庸妄人删潤歸於文從字順，故舊刻爲佳也。"②復云：

　　　　夫書之言宋槧，猶導河言積石也。……宋代官私所造

---

① 陶寶慶《僞書鑒别二例》，載《圖書館工作與研究》一九八五年第一期。
② 《蕘圃藏書題識》卷三《武林舊事六卷》。

遍於四部,《玉海》及馬氏《經籍考》等詳其事焉。就中即有利病,究之,上承轉録,此其嫡脈,故曰:貽於後而留其真,以聎於先而襲其蹟也。及今遠者千年,近者猶數年,所存當日千百之一二耳,幸而得之以校後本,其有未經改竄者鮮矣。夫君子不空作,必有依據。宋槧者亦讀書之依據也,故比之以司南,謂指南之車。①

出於同樣原因,他對舊鈔本也注意收藏,曾明言:"余性嗜書,非特嗜宋元明舊刻也,且嗜宋元明人舊鈔焉。"②"大凡書籍安得盡有宋刻而讀之,無宋刻則舊鈔貴矣,舊鈔而出自名家所藏則尤貴矣。"③圖書代有作者,無論爲明爲清,我們都要注意文獻的原始性。

其次要注意書的完整性。孫慶增《藏書記要·鑒別》云:"凡收藏者須看其板之古今,紙之新舊好歹,卷數之全與缺,不可輕率。"復云:

> 各種書籍,務於舊刻、秘鈔、完全善本爲妙,又必於《稗統》《稗海》《百川學海》《眉公秘笈》《文焕叢書》《漢魏》《唐宋叢書》《夷堅志》《津逮秘書》《邱林學山》《顧氏四十小説》《皇宋四十家小説》《皇明小説》等書,擇其卷數完全刻本,與宋本、舊鈔、秘鈔本,對明卷數字句同與不同,一一記清,以便檢不全而未備者棄之,見有全而精美者收藏之。

殘本的價值當然不如足本,但是在足本難求的情況下,舊刻本、舊鈔本雖然不全,也仍然具有很高的收藏價值,故《藏書記要·鑒別》又稱:"宋刻本書籍流傳至今,已成希世之寶。其未翻

①《百宋一廛賦注》。
②《蕘圃藏書題識》卷二《草莽私乘一卷》。
③《蕘圃藏書題識》卷七《李群玉集三卷後集五卷》。

刻者及不全者，即翻刻過而又不全者，皆當珍重之。吉光片羽，無不奇珍，豈可輕放哉！"事實上，有些藏書家也注意收集殘本。如祁承爜《庚申整書小記》云："慨遺書之難遇，殘闕必收，念物力之不充，鼠蠹並採，或補綴而成鶉結之衣，或借録而合延津之劍，此又吾之收散合奔而轉弱爲强者也。"①黄丕烈亦稱："余生平喜購書，於片紙只字皆爲之收藏，非好奇也，蓋惜字耳。往謂古人慧命全在文字，如遇不全本而棄之，從此無完日矣，故余於殘缺者尤加意焉，戲自號曰抱守老人。"②

　　藏書家收殘本還有個目的是希望今後能將殘本補全。如黄丕烈云："余喜蓄書，兼蓄重出之本，即破爛不全者亦復蓄之。重出者取爲讎勘之具，不全者或待殘缺之補也。"③明徐爜于家藏本《藝文類聚》跋云："此書一百卷，余家所藏者缺四册，每有查考，輒恨其摧殘非完書也。數年前偶於官賢坊内小書鋪中見有數册混入雜書之内，將爲糊壁覆瓿之需，予以數十錢易之，正可補予之缺，然尚歉六十卷至六十六卷也。俟之數年，無從覓補。今歲，余偶從南都歸，林志尹乃拾一册見餉，遂成全書，篝燈把玩，喜而不寐，因重加裝訂，收之篋中。曾憶陸儼山先生有云：殘書亦收，以冀他日之偶全，正謂此也。"④也確有不少殘本被藏書家補全了的。錢謙益收全宋版《後漢書》即一例。《虞陽説苑》甲編《牧齋遺事》云：

　　　　初，牧齋得此書，僅出價三百餘金。以《後漢書》缺二本，售之者因減價也。牧翁寶之如拱璧，遍囑書賈，欲補其

①南京大學圖書館藏鈔本《澹生堂書目》卷首。
②《蕘圃藏書題識》卷十《陽春白雪十卷》。
③《蕘圃藏書題識》卷八《慶湖遺老詩集九卷拾遺一卷補遺一卷》。
④《重編紅雨樓題跋》卷一《藝文類聚》。

缺。一書賈停舟於烏鎮,買麵爲晚飡,見鋪主人於敗篦中,取書二本作包裹,諦視,則宋版《後漢書》也。賈驚,竊心喜,出數文錢買之,而首頁已缺,賈向主人求之,主人曰:"頃爲對鄰裹麵去,索之可也。"乃並首頁獲全,星夜來常,錢喜欲狂,款以盛筵,予之廿金,其書遂爲完璧。其紙質、墨色,炯然奪目,真藏書家不世寶也。

　　黃丕烈也補全了不少書,如其於明本《六朝聲偶集七卷》題識云:"物無重輕,以全爲上;事無巨細,以合爲奇。此徐獻忠《六朝聲偶集》不過總集中之一種耳,因不習見,殘帙亦收之,偶舉示書友之常所往來者,冀其或有配頭也,仲冬七日果獲殘帙五六七卷,合諸前一二三四卷,適合全書七卷,是可謂巧遇矣,喜而識其緣起於卷端。"①

　　再次要注意書籍文字的可靠性。這主要看書籍的復製、保存者是否認真地做過校勘工作。出版者不同,其可靠程度是有差別的。古代的出版單位大致可分爲官府、私家、書坊三種類型。官刻本因爲財力雄厚,雕印精審,一般來説質量較高。如從國子監刊本的校勘經進銜名中可以看出,其職務有勘官、詳勘官、都勘官之分,其工作也有書版、校勘、再校、都校之別,經過反覆校勘,提高了宋國子監刊本的可靠性。當然官刻本的質量也是不平衡的,明代的經廠本、書帕本就不能盡如人意。家刻本多由學者或藏書家主持其事,其目的主要是爲了流傳善本,保存自己或親友的著作,而不是專門爲了贏利,刻印的書一般都校勘詳確,質量較高。書坊刻書以贏利爲目的,質量難以保證,當然這也不能一概而論,他們也出版過精刻本。

　　無論鈔本、印本,凡經學者與藏書家認真校勘過的書,收藏

①《蕘圃藏書題識再續錄》卷三。

價值均大爲提高,孫慶增《藏書記要・校讎》云:"書籍不論鈔刻好歹,凡有校過之書,皆爲至寶。"葉德輝《藏書十約・鑒別》亦云:"有經名人手鈔手校者,貴重尤過於宋元。"例如經黃丕烈校勘過的書,就特別受到人們重視。傅增湘嘗云:"其手校之書尤爲世貴,稗書小集一卷,懸值百金,肆賈挾以居奇,而人且惟恐或失。甚至以藏書自鳴者,若家無蕘圃手校之書,百城爲之失色。"[1]王欣夫在《大藏書家黃蕘圃》一文中也稱:"他自己和代友人所刻的書籍,一向被學者們認爲最標準、最正確的善本,稱爲'清朝宋版'而不止一次的翻刻,至今還是盛行著。凡是經過他收藏或校勘的書籍,又一致認爲比較可靠而據來付印出版。這都説明對科學研究具有重大的價值。"[2]當然有的人在校勘時亂塗亂改,而且又不能堅持到底,這樣不但不能提高書的文獻價值,還破壞了書品,降低了書的收藏價值。故孫慶增《藏書記要・鑒別》又云:"古人尊重宋刻,弗輕塗抹,後世庸流俗子不知愛惜書籍,妄自動筆,有始無終,隨意圈點,良可嘆也。"

同樣,書中有名家題跋、藏印,也提高了書的可靠性與收藏價值。許多藏書家都充分認識到藏書題跋、校語、印記的價值。如黃丕烈於《鑒誡録十卷》題識云:

> 其書索白鏹卅金,余愛之甚,且恐遇此機會難以圖成,遂易以番錢三十三圓,書計五十七葉,並題跋一葉。以葉論錢,當合每葉四錢六分零。宋刻書之貴可云貴甚,而余好宋刻書之癖可云癖絶矣。時有解事者在座云:此書之可貴,不僅在宋刻而並在題跋。蓋書畫碑版往往以名公題跋爲重,其於書籍亦猶是云爾。余不覺撫掌稱快,以爲知己之言。

---

① 《思適齋書跋》卷首序。
② 載《復旦大學學報》一九六二年第一期。

時嘉慶九年，歲在甲子，正月丁巳日，黃丕烈書於百宋一廛。[1]

所以，有的藏書家還特地請名家題跋，常熟瞿氏鐵琴銅劍樓即一例，每書之尾常有鄉先輩題跋及觀後記。如黃廷鑑《書洪武蘇州府志後》云："此本錢唐何卜舍元錫得之浙中，以贈稽瑞陳氏，後歸恬裕齋，今秋子雍明經鏞出以見示。余爲詳其源委，著其存佚，見此本爲佚而幸存之書，允爲鎮庫重寶。異日郡志重修，徵吳中文獻者，舍是編將奚以槖筆從事哉。道光庚子秋九月，七十九叟黃廷鑑跋。"[2]顯然，此跋不僅揭示了洪武《蘇州府志》的文獻價值，而且也增加了它的文獻價值。

此外，圖書的紙張、墨色、印刷、裝訂情況，也都與圖書的質量密切相關。胡應麟嘗云：

> 凡書之直之等差，視其本、視其刻、視其紙、視其裝、視其刷、視其緩急、視其有無本、視其鈔刻。鈔視其訛正，刻視其精粗，紙視其美惡，裝視其工拙，印視其初終，緩急視其時，又視其用，遠近視其代，又視其方。合此七者，參伍而錯綜之，天下之書之直之等定矣。[3]

他還認爲："凡本，刻者十不當鈔一，鈔者十不當宋一。三者之中自相較，則又以精粗久近，紙之美惡，用之緩急爲差。凡刻，閩中十不當越中七，越中七不當吳中五，吳中五不當燕中三，（此以地論，即吳越閩書之至燕者，非燕中刻也）燕中三不當內府一，五者之中自相較，則又以其紙、其印、其裝爲差。凡印有朱者，有靛

---

①《蕘圃藏書題識》卷六。
②《第六絃溪文鈔》卷三。
③《少室山房筆叢》卷四《經籍會通四》。

者,有雙印者,有單印者。雙印與朱必貴重用之,凡板溼滅則以初印之本爲優。凡裝有綾者,有錦者,有絹者,有護以函者,有標以號者。吴裝最善,他處無及焉,閩多不裝。"①

　　除胡應麟上述經驗之談外,還有一些藏書家也談到了古書的質量問題。當然,他們的有些説法並不完全符合我們今天的標準和要求,如謝肇淛云:"書所以貴宋板者,不惟點畫無訛,亦且箋刻精好若法帖然。凡宋刻有肥瘦二種,肥者學顔,瘦者學歐,行款疏密,任意不一,而字勢皆生動,箋古色而極薄,不蛀。"②葉德輝云:"最要者,無論經、史、子、集,但係仿宋元舊刻,必爲古雅之書;或其書有國朝考據諸儒序跋題詞,其書亦必精善。明刻仿宋、元者爲上,重刻宋、元者次之,有評閲者陋,有圈點者尤陋。"③

　　孫慶增還對如何鑒定鈔本的質量,談了自己的看法,略云:"凡書之無處尋覓者,其書少,必當另鈔底本,因無刻本故也。若鈔録精工,則所費浩繁,雖書寫不工,亦必珍之重之,留爲秘本。前輩鈔録書籍,以軟宋字小楷顔、柳、歐字爲工,宋刻字更妙,摹宋版字樣,筆墨匀均,不脱落,無遺誤,烏絲行款,整齊中帶生動,爲至精而備美。序跋圖章畫像,摹倣精雅,不可呆板,乃爲妙手。鈔書者,要明於義理者,一手書寫,無脱漏差誤,無破體字,用墨一色,方爲最善。若鈔底本,大部書,以行書爲上,草書亦可,但以不差落爲主。若字好而不明文理者,僅可印抄而已。"④

---

①《少室山房筆叢》卷四《經籍會通四》。
②《五雜俎》卷一三。
③《藏書十約·鑒別》。
④《藏書記要》第三則《鈔録》。

四　版本鑒定

采購收藏圖書,除對圖書的適用性、真偽、質量作出鑒別外,還要對圖書的版本作出正確的判斷。孫慶增《藏書記要·鑒別》云:"如某書係何朝何地著作,刻於何時,何人翻刻,何人鈔録,何人底本,何人收藏,如何爲宋元刻本,刻於南北朝何時何地。(《藕香零拾》本注云:"此云南北朝,當指宋金元之間。")如何爲宋元精舊鈔本,必須眼力精熟,考究確切。"

如何鑒定圖書的版本,可參看本書《版本編》第五章《雕印本的鑒定》、第六章《非雕印本的區分與鑒定》。需要補充説明的是,有些人長期同古書打交道,積累了豐富的鑒別版本的經驗,如有可能,公家應當請他們做圖書采購工作,或者在鑒定版本時傾聽他們的意見。

不少藏書家都是鑒定版本的專家,如曹溶稱錢謙益於"每一部書,能言舊刻若何,新板若何,中間差別幾何,驗之纖悉不爽,蓋於書無不讀,去他人徒好書束高閣者甚遠。"[1]翁廣平稱鮑廷博"生平酷嗜書籍,每一過目,即能記其某卷某葉某訛字。有持書來問者,不待翻閲,見其板口,即曰此某氏板,某卷刊訛若干字,案之歷歷不爽。"[2]因此人們在采購圖書時,往往"與能識古本今本之書籍者,並能道其源流者,能辨原板翻板之不同者,知某書之久不刷印,某書之止有鈔本者,或偕之間訪於坊家,密求於冷鋪。"[3]又謝肇淛云:"吾友又有林志尹者,家貧爲掾,不讀書而最耽書,其於四部篇目,皆能成誦。每與俱入書肆中,披沙見金,觸

---

[1]《絳雲樓書目》卷首《絳雲樓書目題辭》。
[2]《國朝耆獻類徵初編》卷四四一《鮑廷博》。
[3]《藏書記要》第一則《購求》。

目即得，人棄我取，悉中肯綮。興公數年之藏，十七出其目中
也。"①不少書賈挾書求售之前，常請有經驗的藏書家先行鑒定。
如何堂《顧步巖小傳》云："君諱階升，字步巖。家故素封，獨無所
慕，惟以圖籍、法書、名畫自娛。樂書齋之内，縹緗插架者萬餘
卷。遇一編，實能挹其精華，並識其刊刻、鈔録、收藏所自。賈客
挾册至門者，君爲審真贋、品高下，判若黑白，無不相顧愕眙
以去。"②

　　還有一些書商由於成年累月與書接觸，往往也成了鑒定版
本的專家，如南宋杭州的陳思，陳振孫云："都人陳思，儥書於都
市，士之好古博雅，蒐遺獵忘，以足其所藏，與夫故家之淪墜不
振，出其所藏以求售者，往往交於其肆，且售且儥，久而所閲滋
多，望之輒能别其真贋。"③所以不少藏書家與一些書商關係密
切，依靠書商鑒别版本、購藏圖書。如鴻山翁云："余無他嗜，惟
書癖殆不可醫，臨安人陳思多爲余收攬，叩其書顛末，輒對如
響。"④孫星衍介紹清代乾隆年間北京書商陶正祥，亦云：

　　　　君名正祥，字庭學，號瑞庵。……家貧，無以爲養，遂以
　　儥書爲業，與吳中名下士交接，聞見日廣，久之於書能知何
　　書爲宋元佳本，有誰氏刊本，板貯何所，誰氏本善且備，誰氏
　　本删除正文若注，或舛誤不可從。都中鉅公宿學，欲購異書
　　者皆諧君，車轍滿户外。會開《四庫全書》館，安徽提學朱君
　　筠言於當道，屬以搜訪秘書，能稱事焉。⑤

────────────

①《五雜俎》卷一三。興公指徐𤍨。
②《藏書紀事詩》卷四《顧階升步巖》。
③《寶刻叢編》卷首《序》。
④《寶刻叢編》卷首《序》。
⑤《孫淵如先生全集·芳茂山人文集·五松園文稿·清故封修職郎兩浙鹽課
　　大使陶君正祥墓碣銘》。

陶氏書鋪即五柳居，蘇州書商以乾隆間錢景開爲最有名，晚清侯念椿也頗爲藏書家所器重，緣裻嘗云："余幼時，侯念椿，短而僂，貌寢行賤，日登壟斷以售黎丘之技，然頗曉事。多識簿録，舊鈔、舊刻，何年何人收藏，何省何地裝訂，寫槧先後，題跋真僞，一見紙墨，輒能言之不爽，老友劉泖生丈蒿隱前輩，皆與往還，蒐遺獵忘。四方收藏家至吳門訪占者，亦無不造世經堂。"①

　　總之，對圖書收藏價值作出科學的鑒定，是我們采購、保管、流通、利用圖書的重要依據，也是典藏工作不可缺少的環節。

---

① 《藏書紀事詩》卷七《侯駝子》引《異說披昌》。

第四章　書籍亡佚

　　書籍亡佚的現象自來就十分嚴重,洪邁嘗云:"國初承五季亂離之後,所在書印板至少,宜其焚蕩了無孑遺。然太平興國編次《御覽》,引用一千六百九十種,其綱目並載於首卷。以今考之,無傳者十之七八矣。"[①]馬端臨稱:"漢、隋、唐、宋之史,俱有藝文志,然《漢志》所載之書,以《隋志》考之,十已亡其六七,以《宋志》考之,隋、唐亦復如是。"[②]曹溶亦云:"自宋以來,書目十有餘種,粲然可觀。按實求之,其書十不四五。"[③]所以黄宗羲"嘗嘆讀書難,藏書尤難,藏之久而不散,則難之難矣"。[④]書籍亡佚的原因,不外人爲因素與自然災害兩類。人爲因素有禁燬、兵燹、變賣、失竊、借而不還等。自然災害主要是火燒、水浸、鼠嚙、蟲咬、霉變造成的。現逐一述之如次。

---

① 《容齋五筆》卷七《國初書籍》。
② 《文獻通考序》。
③ 《知不足齋叢書》本《流通古書約》。
④ 《南雷文約》卷四《天一閣藏書記》。

第一節　禁燬

　　統治者出於政治上的需要,往往禁止與焚燬一部分對之不利的藏書,從而造成了圖書的重大損失。此事由來已久,而且史不絕書。

一　秦

　　《孟子·萬章下》云:"諸侯惡其害己也,而皆去其籍。"趙岐注曰:"諸侯欲恣行,憎惡其法度妨害己之所爲,故滅去典籍。"可見此事起源甚早。

　　秦國早在孝公時就已實行禁書政策了,當時商鞅在變法的過程中,積極推行愚民政策,對於傳播知識的圖書,自然認爲不利於其統治,而要加以排斥。《商君書·農戰》云:"《詩》《書》、禮、樂、善、修、仁、廉、辯、慧,國有十者,上無使守戰。國以十者治,敵至必削,不至必貧。國去此十者,敵不敢至,雖至必却。興兵而伐,必取;按兵不伐,必富。"孝公根據商鞅的建議,曾焚燬過《詩》《書》。《韓非子·和氏》載:"商君教秦孝公以連什伍,設告坐之過,燔《詩》《書》而明法令,塞私門之請而遂公家之勞,禁游宦之民而顯耕戰之士,孝公行之。"韓非的觀點與商鞅一脈相承,爲稍後的秦始皇大規模焚書做了輿論準備。

　　始皇三十四年(前二一三),在咸陽宮舉行的一場辯論會上,丞相李斯主張焚書,並得到了始皇的批准,略云:

　　　　今皇帝並有天下,別黑白而定一尊。私學而相與非法

教,人聞令下,則各以其學議之,入則心非,出則巷議,夸主
以爲名,異取以爲高,率群下以造謗。如此弗禁,則主勢降
乎上,黨與成乎下。禁之便。臣請史官非秦記皆燒之。非
博士官所職,天下敢有藏《詩》《書》、百家語者,悉詣守、尉雜
燒之。有敢偶語《詩》《書》者棄市。以古非今者族。吏見知
不舉者與同罪。令下三十日不燒,黥爲城旦。所不去者,醫
藥卜筮種樹之書。若欲有學法令,以吏爲師。制曰:"可。"①

顯然,始皇焚書的目的是爲了消滅輿論,鞏固政權,而實踐證明,
這種野蠻的措施所起的作用恰好相反,不但不能鞏固政權,相反
加速了其政權的滅亡。正如唐詩人章碣《焚書坑》所云:"坑灰未
冷山東亂,劉項元來不讀書。"②

二　晉南北朝隋

　　秦代以後又一次大規模禁焚圖書要算隋朝禁焚讖緯著作。
讖是神秘的預言,讖書是占驗吉凶的書。緯對經而言,緯書是漢
儒附會並配合《詩》《書》《樂》《易》《春秋》《孝經》等經書經義的著
作。其中雜有許多妖妄成份。
　　由於讖緯書富有神秘色彩,可以被一些政治家用來作爲政
治陰謀的輿論工具,因此曾經受到提倡,並得到了很大的發展。
《隋書·經籍志》經部讖緯類序曾概括地介紹過讖緯的發展
情況:

　　　　孔子既叙六經,以明天人之道,知後世不能稽同其意,
　　　故別立緯及讖以遺來世,其書出於前漢。……宋均、鄭玄俱

①《史記》卷六《秦始皇本紀》。
②《全唐詩》卷六六九。

有讖緯之注。然其文字淺俗，顛倒舛謬，不類聖人之旨相傳，疑後世人造爲之。或者又加點竄，非其實錄。王莽好符命，光武以圖讖興起，遂盛行於世。漢時又詔東平王蒼正五經章句，皆命從讖。俗儒趨時，益從其學，篇第卷目，益加增廣。言五經者，皆憑讖爲說。

正因爲讖緯含有神秘色彩，可以被用作政治上的輿論工具，所以有些統治者爲了鞏固政權，屢加禁止。早在西晉泰始三年（二六七）十二月，武帝剛剛奪取政權不久，就明令"禁星氣讖緯之學"。[①]　前秦苻堅於建元十一年（三七五）下令"增崇儒教，禁《老》《莊》、圖讖之學"。[②]　北魏孝文帝於太和九年（四八五）正月下過一道焚書令："圖讖之興，起於三季。既非經國之典，徒爲妖邪所憑。自今圖讖、秘緯及名爲《孔子閉房記》者，一皆焚之。留者以大辟論。又諸巫覡假稱神鬼，妄說吉凶，及委巷諸卜非墳典所載者，嚴加禁斷！"[③]《隋書·經籍志》經部讖緯類序曾對南朝及隋代大規模禁止讖緯書作過概括的介紹：

> 至宋大明中，始禁圖讖，梁天監以後，又重其制。及高祖受禪，禁之愈切。煬帝即位，乃發使四出，搜天下書籍，與讖緯相涉者皆焚之，爲吏所糾者至死。自是無復其學，秘府之內，亦多散亡。

《隋書·經籍志》曾著錄讖緯之書十三部九十二卷，當爲焚禁之餘。其中梁代尚有與《孝經》有關的緯書十二部二十七卷，至《隋書·經籍志》則僅著錄《孝經內事》一卷。

讖緯書雖多封建迷信、荒誕不經、牽強附會之說，然而也是

---

①《晉書》卷三《武帝紀》。
②《晉書》卷一一三《苻堅載記上》。
③《魏書》卷七上《高祖紀第七上》。

當時政治、經濟、科學、文化之反映，如徐養原《緯候不起於哀平辨》云：

> 歐陽永叔欲刪九經疏中讖緯之文，幸而其言不行。蓋因其爲僞而一概抹殺，實屬大誤特誤。善乎，昔人之言曰："緯書之文，未必盡出妄人之手，其間謬妄，雖亦不無，要在學者擇焉而已。"又曰："緯書起自前漢，去古未遠；彼時學者，多見古書；凡有著述，必有所本。不可以其不經而忽之。"斯可謂持平之論矣。[1]

其實，讖緯書中也含有不少科學道理，於天文、地理知識猶爲豐富。如張華《博物志》卷一引《考靈曜》云："地恒動不止，譬如人在舟而坐，舟行而人不覺。"故朱一新云："秦燔六經，隋焚圖緯。事之輕重不同，而焚書則同。有處士之橫議，故有秦始之焚經；有鄙儒之信讖，故有隋煬之焚緯。渾蓋宣夜之學，往往存於緯書，緯亡，則六家之術皆亡矣。"[2]

緯書同經學也密切相關，漢代言五經者憑讖爲説，《隋書·經籍志》甚至將讖緯類書列在經部，故焚讖緯也給經學研究造成了重大損失。康有爲認爲："緯書雖多誕奇之説，然出西漢以前，與今文博士説合。……天監、隋煬兩次禁焚，緯書幾盡。孔子之學，一遇秦焚再遇隋焚，何不幸也？後儒忘緯書之本原，附會歆、邃之説而並黜之，致使今學之説頓盡，而不得與秦焚並歎，豈不惜哉？"[3]

將讖緯與經書相提並論難稱允當，但是歷代禁燬讖緯不僅

---

① 《經義叢鈔》卷二〇。
② 《無邪堂答問》卷四。
③ 《新學僞經考·隋書經籍志糾謬第十一》。按，今人陳槃研究讖緯多年，富有論著，漢舊説藉以略明。

給公私藏書造成巨大損失，而且也給中國文獻、中國文化造成巨大損失，則是毫無疑問的。

三　唐五代

唐五代禁書範圍除讖緯外，還擴大到天文、曆法、兵書等方面，並懸爲禁令，著於法律。如《唐律疏議》卷九《職制》第二十款云："諸玄象、器物、天文、圖書、讖記、兵書、七曜曆、太一、《雷公式》，私家不得有，違者徒二年。私習天文者亦同。其緯候及《論語讖》，不在禁限。"同書卷十八《賊盜》第八款復云："諸造妖書妖言者，絞。傳、用以惑衆者，亦如之（傳，謂傳言；用，謂用書）；其不滿衆者，流三千里。言無害者，杖一百。即私有妖書，雖不行用，徒二年；言理無害者，杖六十。"唐代宗大曆二年（七六七）重申："讖緯不經，蠹深於疑衆，蓋有國之禁，非私家所藏。令各州府查禁，敕到十日内送官，本處長吏集衆禁燬。"[1]《唐律》中有關禁書的條文對後世影響頗大，後周廣順三年（九五三）八月，太祖郭威所頒敕令亦云："今後玄象、器物、天文、圖書、讖記、七曜曆、太一、《雷公式法》，私家不得有及衷私傳習，有者，並須焚燬。司天臺、翰林院本司職員並不得以前代所禁文書出外借人傳寫。"[2]

唐人有以詩得罪者，如劉禹錫的《自朗州承召至京，戲贈看花諸君子》。孟棨記其事云：

　　劉尚書自屯田員外左遷郎（按：應爲"朗"）州司馬，凡十年始徵還。方春，作《贈看花諸君子》詩曰："紫陌紅塵拂面

①《舊唐書》卷一一《代宗紀》。
②《五代會要》卷一一《雜録》。

來，無人不道看花回。玄都觀里桃千樹，盡是劉郎去後栽。"
其詩一出，傳於都下。有素嫉其名者，白於執政，又誣其有
怨憤。他日見時宰，與坐，慰問甚厚。既辭，即曰："近者新
詩，未免爲累，奈何？"不數日，出爲連州刺史。[1]

但尚無禁文學作品流傳者，蓋其時流行皆鈔本，雕印本流傳不
廣，影響不大之故也。

四　宋

宋初繼承了隋唐五代禁燬讖緯等書的傳統，一是在《宋刑
統》中繼續保留了《唐律疏議》中的兩條禁書條文，一是宋太祖於
開寶五年（九七二）九月重申："禁玄象器物、天文圖讖，七曜曆、
太一、雷公、六壬、遁甲等，不得藏於私家，有犯者並送官。"[2]接着
太宗又於太平興國二年（九七七）冬十月下詔曰："兩京、諸道陰
陽卜筮人等，向令傳送至闕，詢其所習，皆懵昧無所取，蓋矯言禍
福，誑耀流俗，以取貲耳。自今除二宅及《易》筮外，其天文、相
術、六壬、遁甲、三命及它陰陽書，限詔到一月送官。"[3]"私習者
斬。"[4]真宗即位，復於景德元年（一〇〇四）詔令"民間天象器物、
讖候禁書，並納所司禁之，匿不言者死"。[5]仁宗爲了根絕讖緯之
類書，曾令司天監編製《禁書目録》一卷，詳見本書《目録編》第七
章《特種目録》第二節《禁燬書目録》。利用禁書目録收繳圖書説
明宋代在禁書手段上較前有了很大發展。

---

① 《本事詩·事感第二》。
② 《續資治通鑑長編》卷一三《太祖》。
③ 《續資治通鑑長編》卷一八《太宗》。
④ 《宋史》卷四《太宗本紀》。
⑤ 《宋史》卷七《真宗本紀》。

　　某些人因政治觀點不同，受到政治打擊，其著作因而遭禁，這也是宋代禁書的一個特點。蘇軾是其代表人物。宋朋九萬《東坡烏臺詩案》錄《監察御史裏行何大正劄子》云："臣伏見祠部員外郎直史館知湖州蘇軾《謝上表》，其中有言'愚不識時，難以追陪新進；老不生事，或能牧養小民'，愚弄朝廷，妄自尊大。宣傳中外，孰不嘆驚？"復錄《監察御史裏行舒亶劄子》云："至於包藏禍心，怨望其上，訕讟慢罵，而無復人臣之節者，未有如軾也。蓋陛下發錢以本業貧民，則曰'贏得兒童語音好，一年強半在城中'。陛下明法以課試郡吏，則曰'讀書萬卷不讀律，致君堯舜知無術'。陛下興水利，則曰'東海若知明主意，應教斥鹵變桑田'。陛下謹鹽禁，則曰'豈是聞韶解忘味，邇來三月食無鹽'。其他觸物即事，應口所言，無一不以譏謗爲主，小則鏤板，大則刻石，傳播中外，自以爲能。其尤甚者，至遠引襄漢梁、竇專朝之士，雜取小說燕蝠爭晨昏之語，旁屬大臣，而緣以指斥乘輿，蓋可謂大不恭矣。"因此蘇軾由湖州任上，被勾至御史臺推鞫，神宗降旨："蘇軾可責授檢校水部員外郎充黃州團練使，本州安置，不得簽書公事。"[1]徽宗復於崇寧二年（一一〇三）四月二十七日下詔焚書，詔曰："蘇洵、蘇軾、蘇轍、黃庭堅、張耒、晁補之、秦觀、馬涓《文集》、范祖禹《唐鑒》、范鎮《東齋紀事》、劉攽《詩話》、僧文瑩《湘山野錄》等印版，悉行焚燬。"[2]這次禁書事件，蔡京起了很大作用，佚名《靖康要錄》卷七云：

　　　　靖康元年（一一二六）右正言崔鷗奏：自崇寧以來，京賊用事。……至於蘇軾、黃庭堅之文集，范鎮、沈括之雜說，畏其或記祖宗之事，或記名臣之說，於己不便，故一切禁之，購

---

①《東坡烏臺詩案·御史臺根勘結按狀》。
②《資治通鑑後編》卷九五《宋紀》。

以重賞,不得收藏;則禁士之異論,其法亦已密矣!

　　給公私藏書造成重大損失的,還有南宋初年的禁野史事件。此次事件以禁野史爲藉口,所禁實際上遠遠超過了野史的範圍。《宋史·秦檜傳》記載了這次禁書事件的經過及危害性,略云:

　　　　檜乞禁野史,又命子熺以秘書少監領國史,進建炎元年至紹興十二年日曆五百九十卷。熺以太后北還,自頌檜功德,凡二千餘言,使著作郎王揚英、周執高上之,皆遷秩。

　　　　自檜再相,凡前罷相以來,詔書章疏稍及檜者,率更易焚棄。日曆時政,亡失已多。是後記録,皆熺筆,無復有公是非矣。

　　　　冬十月,右正言何溥指程頤、張載遺書,爲專門曲家,力加禁約。人無敢以爲非。……

　　　　檜先禁史,(十五年)七月,又對帝言:私史害正道。時司馬伋遂言《涑水紀聞》非其曾祖光論著之書。其後李光家亦舉光所藏書萬卷焚之。

　　宋李心傳《建炎以來繫年要録》對此事亦有記載,如紹興十四年四月"丁亥,秦檜奏乞禁野史,上曰:'此尤爲害事,如靖康以來私記極不足信。'"紹興十五年八月"丙子,上與大臣論事……秦檜曰:是非不明久矣,圍城中失節者相與作私史,反害正道"。紹興十七年,"言者論會稽士大夫家藏野史以謗時政,於是李光家藏書萬餘卷,其家皆焚之"。①

　　王明清也記載了秦檜禁燬擅改史書給宮廷藏書造成重大損失的情況:

　　　　自高宗建炎航海之後,如《日曆》《起居注》《時政記》之

────────────

①《建炎以來繫年要録》卷一五一、一五四、一五六。

類，初甚完備。秦檜之再相，繼登維垣，始任意自專，取其紹興壬子歲初罷右相，凡一時施行，如訓誥詔旨，與夫斥逐其門人臣僚章疏奏對之語，稍及語己者，率皆更易禁棄。由是亡失極多，不復可以稽考。[①]

王明清還談到迫於政治壓力，他母親把家中許多藏書都燒掉了的情況：

丁卯歲（一一四七）秦檜之擅國，言者論會稽士大夫家藏野史，以謗時政，初未知爲李泰發家議也。是時，明清以舅父曾宏父守京口，老母懼焉。凡前人所記本朝典故，與夫先人所述史稿雜記之類，悉付之回祿。每一思之，痛心疾首。後來明清多寓浙西婦家，煨燼之餘，所存不多。諸侄輩不能謹守，又爲親戚盜去。或他人久假不歸，今遺書十不存一，每一歸省，舊篋不忍復啟，但流涕而已。[②]

宋代擴大了禁書範圍，波及到文史兩類著作，還采用編禁書目錄的方法收繳圖書，爲避免不利於自己的話而對原文獻進行刪改，所有這些都對後世禁書產生了惡劣的影響。

五　元

元世祖曾沿襲舊有傳統屢次焚燬天文、圖讖、陰陽等類書。如《元史·世祖紀》云：至元十年（一二七三）禁"陰陽圖讖等書"，至元二十一年重申"私藏天文圖讖"的禁令，"有私習收匿者罪之"。這些禁令也見諸法律，如《元史·刑法志·大惡》云："諸妄

---

① 《揮塵後錄》卷二。
② 《揮塵後錄》卷七。

撰詞曲，誣人以犯上惡言者，處死。"《元史·刑法志·禁令》："諸
陰陽家天文圖讖，應禁之書，敢私藏者罪之。諸陰陽家僞造圖
讖，釋老家私撰經文，凡以邪説左道，誣民惑衆者，禁之，違者重
罪之。在寺觀者罪及主守，居外者所在有司察之。"值得注意的
是元代禁書範圍擴大到"妄撰詞曲"與"釋老家私撰經文"。

　　元代禁書對私家藏書也産生了不良影響，例如莊肅仕宋爲
秘書小史，宋亡，棄官浪迹海上，聚書至八萬卷，至正年間亡佚殆
盡，主要原因是其家害怕觸犯藏書禁令而自焚了不少書，陶宗儀
述其事云："至正六年(一三四六)，朝廷開局修宋遼金三史，詔求
遺書，有以書獻者，予一官。江南藏書多者止三家，莊其一焉。
繼命危學士樸特來選取。其家慮恐兵遁圖讖干犯禁條，悉付祝
融氏。及收拾燼餘，存者又無幾矣。其孫群玉悉載入京，覬領恩
澤，宿留日久，仍布衣而歸。書之不幸如此。"[1]

六　明

　　明初，太祖曾大興文字之獄，如徐禎卿云："太祖多疑，每慮
人侮己。杭州儒學徐一夔曾作賀表上。其詞云：'光天之下'，又
曰：'天生聖人，爲典爲則。'帝覽之，大怒曰：'腐儒乃如此侮朕
耶？生者，僧也；以我從釋氏也。光，則磨頂之謂矣。則字近賊，
罪坐不敬。'命收斬之。禮臣大懼，因上請曰：'愚憒不知忌諱，乞
降表式，永爲遵守。'帝因自爲文，傳播天下。"[2]明黄瑜《雙槐歲
鈔》還記載了不少類似例子。許多慘遭文字之禍的人的作品，在
政治高壓下，當然難以留存流傳。

----

[1]《輟耕録》卷三。
[2]《翦勝野聞》卷二。

太祖對《孟子》中"民爲貴,社稷次之,君爲輕"的思想不滿,曾命翰林學士劉三吾等删節,《南雍志》卷十八《經籍考》經類著録的《孟子節文》二卷即删節後的産物,附注云:"校《孟子》一書,中間辭氣之間抑揚太過者八十五條,其餘一百七十餘條悉頒之中外校官,俾讀是書者知所本旨,自今八十五條之内,課試不以命題,科舉不以取士。"

明成祖朱棣於建文元年七月以靖難爲名起兵,至建文四年(一四○二)六月佔領南京,即位稱帝。爲了掩蓋史實,命人焚燬建文朝史料,如明趙善政嘗云:"永樂中出建文朝封事數千通,命解縉等擇有關於農商禮樂者,存之。其有干犯'靖難'事者,焚之。既畢事,文皇笑謂縉曰:'卿等當時,應皆有之。'皆愕然不敢對。"[1]這位取代侄兒當了皇帝的明成祖,在爲統一思想而禁燬圖書方面做得非常突出。陳鼎云:

> 我太祖高皇帝即位之初,首立大學,命許存仁爲祭酒,一宗朱子之學。今學者非五經、孔孟之書不讀,非濂、洛、關、閩之學不講。成祖文皇帝,益張而大之。命儒臣,輯五經四書及性理全書,頒布天下。饒州儒士朱季友,詣闕上書,專詆周、程、張、朱之説。上覽而怒曰:"此儒之賊也。"命有司聲罪杖遺,悉焚其所著書,曰:"無誤後人。"於是邪説屏息,迨今二百餘年。[2]

爲禁錮思想而焚書還有一個突出的例子是萬曆間對李贄的政治迫害。萬曆三十年,李贄七十六歲,禮科都給事中張問達上疏彈劾道:

---

① 《賓退録》卷二。
② 《東林列傳》卷二。此説源於楊士奇《三朝聖諭録》,《明史‧成祖紀》亦有記載。

　　李贄壯歲爲官，晚年削髮。近又刻《藏書》《焚書》《卓吾大德》等書，流行海内，惑亂人心。以吕不韋、李園爲智謀，以李斯爲才力，以馮道爲吏隱，以卓文君爲善擇佳偶，以司馬光論桑弘羊欺武帝爲可笑，以秦始皇爲千古一帝，以孔子之是非爲不足據，狂誕悖戾，未易枚舉，大都刺謬不經，不可不燬者也。[①]

神宗批示道："李贄敢倡亂道，惑世誣民，便令廠衛五城嚴拿治罪。其書籍已刊未刊者，令所在官司盡搜燒燬，不許存留。如有徒黨曲庇私藏，該科及各有司訪參奏來，並治罪。"[②]神宗的指示似未得到嚴格執行。

　　李贄的著作始終禁而不絶，流傳至今，説明在雕版印刷已經流行的時代，采用强制的手段杜絶不利於統治階級的異説是不得人心的，也是難以奏效的。

　　明代中期，工商業日趨繁榮，文網逐漸鬆弛，一些離經叛道的文藝作品乘時而起，但是也引起了封建統治者的警覺，英宗正統七年(一四四二)，國子監祭酒李時勉上言：

　　　　近年有俗儒，假托怪異之事，飾以無根之言，如《剪燈新話》之類，不惟市井輕浮之徒爭相誦習，至於經生儒士，多捨正學不講，日夜記憶，以資談論。若不嚴禁，恐邪説異端日新月盛，惑亂人心，實非細故。乞敕禮部行文内外衙門及提調學校僉事，御史，並按察司官巡歷去處，凡遇此等書籍，即令焚燬。有印賣及藏習者，問罪如律。庶俾人知正道，不爲邪妄所惑。[③]

①《明神宗實録》卷三六九。
②《明神宗實録》卷三六九。
③《明英宗實録》卷九〇。

其尤甚者爲明末對《水滸傳》的禁燬,如《崇禎十五年四月十七日刑科給事中左懋第爲陳請焚燬水滸傳題本》云:

> 李青山諸賊嘯聚梁山,破城焚漕,咽喉梗塞,二京鼎沸。諸賊以梁山爲歸,而山左前此蓮妖之變,亦自鄆城、梁山一帶起。臣往來舟過其下數矣,非崇山峻嶺,有險可憑而賊必因以爲名,據以爲藪澤者,其説始於《水滸傳》一書。

同年六月詔令嚴禁《水滸傳》,兵部行文要求"大張榜示:凡坊間藏《水滸傳》並版,盡令速行燒燬,不許隱匿,仍勒石山巔,垂爲厲禁,清丈其地,歸之版籍。並通行各省直巡按及五城御史,一體欽遵,禁燬施行"。[①]

熹宗時還組織人編了一部《三朝要典》,對神宗、光宗、熹宗三朝的當時政治上的一些重要事件加以總結,以箝制輿論、打擊政敵,而對不利於其統治的某些史書,則加以禁燬。天啟六年(一六二六),工科給事中虞廷陞上疏曰:

> 《要典》集成,昭如日星。從前枝葉,斬斷葛藤;而後牽纏,統歸融釋。乃邇日相傳各類種種,有所謂《天鑒録》,又聞有《點將録》《初終録》《同心録》《石碣録》《爲鑒録》等本,不一而足。非書非傳,恣其筆端。皇上治保平明,禁嚴浮議,自今以後,悉以《三朝要典》爲憑,凡有私集如前列諸種,盡令毀絶,則僉壬反中之計窮,而臣像公忠之益廣,於以培植正人,並力疆場,未必無小補矣。[②]

熹宗接受了虞氏建議,詔曰:

> (《天鑒録》諸書)意在報復恩仇,傾陷異己,本當追究重

---

①《明清内閣大庫史料》上册四二九頁。
②《明熹宗實録》卷七〇。

處;恐致株連,姑且不究。今後凡係此等私書,一見即爲焚
燬,毋得鈔傳談説,淆亂是非;有不遵的,著緝事衙門訪拿治
罪。目今時事多艱,大小臣工俱當並力和衷,共圖安攘。朝
廷用人,但以職業修廢課其功罪,一切葛藤,悉宜掃絶。不
許妄起事端,自分畛域。[1]

遭到禁燬的還有曹學佺的《野史記略》,天啟六年(一六二六)八
月,左副都御史劉廷元上疏曰:"皇上頃命史局輯成《三朝要典》,
三案中之華袞鐵鉞已揭於天下萬世矣。……近聞有不法之臣,
如廣西副使曹學佺,私撰《野史記略》,以諂上官,以惑天下。"[2]熹
宗詔曰:"曹學佺私撰野史,本當拿問,姑奪職爲民。書板行撫按
官追燬。"[3]熹宗於天啟七年(一六二七)病死,崇禎皇帝即位,復
下詔燬《三朝要典》。[4]

綜上所述,明代禁書直接爲現實的政治鬥争服務的色彩更
加鮮明;大張旗鼓地禁燬《水滸傳》《剪燈新話》之類的文學作品
也是一大特點。

七 清

清朝禁書措施在我國古代達到了新的高度,其特點是持續
時間長、涉及面廣、危害大。今略依時代先後,分別述之如下。

甲 清初文字獄

清初爲了消滅漢民族意識,在政治上采取高壓政策,大興文

---

①《明熹宗實録》卷七〇。
②《明熹宗實録》卷七五。
③《明熹宗實録》卷七五。
④《崇禎實録》卷一稱崇禎元年"己巳燬《三朝要典》"。

字之獄。康熙年間主要有莊廷鑨《明書》案、戴名世《南山集》案、
方孝標《滇游紀聞》諸案，而以莊廷鑨案爲最慘烈。楊鳳苞《記莊
廷鑨史案本末》云：

> 莊廷鑨字子襄，先世吳江人，其祖始遷居烏程之南潯，
> 家巨富。父允誠，字君唯，貢生，生三子，廷鑨其長也。……
> 其家與故相國朱文肅公家鄰，因購得文肅《史概》未刻列傳
> 稿本，乃招賓朋群爲增損修飾而論斷，仍署朱史氏，又續纂
> 天啟、崇禎兩朝事，其中多指斥之語，名曰《明書輯略》。①

"書中所云王某孫婿，即清之德祖；所云建州都督，即清之太祖
也，而直書名。又云：'長山衄而銳士飲恨於沙燐，大將還而勁卒
銷亡於左袵。'如此之言，散見於李如柏、李化龍、熊明遇傳中。
又指孔耿爲叛，又自丙辰（一六一六年，清太祖天命元年）迄癸未
（一六四三年，次年李自成陷北京）俱不書清年號，而於隆武（南
明唐王年號）、永曆（南明桂王年號）之即位正朔，必大書特書，其
取禍之端有如此。"②"案既定，斲廷鑨棺，灰其骸骨。其弟廷鉞及
其弟子與諸人之昆弟子孫年十年以上者均斬決，妻女配瀋京披
甲爲奴。"其父允誠於康熙元年冬十月"赴部刑訊，不勝毒楚，瘐
死於獄，磔其屍"。③ 此外作序的、列名參閱的、刻字的、刷印的、
賣過此書的、收藏過此書的，以及經辦此案而持不同態度的官
員，均被處死。④

　　康熙五十一年（一七一二）又興起了方孝標、戴名世案。徐
珂《清稗類鈔》第三册《獄訟類·戴名世南山集案》記其大略云：

---

① 《秋室集》卷五。
② 《痛史》第四種《莊氏史案》。
③ 《秋室集》卷五《記莊廷鑨史案本末》。
④ 均見《秋室集》卷五《記莊廷鑨史案本末》。

桐城方孝標嘗以科第起，官至學士。……入滇，受吳三桂僞翰林承旨。吳敗，孝標先迎降，得免死。因著《鈍齋文集》《滇黔紀略》，極多悖逆語。戴名世見而喜之，所著《南山集》……集中多采錄孝標所紀事。尤雲諤、方正玉爲之捐貲刊行。……又，其與弟子倪生一書，論修史之例：謂"本朝當以康熙壬寅（即永曆帝没亡之年）爲定鼎之始。世祖雖入關十八年，時三藩未平，明祀未絶，若循蜀漢之例，則順治不得爲正統"云云。時趙忠毅公申喬方爲都諫，奏其事。九卿會鞫，中戴名世大逆法，致寸磔，族皆棄市。未及冠笄者，發邊。……時孝標已死，以名世之罪罪之，子登峄、雲旅、孫世樵並斬。方氏有服者皆坐死，且剉孝標屍。

雍正年間文字獄大案共五起，即呂留良案、汪景祺案、查嗣庭案、陸生枏案、謝濟世案。其中呂留良案影響最大。

呂留良，字莊生，號晚村；又名光綸，字用晦，入清不仕。雍正六年（一七二八），湘人曾静策動陝甘總督岳鍾琪起兵反清，岳鍾琪告發，曾静被捕，招供受呂留良詩文影響所致，且與呂氏門人嚴鴻逵及嚴氏門人沈在寬等交往投契。清廷因命浙督將呂、嚴、沈三家書籍及案內人犯一併捉拿解京。當時雍正與曾静對答之語，曾刊爲《大義覺迷録》頒示天下，高宗繼位後又認爲這樣做並不明智，將其列爲禁書，收回銷燬。雍正八年十二月，刑部等衙門會議：呂留良"追思舊國，詆毁朝章，造作惡言，妄行記撰，猖狂悖亂，罪惡滔天"。決定：

呂留良剉尸梟首，財産入官。伊子呂葆中，曾叨仕籍，世惡相濟。前此一念和尚謀叛案內，連及呂葆中，逆蹟彰著，亦應剉屍梟示，呂毅中應擬斬立決。伊子孫並兄弟伯叔兄弟之子及女妻妾，姊妹之子妻妾，應行文該督，查明按律完結。並行知各省府州縣,將大逆呂留良所著文集、詩集、日記及他書已經刊刷及鈔録者,於文到日出示,遍諭勒限一年盡行焚燬。

乾隆年間,著名的文字獄有三十餘起,如乾隆二十年(一七五五),因胡中藻所著《堅磨生詩鈔》中有"一世無日月,斯文欲被蠻"等句,所出試題,又有"鳥獸不可與同群"、"狗彘食人食"等題,而被高宗認爲大逆不道。大學士等奏覆:"胡中藻違天叛道,覆載不容。合依大逆凌遲處死。該犯的屬,男十六歲以上,皆斬立決。張泰開明知該犯詩鈔悖逆,乃敢助資刊版,出名作序,應照知情隱匿律,斬立決。"[①]其與逆犯酬答之鄂昌爲滿族官員,賜令自盡。[②]

再如乾隆二十二年(一七五七),發現武邑生員段昌緒藏有吳三桂檄文,且有濃圈密點,加評贊賞。因此懷疑同縣彭家屏家也藏有檄文,經再三詰問,自稱未見吳三桂檄文,而有明野史若干未燒。五月,諭軍機大臣等:"前因彭家屏供出家藏有明末野史《潞河紀聞》《日本乞師》《豫變紀略》等書。續又供出《酌中志》《南遷録》,並鈔本小字書,係天啟、崇禎年間政事等書。以上各種,該督等何並未查出一種? 甚屬草率,著將供出書目,並寄該督等,逐一詳細查明具奏。"[③]事實上,家屏之子傳笏因害怕惹禍,已將家中所藏明季野史燒掉了,而這樣做更引起高宗的懷疑。案結之日,段昌緒斬決,彭氏父子俱擬斬監候,秋後處決。

清初文字獄對私家藏書産生了巨大的影響,像彭傳笏那樣害怕惹禍而自焚藏書的事絶非僅有,朱彝尊的藏書即被焚棄,錢

---

①雍正《東華録》卷八。
②乾隆《東華録》卷一四。
③乾隆《東華録》卷一六。

林云："彝尊嗜古成癖,家藏舊本,兵後散佚。及客粤還,過豫章書肆,買書五箱,盛一櫝。又客永嘉時,方起明私史之獄;凡涉明事者爭相焚棄。比還,則並櫝亡之。"①何焯所著書亦遭遇到了同樣命運,沈彤《義門先生行狀》稱其"所著詩、古文數百篇,皆追從唐之作者。《語古齋識小録》數册,多删取諸題識爲之。繫獄時,門人某妄意中有忌諱,悉取投諸火"。② 方楘如《義門墓誌銘》亦云："所著詩歌古文數百篇,《語古齋識小録》十數卷,方簿録時,門弟子恐中有根觸語,悉付一炬成焦土云。"③由此可見,在當時朝廷的淫威之下,損失了不可勝紀的有價值的文獻。

　　乙　編《四庫全書》寓禁於徵

　　乾隆皇帝在三十八年(一七七三)下詔説："以彰右文之盛,此採輯《四庫全書》之本旨也。"④事實上,他辦理《四庫全書》的另一個、或許更重要的目的是禁燬詆觸清政府的書。其三十九年(一七七四)八月初五日詔云:

> 　　各省進到書籍不下萬餘種,並不見奏及稍有忌諱之書,豈有裒集如許遺書竟無一違礙字迹之理。況明季末造,野史甚多,其間毁譽任意,傳聞異詞,必有詆觸本朝之語,正當及此一番查辦,盡行銷燬,杜遏邪言,以正人心而厚風俗,斷不宜置之不辦。⑤

　　當乾隆皇帝發現江浙兩省繳呈的應燬書籍還不如江西省多時,便在四十一年(一七七六)十二月十三日"傳旨嚴行申飭,並

---

①《文獻徵存録》卷一《朱彝尊傳》。
②《義門先生集》卷末附録。
③《義門先生集》卷末附録。
④《四庫全書總目》卷首。
⑤《辦理四庫全書檔案》上册三一頁。

令該督撫再行嚴飭所屬加意收查,務使應燬之書盡行繳出,勿敢稍有隱匿。如此番查辦之後,民間尚有違禁潛藏者,將來別經發覺,除將本人治罪外,仍惟該督撫是問,恐不能當其罪也。"①爲了迅速而有效地收繳禁書,四十三年(一七七八)年底下令定期收繳,詔曰:

> 蓋因查書向未定期,各督撫視爲末務,每隔數月奏繳數種塞責,如此漫不經意,何時可以竣事? 而挾仇告訐騷擾欺嚇將百弊叢生。其藏書之人亦不免意存觀望,呈繳逾期,皆各督撫經理不善之故。着通諭各督撫以接奉此旨之日爲始,予限二年,實力查繳,並再明白宣諭,凡收藏違礙悖逆之書,俱各及早呈繳,仍免治罪。至二年限滿,即毋庸再查。如限滿後仍有隱匿存留違礙悖逆之書,一經發覺,必將收藏者從重治罪,不得復邀寬典,且惟於承辦之督撫是問,恐亦不能當其重戾也。②

在高宗一再催逼下,各地抓緊收繳圖書,以至鬧到逐户搜查的地步,如江蘇省督院陳咨會於四十五年(一七八〇)十二月初十日具奏云:"臣仍飭屬實力購訪,併廣行出示曉諭,即殘篇斷簡稍涉違礙字句俱令及時呈繳,務使犬吠狼嗥,根株淨絕。"③

爲了便於掌握禁書的標準,辦理《四庫全書》處還專門制訂了《奏繳諮禁書目録條款》。在實踐的過程中被列爲禁書的,約有以下幾種情況:

一是明末清初對清朝統治不滿的書,這是最主要的。如四十一年(一七七六)十一月十七日詔曰:"明季諸人書集詞意抵觸本朝者,自當在銷燬之列。"①四十三年(一七七八)十一月初四日詔曰:"前經降旨督撫查繳違礙書籍,並令明白宣示:如有收藏明末國初悖謬之書,急宜及早交出。"②

二是錢謙益、呂留良、金堡、屈大均等被高宗欽定法辦諸人的書全燬,載入其議論,選及其詩詞者需抽燬。如五十七年(一七九二)《四庫全書》館所開《全燬書籍清單》,首列《初學集》四本、《有學集》二十一本、《牧齋詩鈔》三本、《杜詩箋注》四十六本、《列朝詩集》三十八本、《牧齋尺牘》八本,均爲錢謙益撰,遭全燬。③ 有的作者因個別語句觸犯忌諱,而導致所有著作被禁燬,如五十三年(一七八八)將《讀畫録》撤換銷燬,附注云:"此書係周亮工撰,因詩內有'人皆漢魏上,花亦義熙餘'語涉違礙,經文源閣詳校籤出,奏請銷燬,並將周亮工所撰各書一概查燬。"④

三是天文占驗之書,如四十六年(一七八一)二月初四日詔曰:"閱奏繳銷燬書籍內有河南省解到之明仁宗所製《天元玉歷祥異賦》,及不知撰著名氏之《乾坤寶典》二種。此等天文占驗,妄言禍福之書,最易淆惑人心,自未便存留在外,恐各省查辦未能搜查淨盡,着傳諭各督撫,令其詳悉搜繳解京,併查明有無板片,一併解送銷燬。"⑤

四是不符合正統道德觀念的書。如四十年(一七七五)十一月十七日詔曰:"宋穆修集有《曹操帳記》,語多稱頌,謬於是非大義,在所必删。"⑥又四十六年(一七八一)十一月初六日詔曰:"昨

---

①《辦理四庫全書檔案》上册四二頁。
②《辦理四庫全書檔案》上册五九頁。
③《辦理四庫全書檔案》下册四一頁。
④《辦理四庫全書檔案》下册二四頁。
⑤《辦理四庫全書檔案》上册七二頁。
⑥《辦理四庫全書檔案》上册三九頁。

閱四庫館有朱存孝編輯《迴文類聚補遺》一種,内載《美人八詠》詩,詞意媒狎,有乖雅正。夫詩以溫柔敦厚爲教,孔子不删鄭衛,所以示刺示戒也,故三百篇之旨,一言蔽以無邪。……朕輯《四庫全書》當採詩文之有關世道人心者,若此等詩句,豈可以體近香奩,概行採録,所有《美人八詠》詩,著即行撤出,至此外各種詩集内有似此者,亦著該總裁督同總校分校等詳細檢查,一併撤去,以示朕釐正詩體、崇尚雅醇之至意。"①在五十三年(一七八八)撤換銷燬的書中有《書畫記》一種,附注云:"此書係吳其貞撰,因書内所載春宵秘戲圖語涉猥褻,奏明應燬。"②

　　除全燬外,還有大量的書遭到撤燬、抽燬、删削。五十二年(一七八七)列有《應行撤燬、抽燬、删削各書》,今舉首二例:

　　　　一、《國史考異》係考訂明太祖、成祖兩朝國史之是非,其中引錢謙益之説甚多而不著其名,且詞相連屬,難以删削,應行撤燬。

　　　　一、《十六家詞》内,紀昀所指鄒祇謨《滿江紅》詞一首,辭意憤激,然並無謗訕之意,似可毋庸抽燬,惟書中有龔鼎孳所著詞一種。查龔鼎孳所著全集業經銷燬,不應復存此詞,應一律抽燬,改爲《十五家詞》。③

經過挖改的書當然更多,五十二年(一七八七)編有《各省督撫奏到挖改清單》:

　　　　江蘇省挖改過二百九十四部
　　　　安徽省挖改過一百八十九部
　　　　浙江省挖改過四百部

①《辦理四庫全書檔案》上册七七頁。
②《辦理四庫全書檔案》下册二四頁。
③《辦理四庫全書檔案》下册一一頁。

江西省挖改過三百十四部①

　爲了便於各地搜繳禁書，四十三年（一七七八）五月二十六日，詔令四庫館編製禁書目録云：“前經各省將查出應燬違礙各書陸續送京，經該館大臣派員查辦，分別開單進呈，請旨銷燬，所有應燬各書，着該館開單行知各督撫一併實力查辦。”②四十七年（一七八二）辦理《四庫全書》總裁福隆安等奏云：

　　　其閲過奏定之全燬抽燬各本實在共七百八十九種，應請摘開書目，各注明撰人姓名彙刊成册，通行各該省，令其遍加曉諭，庶鄉曲愚民不敢冒昧收藏，自干法禁，而按目查考搜繳，更當净盡，無復稍有遺留矣。謹另繕清單，一併進呈，俟發下，即交與武英殿刊刻頒發，嗣後如有應燬新本，再行隨時增刊續入，合併聲明。③

　《四庫全書》館及各省編了《應行撤燬、抽燬、删削各書》《應銷燬各書清單》《全燬書籍清單》等衆多禁書目録。近人陳乃乾在清代辦理《四庫全書》過程中所編各種禁書目録的基礎上，删併重複，校補缺失，編成《索引式的禁書總録》，較爲完備。據該書統計，全燬書爲二千四百五十三種，抽燬書四百零二種，而收入《四庫全書》的，不含存目也不過三千四百六十一種。④需焚燬的書籍由《四庫全書》館總裁“酌派軍機滿漢司員眼同監看，在武英殿字爐儘數銷燬。”⑤所繳書版有的鏟改再用，有的則作爲柴燒。如四十五年（一七八〇）十月十六日，《四庫全書》館館臣

①《辦理四庫全書檔案》下册一八頁。
②《辦理四庫全書檔案》上册五六頁。
③《辦理四庫全書檔案》上册九〇頁。
④中華書局一九六五年本《四庫全書總目》卷首《出版説明》。
⑤《辦理四庫全書檔案》上册五六頁。

奏云：

　　臣等遵旨將節年各省解到應行銷燬書板，分別鏟改應用及作爲柴燒兩項，共有若干數目，並節省銀兩若干之處交查武英殿。兹據覆稱：乾隆三十八年十二月起至四十五年十月，共收到應燬版片五萬二千四百八十塊，俱係雙面刊刻，僅厚四五分不等，難以鏟用，節經奏明交造辦處玻璃廠，作爲硬木燒柴，共三萬六千五百三十斤，每千斤價銀二兩七錢，計共節省銀九十八兩六錢零。又四十五年十一月起至四十六年九月，共收到板片一萬五千七百五十九塊，現在逐加揀選，如有堪用者留用，餘統俟年底匯總，仍交玻璃廠作爲燒柴。[1]

在朝廷大興文字獄、禁燬圖書的影響下，一些封建衛道士也賣力地從事了禁書活動，如法式善云：

　　石韞玉字執如，負文章盛名，而實道學中人也。嘗謂余曰："吾輩著書，不能扶翼名教，而遇得罪名教之書，須拉雜摧燒之。"家置一書庫，名曰"孽海"。蓋投諸濁流，冀弗揚其波也。一日閲《四朝聞見録》，拍案大怒。急謀諸婦，脱臂上金跳脱，質錢五十千，遍收書，得三百四十餘部。將投諸火，余過其齋，怪而問之。……卒燒之[2]。

可見乾隆皇帝組織辦理《四庫全書》，既爲我國圖書整理工作做出了重大貢獻，又給我國文獻造成了一場浩劫。

　　丙　禁燬淫詞小説

清朝禁書還有一個重要特點就是持續不斷地禁燬所謂淫詞

---

① 《辦理四庫全書檔案》上册七〇頁。
② 《槐廳載筆》卷一四。

小説。早在順治九年（一六五二），世祖就嚴令："坊間書坊止許刊行理學政治有益文業諸書。其他瑣語淫詞及一切濫刻窗藝社稿，通行嚴禁，違者從重究治。"①康熙二年（一六六三）議准："嗣後如有私刻瑣語淫詞，有乖風化者，内而科道，外而督撫，訪實何書係何人編造，指名題参，交與該部議罪。"②康熙二十六年（一六八七），刑科給事中劉楷上疏云："自皇上嚴誅邪教，異端屏息，但淫詞小説，猶流佈坊間，有從前曾禁而公然復行者，有刻於禁後而誕妄殊甚者。臣見一二書肆刊單出賃小説，上列一百五十餘種，多不經之語，誨淫之書，販賣於一二小店如此，其餘尚不知幾何。"③於是聖祖再次下詔强調："私行撰著淫詞等書，鄙俗淺陋，易壞人心，亦應一體查禁，燬其刻板。如違禁不遵，内而科道五城御史，外而督撫，令府州縣官，嚴行稽察題参，該部從重治罪。"④但這類淫詞小説不僅屢禁不止，而且越禁越多，以至康熙四十八年（一七○九）復下詔云："若該地方官不實心查拿，在京或經該部查出，外省或經督撫查出，將該管官員指名題参，一並治罪。"⑤康熙五十三年（一七一四）又降旨：

> 朕惟治天下以人心風俗爲本，而欲正人心厚風俗，必崇尚經學，嚴絶非聖之書。近見坊肆間多賣小説淫詞，鄙褻荒唐，瀆亂倫理，不但誘惑愚民，即縉紳子弟，未免游目而蠱心，傷風敗俗，所關非細，著該部通行中外，嚴禁所在書坊，仍賣小説淫詞者，從重治罪。⑥

①《學政全書》卷七《書坊禁例》。
②《學政全書》卷七《書坊禁例》。
③《皇清奏議》卷二二。
④《學政全書》卷七《書坊禁例》。
⑤《聖祖實録》卷二三八。
⑥《學政全書》卷七《書坊禁例》。

　　清代禁燬淫詞小説,還寫進了法律條文,《大清律例》卷二十三《刑律賊盗上》云:

　　　　凡坊肆市賣一應淫詞小説,在内交與八旗都統、都察院、順天府;在外交督撫轉行所屬官弁嚴禁,務搜板書,盡行銷燬。有仍行造作刻印者,係官革職,軍民杖一百,流三千里。市賣者杖一百,徒三年,買看者杖一百。該管官弁不行查出者,交與該部按次數分别議處。仍不准借端出首訛詐。

　　清高宗禁燬淫詞小説史加嚴格,乾隆三年(一七三八)除下令重申上述法律條文外,還指出:

　　　　凡民間一應淫詞小説,除造作刻印,定例已嚴,均照舊遵行外,其有收存舊本,限文到三月,悉令銷燬,如過期不行銷燬者,照買看例治罪。其有開鋪租賃者,照市賣例治罪。該管官員任其收存租賃,明知故縱者,照禁止邪教不能察緝例,降二級調用。[1]

乾隆十八年(一七五三),還專門下令禁燬《西厢記》《水滸傳》的滿文譯本,聲稱:"似此穢惡之書,非惟無益,而滿洲等習俗之偷,皆由於此。如愚民之惑於邪教、親近匪人者,概由看此惡書所致。"因而下令將書及書版盡行燒燬,"如有私自存留者,一經查出,朕惟該管大臣是問"。[2]　十九年(一七五四)復指出,"《水滸傳》一書,應直省督撫學政行令地方官,一體嚴禁"。[3]　從高宗開始,還特别强調查禁劇本,如四十五年(一七八〇)十一月二十八日,上諭軍機大臣等:

―――――――

① 《學政全書》卷七《書坊禁例》。
② 《高宗聖訓》卷二六三。
③ 《學政全書》卷七《書坊禁例》。

前各省將違礙字句書籍，實力查繳，解京銷燬。現據各督撫等陸續解到者甚多。因思演戲曲本內，亦未必無違礙之處，如明季國初之事，有關涉本朝字句，自當一體飭查。至南宋與金朝關涉詞曲，外間劇本往往有扮演過當以致失實者，流傳久遠，無識之徒或至轉以劇本爲真，殊有關繫，亦當一體飭查。此等劇本，大約聚於蘇、揚等處，著傳諭伊齡阿、全德留心查察，有應刪改及抽撤者，務爲斟酌妥辦。並將查出原本暨刪改抽撤之篇，一並粘簽解京呈覽。但須不動聲色，不可稍涉張皇。①

四十五年（一七八〇）十一月二十八日復詔云：

前因外間流傳劇本，如明季國初之事，有關涉本朝字句亦未必無違礙之處，傳諭伊齡阿、全德留心查察，斟酌妥辦。茲據伊齡阿覆奏，派員慎密搜訪，查明應刪改者刪改，應抽掣者抽掣，陸續粘簽呈覽。再查崑腔之外有石牌腔、秦腔、弋陽腔、楚腔等項，江廣閩浙四川雲貴等皆所盛行，請敕各督撫察辦等語，自應如此辦理。着將伊齡阿原摺抄寄各督撫閱看，一體留心查察，但須不動聲色，不可稍涉張皇。②

嘉慶七年（一八〇二）、十五年、十八年十月，均頒布過禁燬小說的命令，十八年十二月甚至下詔禁止開設小說坊肆，詔曰："稗官野史……最爲人心風俗之害，屢經降旨飭禁。此等小說，未必家有其書，多由坊肆租賃，應行實力禁止。嗣後不准開設小說坊肆。違者，將開設坊肆之人以違制論。"③道光十四年（一八三四）二月，宣宗下詔強調禁燬傳奇、演義等書，其詔云：

---

①《高宗實錄》卷一一一八。
②《辦理四庫全書檔案》上冊七一一頁。
③《仁宗實錄》卷二八一。

　　　　近來傳奇、演義等書,踵事翻新,詞多俚鄙。其始不過
市井之徒樂於觀覽,甚至兒童婦女,莫不飫聞而習見之,以
蕩佚爲風流,以强梁爲雄傑,以佻薄爲能事,以穢褻爲常談;
復有假托誣妄,創爲符咒、禳厭等術,蠢愚無識,易爲簧鼓,
刑訟之日繁,奸盗之日熾,未必不由於此。嗣後各直省督撫
及府尹等,嚴飭地方官實力稽查,如有坊肆刊刻,及租賃各
鋪一切淫書小説,務須搜取板、書,盡行銷燬,庶幾經正民
興,奇邪胥靖,朕實有厚望焉。①

咸豐元年(一八五一)七月,文宗曾專門下令禁燬《水滸傳》,上諭
軍機大臣等:

　　　　有人奏湖南衡、永、寶三府,郴、桂兩州,以及長沙府之
安化、湘潭、瀏陽等縣,教匪充斥,有紅簿教、黑簿教、結草
教、斬草教、捆柴教等名目,每教分温良恭儉讓五字號,每號
總領數百人至數千人。又有齋匪,名曰青教,皆以四川峨嵋
山會首萬雲龍爲總頭目,所居之處有忠義堂名號。……又
據片奏,該匪傳教惑人,有《性命圭旨》及《水滸傳》兩書,湖
南各處坊肆皆刊刻售賣,蠱惑愚民,莫此爲甚。並著該督撫
飭地方官嚴行查禁,將書板盡行銷燬。②

同治十年(一八七一)六月,穆宗下令嚴禁坊本小説,以至所有小
説都成了禁書。③ 此外,光緒十一年(一八八五)、十六年(一八
九〇)、二十六年(一九〇〇)都一再聲明對造刻淫詞小説者的懲
處絕不減輕,④可見此事與清朝爲終始。

────────

①《宣宗實録》卷二四九。
②《文宗實録》卷三八。
③《穆宗實録》卷三一三。
④《定例匯編》卷一三一、一三七、一四七。

丁　查禁維新革命派著作

清末,禁燬圖書的重點轉向維新、革命派著作,但由於清王朝的急劇衰落,這些著作已經禁而不止了。

明末清初學者毛奇齡著《四書改錯》一書,對經文進行了批評,對傳統的注釋也進行了駁斥,因此遭到嚴禁,光緒二十年(一八九四)德宗下詔曰:

> 邵松年奏請崇正學一摺,據稱"毛奇齡所著《四書改錯》,自逞才辯,詆毀先賢,近來石印盛行,高明之士惑於其說,以程、朱爲不足法,請飭嚴禁"等語。《四書改錯》一書,有違正解,於士習人心,頗有關繫。現在河南既有此書,他省恐亦不免流播。著各直省督撫,出示嚴禁,不得再行出售。①

毛奇齡這部書傳世已久,却遲至光緒年間查禁,正說明當時思想界的動蕩不安。時隔不久,又嚴禁康有爲的《新學僞經考》。光緒二十四年(一八九八)德宗諭軍機大臣等:

> 有人奏"廣東南海縣舉人康祖詒刊有《新學僞經考》一書,詆毀前人,煽惑後進,於士習文教,大有關繫,請飭嚴禁"等語。著李瀚章查明,如果康祖詒所刊《新學僞經考》一書,實係離經畔道,即行銷燬,以崇正學而端士習。原片著鈔給閲看,將此諭令知之。尋兩廣總督李瀚章奏:"查明《新學僞經考》乃辨劉歆之增竄聖經,以尊孔子,並非離經。既經參奏,即飭自行抽燬。"②

而事實上,據《新學僞經考》一九一七年重印說明,可知該書於

①《德宗實錄》卷三四二。
②《德宗實錄》卷三四四。

"甲午(一八九四)奉旨燬板,戊戌(一八九八)、庚子(一九〇〇)兩次奉旨燬板"。[1]

　　上述兩次禁書的方式還是比較溫和的,戊戌變法失敗後,康、梁的著作遭到了全面徹底的禁燬。如光緒二十四年(一八九八)八月詔曰:"已革工部主事康有爲,學術乖謬,大悖聖教;其所著作,無非惑世誣民、離經畔道之言。著將該革員所有書籍板片,由地方官嚴查銷燬,以息邪説而正人心。"[2]除康有爲外,梁啟超、譚嗣同等人的著作也遭到了禁燬。人們都知道,康有爲以經學作爲維新的思想武器是受了四川綏定府教諭廖平著作的影響,因此廖平的著作也被列爲禁書,如光緒二十九年十月詔曰:"以離經畔道,行檢不修,革四川綏定府教諭廖平職,交地方官嚴加管束,並銷燬著刊各書。"[3]

　　隨着歷史潮流的洶涌澎湃,中華民族的一些優秀分子已經不是主張維新改革,而是要實行資産階級革命,推翻幾千年的封建專制制度。光緒二十九年(一九〇三)三月,鄒容寫成了《革命軍》一書,其開宗明義第一章就説:

> 掃除數千年種種之專制政體,脱去數千年種種之奴隸性質,誅絶五百萬有奇披毛戴角之滿洲種,洗盡二百六十年殘慘虐酷之大恥辱,使中國大陸成乾浄土,黃帝子孫皆華盛頓,則有起死回生,還魂返魄,出十八層地獄,升三十三天堂,鬱鬱勃勃,莽莽蒼蒼,至尊極高,獨一無二,偉大絶倫之一目的,曰革命。巍巍哉,革命也! 皇皇哉,革命也![4]

---

① 詳見《新學僞經考·重刻僞經考後序》。
② 《德宗實錄》卷四二七。
③ 《德宗實錄》卷五二二。
④ 《革命軍》第一章《緒論》。

由革命黨人章士釗主編的《蘇報》，對《革命軍》進行了大力宣傳，該報"新書介紹"欄評介《革命軍》説："其宗旨專在驅除滿族，光復中國。筆極犀利，文極沉痛，稍有種族思想者，讀之當無不拔劍起舞，髪冲眉豎。若能以此普及四萬萬人之腦海，中國當興也勃焉。是所望於讀《革命軍》者。"①

《革命軍》引起了清政府的恐慌與仇恨，於是興起了《蘇報》案，必欲置鄒容、章炳麟於死地而後快。光緒二十九年（一九〇三）十一月初六日，由上海知縣汪瑶庭、英領事館翟比南組成的額外公堂決處章炳麟、鄒容永遠監禁。有關章炳麟、鄒容的判詞如下：

> 至章炳麟作《訄書》並《革命軍序》，又有《駁康有爲》之一書，污衊朝廷，形同悖逆；鄒容作《革命軍》一書，謀爲不軌，更爲大逆不道。彼二人者，同惡同濟，厥罪惟均，實爲本國律法所不容，亦爲各國公法所不恕。查律載："不利於國，謀危社稷，爲反；不利於君，謀危宗廟，爲大逆；共謀者不分首從皆凌遲處死。"又律載："謀背本國，潛從他國爲叛，共謀者不分首從皆斬。"又律載："妄布邪言，書寫張帖，煽惑人心，爲首者斬立決，爲從者絞監候。"如鄒容、章炳麟照律治罪，皆當處決。今逢萬壽開科，廣布皇仁，援照擬减，定爲永遠監禁，以杜亂萌而靖人心。俾租界一群不逞之徒知所警惕，而不敢爲非。②

然而領事團不同意這一判決，至光緒三十年（一九〇四）四月初七日，由會審公廨改判章炳麟監禁三年，鄒容監禁二年。鄒容不堪虐待，於次年二月二十九日夜半病死獄中。然而鄒容的《革命

①載一九〇三年六月十四日《蘇報》。
②《蘇報案紀事》卷下。

軍》、章炳麟的《訄書》《駁康有爲論革命書》,恰恰因爲遭禁而擴大了影響。歷史的潮流是不可抗拒的,滿清政府乃至整個封建社會,時隔不久也就土崩瓦解了。

第二節　兵燹

統治者出於政治上的需要,往往禁燬對於他們不利的那部分圖書,而保留甚至提倡對於他們有利的那部分圖書。而戰争則不同,兵火之中,玉石俱焚,歷代皆然。所以兵燹對公私圖書所造成的損失,往往更普遍更慘重。

一　兩漢

西漢統治者改變了秦代焚書坑儒政策,開獻書之路,置寫書之官,以至使宫廷藏書積如丘山,並且派劉向等人花了約二十年的時間加以整理,在我國文化史上作出了傑出的貢獻。遺憾的是他們所整理著録的三萬三千九十卷圖書,"王莽之末,又被焚燒".[1] 王莽於更始元年(二三)敗死後,二年,劉玄入長安,"明年夏,赤眉樊崇等衆數萬人入關,立劉盆子;稱尊號,攻更始,更始降之。赤眉遂燒長安宫室市里,害更始;民饑餓相食,死者數十萬,長安爲虚,城中無行人,宗廟園陵皆發掘。"[2]經此浩劫,宫中藏書自然遭到進一步破壞,所以《後漢書·儒林傳序》云:"昔王

---

①《隋書》卷三二《經籍志》。
②《漢書》卷九九《王莽傳》。

莽更始之際，天下散亂，禮樂分崩，典文殘落。"

東漢統治者繼續實行右文政策，宮廷藏書比西漢更爲豐富，然而最終也燬於兵火。《後漢書‧儒林傳》云：

> 初，光武遷還洛陽，其經牒祕書載之二千餘兩，自此以後，參倍於前。及董卓移都之際，吏民擾亂，自辟雍、東觀、蘭臺、石室、宣明、鴻都諸藏，典策文章，競共剖散。其縑帛圖書，大則連爲帷蓋，小則制爲滕囊，及王允所收而西者，裁七十餘乘。道路艱遠，復棄其半矣，後長安之亂，一時焚蕩，莫不泯盡焉。

二　魏晉南北朝

魏晉南北朝時期，戰爭頻仍，宮廷藏書不斷受到損壞，《隋書‧經籍志》略云："魏氏代漢，並掇遺亡，藏在秘書中、外三閣。魏秘書郎鄭默，始製《中經》，秘書監荀勖，又因《中經》，更著《新簿》。"共著錄圖書二萬九千九百四十五卷。終因"惠、懷之亂，京華蕩覆，渠閣文籍，靡有孑遺"。惠帝之時（二九○至三○六）有八王之亂；懷帝之時（三○七至三一二），劉聰攻陷洛陽。這兩次戰亂，使魏晉宮廷藏書損失殆盡。

《隋書‧經籍志》復云："齊永明中，秘書丞王亮、監謝朏，又造《四部書目》，大凡一萬八千一十卷。齊末兵火，延燒秘閣，經籍遺散。""梁武敦悅詩書，下化其上，四境之內，家有文史。"其後如牛弘所説：

> 侯景渡江，破滅梁室，秘省經籍雖從兵火，其文德殿內書史，宛然猶存；蕭繹據有江陵，遣將破平侯景，收文德（殿）之書及公私典籍，重本七萬餘卷，悉送荆州，故江表圖書，因

斯盡萃於繹矣。及周師入郢，繹悉焚之。[1]

《三國要略》述蕭繹焚書事云："周師陷江陵，梁王知事不濟，入東閣行殿，命舍人高善寶焚古今圖書十四萬卷。欲自投火，與之俱滅，宮人引衣，遂及火滅盡。並以寶劍斫柱令折，嘆曰：'文武之道，今夜窮矣。'"[2]

《隋書·經籍志》又稱："後魏始都燕代，南略中原，粗收經史，未能全具。孝文徙都洛邑，借書於齊，秘府之中，稍以充實，暨於尒朱之亂，散落人間。"

從上述記載可知，南北朝皆因易代兵燹，使朝廷圖書掃地以盡。

三　隋唐五代

這一時期的宮廷藏書也未逃脫兵燹的厄運，隋文帝、煬帝均大規模地開展過聚書活動，而且也卓有成效，但是正如《隋書·儒林傳》序所說，"煬帝外事四夷，戎馬不息，師徒怠散，盜賊群起。……空有建學之名，而無宏道之實。其風漸墜，以至滅亡。方領矩步之徒，亦多轉死溝壑。凡有經籍，自此皆湮滅於煨燼矣。"唐著作郎杜寶《大業幸江都記》云："煬帝聚書三十七萬，皆焚於廣陵，其目中並無一頁傳於後代。"[3]

唐代開元年間，玄宗曾大力開展過徵書活動，並對藏書進行過認真整理，撰成《群書四部錄》二百卷，自後毋煚又略爲四十卷，名爲《古今書錄》，著錄圖書五萬一千八百五十二卷。而安史之亂與黃巢起義也給唐代文獻造成了重大損失，《舊唐書·經籍

---

① 《隋書》卷四九《牛弘傳》。
② 《太平御覽》卷六一九引。
③ 《揮麈後錄》卷七。

志》略云：

> 禄山之亂，兩都覆沒，乾元舊籍，亡散殆盡。……開成
> 初，四部書至五萬六千四百七十六卷。及廣明初，黃巢干
> 紀，再陷兩京，官廟寺署，焚蕩殆盡。曩時遺籍，尺簡無存。
> 及行在朝諸儒購輯，所傳無幾。昭宗即位，志弘文雅。秘書
> 省奏曰："當省元掌四部御書十二庫，共七萬餘卷。廣明之
> 亂，一時散失。後來省司購募，尚及二萬餘卷。及先朝再幸
> 山南，尚存一萬八千卷。竊知京城制置使孫惟晟收在本軍，
> 其御書秘閣，見充教坊及諸軍人占住。伏以典籍國之大經，
> 秘府校讎之地，其書籍並望付當省校其殘缺，漸令補輯，樂
> 人乞移他所。"並從之。及遷都洛陽，又喪其半。

唐代國家典藏事業經過這兩次戰爭創傷，實際上已所餘無
幾，故孫光憲云："唐自廣明亂離，秘籍亡散。武宗已後，寂寞無
聞，朝野遺芳，莫得遠播。"[1]

五代時戰爭頻繁，政權更迭，雖有藏書，也難逃劫火。茲舉
一例，陳彭年《江南別錄》云："南唐後主猶好儒學，故江左三十年
文物，有貞元、元和之風。……元宗後主妙於筆札，好求古蹟。
宮中圖籍萬卷，鍾王墨蹟猶多。城將陷，語所幸保儀黃氏曰：'此
皆吾寶惜，城若不守，爾可焚之，毋使散逸。'及城陷，黃氏皆焚
之，時乙亥歲（九七五）十一月也。"[2]

四　宋元

胡應麟云："宋世圖史，一盛於慶曆，再盛於宣和，而女真之

---

[1]《北夢瑣言序》。
[2]《南唐書》卷六《保儀黃氏傳》所載略同。

禍成矣。三盛於淳熙，四盛於嘉定，而蒙古之師至矣。"①北宋國
家藏書多亡於靖康之難，佚名《靖康要錄》卷十四稱：靖康二年
（一一二七）四月二日，金人挾徽、欽二宗北去，其行甚遽，"營中
遺物甚多，朝廷差户部拘收，象牙一物，至及二百擔。他不急之
物稱是。秘閣圖書，狼籍泥中。書史以來，安禄山陷長安以後破
京師者，未有如今日之甚。二百年來蓄積，自是一旦掃地。"②南
宋國家藏書爲元人掠奪，我們在本編第三章《圖書收集》第二節
《搜集的方法》中已述及，兹不贅言。

　　兵燹同樣也會給私家藏書造成重大損失，這一點在靖康之
難中表現得猶爲鮮明，兹以宋代爲例。葉夢得云："吾家舊藏書
三萬餘卷，喪亂以來，所亡幾半。"③晁公武云："公武家自文元公
以來，以翰墨爲業者七世，故家多藏書。至於是正之功，世無與
讓焉。然自中原無事時，已有大厄，及兵戈之後，尺素不存。"④陸
游《跋京本家語》云："本朝藏書之家，獨稱李邯鄲公、宋常山公，
所蓄皆不減三萬卷，而宋書校讎，尤爲精詳，不幸兩遭回禄之禍，
而方策掃地矣。李氏書屬靖康之變，金人犯闕，散亡皆盡。收書
之富，獨稱江浙，繼而胡騎南騖，州縣悉遭焚劫，異時藏書之家，
百不一存，縱有在者，又皆零落不全。"⑤周密云："宋承平時，如南
都戚氏、歷陽沈氏、盧山李氏、九江陳氏、番陽吳氏。……皆號藏
書之富。邯鄲李淑五十七類二萬三千一百八十餘卷，田鎬三萬
卷，昭德晁氏二萬四千五百卷，南都王仲至四萬三千餘卷，而類
書浩博若《太平御覽》之類復不與焉。次如曾南豐及李氏山房亦

①《少室山房筆叢》卷一《經籍會通一》。
②李心傳《建炎以來繫年要錄》卷四亦有類似記載。
③《避暑錄話》卷上。
④衢本《郡齋讀書志自序》
⑤《渭南文集》卷二八。

皆一二萬卷,然其後靡不厄於兵火者。"①李清照《金石録後序》記述了自家藏書遭劫的情況,爲人所共知,兹不備引。

金國的私家藏書也因兵燹而遭到重大損失,元好問之《故物譜》記述了蒙古與金之間的戰爭導致其藏書遭到焚蕩的情況,略云:

> 余家所藏書,宋元祐以前物也。貞祐丙子(一二一六)之兵,藏書壁間得存。兵退,余將奉先夫人,南渡河,舉而付之太原親舊家。自餘雜書,及先人手寫《春秋》、三史、《莊子》《文選》等,尚千餘册;並書百軸,載二鹿車自隨。是歲寓居三鄉,其年十月,北兵破潼關,避於女几之三潭。比下山,則焚蕩之餘,蓋無幾矣。②

元末的私家藏書同樣也受到了戰爭的影響,如元順帝至正二十一年(一三六一),夏庭芝跋《封氏聞見記》云:"余素有藏書之癖,凡親友見借者,暇日多手鈔之。此書乃十五年前所鈔者,至正丙申(一三五六)歲,不幸遭時艱難,烽火四起,煨燼之餘,尚存殘書數百卷。今僻居深村,賴以自適,不負愛書之癖矣。"③

五　明

明代政權持續了二百七十餘年,其豐富的宮廷藏書終不免農民起義時的兵燹厄運,姜紹書記其事云:

> 內閣秘府所藏書,雖殊寥寥,然宋人諸集,十九皆宋板

---

①《齊東野語》卷一二。戚氏名同文,沈氏名立,李氏、陳氏、吳氏名待考,曾南豐名鞏,李氏山房爲李公擇藏書處。
②《元遺山集》卷三九。
③《雅雨堂叢書》本《封氏聞見記》附有此跋。

也，書皆側疊，四周外向，故雖遭蟲鼠，喫而未損，但文淵閣
製既卑狹，而牖復暗黑，抽閱者必秉炬以登，內閣輔臣，無暇
留心及此；而翰苑諸君，世所稱讀中秘書者，曾未得窺東觀
之藏，至李自成入都付之一炬，良可歎也！[①]

全祖望也談到了明末兵火給文淵閣藏書所造成的重大損失。其
《鈔永樂大典記》云："若一切所引書，皆出文淵儲藏本。自萬曆
重修書目，已僅十之一。繼之以流寇之火，益不可問。聞康熙間
崑山徐尚書健庵，以修《一統志》言於朝，請權發閣中書資考校，
寥寥無幾。"[②]

　　明代私家藏書遭到倭寇騷擾而損失慘重是新出現的一種現
象，受到損害的藏書家甚多，如顧炎武云："炎武之先家海上，世
爲儒。當正德之末，而寒家已有書六七千卷。嘉靖間，家道中
落，而其書尚無恙。先曾祖繼起，爲行人，使嶺表，而倭闌入江東
郡邑。所藏之書，與其室廬，俱焚無孑遺焉。"[③]再如嘉慶《松江府
志》卷五十二《古今人傳》云："黃標，字良玉，上海人，藏書甚富，
翻閱不倦，叩以奧義僻事，具即響答。標輯《古今說海》一百四十
二卷，選《文裕集》一百卷；所著《書學異同》二十二卷，縣志稿十
卷，俱毀於倭。"

　　明代私家藏書受到明末戰爭的摧殘也非常嚴重。錢謙益嘗
云："海內藏書之富，莫先於諸藩。今秦、晉、蜀、趙熸矣；周藩之
竹居，寧藩之鬱儀，家藏與天府埒；今皆無寸蹏片紙矣。汶、洛、
齊、楚之間，士大夫之所藏，又可知也。……兵火焚掠，彌亘四
方，今則奇書秘册，灰飛烟滅，又不知其幾何也？世變凌遲，人間

---

①《韻石齋筆談》卷上。
②《鮚埼亭集外編》卷一七。
③《亭林文集》卷三《鈔書自序》。

之圖書典記，日就澌滅；今日之流傳委巷，册兔園者，覆醬瓿者，安知異日不爲酉陽之典，而羽陵之蠹乎？"①鄭元慶、范鍇《吳興藏書録·後林潘氏書目》云："中丞公曾絃，有意汲古，廣儲縹緗，視學中州，羅致更夥，鼎革時遭劫，士兵至以書於溪中疊橋爲渡，以搬運什物，書之受厄至此，書目已不復存。"全祖望也談到了其先輩藏書的不幸遭遇："國難作，盡室避之山中。藏書多，難挈以行；留貯里第，則爲營將所踞。方突入時，見有鉅庫，以爲貨也。發視則皆古書，大怒，付之一炬。"②也有迫於形勢而自焚藏書的。如方象英《健松齋集·項淑美傳》云："其夫方希文，奔甲申之難。希文雅好古，圖書萬軸，悉載以往。五月四日，希文他出，兵驟至。……烈婦積書左右，坐其中，火焚書盡，烈婦死。"③這類情事，並非僅見。

六　清

清代中葉以後，宫廷藏書屢遭兵燹，在太平天國戰争中，《四庫全書》損失嚴重，揚州文匯閣書被焚，鎮江文宗閣書也遭燬，莫友芝上曾國藩書記其事云：

> 奉鈞委探訪鎮江、揚州兩閣四庫書，即留兩郡間二十許日，悉心諮問，並謂閣書向由兩淮鹽運使經管，每閣歲派紳士十許人，司其曝檢借收。咸豐二、三年間，毛賊且至揚州，紳士曾呈請運使劉良駒籌費，移書避深山中，堅不肯應。比賊火及閣，尚扃鑰完固，竟不能奪出一册。鎮江閣在金山，

---

① 《有學集》卷二六《千頃齋藏書記》。竹居爲朱勤美字，鬱儀爲朱謀㙔字。
② 《鮚埼亭集外編》卷一七《雙韭山房藏書記》。
③ 見俞樾《薈蕞編》卷一五。

　　僧聞賊將至，亟督僧衆移運佛藏避之五峰下院，而典守書閣
　　者揚州紳士，僧不得與聞，故亦聽付賊炬，惟有浩嘆。[①]

　　咸豐十年（一八六〇），太平軍攻占杭州，文瀾閣燬於兵，所藏《四
庫全書》自然也遭到厄運，幸有丁申、丁丙兄弟等搜檢葺補，始得
保全，詳見本編第一章《典藏學的建立與典藏的功用》第二節《典
藏的功用》四《典藏與文獻保存》。同年英法聯軍侵占北京，火燒
圓明園，藏於圓明園文源閣的《四庫全書》以及其他典籍，自然也
被付之一炬，焚餘之物散佚各處。葉昌熾云：“咸豐庚申（一八
六〇）英人焚淀園，京師戒嚴，持朱提一笏，至廠肆即可載書兼
兩，仁和朱修伯先生得之最多。”[②]

　　義和團運動與八國聯軍侵占北京，清政府翰林院所藏《永樂
大典》損失尤爲慘重。繆荃孫《永樂大典考》云：

　　　　原書萬餘冊，恭庋（翰林院）敬一亭。蛛網塵封，無人過
　　問。咸豐庚申（一八六〇）與西國議和，使館林立，與翰林院
　　密邇，書遂漸漸遺失。光緒己亥（一八九九）重修翰林院衙
　　門，庋置此書，不及五千冊，嚴究館人，交刑部斃於獄，而書
　　無著。……庚子（一九〇〇）拳匪倡亂，燬翰林院，以攻使館
　　之背，舊所儲藏，均付一炬，大典遂一冊不存。[③]

雷震亦云：“庚子（一九〇〇）拳亂後，四庫藏書，散佚過半，都人
傳言：英、法、德、日四國運去者不少。又言洋兵入城時，曾取該
書之厚二寸許、長尺許者，以代磚，支墊軍用等物。武進劉葆真
太史拾得數冊，閱之則《永樂大典》也，此真斯文掃地矣。”[④]據張

---

①《探訪鎮江、揚州兩閣〈四庫全書〉上曾國藩書》。原函現存南京圖書館。
②《藏書紀事詩》卷六《朱澂子清》。
③《國粹學報》一九〇八年四卷第十八期。
④《新燕語》卷上。

忱石統計，目前尚存國外的《永樂大典》，日本東洋文庫等共有一百零八卷，美國國會圖書館等共有一百零二卷，英國大英博物館等共有八十卷，德國柏林人種博物館等共有十三卷。[①] 從中約略可見八國聯軍掠奪《永樂大典》的情況。

戰爭也給清代私家藏書造成了巨大的損失。首先是清初戰爭。黃宗羲嘗云：“江右陳士業，頗好藏書。自然所積不甚寂寞。乙巳（一六六五）寄弔其家，其子陳澎書來，言兵火之後，故書之存者，惟熊勿軒一集而已。”[②]黃宗羲還談到了自己藏書損失的情況：

> 乙酉（一六四五）入山，輦載所藏書不下數萬卷。鐵騎一來，屯札於敝居石河，一勺一粒一絲一縷俱盡。而所藏書悉被割剝掃扯，裂作紙甲數千，煤痕丹點，離離駃騠之背，餘以支枕藉地。數萬縹緗，淪於一旦。平生所輯，有《明文類鈔》一書，三十年訪求於南北，詩文羅網幾盡，今亦付之流水矣。[③]

其次是太平天國之役。如佚名《焚書論》云：“余生不幸，雖未坑儒，業已焚書，所見者洪逆之亂，所至之地，倘遇書籍，不投之於溷廁，即置之於水火。遂使東南藏書之家，蕩然無存。”[④]陳登原嘗記天一閣藏書被焚情況云：

> 嘉慶十三年（一八〇八）阮元爲《天一閣書目記》，尚致其故家喬木之敬，然至光緒己丑（一八八九），薛福成編《見

---

① 《永樂大典史話》附錄二《現存〈永樂大典〉卷目表》。
② 《南雷文約》卷四《天一閣藏書記》。熊勿軒一集指宋熊禾《熊勿軒先生文集》。
③ 《賴古堂尺牘新鈔·宏緒與櫟園書》。宏緒姓陳，櫟園爲周亮工。
④ 《紀聞類編》卷四。

存書目》時，其凡例第三條即言："閣書經兵燹後，完善者鮮。今於全者注全，缺者注缺，以副命名之意。"細案所謂見存，不及舊目十之四矣。馮孟顓先生爲余言："同治元年（一八六二），長髮軍之佔領寧波也，閣中收藏，零落可憐。鄞縣南之奉化唐墺，舊有還魂紙廠，專收破碎無用之故紙，轉製粗糙之紙，以爲市物包裹之用。離亂之時，覬覦閣書者，即得書亦無所用其賣買，於是有議斤籍兩，以故紙之價，市之於唐澳紙廠者。"案此事亦載繆荃孫《天一閣始末記》，似所陳並無失實。①

徐時棟亦云："古今藏書之家，無不厄於兵火……余自弱冠即好購書，二十餘年亦將十萬餘卷。咸豐十一年（一八六一）遭粵寇，在煙嶼樓者，盡爲人竊掠；其在城西草堂者，尚五六萬卷。同治二年（一八六三）十一月二十九日，草堂焚如，皆灰燼矣。而奉化人有於亂後出數千金，買天一閣書，別爲屋藏之；亦於十一月此旬中被火。"②

山東聊城楊氏海源閣爲晚清四大藏書家之一。有《海源閣書目》六册，計經史子集四部書三千二百三十六部，二十萬八千三百卷有奇；《宋元本書目》一册，計書四百六十四部，一萬一千三百二十八卷。③海源閣書迭遭戰爭創傷，是私家藏書深受兵燹之禍的代表，今亦略述如下。

其書首先在咸豐辛酉年（一八六一）遭到了捻軍的損害，楊紹和跋宋本毛詩云：

───────────

① 《古今典籍聚散考》卷二《兵燹卷》第九章《清代中葉之亂與典籍聚散》一《天一閣海源閣與咸豐兵燹》。繆荃孫文載《藝風堂文漫存》卷三。
② 《煙嶼樓筆記》卷六。
③ 參見王獻唐《聊城楊氏海源閣藏書之過去現在》六《藏書數目》。

　　辛酉皖寇擾及齊魯之交，烽火亘千里，所過之處，悉成焦土。二月初，犯肥城西境，據余華跗莊陶南山館一晝夜。自分珍藏圖籍，必已盡付劫灰，及寇退，收拾爐餘，幸猶十存五六，而宋元舊槧所焚獨多，且經本尤甚。此本只存卷十八至末三卷，監本只卷首至十一而已。[①]

　　民國十八年（一九二九）土匪王金發率兵佔領海源閣，造成了楊氏藏書的第二次重大損失，王獻唐述其事云：

　　　　迨去年（一九二九）七月十日，王金發復陷縣城，其司令部即設在楊氏宅內。隨帶之書記官參謀，聞有蘭山樊天民、堂邑楊道南，均係前清生員，頗知書本。將海源閣宋元秘笈及金石書畫，擇優掠去。余抵海源閣時，見其書籍零落，積塵逾寸。宋本《史記》，殘餘一冊，宋本咸淳《臨安志》，殘餘二冊，均散置地上，與亂紙相雜，字畫碑帖，僅餘軸木夾板，中心多被撕去，藏硯數十方，只存硯盒，所有硯石，亦無一幸免。楊至堂畫像一軸，撕裂如麻，投置几下。黃蕘圃手校宋本《蔡中郎集》，爲海源閣刻原本，第四冊後頁，亦以拭抹鴉片烟簽，塗污滿紙，以鎮庫之珍籍，損壞如此，可爲痛心！其家人並謂匪徒每以閣上書籍炊火，舊書不易燃燒，憤言：誰謂宋版本書可貴？此均以毛頭紙印之，並不爇火也。[②]

　　民國十九年（一九三〇），海源閣再次遭到匪劫，此次損失更加慘重，王獻唐《海源閣藏書之損失與善後處理》一文作了詳細介紹：

---

①《楹書隅錄》卷一。
②《聊城楊氏海源閣藏書之過去現在》七《海源閣藏書之損失及其現狀》。又見《山東省立圖書館叢刊第一種》。

聊城楊氏海源閣藏書，近年迭遭匪亂，以前損失情形已於曩著《聊城楊氏海源閣藏書之過去現在》小冊子中，略盡梗概。當時報告，均爲實際勘查情形，其事實亦截至勘查完畢時爲止。自此小冊子刊布後，一年之間，楊氏藏書，又繼續遭受匪禍，損失益多，今以調查所得，備述於下。

當予勘查回濟後，政府當局對善後處置辦法，曾有一度之決議。正在辦理，該處附近土匪蜂起，道路阻斷。既而匪徒占據聊城，即盤踞海源閣內。土匪去後，又有招撫改編之軍隊入城，此去彼來，繼續不斷，亦不能一一詳其姓字，但知攫書最多者，爲一王冠軍而已。

……土匪占據聊城時，日常以楊氏書籍出售，購者隨意予價，略不計較。有時割裂包物煮飯，或帶出作枕頭使用。但仍不及百分之一，以楊氏藏書過多故也。及王冠軍以其新收編之軍隊入城，素稔楊氏藏書美富，價值又昂；既從天津請一書籍古玩專家號稱"九爺"者來聊，盡檢善本及一切有價值之書籍碑帖字畫，囊括而北。同時以窩匪名義，窮搜城內外居民，凡私家書帖古玩，亦爲之一網打盡。並聞楊氏宋本咸淳《臨安志》八冊半篋，爲土匪帶入民家枕頭。後以王軍搜查，恐遭連累，即將《臨安志》火焚，並將書篋劈碎煮飯。余前往勘查，僅見《臨安志》二冊，書篋尚存；此次忽又增出四冊，頗不可解。要之海源閣藏書，當以此次爲過去唯一之浩劫矣。[1]

一九三一年一月十六日《中央日報》載該報記者報道海源閣復遭匪劫的具體情況亦云：

---

[1]《山東省立圖書館季刊》第一期。

去歲王匪冠軍入據聊城，司令部即設海源閣內，爲楊氏藏書最大破壞時期。王匪除將楊氏藏書運走大批外，焚燬者尤居多數，甚至做飯用書燒火，睡覺用書作褥，吸大烟用書，擦槍、拭燈、擦桌子、擦鼻子無不以書爲之，致價逾連城之古書，幾破壞淨盡，實爲摧殘中國文化之第一大罪人。

關於海源閣藏書的下落，劉文生供稿、政協文史組整理之《海源閣藏書概述》云：

海源閣收藏的主要宋、元珍本，於一九二七年經楊敬夫移藏天津。其所藏書，明、清板本後來移於濟南楊氏新居。其宋、元珍本若干種，一九三一年曾以八萬銀元抵押給天津某私人銀行，以後輾轉歸北京圖書館。濟南所藏明、清板本書籍，則歸山東圖書館。也有部分書籍流散到全國其他著名圖書館。[①]

第三節　變賣

黃宗羲云："近來書籍之厄，不必兵火。無力者既不能聚，聚者亦以無力而散，故所在空虛。屈指大江以南以藏書名者，不過三四家。"[②]可見除禁燬、兵燹外，由藏書家本人及其子孫或其他

①《聊城文史資料選輯》第一輯。欲知其詳可參見北平圖書館《本館收購海源閣遺書始末記》，載《圖書季刊》新七卷一、二合刊，及邵養軒《海源閣藏書聚散始末記》，藏《教育短波》（復刊）第一卷第六期。丁延峰《海源閣藏書研究》，商務印書館二〇一二年版。
②《南雷文約》卷四《天一閣藏書記》。

人變賣，也是圖書亡佚的重要原因之一。出賣藏書最普遍的緣故是藏書家本人及其後人迫於經濟壓力不得已而爲之。也有藏書家身後，子孫未能充分認識藏書的價值，因而管理不善，而由自己或其他人將藏書輕易出售的，金孝章詩云："君不見東鄰老翁富田畝，日困催科容瘠黝，盡將珍玩售塗人，尚恐愆期遭吏毆。又不見西家主人書滿屋，高扄不觀供鼠宿，子孫持賣不論錢，蟫走塵封亂繩束。"①説的就是後一種情況。今亦略依時代舉例如下。

北宋初，江正藏書甚多，惜爲子孫所敗。王明清云："江氏名正，字元肅，江南人。太祖時，同樊若水獻策取李氏，至比部郎中。嘗爲越州刺史，越有錢氏書，正借本謄寫，遂併其本有之，及破江南，又得其逸書。兼吳越所得，殆數萬卷。老爲安陸刺史，遂家焉。盡輦其書，築室貯之。正既殁，子孫不能守，悉散落於人間。火燔水溺，鼠蟲齧棄，並奴僕盜去，市人裂之以藉物。有張氏者，所購最多；其買乃用以爲爨，凡一篋書，爲一炊飲。江氏書至此窮矣。"②

明代秀水藏書家蔣之翹因貧困而不得不售書，盛楓云："之翹少應郡邑試，爲奸人所誘，罣誤終身。乃致力古學，游焦竑之門，注釋《離騷》，復正《晉書》訛謬，注韓、柳集行世。國破時家漸貧，授徒自給，困益盛。變而爲賈，復大折閱。乃出所藏書，售之同里侍郎曹溶。閉户不問世事，採本郡人詩爲《檇李詩乘》四十六卷。"③

明末清初，錢謙益售宋本兩《漢書》也是一個突出例子。其《致李孟芳書》談到他在崇禎十年（一六三七）欲售書毛晉，略云：

---

①《藏書紀事詩》卷三《王迺昭》引所藏鈔本《沈石田詩》黃丕烈跋中語。
②《揮塵後録》卷五。
③《嘉禾徵獻録》卷一五。

"空曩歲莫，百費蝟集，欲將弇川家《漢書》絶賣與子晉，以應不時之需。"①該書後來賣給了四明（今寧波）謝象三，其《跋前後漢書》云：

趙文敏家藏前、後《漢書》，爲宋槧本之冠，前有文敏公小像，太倉王司寇（世貞）得之吳中陸太宰家，余以千金從徽人贖出，藏弆二十餘年，今年鬻之四明謝象三，床頭黃金盡，生平第一殺風景事也。此書去我之日，殊難爲懷。李後主去國，聽教坊雜曲，揮淚對宮娥一段悽凉景色，約略相似。②

有一女子名陳坤維因厨下乏米而賣書題詩頗獲人同情。厲鶚有和女士陳坤維賣《元人百家詩》一篇，題云："桑弢甫水部買得《元人百家詩》，後有小牋黏陳氏坤維詩。蓋故家才婦以貧鬻書者，惜不知其里居顛末爾。"陳坤維原作云："典及琴書事可知，又從案上檢元詩。先人手澤飄零盡，世族生涯落魄悲。此去雞林求易得，他年鄴架借應癡。亦知長別無由見，珍重寒閨伴我時。"注云："丁巳九月九日厨下乏米，手檢《元人百家詩》付賣，以供饘粥之事，手不忍釋，因賦一律媵之。陳氏坤維題。"③此事當亦發生在明末清初。

乾隆間江藩也曾以書易米，嘗云："藩昔年聚書與太史相埒。乾隆乙亥（一七五五）、丙子（一七五六）間，頻遭喪荒，以之易米，書倉一空。自我得之，自我失之，夫復何恨？"④

清末江標，字建霞，也曾鬻書，葉昌熾稱："建霞童時讀書外家，舅氏華笛秋先生，名翼綸，家富藏弆，耳濡目染，遂精鑒別。

---

①《錢牧齋先生尺牘》卷三。
②《初學集》卷八五。
③《樊榭山房續集》卷三。
④《石研齋書目序》。太史，指石研齋主人秦恩復。

研精許學,酷嗜鼎彝文字,所作篆籀,皆有古法,書畫篆刻,旁逮天算格致,一見輒能深造,殆有宿慧。家本寒素,不善治生,起居服御如豪貴家,屢諷之而不能改也。京秩本清苦,長安又不易居,所得古器及宋元精槧名畫,輒以易米。"①王欣夫曾見到過他的售書目録,現照鈔如下:

昔年於懸橋老書賈楊馥堂處,見建霞手書目録一紙,係當時託爲代售者。靈鶼閣著録無考,得此可窺豹一斑,兹録於下:

宋刻《通鑑》殘本七十餘卷,即常熟瞿氏所藏之半,兩匣,二百兩。《讀史管見》,宋刻宋印,三十本,一百兩。《古文集成》,宋刻宋印,明袁漱六藏本,亦即《四庫(全書)》所收原本,此書天下無第二部,二十本,一百兩。寶祐本《晉書》,即九行十六字本,罕見,略缺數卷,六十本,二百兩。宋本《楊子》二本,一匣,四十兩。宋本《鹽鐵論》二本,一匣,八十兩。宋本《中説》三本,一匣,三十兩。宋巾箱本《論語注疏》,即廖瑩中刻本,罕見,廿四本,四函,一匣,二百四十兩。元本《李太白集》八本,一匣,七十兩。元本《王右丞集》六本,一匣,四十兩。《華陽國志》,陳仲魚校鈔,四本;《語林》,黄校、周校,一本。《山窗小□》,黄校,一本,共一千五百兩。屈翁山《崇禎宫詞》、顧雲美《三吳舊語》、元本《廣韻》、元本《禮記集説》,共四百兩。元刻巾箱本十六卷本《禮記集説》二十本,有缺頁,銀一百兩;此刻尚在未改十卷本之前,罕見之本,刻印精緻,無異宋槧。《疑年録》一本,趙鈔校本;《吳郡志》十本,《剡録》二本;《咸淳重修毗陵志》六本,黄校明鈔;《洛陽伽藍記》一本,毛、黄校本;《書鈔閣藏書跋語》一

---

①《藏書紀事詩》卷七《江標建霞》。

本,鈔《書鈔閣叢鈔》本;《西畇寓目編》六本,鈔;《西溪叢語》二本,黃校鵁鳴館本;《春渚紀聞》二本,黃校;《貴耳集》一本,鈔;《唐摭言》二本、《澠水燕談録》二本,黃、顧校;《詩品》一本,明鈔黃校;《張子野詞》一本,鈔校;《稼軒長短句》二本,明刊陸校;《樂府雅詞》四本,舊鈔;《三代詞綜》十八本,王評點本。[1]

現代鬻書現象也屢見不鮮,倫明《辛亥以來藏書紀事詩·鄧邦述》云:"江寧鄧孝先(邦述)得黃蕘圃藏《群玉》《碧雲》二集,因自名藏書之所曰'群碧樓'。先編《群碧樓書目》九卷,重編《群碧樓善本書目》六卷、《寒瘦山房鬻存書目》七卷。蓋君曾以書之一部歸中央研究院,得值二萬金,所鬻余者,別爲之目也。君自序稱'昔借債以買書,今鬻書以償債',嗜書者有同慨焉。"周叔弢亦云:

　　曩者江都方無隅先生常戲稱:"買書一樂,有新獲也;賣書一樂,得錢可以濟急也;賣書不售一樂,書仍爲我有也。"余今續之曰:購書一樂,故友重逢,其情彌親也。此中消息,故難爲外人道,惜不能起無隅先生於九泉而一證之。[2]

最令人痛心疾首的是將圖書售予國外,影響最大的要算吳興陸氏皕宋樓藏書售予日本岩崎氏静嘉堂文庫。日人島田彥楨《皕宋樓藏書源流考並購獲本末》[3]言之甚詳,董康《刻〈皕宋樓藏書源流考〉題識》略云:

　　今春(一九○七)彥楨馳書相告,岩崎文庫以日金十一

_____

① 《藏書紀事詩(附補正)》卷七《江標建霞》。
② 《弢翁藏書題識》,載《文獻》一九八○年第三輯。
③ 載《國粹學報》一九○八年總第四十四期。

萬八千圓購陸氏書有成議。余初謂陸氏爲吳興旺族，剛甫觀察逝世未久，何至貨及遺書？嗣彥楨寄示《皕宋樓藏書源流考》，並屬附梓《訪餘録》内，（彥楨游中國，觀瞿、楊、丁、陸四藏書家所記）始信其事果實。按陸氏《藏書志》所收，俱江浙諸名家舊本，古芬未墜。異域言歸，反不如臺城之炬，絳雲之燼，魂魄猶長守故都也。爲太息者累日。[1]

盛昱，別號伯希，清初肅親王豪格之後，丁丑（一八七七），官至國子監祭酒，邸有意園，身後圖書字畫也輾轉賣給國外，鄧之誠云：

> 盛伯希祭酒，自謂所藏以宋本《禮記》《寒食帖》、刁光胤《牡丹圖》最精，爲三友，身後爲其養子善寶斥賣，至今意園已爲日人中山商會所有，蓋無餘物矣。三友以壬子（一九一二）夏歸於景樸孫，後《禮記》爲粵人潘明訓所得；《寒食帖》歸於日本人菊池惺堂；《牡丹圖》初歸蔣孟蘋，復賣於美國人。有得當時善寶與景所立契約，言“今將舊藏宋板《禮記》四十本，黄蘇合璧《寒食帖》一卷，元人字册一十頁；刁光胤《牡丹圖》一軸，及《禮堂圖》一軸，情願賣與景樸孫先生，價洋一萬二千元正，絶無反悔，日後倘有親友，欲收回各件，必須倍價，方能認可，恐空口無憑，立此爲據。善寶押。舊曆壬子（一九一二）年五月二十日”。蓋祭酒爲肅宗，景慮後患，故要約爲此。[2]

陶湘也將其所藏叢書售給了日本京都文化研究所。雷夢水《書林瑣記·涉園藏書聚散考略》云：

---

[1]《皕宋樓藏書源流考》卷末。
[2]《骨董續記》卷一《盛伯希收藏》。

陶氏藏書，其間聚散只三十年左右。清末開始購藏，當時生活豐裕，不惜重金滿足所好。適至民國二十年後，又爲生活所迫，故將全部藏書陸續散出。《輟耕錄》與《程氏墨苑》兩書售歸鄭西諦。一九三三年，北京文友堂書店以四萬元購妥其所藏毛氏汲古閣刊書約一百二十種及明閔齊伋、凌濛初刊本書一百二十八種和殿本開花紙書一百餘種。陶氏所藏書皆係寬大初印，書品潔淨，墨色十足，裝訂古雅美觀。此後陶氏以售價太廉則不售，文友堂與其興訟。經董授經先生調解，結果只將殿板開花紙書一百數十種以原價四萬元歸文友堂，其中包括平定各省的方略二十種。經易培基介紹售歸廣東中山大學圖書館十餘種，其餘十餘種係松筠閣由日人松村太郎介紹售歸日本東洋文庫。又叢書部分則由陶氏親自售於日本京都文化研究所。該所所編之《漢籍目錄》叢書部分即陶氏舊藏。陶氏餘下之汲古閣刻書以及閔、凌二氏刻書售歸滿族榮厚。榮厚字叔章，僞滿銀行總裁。榮氏因得此一批精本，特辟一室儲藏，故名其室曰"萃閔室"。其後此批書經魏麗生以萬元轉售於溥儀。聞魏氏云：日本投降後，僞滿瓦解，溥儀被逮，這批珍貴的祖國文化遺產竟告失踪，疑燬於火，令人痛惜。[1]

造成圖書亡佚現象，還有失竊、借而不還以及自然災害如火災、水災、鼠嚙、蟲蝕、霉爛等原因，我們將在下一章結合圖書保護措施來談這個問題。

---

[1]《學林漫錄》第九集。

第五章 圖書保管

爲了充分發揮藏書的作用，防止散佚，各藏書單位自來都在努力做好圖書保管工作，今分入藏、保護、建築三部分概述之。

第一節 入藏

由入藏到陳列，還有一系列不可或缺的工作要做：

一 修補

新書當然不需要修補，入藏圖書非皆新刊，多收舊籍。時代愈古，價值往往愈高，而古舊圖書每多破損，於是藏書家普遍重視圖書修補工作。如葉德輝《藏書十約·裝潢》云："書不裝潢，則破葉斷綫，觸手可厭。余每得一書，則付匠人裝飾。今日得之，今日裝之，則不至積久意懶，聽其叢亂。"

書籍污損殘缺的現象是會經常發生的。有的書因閱讀時不慎，留下茶水、墨水、蠟油等痕迹，或爲兒童所塗污。有的書由於經常翻閱，以致書口裂開。有的書長期受到風吹日曬，紙張，特

別是一些封面變得焦脆異常，觸手即破。有的書放在空氣不流
暢、陽光不充足的地方，往往會被鼠咬蟲蛀。有的書長期放在潮
濕的地方，以至霉變、腐朽，或書頁粘連，無法揭閱。有的書頁鈐
印部分被裁去。有的書序跋等能説明版本的内容被書賈裁去，
以充古本。還有的書在流通的過程中失去了一些册葉。至於斷
綫，掉了封皮，壞了書籤的現象更是常見。

　　此外，遇到特殊情況也會造成圖書的損壞，則其修復工作更
爲艱巨。如一九七四年七月二十八日，國家文物局等單位在山
西應縣佛宫寺木塔内釋迦塑像中，發現了一批遼代文獻和一具
黄鼠狼尸體。有的經卷粘在一起，有的又被弄得粉碎，顯然是偶
入塑像内的黄鼠狼所爲。這批文獻後來終於被國家圖書館的老
技工修復。[1] 再如山西省趙城縣廣勝寺藏有一部金代刻的大藏
經，由於害怕被日本侵略軍掠走，一九四二年四月二十七日夜，
我趙城縣游擊大隊奉命將其輾轉移至山勢險峻的綿上縣，藏在
一座廢棄的煤窑裏，指定專人負責保管，每年前往查看一次，並
搬出晾曬，但由於礦洞内滲水潮濕，部分經卷受潮發霉，粘結成
塊，抗戰勝利後，將其保存在通風乾燥的地方。一九四九年四月
三十日運到北京，入藏國家圖書館善本部，直到一九六四年才
修復。[2]

　　藏書家一般都非常重視圖書的修補工作，收到好書，往往親
自或請匠人修補，陸游在藏書題跋中常談及此事，如其《跋尹耘
師書劉隨州集》云："傭書人韓文持束紙支頭而睡，偶取視之，《劉

────────────

[1] 詳見國家文物局文物保護科學技術研究所、山西省古代建築保護研究所、山
　　西省雁北地區文物工作站、山西省應縣木塔文物保管所專家所撰《山西應縣
　　佛宫寺木塔發現遼代珍貴文物》等六篇文章，均載《文物》一九八二年第六期。
[2] 詳見童瑋《〈趙城金藏〉與〈中華大藏經〉》一《關於〈趙城金藏〉之搶救、轉移和
　　修復》。

隨州集》也，乃以百錢易之，手加裝褫。紹興二十五年正月八日，陸某記。"①陸游不僅重視圖書的修補工作，自己會修補圖書，而且也希望自己的兒子惜書愛書，甚至能修補圖書。其父陸宰同樣重視圖書的修補工作。陸宰、陸游《跋京本家語》云：

> 予舊收此書，得自京師，中遭兵火之餘。一日於故篋中偶尋得之，而蟲齕鼠傷，殆無全幅，綴緝累日，僅能成帙，乃命工裁去四周所損者，別以紙裝背之，遂成全書，嗚呼，予老懶目昏，雖不復讀，然嗜書之心，固未衰也。後世子孫知此書得存之如此，則其餘諸書幸而存者，爲予寶惜之。紹興戊午十月七日，雙清堂書。

> 後五十有七年，復脱壞不可挾，子聿亟裝緝之，持以相示。方先少保書此時，某年十四，今七十矣，不覺老淚之濡睫也。紹熙甲寅閏月四日第三男中大夫某謹識。②

先少保指陸游之父宰。雙清是其室名。聿是陸游之子，可見其祖孫三代惜書家風不輟。明代華亭徐縉、徐玄佐父子亦好藏書，徐玄佐尤喜爲書做搜亡補闕的工作，其《才調集跋》云：

> 蜀韋縠《才調集》十卷，本朝所未刊，諸名公所未睹者也。先君文敏公素有此書，蓋宋刻佳本，惜分授之時，匆忙失簡，逸去其半。後逾三十年，幸交符君望雲，獲聞其親錢復正氏有鈔本家藏，因而假歸，特浼知舊馬公佐照其款制摹以配之，共計一百十有六幅，凡二千七十三行。裝池甫畢，展卷焕然，頓還舊觀矣。後之人勿視爲尋常物也。萬曆甲申臘月十日，華亭徐玄佐記。③

---

①《渭南文集》卷二六。
②《渭南文集》卷二八。
③《藏書紀事詩（附補正）》卷二《徐文敏縉》。

　　有人借他人藏書，發現破損也代爲修補，如顏之推云："借人典籍皆須愛護，先有缺壞就爲補治，此亦士大夫百行之一也。濟陽江禄讀書未竟，雖有急速，必待卷束整齊然後得起，故無損敗，人不厭其求假焉。或有狼藉几案，分散部帙，多爲童幼婢妾之所點汙，風雨蟲鼠之所毀傷，實爲累德。吾每讀聖人之書，未嘗不肅敬對之，其故紙有五經詞義及賢達姓名，不敢穢用也。"①顏氏的這一觀點頗有影響，有人還將他的話刻入藏書印中，葉昌熾所見宋刻《春秋經傳集解》，有"性命可輕至寶是重"鐘式印，又一橢方印，其文云："《顏氏家訓》曰：借人册籍，皆須愛護，先有缺壞，就爲補治。此亦士大夫百行之一也。"②

　　藏書家對修補圖書的方法也進行了不斷的探索，如黄丕烈就特別重視裝潢，並要求工匠在裝潢時整舊如舊，他在修補裝潢圖書方面花的錢比購書的錢還要多。如其於宋本《史載之方二卷》的題識云：

　　　余重其書之秘，出白金三十兩易得，重加裝潢，遇上方切去原紙處，悉以宋紙補之。尾葉原填闕字，亦以宋紙易去，命工仍録其文，想前人必非無知妄作者也。上下卷通計一百單七翻，合裝潢費核之，幾幾乎白金三星一葉矣。余之惜書而不惜錢，其真佞宋耶？誠不失爲書魔云爾。③

如果遇到闕卷少頁現象，他也要調查清楚，以素紙如數裝潢之留其迹，以待他日補全。嘗云：

　　　《文苑英華纂要》八册，絳雲、滄葦兩家如此云云，此時僅存七册，失其首矣。然就其所存者核之，言其分集則甲之

①王利器《顏氏家訓集解》卷一《治家第五》。
②《藏書紀事詩》卷二《邵文莊寶》。
③《蕘圃藏書題識》卷四。

半矣，言其列卷則失一至十六也，言其排葉則失一至四十三也，言其裝册則失第一也，余故以素紙空白者留其迹，安知後不遇其舊以補其闕乎？[1]

藏書家遺對修補古書的點滴經驗加以總結，也可供參考，如清人陸烜注意到了修補圖書原料的防蠹性能，嘗云：

　　凡治定書，必用雌黄，其色久而不渝。余嘗見李獻吉評杜詩，錢牧翁手批《元遺山集》，皆手澤如新。修補古書，漿黏中必入白芨，則歲久不脱。近購得宋余靖《武溪集》、趙璘《因話録》、施彦執《北窗炙輠録》，皆汲古閣物，裝訂極精緻，而於破損接尾處皆脱，蓋不用白芨之故，亦藏書家所當知也。[2]

孫慶增《藏書記要》第五則《裝訂》對圖書修補的具體工作，做了較爲系統的總結。略云：

　　至於修補舊書，襯紙平伏，接腦與天地頭，並補破貼欠口，用最薄綿紙熨平，俱照補舊畫法，摸去一平，不見痕迹，弗覺鬆厚，真妙手也。而宋元板有模糊之處，或字脚欠缺不清，俱用高手摹描如新，看去似刻，最爲精妙。書套不用爲佳，用套必蛀，雖放於紫檀香楠匣内藏之，亦終難免，惟毛氏汲古閣用伏天糊裱，厚襯料，壓平伏，裱面用灑金墨箋，或石青、石緑、棕色、紫箋，俱妙。内用科舉連裱裏，糊用小粉、川椒、白礬、百部草細末，庶可免蛀。然而偶不檢點，稍犯潮濕，亦即生蟲，終非佳事。糊裱宜夏，摺訂宜春。若夏天摺

---

[1]《蕘圃藏書題識》卷十《文苑英華纂要八十四卷》。絳雲，指錢謙益。滄葦，指季振宜。
[2]《梅谷十種書·梅谷偶筆》。

訂，汗手並頭汗滴於書上，日後泛潮，必致霉爛生蟲，不可不
防。凡書頁少者宜襯，書頁多者不必。若舊書，宋元鈔刻
本，恐紙舊易破，必須襯之，外用護頁方妙，書籤用深古色紙
裱一層，籤要款貼，要正齊，不可長短闊狹，上下歪斜。斯爲
上耳。

值得注意的是，孫慶增還提出了樸素、古雅、實用的古書裝幀修
補的美學原則，指出："裝訂書籍不在華美飾觀，而要護帙有道，
款式古雅，厚薄得宜，方爲第一。"而對錢曾的書籍裝幀却提出了
批評，指出："錢遵王述古堂裝訂，書面用自造五色箋紙，或用洋
箋書面，雖裝訂華美，却未盡善，不若毛斧季汲古閣裝訂，書面用
宋箋、藏經紙、宣德紙、染雅色自製古色紙更佳。"[①]

北京圖書館專家肖振棠、丁瑜二人所撰《中國古籍裝訂修補
技術》一書，對修補圖書問題作了全面而系統的介紹，今錄其附
錄《裝修書籍操作規程及成品檢查標準》如下：

甲　收書和送書的手續

收到或取到一批書籍時，須當面點清，及時填寫在登記
簿上。詳細注明書名、册數、日期和裝修的內容，並交專人
保管。

裝修完畢送還時，也須注明送還日期，並由原發書人點
清後，在登記簿上簽收。

乙　裝修書籍操作程序

一、根據每種書籍不同的裝修要求，進行研究，訂出修
整措施和完成時間。詳細寫在操作單上，操作單一式兩份，
一份隨書交操作人按照執行，一份由負責人保存，以備

---

①《藏書記要》第五則《裝訂》。

考查。

　　二、一般書先根據收到先後,順序修裝。但爲了照顧閱覽和急需,可按輕重緩急靈活掌握裝修的先後順序。

　　丙　修補操作規程

　　一、修補書籍所用漿糊,必須用上等麵粉作原料,提出麵筋,在夏季摻入少量明礬,製成後泡在凉水盆內。稀漿糊要每日更換。修補書籍使用漿糊時,應根據書的不同紙性,選擇不同程度的稠稀漿糊。

　　二、衝水去髒要適當用碱,要用清水洗凈;要用潔凈紙作吸水紙,夏季要勤倒書葉勤換紙,以防書葉發霉。

　　三、補破書葉要根據書葉紙紋用紙,使書葉和配紙的紙紋橫豎一致。鈔本書或印有紅藍格的書,修補時注意防止墨色或格的顏色不要烘散。補破葉時要用配紙的紙邊補書葉的四邊,使其顏色一致。

　　四、修補破葉的紙須根據書的紙性和顏色使用同樣的紙,寧可稍淺,不能過深。

　　五、開口書葉要將兩單葉對齊,兩單葉中間可稍稍離開,使有一綫之隔,不得重疊。溜口紙條要寬窄適當,一律用豎紋紙條。白紙書用白色紙條,竹紙書用仿舊色紙條。

　　六、糟朽書葉須用整張棉紙裱,裱時用排筆蘸稀漿糊橫豎刷勻。

　　七、受水濕難揭的書葉,根據水濕輕重分別采用乾揭、濕揭或用籠屈蒸揭的辦法處理。

　　八、書葉修補後須噴水倒乾。書口如有河欄,須用沸水燙開,乾後再摺葉。爲防止夏日發霉,要勤換紙,勤倒書葉。

　　九、摺書葉時,一律按舊有的摺印摺齊。溜口書或曾經裱過的書葉,要將背面紙上的小疙瘩去掉。

丁　裝訂操作規程

一、捶書時，錘落在書葉上要平，書葉不宜過多過厚。捶書石的石面要平凈。如捶白紙書葉須在石面上墊一層凈紙，以免將書葉玷污。過老的書葉下錘要輕，書葉要晾乾後再捶，避免將書葉粘在一起。

二、襯紙書須根據書葉破損輕重程度，采用單葉襯紙或雙葉襯紙。白紙書襯白紙、竹紙書襯竹紙。一般襯紙須將紙裁的比書稍大一些；遇到書品過小，三面不裁切的書，可將襯紙裁切成和書葉一樣大小。書口過高（厚）無法捶平的書，須將襯紙錯開摺後倒襯。

三、壓書要上下墊平整的夾板，在壓書機內放書要端正。加壓力時先輕壓，然後徐徐加重。修補過多未能捶平的書，要適當掌握壓力，不能壓的過松或過緊。

四、齊欄要直，書口要頓齊，珍貴的書盡量少用齊欄的辦法，要多用齊書的辦法，以盡量少裁書爲原則。齊欄前先將書按次序順好，以免將書訂錯（包括操作中發生的錯誤和原來舊有的錯誤）。

五、訂本，厚本書用紙鋸訂；薄本書用紙釘訂；善本書一律用紙鋸訂。襯紙書和金鑲玉裝及原來厚本書可適當分本，但須根據卷數和段落來分。下紙捻時要注意訂在書腦適當的地方。

六、裁書前先檢查天頭下脚有無批注，用機刀裁書時先將刀盤塵土擦凈，比好規格，然後將書放入刀內，開閘裁切，裁畢隨手關電門，注意操作安全。無論善本書和一般書均須注意少裁，以三面裁齊爲限，否則會影響書的質量。冊數多的書，裁切時要上下對齊書口。

七、打磨書時先用木銼銼平，而後用砂紙打磨平整乾净。操作時要細銼細磨，不能用力過猛以至將書銼偏。

八、包書角要根據書本大小和書腦寬窄決定書角的大小。善本書要用舊絹包書角；白紙書用淺綠色或白色絹包；竹紙書用米色仿舊色絹包。一部書冊數很多時，包角必須上下整齊一致。書角要求包緊、包平，角面無鼓包。

九、修裝書皮

〔一〕使用書皮要將質量好的用在正面。一部書的書皮要求顏色一致。

〔二〕原有書皮，如果是清代乾、嘉以前時代較早者，必須一律修裱整齊，依然在原書上使用。年代不足百年的書皮，又無收藏家題字者，可以更換新皮。

〔三〕一般書可采用單面上皮，或雙葉筒皮，善本書一律用四包邊扣皮。要求天頭、下腳、書背都平整無棱。

十、打眼要正。一般書打四個眼，較寬大的書打六個眼，長形書打五個眼，厚本書前後打對眼。不得將眼打歪打斜。要多利用原眼少打新眼，以免眼多傷腦。

十一、訂綫要訂緊、兩股綫要並列，綫在眼內要分清，不得有重疊或鬆緊不勻現象。結尾綫頭要卡在書背內。厚本書和大本書用粗綫，薄本書用細綫，本大而薄者用三股細綫，一般書可用棉綫，善本書用染色仿舊絲綫。

十二、粘書簽的地位一般粘在書皮左上角。如書簽不全或改本後，書簽上的卷數與書不符時，可粘在護葉上，只粘簽的四周，要粘正粘直，不皺而牢，用漿糊不要過多過稠。

十三、金鑲玉書要將書腦上的舊眼補好，使鑲後不露舊眼。鑲出的紙要天頭大，下腳小，一般是六與四的比例。盡量采用厚紙書用厚紙鑲，薄紙書用薄紙鑲，使鑲出部分要和書的中間一律平整。

十四、包背裝一律用紙鋸訂背，一般書訂三個紙鋸，大本書訂四個紙鋸。訂後在書背面雙頭捆結，或將雙頭盤回，粘牢捶平，用稠漿糊漿背，要求將書背裹緊裹嚴。裹背書要注意避免造成書口高、書背低現象。

戊

一、每一種書完成後，除由操作人隨做隨查外，並經專人檢查，符合質量標準，始得送還原發書單位。

二、成品檢查合格的標準

〔一〕漿糊使用適當，不稠不稀。

〔二〕配紙顏色深淺，厚薄均勻。

〔三〕補破葉要平整，糟朽書葉不傷字。

〔四〕摺葉不歪不斜，書口不偏。

〔五〕捶書平整勻稱，不傷書口。

〔六〕齊欄直而不斜，書口頓齊而平整。

〔七〕裁書要齊，不傷字；冊數多時，各冊上下顛倒也能整齊一致。

〔八〕打磨書不發油光，不起毛茬。

〔九〕包書角緊而嚴，不起包，上下一致，大小適合。

〔十〕扣皮要四面扣齊。

〔十一〕打眼正面反面都不歪不斜。

〔十二〕訂綫，綫的粗細和顏色要協調。

〔十三〕鑲書書口齊、書葉平。

〔十四〕包背書須包平包緊。

〔十五〕蝶裝書使用漿糊適當，書口既能掀口又要粘牢。

三、檢查成品發現有不合以上標準時，須由原操作人返工重修。

修補古書特別是善本書，要注意實行整舊如舊的原則，該書

對這個問題論述得頗爲詳細而實用，今也摘述如下。在修補古籍善本時，要求不補字、不描欄、畫欄，盡量保持書的原貌。古書，特別是善本書的書根字、天頭地脚的批評要盡量保留，不能切掉或磨掉。"凡具有善本書特徵的書籍，其書皮和護葉不論是否殘破，只要是原書舊物，都要隨書保存，即是剩有半頁或幾個字也不得去掉。特別是經過藏書家題字的書皮更應重視。例如清代咸、同時期的李文田藏書多有善本，但是他的書很少蓋藏書印章，而書皮多有題識或署名，看其字蹟即可辨認是李氏藏書。還有清末越縵堂李慈銘的藏書，都是一些清代普通刻本，裝潢一般。但書内多有李慈銘的批注，書皮上也多有他的題字，而字體又很普通，極易被人忽視，把書皮去掉。因此，爲保持書籍的舊觀，對書皮盡可能采用揭裱辦法，先揭、再補、後裱。……書皮殘缺不全者，可選配近似的書皮補裱，殘缺過多，無法選配齊全者，可將書皮粘在裏面，外面再加一層顏色古雅的新書皮。護葉不全時，可照原樣配齊。""書皮上貼有書籤時，無論完整或殘缺，都應補好。如果書籤只寫有書名不標卷數，應將整齊的書籤粘在前幾册上面，殘破的粘在後幾册上。書籤上如標明卷數册數，則按標明的順序粘在每册書上。"修補殘破書籍要盡量使用舊紙，舊紙的選用要考慮到書籍的紙性、顏色、厚薄、簾紋等特徵，盡可能保持一致。舊紙來源於修書時撤換的護葉、襯紙，以及一些無參考價值而又多復本的書。實在找不到舊紙，可用與書籍紙張厚薄相同的新紙，染成與書籍顏色深淺一致的仿舊紙來代替。[①]

　　修補技術也在不斷地改進，南京大學圖書館一九九二年研製成功的紙漿修補技術頗有實用價值。該技術利用成紙粉碎打

---

① 《中國古籍裝訂修補技術》第五章《古舊書籍的各種不同裝修法》二《整舊如舊裝修法》。

漿，使纖維重新浸潤、分離，並經加助懸劑等復配，製成修補紙漿，用管狀修補筆將其均勻地分布在書頁破損處，乾燥後形成紙頁，從而完成修復工作。該技術具有修復強度好；耐老化；抗蟲、抗霉能力強；成紙形態逼真，整舊如舊；修復速度快；操作簡單等優點。[①]　此法頗有推廣價值。

二　鈐印

在藏書上鈐印，是表示對書擁有所有權的一種簡便而有效的方法。唐張彥遠云："前代御府自晉宋至周隋，收聚圖書皆未行印記，但備列當時鑒識藝人押署。"[②]可見當時的藏書尚未曾鈐印。

到了唐代，公私藏書均出現了鈐印現象。如張彥遠云："太宗皇帝自書'貞觀'二小字作二小印 貞觀，玄宗皇帝自書'開元'二小字成一印'開元'（原文豎排），又有集賢印、秘閣印、翰林印，又有弘文之印，恐是東觀舊印印書者。"[③]《新唐書·藝文志》經部小學類著錄《二王、張芝、張昶等書一千五百一十卷》。注曰："太宗出御府金帛購天下古本，命魏徵、虞世南、褚遂良定真偽，凡得真行二百九十紙，爲八十卷，又得獻之、張昶等書，以'貞觀'字爲印。"《唐會要》卷六十五《秘書省》云："長慶三年四月，秘書少監李隨奏：當省請置秘書閣圖書印一面，伏以當省御書正本，開元天寶以來，前並有小印印縫。自兵難以來，書印失墜，今所寫經史都無記驗，伏請鑄造。勅旨依奏。"《唐會要》卷六十四《集賢

---

① 參見《紙漿修補技術研究鑒定證書》，(九二)蘇文科鑒字〇〇五號。
②《歷代名畫記》卷三《叙自古跋尾押署》。
③《歷代名畫記》卷三《叙古今公私印記》。

院》亦云："開成元年四月，集賢殿御書院請鑄小印一面，以御書
爲印文。從之。"王建《宮詞一百首》之十二亦云："集賢殿裏圖書
滿，點勘頭邊御印同。"上行下效，唐代私家藏書也鈐印成風，如
《歷代名畫記》卷三《叙古今公私印記》記錄有"故相國鄴侯李泌
印鄴侯圖書刻章"（原文分兩行豎排）、"僕射馬摠印馬氏圖書"
（原文分兩行豎排）。皮日休《魯望戲題書印囊奉和次韻》一詩還
描寫了私家藏書鈐印的具體情況："金篆方圓一寸餘，可憐銀艾
未思渠。不知夫子將心印，印破人間萬卷書。"①一九八四年十一
月一日，濤文在《北京晚報》上披露，考古工作者在河南偃師發掘
唐墓時，出土了一顆銅質鑄造的陽文印章，印文爲"渤海圖書"四
字。這是現存唐代私家藏書印的實物。②

　　五代時南唐烈祖李昪好藏書，亦有藏書印。陳師道云："澄
心堂，南唐烈祖節度金陵之宴居也，世以爲元宗書殿誤矣。趙内
翰彥若有《澄心堂書目》，才三千餘卷，有建業文房之印。"復云：
"建業文房，南唐烈祖節度金陵之別室也。趙元考家有《建業文
房書目》，才三千餘卷，有金陵圖書院印焉。"③其後世藏書印則更
多，如郭若虛云："李後主，才高議博，雅尚圖書，蓄聚既豐，尤精
賞鑒。今内府所有圖軸暨人家所得書畫，多有印篆，曰：内殿圖
書、内合同印、建業文房之寶、内司文印、集賢殿書院印、集賢院
御書印。"④

　　兩宋公私藏書用印風氣更盛。據《金史·禮志四》所載，宋
代有内府圖書印三十八方，如"内府圖書之印"、"大觀中祕"、"政
和"、"宣和御覽"、"常樂未央"等。據葉昌熾《藏書紀事詩》所載，

① 《全唐詩》卷六一五。
② 《後山談叢》卷二。
③ 《後山談叢》卷二。
④ 《圖畫見聞志》卷六《李主印篆》。

宋代藏書家富弼、劉羲仲、樓鑰、史守之、賈似道、俞琰、俞貞木等都有一方或數方印章。如張丑云：

> 宋人小楷《史記》真本一部，原是松雪翁物。計十帙，紙高四寸，字類半黍。不惟筆精墨妙，中間絶無訛謬。……每帙用"舊學史氏"及"碧沚"二印……宋通直郎史守之所用。守之，越國公浩孫，禮部侍郎彌大子，衛王彌遠之侄。仕終朝奉大夫。中年避彌遠嫌，退處月湖，與慈湖諸公講肄爲樂，寧宗御書"碧沚"二字賜之。蓋清修好古之士也。[①]

元代公私藏書亦沿宋代風氣鈐有藏書印，元代秘書監還專門設有管理印章的官員，王士點、商企翁《秘書監志·職制》云：

> 設知印　元貞二年（一二九六）正月，都省准設知印一人。
>
> 添設知印　至大元年（一三〇八），都省准添設知印一人。

葉昌熾《藏書紀事詩》載，元代藏書家倪瓚、陸友、張雯、趙孟頫等都有藏書印，其中以趙孟頫的藏書印爲最多，計有"水晶宮道人"、"大雅"、"天水趙氏"、"趙文敏書"等。

任康云："古印只有姓名與字，唐宋稍著齋室名，元時尚未闌入成語，至明代則某科進士某官職，無不羼入。"[②]

明清藏書印所鐫文字內容甚繁，主要目的是反映藏書家對藏書擁有所有權，因此仍以藏書家的各種名稱與居室名稱居多。如《百宋一廛賦》注云："《司馬公文集》八十卷，每半葉十二行，每行廿字，有朱書一行，云'洪武丁巳秋八月收'。鈐以小方章一

---

①《清河書畫舫》卷十下《趙孟頫》
②《前塵夢影錄》卷下。

文,云‘徐達左印’,又大方章一文,云‘松雲道人徐良夫藏書’。”
徐達左,字良夫,號松雲道人,爲明初藏書家。再如明文徵明的
居室印特多,有玉蘭堂、辛夷館、翠竹齋、梅華屋、梅溪精舍、煙條
館等。① 清代張蓉鏡字芙川,妻姚畹真號芙初女史,兩人都愛藏
書讀書,刻一印曰“雙芙閣”。宋刊《後村詩集》殘本有芙初題詩:
“墨林萬卷劫灰餘,古本流傳此絕希。八十詩翁高格調,《伊川》
《擊壤》想依稀。”“潑茗薰香繡懶拈,芸編珍重展瑤籤。好花明月
原無主,自取猩紅小印鈐。”反映了她的生活情趣。②

　　有些藏書家在獲得珍本、善本後,每特製印章以作紀念。如
錢曾《讀書敏求記》卷一《金石録三十卷》云:“昔者,吾友馮硯祥
有不全宋槧本,刻一圖記,曰‘金石録十卷人家’。長箋短札,貼
尾書頭,每每用之。亦藝林中一美談也。”韓華亦稱:“《金石録》
明以來多傳鈔,惟雅雨堂刻之。阮文達有宋槧本十卷,即《讀書
敏求記》所載者。文達自撫浙至入閣,恒攜以自隨。……一日書
賈來售,驚喜欲狂,古色古香,真可寶貴。余得之,亦刻‘金石録
十卷人家’小印。”③錢泰吉記吳騫云:

　　　嗜典籍,遇善本傾囊購之弗惜,或借讀手鈔,校勘精審,
　　所得不下五萬卷,築拜經樓藏之……晨夕坐樓中展誦摩挲,
　　非同志不得登也。同時吳門黄蕘圃丕烈多藏宋板書,顔所
　　居曰百宋一廛。槎客欲以千元十架揭榜與之敵,得宋本咸
　　淳《臨安志》,刻一印曰“臨安志百卷人家”,所藏書卷中多用
　　之,其風致如此。④

────────────────

① 《藏書紀事詩》卷二《文壁徵明》。
② 《藏書紀事詩》卷五《張燮子和》。
③ 《無事爲福齋隨筆》卷上。
④ (道光)《海昌備志》卷一八《吳騫》。

也有在印文中體現個人生平的。如《天禄琳琅書目》卷二著
録之宋刻《新唐書糾繆》，原爲查慎行藏，有"南書房史官"、"海寧
查慎行字夏重又曰悔餘"印記。全祖望《查先生墓表》云："先生
名嗣璉，字夏重，別署查田，改名慎行，字悔餘，別署初白，浙江杭
州府海寧人。……康熙壬午，聖祖東巡守……召至行在賦詩，隨
入京，詔直南書房。明年，特賜進士出身，改翰林院庶吉士，授編
修。"①顯然，查慎行認爲入直南書房是他人生旅途中最關鍵、最
榮耀的一段日子。故著之印記。還有一些紀年印，如陸心源《紫
巖易傳跋》稱該書："每册有'秀水朱彝尊錫鬯氏'朱文方印、'我
生之年歲在屠維大荒落月在橘壯十四日癸酉時'朱文方印。"②葉
昌熾案："屠維爲己，大荒落爲巳；竹垞生於崇禎二年己巳，則此
亦竹垞印也。"③

有些印文還反映了藏書家的門第。如葉昌熾談到顧千里有
"陳黄門侍郎三十五代孫"一印，④南朝時顧野王曾任陳黄門侍
郎，著有《玉篇》。葉書還載阮元繼配孔夫人有"孔子七十三代長
孫女"一印。⑤

也有反映里居的印文，如阮元曾藏宋本《金石録》十卷，鈐
"家住揚州文選樓隋曹憲故里"一印，阮元《南宋淳熙貴池尤氏本
文選序》云：

　　　昔但得元張伯顏、明晉府諸本，即以爲秘册。嘉慶丁
卯，始從昭文吳氏易得南宋尤延之本，爲無上古册矣。……
元家居揚州舊城文樓巷，即隋曹憲故里，李崇賢所由傳《文

①《鮚埼亭集外編》卷七《翰林院編修初白查先生墓表》。
②《儀顧堂續跋》卷一《明鈔紫巖易傳跋》。
③《藏書紀事詩》卷四《朱彝尊錫鬯》。
④《藏書紀事詩》卷六《顧廣圻千里》。
⑤《藏書紀事詩》卷五《阮文達元》。

選》學而爲選注者也。元既構文選樓於家廟旁，繼得此册藏之樓中，別爲校勘記以貽學者。①

從明代開始，有不少印章主要目的不在於强調對藏書的所有權，而是表達藏書、讀書、校書的感受。其中絶大多數是强調藏書來之不易，要子孫妥善保存。如明代蘇州藏書家錢穀字叔寶，有印云：“百計尋書志亦迂，愛護不異隨侯珠。有假不返遭神誅，子孫不寶真其愚。”②晁瑮，字君石，號春陵，開州（今濮陽縣）人，北京藏書家，著有《寶文堂書目》，其藏書銘楷字章云：“曹誠廣舍，真廟賜名。丁顗聚書，子孫蠡興。匪學胡成，非書胡學？蓄斯貽後，珍如渾璞。龜蒙緝借，張公却鬻。咨我同志，遵此軌躅。鬻爲不孝，借亦一癡。咨我後昆，戒之敬之。春陵晁瑮藏書銘。”③明末祁承㸁，著有《澹生堂藏書目》《澹生堂藏書約》等，亦有藏書銘一印，其文曰：“澹生堂中儲經籍，主人手校無朝夕。讀之欣然忘飲食，典衣市書恒不給。後人但念阿翁癖，子孫益之守弗失。”④常熟大藏書家兼大出版家毛晉有一朱文大方印，其文曰：“趙文敏公書卷末云：吾家業儒，辛勤置書，以遺子孫，其志何如？後人不讀，將至於鬻，頽其家聲，不如禽犢！若歸他室，當念斯言。取非其有，無寧舍旃。”⑤清乾隆間藏書家王述庵亦有一印云：“二萬卷，書可貴；一千通，金石備。購且藏，劇勞勩。願後人，勤講肄。敷文章，明義理，習典故，兼游藝。時整齊，勿廢置。如不材，敢賣棄，是非人，犬豕類，屏出族，加鞭箠。述庵傳誡。”⑥

---

①《揅經室三集》卷四。
②《愛日精廬藏書志》卷二九《書上人集十卷》。
③莫伯驥《五十萬卷樓群書跋文》史部二《大明實録殘本三十卷》。
④蔣光煦《東湖叢記》卷六《藏書印記》。
⑤蔣光煦《東湖叢記》卷六《藏書印記》。
⑥蔣光煦《東湖叢記》卷六《藏書印記》。

清道光、同治間藏書家有一百九十四字長方巨印，述及藏書經過，要子孫能愛而守之，其文曰：

> 予席先世之澤，有田可耕，有書可讀，自少及長，嗜之彌篤。積歲所得，益以青箱舊蓄，插架充棟，無慮數十萬卷。暇日静念，差足自豪。顧書難聚而易散，即偶聚於所好，越一二傳，其不散佚殆盡者亦鮮矣。昔趙文敏有云："聚書藏書，良非易事。善觀書者，澄神端慮，静几焚香，勿卷腦，勿折角，勿以爪侵字，勿以唾揭幅，勿以作枕，勿以夾刺。"予謂吳興數語，愛惜臻至，可云篤矣，而未能推而計之於其終，請更衍曰："勿以鬻錢，勿以借人，勿以貽不肖子孫。"星鳳堂主人楊繼振手識，並以告後之得是書而能愛而守之者。①

當然，有的藏書家已經認識到藏書由子子孫孫永保是不可能的。這種觀點也反映在藏書印中，如《經籍訪古志》卷六云："《文選》，袁褧刻本，卷首有'是書曾藏蔣絢臣家'印。"王欣夫案："《静嘉堂秘籍志》卷十元刊《韋齋集》，又有'蔣絢臣曾經校藏'朱文長方印。"②蔣絢臣爲明末福建藏書家。孫從添，字慶增，是清代著名藏書家，著有《藏書記要》。黃丕烈《藏書記要跋》云：

> 孫慶增所藏書，余家收得不下數十種，其所著述，則未之聞也。此《藏書記要》言之甚詳且備，蓋亦真知篤好者。孫公去世未遠，周丈香嚴幼年曾見之，時已七旬餘。兼善醫術。其所藏書，鈐尾一印曰"得者寶之"，殆守人亡人得之訓耶。③

---

① 《藏書紀事詩》卷六《楊繼振幼雲》。
② 《藏書紀事詩（附補正）》卷四《蔣琦絢臣》。
③ 《士禮居黃氏叢書》本《藏書記要》卷末。

　　藏書的主要目的在於閱讀,因此不少藏書家在印文中談了讀書的感受,如毛晉有"開卷一樂"印,[①]葉昌熾云:"明刻《元豐類稿》有'得知千載外,正賴古人書'十字長印,與'季振宜藏書'印均在卷首,疑亦季氏所鈐也。"[②]《天祿琳琅書目續編》卷三宋版經部載《班馬字類》,有"學然後知不足"朱記。葉昌熾還記載了潘祖蔭藏書中有蕭蓼亭藏書銘,略云:"潘氏滂喜齋藏明刻《劉屏山集》,前有朱文大方印,刻藏書銘曰:'名山草堂,蕭然獨居。門無車馬,坐有圖書。沈酣枕籍,不知其餘。俯仰今昔,樂且宴如。蕭蓼亭銘。'"[③]當然不可能一天到晚埋頭讀書,清代海鹽藏書家張載華乾脆刻了枚"甚欲讀書奈嬾何"的藏書印,使人見之不禁會心一笑。[④]

　　還有人將治學箴言刻爲藏書印的。丁申稱勞格"藏書之所曰'丹鉛精舍',校書之印曰'實事求是,多聞闕疑'"。[⑤]勞格的這八字箴言,今天看來,仍然正確,具有很強的現實意義。

　　近代圖書館也規定在藏書上鈐印。如一九一五年十一月二十九日《教育部飭京師圖書館所藏書籍蓋印編號妥爲辦理文》明確指出:"書籍當蓋印編號也。該館所藏書籍,多係舊槧精刊,版本種類甚多,審認頗爲不易,自非悉加大字戳記,難免抽換。"[⑥]《直隸省立第二圖書館章程》第四章"圖書"第六條規定:"凡館中所列圖書,均蓋本館圖記,以防遺失。"[⑦]《浙江公立圖書館章程》附《辦事細則》第三章《庋藏》第十七條也説:"本館庋藏圖書,應

①(光緒)《常昭合志稿》卷三二《人物》。
②《藏書紀事詩》卷四《季振宜詵兮》。
③《藏書紀事詩》卷四《蕭夢松静君》。
④《藏書紀事詩》卷四《張載華》。
⑤《武林藏書録》卷下《丹鉛精舍》。
⑥《中國古代藏書與近代圖書館史料》録自《教育公報》第二年第十期。
⑦《中國古代藏書與近代圖書館史料》録自《教育公報》第五年第十五期。

均加蓋館鈐，編列號數，並黏貼書籤，標明門類。"①

　　藏書印一般鈐於卷端右下角空白處。卷末、空隙處也是鈐藏書印較多的地方，葉德輝曾探討過這個問題，今錄之以供參考：

　　　　今爲言印記之法，曰去閑文，曰尋隙處。何謂去閑文？姓名表字，樓閣堂齋，於是二、三印，一印四、五字足矣。……何謂尋隙處？凡書流傳愈久者，其藏書印越多。朱紫縱橫，幾無隙紙。是宜移於書眉卷尾，以免齟齬。亦或視各印之大小朱白，間別用之。小印朱文重疊，尚無不可。若白文與大印聚於一行，則令閱者生厭矣。凡書有字處，朱文、白文俱不相宜。②

　　藏書印如蓋得太多太亂有損書品，也會受到人們的批評。明代藏書家項元汴字子京，號墨林，即有濫鈐藏書印的癖好。姜紹書批評道："墨林生嘉、隆承平之世，資力雄贍。出其緒餘，購求法書名畫，三吳珍秘，歸之如流。每得名蹟，以印鈐之，纍纍滿幅，譬如石衛尉以明珠精鏐聘得麗人，而虞其他適，則黥面記之。抑且遍黥其體無完膚，較蒙不潔之西子，更爲酷烈矣。"③後來清高宗對內府所藏歷代書籍字畫絕品動輒親題惡俗不堪的詩，加蓋匠氣十足的御寶印，也是中國藝術史的一厄。

三　編目

　　公私藏書達到一定數量後，就需要編製藏書目錄。藏書目

----

①《中國古代藏書與近代圖書館史料》錄自《浙江公立圖書館年報》第七期。
②《藏書十約·印記》。
③《韻石齋筆談》卷下。

録是對藏書加以整理的結果。我們在本書《目録編》第五章《綜合目録》第一節《國家藏書目録》、第五節《私人藏書目録》中,已經對藏書目録作了詳細介紹。這裏略作補充。

藏書目録的基本作用是能够反映某處有哪些藏書,以便檢索利用。明人高儒深有體會地説:

> 書無目猶兵無統馭,政無教令,聚散無稽矣。閒居啟先世之藏,發數年之積,不啻萬卷。各以類從,少著大意,條目昭明。一覽之餘,仰見千載聖賢用心之確,非擅虛名,實資自勵,庶慰先人教子之心,以逭聚散不常之誚也。①

關於對圖書入藏整理編目情況,他談到自己"銳意訪求,或傳之士大夫,或易諸市肆,數年之間,連牀插架,經籍充藏,難於檢閲。閒中次第部帙,定立儲盛,又恐久常無據,淆亂逸志,故三年考索,三易成編,損益古志,大分四部,細列九十三門,裁訂二十卷"。② 明代藏書家陳第也談到了書目的檢索作用,略云:

> 吾性無他嗜,惟書是癖,雖幸承世業,頗有遺本,然不足以廣吾聞見也。自少至老,足迹遍天下。遇書輒買,若惟恐失,故不擇善本,亦不爭價直。又在金陵焦太史、宣州沈刺史家得未曾見書,鈔而讀之。積三四十餘年,遂至萬有餘卷,縱未敢云汗牛充棟,然以資聞見,備采擇,足矣足矣。今歲閒居西郊,伏去涼生,課兒僕輩曬暴入簏,粗爲位置,因成目録,得便查檢。③

祁承爜在談到藏書目録的作用時也説:"架插七層,籍分四

---

①《百川書志·自序》。
②《百川書志·自序》
③《世善堂藏書目録·題詞》。焦太史謂焦竑,沈刺史名待考。

部,若卒旅漫野而什伍井然,如劍戟摩霄而旌旗不亂,此吾之部勒法也。目以類分,類由部統,暗中摸索,惟信手以探囊,造次取觀,若執鏡而照物,此吾之應卒法也。聯寡以成衆,積少以爲多,抽一卷而萬卷可窺,事一隅而三隅在目,此吾聯絡駕馭之法也。"①黃宗羲曾舉一例,談到了祁氏藏書目的作用:"祁氏曠園之書,初庋家中,不甚發視,余每借觀,惟德公知其首尾,按目録而取之,俄頃即得。"②

　　有了藏書目録就會對藏書瞭如指掌,這不僅對讀書治學,而且對藏書建設也是大有好處的。故顧千里序張金吾《愛日精廬藏書志》云:

　　　　夫書之有目,其塗每殊,凡流傳共見者,固無待論。若夫月霄之目,乃非猶夫人之目也。觀其某書,必列某本舊新之優劣,鈔刻之異同。展卷具在,若指諸掌,其開聚書之門徑也歟。備載各家之序跋,原委粲然,復略就自叙校讎、考證、訓詁、簿録彙萃之所得,各發解題,其標讀書之脈絡也歟,世之欲藏書讀書者,苟循是而求焉,不事半功倍歟。然則此一目也,豈非插架所不可無,而予樂爲之序者哉!③

　　藏書目録在記録版本方面的價值尤爲明顯,如《四庫全書總目》卷八十七《寶文堂書目》提要稱:"其著録極富,雖不能盡屬古本,而每書下間爲注明某刻,亦足以考見明人版本源流。"

　　有的藏書家藏書亡佚了,而藏書目録還在,這些藏書目録仍然具有史料價值。馬端臨在編《文獻通考·經籍考》時已預見到這一點,其《文獻通考·總序》云:"竊伏自念,業紹箕裘,家藏墳

---

①南京大學圖書館藏鈔本《澹生堂書目》卷首《庚申整書小記》。
②《南雷文約》卷四《天一閣藏書記》。
③月霄,張金吾字。

索,插架之收儲,趨庭之問答。其於文獻,蓋庶幾焉。嘗恐一旦散軼失墜,無以屬來哲,是以忘其固陋,輒加考評。"江藩爲秦恩復《石研齋書目》所作序也說了同樣的意思,並表達了自己未編藏書目録的遺憾之情:

> 太史……謂予曰:有聚必有散,吾子孫焉能世守勿替,暇日編《石研齋書目》上下二卷,以志雲煙之過眼云爾。藩昔年聚書與太史相埒,乾隆乙巳丙子間頻遭喪荒,以之易米,書倉一空。自我得之,自我失之,夫復何恨,然師丹未老,强半遺忘,所棄秘笈,至有不能舉其名者,惜未編目録以誌之也。①

因此,不少藏書家都十分重視編纂藏書目録,如祁承㸁要求子孫:"書目視所益多寡,大較近以五年,遠以十年一編次,勿分析,勿覆瓿,勿歸商賈手。"②還有些藏書家相當自覺地在目録中記録有關資料,如傅增湘一九三九年致函張元濟云:"近得善本,擬補題記,勒爲一集,諸務紛集,殊少暇晷。而二十餘年手校群書凡千餘種,爲卷至萬二三千,亦欲編定藏園校書目録,授梓行世,俾後來好學之士可以按目而求,爲之移寫校記,庶螢窗雪案不爲徒勞。"③其《藏園群書題記》八卷、《藏園群書題記續集》六卷,其孫依據傅氏藏書、觀書記録手稿整理而成的《藏園群書經眼録》十九卷,均爲人們讀書治學提供了豐富的資料。

編製藏書目録要依據藏書目録的特點,注意著録稽核、版本兩項內容。就稽核項而言,卷軸裝圖書要注明卷數,蝴蝶裝、包背裝、綫裝圖書要注明册數。據《明史·藝文志》可知明文淵閣

---

①《炳燭室雜文·石研齋書目序》。
②《澹生堂藏書約》。
③《張元濟傅增湘論書尺牘》三七四頁。

藏書爲蝴蝶裝,《文淵閣書目》共著録圖書七千多部,四萬餘册。朱彝尊批評道:"《文淵閣書目》有册而無卷,兼多不著撰人姓氏,至覽者茫然若失,其後藏書之家往往效之。"①其實著録册數是爲了便於清點,體現了藏書目録的基本功能。明《文淵閣書目》詳載册數仍有稽檢之便。徐乾學的《傳是樓書目》也著録了本數,若係鈔本,再加一個鈔字,如:"《周易舉正》三卷,一本";"宋魏了翁《周易要義》十卷,鈔,二本。"②則更爲明晰。

藏書目録詳記版本,不僅是藏書的需要,也是讀書治學的需要。余嘉錫序傅增湘《藏園群書題記》云:

　　余謂欲著某書之爲何本,不當僅言宋刊本、明刊本已也。刻書之時有不同,地有不同,人有不同,則其書必不盡同,故時當記其紀元干支,地當記其州府坊肆,人當記其姓名別號。又不第此也,更當記其卷帙之分合,篇章之完闕,文字之同異,而後某書之爲某書與否,庶乎其有可考也。③

如何著録版本,我們在本書《版本編》第八章《對版本的記録和研究》第一節《目録著録》,以及《目録編》第三章《目録的著録事項》第三節《版本》,已經作了探討,可參看。不少藏書目録詳細記録版本的特徵與版本鑒定的成果,爲我們留下了豐富的版本資料。在這方面,錢曾的《讀書敏求記》產生了深遠的影響,《四庫全書總目》卷八十七存目提要稱其"述授受之源流,究繕刻之同異,見聞既博,辨別尤精,但以版本而論,亦可謂之賞鑒家矣"。其後,乾隆四十年(一七七五),于敏中等奉敕編昭仁殿所藏善本書成《天禄琳琅書目》十卷;嘉慶二年(一七九七),彭元瑞

①《經義考》卷二九四《明文淵閣書目》。
②《傳是樓書目》卷一。
③《余嘉錫論學雜著·藏園群書題記序》。

等奉敕編昭仁殿善本書成《天禄琳琅書目後編》二十卷。兩書皆
在提要中詳載刊刻年月、雕印工拙，題識印記、授受源流等，又起
了推波助瀾的作用。在提要中記述版本逐漸成了藏書目録的一
大流派，昌彼得記其大略云：

　　　是後藏書家撰藏書志更遞事踵華，嘉、道間海寧陳鱣的
《經籍跋文》、吳縣黄丕烈撰《百宋一廛賦注》，又增録舊本書
的版式行款，開後來元和江標《宋元行格表》但記行格的一
派。黄氏所撰寫的藏書題跋……爲書志題跋及於校勘與叙
版本源流的濫觴。道光七年，虞山張金吾撰《愛日精廬藏書
志》，除記版本及遞藏源流外，又仿朱彝尊《經義考》的體例
抄録書中的序跋，不過僅録元代以前人所撰而且比較稀見
者，至於前賢及時人手書的題跋，則備録其文。又，凡《四庫
(全書)》未收的書，並介紹作者及書的內容。後來編著藏書
志的，如同治、光緒間的吳縣潘祖蔭《滂喜齋藏書記》、常熟
瞿鏞《鐵琴銅劍樓藏書目録》、聊城楊紹和《楹書隅録》、歸安
陸心源《皕宋樓藏書志》及《儀顧堂題跋》、杭州丁丙《善本書
室藏書志》、江陰繆荃孫《藝風藏書記》、豐順丁日昌《持静齋
藏書記要》、宜都楊守敬《日本訪書記》、民國以來的江寧鄧
邦述《群碧樓善本書録》、吳興張鈞衡《適園藏書志》、長沙葉
德輝《郋園讀書志》、江安傅增湘《藏園群書題記》、東莞莫伯
驥《五十萬卷樓藏書目録》等等，雖然是詳略或異，大抵皆師
其法，而賞鑒之精，考訂之密，後來者居上。……清人所撰
的題跋於版式不列載刻工及諱字，民國二十八年海鹽張元
濟爲南海潘氏寶禮堂編撰《宋本書録》，始詳加記載。稍後
北平文禄堂主人王文進《訪書記》，也沿用其例，而現代作題

記圖録者,則無不詳載,體例愈臻精密。①

但昌氏也指出:這類藏書目録"在記録一書的版式、行款、刻工、避諱字、刻書牌記、裝訂、前後的序跋、收藏的印記及題識,以及紙墨字體與刊雕的工拙,如同叙録一樣。不過僅以書的版刻及外形爲記述的對象,而不以闡介書的内容爲主旨。雖有資於版刻的考訂鑒別,而無關於學術的本末源流"。②

孫從添對編製版本目録的具體方法作了系統介紹,略云:

藏書四庫編目最難,非明於典籍者,不能爲之。大凡收藏家編書目有四則,不致錯混顛倒,遺漏草率,檢閲清楚,門類分晰,有條有理,乃爲善於編目者。

一、編大總目録,分經史子集,照古今收藏家書目行款。或照《經籍考》、連江陳氏書目,俱爲最好,可謂條分縷晰,精嚴者矣。前後用序跋,每一種書分一類寫,某書若干卷。某朝人作,該寫著者、編者、述者、撰者、録者、注者、解者、集者、纂者,各各寫清,不可混書,係宋板、元板、明板、時刻、宋元鈔、舊鈔、明人鈔本、新鈔本,一一記清,校過者寫某人校本,下寫幾本或幾册,有套無套,一種門類寫完後,存白頁,以備增寫新得之書,編成一部,末後記書若干部,共若干册總數於後,以便查閲有無,將來即爲流傳之本。其分年代不能全定,因得書先後不一,就其現在而録之可也。釋道二氏之經典、語録附於後,寫清裝成藏於家。

二、編宋元刻本鈔本目録,亦照前行款式寫,但要寫明北宋、南宋、宋印、元印、明印本,收藏跋記,圖章姓名,有缺無缺,校與未校,元板亦然,另貯一櫃,照式行款寫之,櫃用

①《中國目録學》六一至六二頁。
②《中國目録學》六二至六三頁。

封鎖，不許擅開。精鈔、舊鈔、宋元人鈔本、秘本書目，亦照前行款式寫，但要寫明何人鈔本，記跋圖章姓名，有缺無缺，不借本，印宋鈔本，有板無板，校過者書某人校本，或底本臨本，錄成一冊，雖目錄亦不可輕放，恐人借觀遺失，非常行書籍，皆罕有之至寶，收藏者慎之寶之。

　　三、編分類書櫃目錄一部，以便檢查而易取閱，先將書櫃分編字號，櫃內分三隔，櫃門背左實貼書單三張，分上、中、下，各照櫃隔寫書目本數於上，以便查取，右門背貼書數目，亦分三張上、中、下，另寫一長條於傍，記書總數目，而所編之書目，照櫃字號亦分寫上中下三隔，先寫經部某字號櫃內上隔某一部若干卷，某人作，某板，共幾冊，上隔共書若干部，共若干本，二三隔照寫，一櫃則結總數。都寫完，則寫大總結數於末行後頁。如有人取閱借鈔，即填明書目上，某年某月某日某人借或取閱。一月一查，取討原書，即入原櫃，銷去前注，借者更要留心。若一月不還，當使催歸原櫃，不致遺失。此本書目，最爲要緊，須託誠實君子經管，庶可無弊。

　　四、編書房架上書籍目錄，及未訂之書，在外裝訂之書，鈔補批閱之書，各另立一目，候有可入收藏者，即歸入櫃，增上前行各款書目內可也。

　　寫書根用長方桌一隻，坐身處桌面中挖一塊板，中空五本書厚縫一條，挾書於中，紮緊。書與桌平，照書名行款卷數，要簡而明，細楷書寫之，用墨筆畫勻細清朗，乃爲第一。虞山孫姓行二者，寫書根最精，一手持書，一手寫小楷極工，今亦罕有能者，書上挂簽，用礬紙或細絹，摺一寸闊，照書長短，夾簽於首冊內，挂下一二寸，依書厚薄爲之，上寫書卷名數，角用小圖章，已上書目，如此編寫，可以無遺而有條目矣。①

到了清末，繆荃孫又進一步將版本目錄的著錄方式加以程式化：

××××幾卷

　　××××撰（撰人上有籍貫或官銜，須照原書卷首抄寫），××刊本（何時刊本，須略具鑒別力），每半葉×行，行××字，白（或黑）口，單（或雙）邊，中縫魚尾下有××幾字，卷尾題××××（此記校刻人姓名或牌子），前有××幾年×××序，××幾年×××重刻序，後有××幾年×××跋。××字××，××人，××幾年進士，官至××××（撰人小傳可檢本書序跋或四庫提要節抄），書爲×××所編集（或子侄所編或自編），初刻於××幾年，此則據××刻本重刻者。××氏××齋舊藏，有××印。②

此外，王重民的《中國善本書提要》，以及《中國古籍善本書目》都明確地規定了著錄條例，我們在本書《目錄編》《版本編》的有關章節均已作過介紹，茲不贅述。

按照統一的格式對各種藏書的內容與形式特徵著錄完畢，還要按照一定的綫索編成目錄。我國古代藏書一般都分類編目，這可先製分類表，然後按表將書依類編入即可。分類表可參考已有的公私藏書目錄或其他目錄，再結合自己的藏書特點來製訂。如明徐𤊻在《徐氏紅雨樓書目序》介紹自己典藏與編目情況云：

①《藏書記要》第六則《編目》。
②陳乃乾《上海書林夢憶錄》，載《中國現代出版史料》甲編。

　　　　或即類以求，或因人而乞，或有朋舊見貽，或借故家鈔
　　　錄，積之十年，合先君子、先伯兄所儲，可盈五萬三千餘卷，
　　　存之小樓，堆林充棟，頗有甲乙次第。銘槧暇日，遂倣鄭氏
　　　《藝文略》、馬氏《經籍考》之例，分經史子集四部，部分眾類，
　　　著爲書目四卷，以備稽覽。

《紅雨樓書目》雖按經史子集四部分類，但是在子目的設置上却
考慮到藏書的實際情况作了一些變動。例如卷二史部專門設了
本朝世史彙，收錄了八十五種有關明代的史書，同卷還設了總
志、分省二目，收了約三百五十種明代方志。卷三子部設傳奇
類，收元明雜劇和傳奇一百四十種。特別可貴的是作者在卷四
集部設"明詩選姓氏"類，共著錄了三百一十五位明代詩人，其中
二百七十位皆注明了生平簡歷，是研究明代文學的寶貴資料。

　　　《四庫全書總目》編成後，對私家藏書目錄産生了深遠影響，
許多藏書目錄都是依據《四庫全書總目》編製而成的，如羅榘《八
千卷樓書目二十卷·叙》云："其編目之例，頂格者爲文淵閣著
錄，低一格者，爲《四庫（全書）》附存，低二格者，爲《四庫（全書）》
未收。每書若干卷，及某朝某人撰，一準諸家之例，其板本不同
者則備載之，由此而讀善本藏書志，不翅尋落葉於故根，導渤海
於黄河也。"

　　　也有不少藏書目錄突破了四部分類法的模式，我們在《目錄
編》第四章《目錄的分類沿革》第三節《不守四部成規的分類法》
已作了論述，可參看。再如現存明代晁瑮父子的《寶文堂書目》，
就突破了四部分類法的傳統體系，以御製爲首，分三卷三十三
目。卷上分諸經總類、易、書、詩經、春秋、禮、四書、性理、史、子、
文集、詩詞等十二目。卷中分類書、子雜、樂府、四六、經濟、舉業
等六目。卷下分韻書、政書、兵書、刑書、陰陽、醫書、農圃、藝譜、
算法、圖誌、年譜、姓氏、佛藏、道藏、法帖等十五目。《四庫全書

總目》提要稱其"編次無法，類目叢雜"，但是它確實反映了曹氏父子藏書的實際情況，也在一定程度上反映了明代文獻的出版與傳播情況。

清代不少公私藏書目録是先按版本類别，再按内容類别進行編製的。如《天禄琳琅書目·凡例》云："宋元明版書各從其代，每代各以經史子集爲次。"私家藏書目録如孫星衍的《平津館鑒藏記》，該目分三卷，卷一爲宋版、元版，卷二爲明版，卷三爲舊影寫本、影寫本、外藩本。各卷圖書再依内容分類排列。

公私藏書都是依照學科内容或版本，依次排列在書橱中或書架上。爲了便於存貯與檢索，有的藏書目録依書橱順序來編排，當然如前所述書橱裏的書也是按學科内容排列的，如明代的《文淵閣書目》，依千字文爲序，從天字到往字共分二十卷五十橱。按橱登録藏書，某橱某號（即某種），每號幾册。其優點是給每種書配上一個號碼，頗類現代圖書館所使用的排架號，該目共七千二百九十七號，也即著録了七千二百九十七種圖書，這給查找與歸還圖書帶來了方便。其後一些私家藏書目録也照此辦理，如清汪憲的《振綺堂書目》共分四卷，卷一含十橱，卷二含十橱，卷三含十五橱，卷四含八橱。各橱除用數字編號外，選用一首五言詩及振綺堂三字編號，略云："東壁圖書府，西園翰墨林。誦詩聞國政，講易見天心。位列和羹重，恩叨醉酒深。載歌春興曲，情暢爲知音。振綺堂。"然後標明各橱在藏書樓中的位置，以及每橱每格藏些什麽書。其書橱裏的書，大體上先按版本，再按學科内容排列。所以按書橱編排的目録，實際上仍然是按學科内容或按版本再按學科内容編排的目録，其優點是鮮明地顯示了藏書位置，頗便於保管與查閲。

四　陳列

　　圖書在修補、鈐印、編目後就應上架或入櫥陳列。書不陳列則散漫無稽，難以保管，也難以尋檢。

　　甲　陳列的方法

　　爲便於保管與尋檢，書籍通常依藏書目録分類陳列，而分類通常是按書籍的學科内容來加以區分的。魏晉以後，國家藏書基本上都按經、史、子、集四大類來典藏的。如《隋書・經籍志》序云："煬帝即位，秘閣之書限寫五十副本，分爲三品：上品紅琉璃軸、中品紺琉璃軸、下品漆軸。於東都觀文殿東西廂構屋以貯之，東屋藏甲乙，西屋藏丙丁。又聚魏已來古蹟名畫，於殿後起二臺，東曰妙楷臺，藏古蹟；西曰寶蹟臺，藏古畫。又於内道場集道、佛經，別撰目録。"《新唐書・藝文志》序稱唐代"兩都各聚書四部，以甲、乙、丙、丁爲次，列經、史、子、集四庫。其本有正有副，軸帶帙簽，皆異色以別之"。《麟臺故事・省舍》稱北宋秘書省，有"五間，爲子庫，内設緑厨七，藏書。次五間，爲經庫，内設緑厨七，藏書"。"五間，爲集庫，内設緑厨七，藏書。次五間，爲史庫，内設緑厨七，藏書。"

　　私家藏書自然也分類陳列，如明宗室朱睦㮮《萬卷堂家藏藝文自記》云：

　　　　余宅西乃游息之所，建堂五楹，以所儲書環列其中，做唐人法分經史子集，用各色牙簽識別。經類凡十一：易、書、詩、春秋、禮、樂、孝經、論語、孟子、經解、小學，凡六百八十部，凡六千一百二十卷。史類凡十二：正史、編年、雜史、制書、傳記、職官、儀注、刑法、譜牒、目録、地志、雜志，凡九百三十部，凡一萬八千卷。子類凡十：儒、道、釋、農、兵、醫、卜

藝、小説、五行家，凡一千二百部，凡六千七十卷。集類凡
三：楚辭、別集、總集，凡一千五百部，凡一萬二千五百六十
卷，編爲四部，人代姓名，各具撰述之下。①

再如清唐仲冕《此静坐齋書目序》云：

　　彭桐橋先生見善本書，必傾囊典衣購之，當幕游數千里
外，必挾書以出，所得幕俸，必購書以歸。於是陸則汗牛馬，
水則滯舟楫，行旅之費，倍於他人，比抵家而游囊無幾矣。
如是三十餘年，積書數萬册，乃築此静坐齋以藏之。齋三楹
南向，北向者亦三楹。齋之後層樓三楹，以國朝御製、欽定、
御批諸書藏於樓之中央。樓之東西兩楹，凡各家校刊之《十
三經》與夫歷代經解、五經總義、四書、小學之類，皆附焉。
樓之下，凡正史、別史、編年、紀事，與夫詔令、奏議、時令、地
理、職官、政事之類皆附焉。齋之中，則歷代諸子，凡儒家、
墨家、醫家、兵、農家、刑法家，與夫天文、算法、術數、譜録、
小説之類皆附焉。北向三楹，則歷代正集、別集、總集，與夫
詩文評選、詞曲評選之類皆附焉。②

《四庫全書總目》編成後，有些藏書家乾脆依《四庫全書總
目》的順序陳列圖書，而將善本書、有特定意義的書，另闢專室，
單獨陳列。如李宗蓮稱陸心源“十餘年來凡得書十五萬卷，而坊
刻不與焉。其宋元刊及名人手鈔手校者，儲之皕宋樓中，若守先
閣則皆明以後刊及尋常鈔帙，按《四庫書目》編序，而以近人著述
之善者附益之”。③ 再如丁丙《八千卷樓自記》言其分類藏書云：

①《萬卷堂書目》卷首。
②《聽鶯居文鈔·此静坐齋書目序》。亦見《藏書紀事詩》卷六《彭桐橋》。
③《皕宋樓藏書志序》。

　　光緒十有四年（一八八八），拓基於正修堂之西北隅，地凡二畝有奇，築嘉惠堂五楹之上，爲八千卷樓。堂之後室五楹，額曰“其書滿家”。上爲後八千卷樓，後闢一室於西，曰善本書室，樓曰小八千卷樓，樓三楹，中藏宋元刊本約二百種有奇，擇明刊之精者，舊鈔之佳者，及著述稿本、校讎秘册合計二千餘種，附儲左右。著四庫著録之書，則藏諸八千卷樓，分排次第，悉遵欽定簡明目録，綜三千五百部，内待補者一百餘部，復以欽定《圖書集成》、欽定《全唐文》附其後，遵定制也。凡四庫之附存者已得一千五百餘種，分藏於樓之兩廂。至後八千卷樓所藏之書，皆四庫所未收採者也，以甲乙丙丁標其目，共得八千種有奇。如制藝、釋道書，下及傳奇小説悉附藏之。計前後二樓書厨凡一百六十，分類藏儲，以後歷年所得之書，皆因類而編入矣。[1]

　　葉德輝曾對分類藏書情況作過簡單明瞭而又極富實用價值的總結，略云：“編列書籍，經爲一類，史爲一類，子爲一類，集爲一類，叢書爲一類，其餘宋元舊刻、精校名抄别爲一類。單本一、二卷者，袖珍巾箱長不及五寸，大本過尺許者，以别櫥庋之。”[2]

　　乙　陳列的工具

　　用來陳列圖書的工具，就書的總體言，則有書架、書櫥、書几等，就每書的保護言，則有函套、夾板等。

　　在書本式圖書盛行以前，我國圖書長期采用卷軸裝的形式，簡策在不閲讀時也要卷起來放置，因此書架是古代陳列圖書常用的一種工具，所以還出現了插架一詞。如唐韓愈《送諸葛覺往

---

[1]《善本書室藏書志》卷末附録。
[2]《藏書十約·陳列》。

隨州讀書詩》：“鄴侯家多書，插架三萬軸。”①宋陳師道《絶句四首》之二云：“三兩作鄰堪共話，五千插架未爲貧。”②直到清代宫廷藏書，其書雖已易卷軸爲平裝，仍用書架，施廷鏞《故宫圖書記》述及文淵閣藏書情况稱：

> 閣内上下，均儲書籍。下層中三楹，兩旁儲《圖書集成》十二架。左右二楹，儲經部二十架。中層儲史部三十三架。上層中儲子部二十二架，兩旁儲集部二十八架。經、史架高七尺四寸，寬四尺，深二尺；每架四槅，各十二函。子、集架高十尺八寸，每架則爲六槅，亦各十二函。總百有三架，六千一百十四函，三萬六千二百七十五册，二百二十九萬九百十六頁。③

書架的特點是開放式，存取方便，通氣，缺點是易落灰塵，難加局鐍，保管不够謹慎。

　　書橱也是經常采用的一種陳列工具。宋代秘閣已用書櫃藏書，陳騤等嘗云：“舊制：秘閣書用蘖黄紙欄界書寫，用黄綾一樣裝背，碧綾面簽、黄絹垂簽，編排成帙，及用黄羅夾複檀香字號牌子入櫃安頓。”④元代秘書監也用書櫃藏書，王士點、商企翁《秘書監志》卷五《秘書庫》云：“至元十一年（一二七四）正月，照得本監欽奉聖旨，見收陰陽禁書並一切回回文字，除欽依外，即目多有收到文書，未曾製造書櫃，恐經夏潤蟲鼠損壞，今擬用紅油大豎櫃六個，内各置抽匣。三層鎖簽，全常川收頓，秘書相應。”明代文淵閣也是用書橱陳列圖書的，如彭時嘗云：“文淵閣在午門内

①《全唐詩》卷三四二。
②《後山集》卷八。
③載《圖書館學季刊》第一卷第一期。
④《中興館閣録》卷三《儲藏》。

之東文華殿南面磚城,凡十間,皆覆以黄瓦,西五間,中揭文淵閣三大字牌。扁牌下置紅櫃藏三朝實録副本。前楹設凳東西坐,餘四間背後列書櫃,隔前楹爲退休所。"①

　　私家藏書也普遍采用書櫥陳列,如白居易《題文集櫃》云:"破柏作書櫃,櫃牢柏復堅,收貯誰家集?題云白樂天。我生業文字,自幼及老年。前後七十卷,大小三千篇。誠知終散失,未忍遽棄捐。自開自鎖閉,置在書帷前。身是鄧伯道,世無王仲宣。只應分付女,留與外孫看。"②天一閣藏書也用書櫥,乾隆三十九年(一七七四)寅著所見爲:"居中三間排列大櫥十口,内六櫥前後有門,兩面貯書,取其透風。後列中櫥二口,小櫥二口。又西一間排列中櫥十二口。"③明末祁承㸁甚至采用了壁櫥的形式藏書,他曾描寫過自己的藏書情况,略云:"藏之見壁不見書,啟而闢之,見書不見壁。方蝶舞之栩栩,何知蠹魚之爲適。"④清李文田也用書櫥藏書,葉昌熾云:"其邸舍在北半截胡同,几榻之外惟圖籍,列櫝數十,皆啟其鑰。手題書籤,長至尺許,下垂如簾,甲乙縱横,密於櫛比。"⑤還有將書鎖在箱子中的,如徐中云:

　　　　吴興劉翰怡先生,世席豐華,雅嗜儒素。蒐羅書籍,約六十萬卷。於南潯鎮之鷓鴣溪上,建嘉業藏書樓,占地二十畝。與第宅小蓮莊毗連,四周有水,環之如帶。面南向池,池中及四圍,疊石爲小山,有亭臺花木之勝。由池而上,有樓七楹,中一楹爲大門。東三楹,爲四史齋,以置宋槧四史。西三楹曰詩萃齋,以置翰怡父子所編之《清朝正續詩萃》。

---

① 《紀録匯編》卷一二六《彭文獻公筆記》。
② 《白氏長慶集》卷三〇。
③ 《乾隆東華録》卷三〇。
④ 《澹生堂集》卷一一《行園略》。
⑤ 《藏書紀事詩》卷七《李文田仲約》

齋室均北向,齋樓多舊鈔精鈔各本,室樓皆宋元槧本,再進
亦有樓七楹,左右繞以兩廡,廡各六楹,樓下爲廳事,三楹分
列甲乙兩部,上爲希古樓,庋殿本官印,而内府秘籍,亦在其
中。樓東西上下,各兩楹,雜置書五百七十餘箱。左右廡,
則各省郡縣志,廡樓均爲叢書,約二百餘種,縹緗滿架,美不
勝收。[1]

用書櫥、書箱的優點是圖書不易散亂挪動,不易沾灰,不易
受到鼠嚙,缺點是在檢閱時難以收到直觀的效果。

少數藏書家也曾將藏書置放在書几上,祁承㸁之子祁忠敏
即如此,全祖望云:"忠敏亦喜聚書,嘗以硃紅小榻數十張,頓放
縹碧諸函。牙籤如玉,風過有聲鏗然。"[2]將書放在書几上的優點
是便於閱讀,缺點是數量不能過大,容易散亂,容易沾染灰塵,只
能算作一種臨時措置方式。

孫慶增《藏書記要》第七則《收藏》還談到了書櫃的製作要求
與安置辦法,略云:

> 書櫃須用江西杉木或川柏銀杏木爲之,紫檀花梨小木
> 易於泛潮,不可用。做一封書式,樸素精雅,兼備爲妙,請名
> 手集唐句刻於櫃門上,用白銅包角裝訂,不用花紋,以雅爲
> 主,可分可並,趁屋高下,置於樓上,四面窗櫺須要透風,窗
> 小櫃大,樓門堅實,鎖要緊密,式要精工,鎖匙上掛小方牌,
> 或牙或香,將經史子集釋道字刻於正面,字外用圓綫,嵌紅
> 色,字嵌藍色,傍刻某字號第某書櫃,嵌綠色,下刻小圈中,
> 反面寫宋刻、元刻、明刻、舊鈔、精鈔、新鈔等名色爲記。

[1]《宋會要研究》卷三《嘉業堂藏書樓游記》。亦見《古今典籍聚散考》卷三《藏
　弄卷》第八章《清季之收藏家》。
[2]《鮚埼亭集外編》卷二〇《曠亭記》。

葉德輝《藏書十約·陳列》還談到了書櫥尺寸及内部構造,以及櫥内圖書陳列方法,今亦録之如下:

> 單本、小本之櫥,其中間以直格寬窄不一,再間以横格,高二、三寸或四、五寸不等。横格皆用活板,以便隨時抽放。叢書類少者,一部占一櫥,多者一部占二櫥、三櫥不等,由上至下,以二櫥爲一連。櫥寬工部尺一尺八寸、高二尺,每櫥列書三行,合三櫥爲一連,高六尺,並坐架一尺二寸,共七尺二寸,取閲時不至有伸手之勞,列書依撰人時代,亦以門户相聚,如十子、七子、五子、三家、四家、八家之類,皆銜接相承,則易於查閲。……陳列既定,按櫥編一草目,載明某書在某櫥,遇有增省,隨時注改。體例視正目有殊,明《文淵閣書目》蓋已先爲之矣。

爲了保護圖書,同時也爲了便於陳列、取閲,綫裝書往往盛以紙糊布匣,考究一點的用木匣盛之,或者用夾板夾之,函套裝之。葉德輝《藏書十約·陳列》云:

> 北方多用紙糊布匣,南方則易含潮,用夾板夾之最妥。夾板以梓木、楠木爲貴,不生蟲,不走性,其質堅而輕。花梨、棗木次之,微嫌其重。其他皆不可用。二十年前,余書夾多用樟木,至今生粉蟲,無一部不更换,始悔當時考究之未精。宋、元舊刻及精鈔、精校,以檀木、楠木爲匣襲之。匣頭鐫刻書名、撰人,宜於篆隸二體。夾板繫帶,邊孔須離邊二分,其上下則準書之大小。如書長一尺,帶離上下約二寸,以此類推,指示匠人遵守勿失。

函套的製作方法是先量一部書的長、寬、厚度,再根據相應尺寸將硬紙板切成九塊,表面用布糊之,裏面用紙裱之,再裝上紐絆即可。特别厚的書,可做兩個以上函套裝之。特别貴重的書,當然要提高用料的質地。

第二節　保管

圖書入藏以後,還要采取一系列的保護措施,以防止人爲的散佚和各種自然災害。

一　防散佚

甲　散佚的原因

除禁燬、兵燹、變賣外,失竊與借而不還也是導致藏書散佚的重要原因。

由於管理不善,國家藏書與私家藏書均有失竊現象。就前者而言,宋代即有記載,如江少虞云:"今三館秘閣凡四處藏書,然同在崇文院,其間官書多爲人盜竊去,士大夫往往得之。"[1]明代宮廷藏書失竊現象更爲嚴重,如劉若愚云:

　　凡司禮監經廠庫內所藏祖宗累朝傳遺秘書典籍,皆提督總其事,而掌司監工分其細也。自神廟(神宗)静攝年久,講幄塵封,右文不終;官如傳舍,遂多被匠人厨役偷出貨賣。柘黄之帖,公然羅列於市肆中,而有寶圖書,再無人敢語其來自何處者。[2]

而有些官員也趁工作之便盜竊國家藏書,楊昇庵、李繼光就是其

---

①《皇(宋)朝事實類苑》卷三一《藏書之府》之二十九。
②《酌中志》卷一八《內板經書紀略》。

代表人物,楊家麟稱:

> 明司禮監大藏經廠,貯列朝書籍甚富。新都楊昇庵太
> 史挾父勢,屢至閣翻書,多所攘取。其後主事李繼光奉命查
> 對,又復盜易宋刻精本。至熹廟(熹宗)時,已寥寥矣。嘗於
> 六月六日奏請曬晾,玉音卒問曰:"嘉靖間,一偷書的楊姓官
> 兒,何處人?"左右莫能對,蓋上在青宮,時與聞於光廟(光
> 宗)也。[①]

清代國家藏書失竊現象也非常嚴重。如《永樂大典》共二萬二千
八百七十七卷,目錄六十卷,分裝成一萬九十五册,約三億七千
萬字。而現存於世的《永樂大典》僅爲八百一十卷,約三百七十
餘册,可謂損失慘重,而原因之一是被官員盜竊。考《辦理四庫
全書檔案》,乾隆三十九年(一七七四)六月二十六日,曾奉旨查
辦《四庫全書》館纂修黃壽齡攜出並遺失《永樂大典》六册一事,
而這六册書復於同年七月十五日夜在御河橋河沿上檢得。可見
官員將國家藏書攜入私門是較爲普遍的事,晚清猶爲嚴重。劉
聲木云:

> 繆筱珊太史荃孫《藝風堂文集》所載,太史到翰林院時,
> 已只存三百餘本,復爲同院諸公盜出,陸續售去。其盜書之
> 法,早間入院,帶一包袱,包一棉馬褂,約如《永樂大典》兩本
> 大小。晚間出院,將馬褂穿於身上,偷《永樂大典》兩本,包
> 於包袱内,如早間帶來樣式。典守者見其早挾一包入,暮挾
> 一包出,大小如一,不虞其將馬褂加穿於身,偷去《永樂大
> 典》二本,包於包袱内而出也。久而久之,《永樂大典》三百

---

① 《勝國文徵》卷三。

餘本,又掃地無餘。①

秉衡居士《荷香館瑣言》也記載了類似情況,雖然册數與劉文有出入,所記《永樂大典》被盜售則是一致的。其文略云:

> (《永樂大典》)原書本萬餘册,陸續散出,光緒乙亥(一八七五)檢此書,不及五千册;至癸巳(一八九三)僅存六百餘册。相傳翰林入院時,使僕預攜衣一包,出時盡穿其衣,而包書以出,人不覺也。又密邇各國使館,聞每大典一册,外人輒以銀十兩購之。館人秘密盜售,不可究詰,致散亡益速。及庚子(一九〇〇)大劫,翰林院劃入使館,大典尚存三百餘册,劫灰之後,散落廠肆,多爲好古者購去。②

《四庫全書》完成後,藏在翰林院裏的《四庫全書》底本,不少也爲翰林學士們所竊,趙萬里《重整范氏天一閣藏書記略》云:

> 《四庫全書》完成後,庫本所據之底本,並未發還范氏,仍舊藏在翰林院裏,日久爲翰林學士拿還家去的,爲數不少。前有法梧門,後有錢犀盦,都是不告而取的健者。轉輾流入廠肆,爲公私藏書家所得,我見過的此類天一閣書,約有五十餘種。③

傅增湘專門述及過錢辛盦的竊書情況,其於《元音十二卷》書錄云:

> 此書舊爲翰林院所藏,蓋當日四庫發還之書留於院中者也。卷首有浙江巡撫三寶採進朱記可證。昔時翰林前輩

---

①《苌楚齋隨筆》卷三。繆荃孫《永樂大典考》,載《藝風堂文續集》卷四。
②載《人文雜志》一卷七期。
③載《國立北平圖書館館刊》八卷一號。

充清秘堂差者得觀藏書，然往往私攜官書出。泰州錢辛盦在館最久，精於鑒別，故所携多善本。宣統庚戌（一九一〇）津估張蘭亭至泰州，在錢氏家中捆載十餘笈以還，其中鈐院印者十有九，人往往爭持以去，余惟得此書前六卷及方蛟峰集而已。後又自王鴻甫手得後六卷，遂爲完帙。[1]

除翰林院外，清內閣大庫的書甚至也被竊賣，傅增湘《南齊書五十九卷》書錄云：

此書余壬子（一九一二）夏獲之宏遠堂書肆，詢書之所出，堅不肯言。然余見其連車入肆時，有聚珍版書多種，皆有穆彰阿印，而此書敗篋亦在焉，則此書出其家殆無疑矣。全書桑皮厚紙印，幅高至一尺二寸，字體方嚴，元補則趨圓軟，每卷首尾皆鈐“禮部官書”朱文大長印，間有鈐中縫上者，知原係蝶裝。余因疑此書必爲內閣大庫所藏，不知何時流出，改裝而歸穆氏。今北京圖書館藏內閣大庫之書所謂眉山七史者，皆厚皮紙鈐禮部官書印，與此無一不合，而獨於《南齊》乃無一冊之存，疑自嘉道以來庫書盜出者當不止此一帙矣。癸丑（一九一三）春，友人章君式之（鈺）借校，爲發現志第七卷第三葉及傳第十六卷第十葉爲明以來傳本所無。蓋此書明以來缺四葉，此得其二，亦可謂孤本秘籍矣。[2]

私家藏書失竊現象當然更加普遍，今亦略舉數例。如魏了翁跋《遂初堂書目》云：“江元叔合江南吳越之藏凡數萬卷，爲臧僕竊去市人，裂之以藉物，其入於安陸張氏者，傳之未幾，一篋之富，僅供一炊。”[3]李清照《金石錄後序》談及她家的藏品遭到戰爭

---

① 《藏園群書經眼錄》卷一八。
② 《藏園群書經眼錄》卷三。
③ 《鶴山集》卷六三《跋尤氏遂初堂藏書目錄序後》。

洗劫後，“惟有書、畫、硯、墨，可五七簏，更不忍置他所。常在卧榻下，手自開闔。在會稽，卜居土民鍾氏舍。忽一夕，穴壁負五簏去。余悲慟不已，重立賞收贖。後二日，鄰人鍾復皓出十八軸求賞。故知其盜不遠矣。萬計求之，其餘遂不可出。今知盡爲吳説運使賤價得之。”[1]元代藏書家袁桷，字伯長，宋知樞密院事韶之曾孫，少爲麗澤書院山長，後任翰林國史院檢閲官，累遷侍講學士，[2]去世後，藏書爲僕人竊賣。元孔齊云：“袁伯長學士，承祖父之業，廣蓄書卷。國朝以來，甲於浙東。伯長没後，子孫不肖，盡爲僕幹竊去，轉賣他人，或爲婢妾所煨者過半。”[3]明天一閣藏書傳至民國年間被竊，要算私家藏書影響最大的一次失竊事件。繆荃孫《天一閣失竊書目·序》云：

> 天一閣藏書，自明嘉靖間至今，幾四百年。吾國藏書家當以此閣爲最久矣。民國三年（一九一四），有賊雇木工數人，夜登閣頂，去瓦與椽，縋而下，潛入閣中，爲大規模之盜書。將書藏入皮箱中，至夜間運出。如是者數十日，將閣中藏書盜出約十分之八，售於上海各藏書家。其後范氏子孫獲竊書賊根究，各書賈之買此書者，涉訟經年，一無所得。

趙萬里指出：“由於民國初年爲巨盜薛某竊去的，這一次是天一閣空前的損失，至少總有一千餘種書散落到閣外。閣中集部書，無論宋元明，損失最多。即明季雜史一項，所失亦不在少。《登科録》和地方志，去了約有一百餘部。輾轉由上海幾個舊書店，陸續售歸南方藏書家。”[4]陳登原《天一閣藏書考》八《天一閣之散

①《李清照集校注》卷二《金石録後序》。
②參見《四庫全書總目》卷六八《延祐四明志》提要。
③《至正直記》卷二《別業蓄書》。
④《重整范氏天一閣藏書記略》，載《國立北平圖書館館刊》八卷一號。

佚》叙此事頗詳，今亦録之如下：

　　　　薛繼位竊天一閣書事，已不能確記歲月。大約發生於
　　民國紀元之初，據鄞縣律師朱鄮卿先生言："鼎革以後，諸遺
　　老隱迹滬濱，頗思以摩挲古物，排遣其日薄崦嵫之短景。有
　　某君者，①精於鑒別，迎合風氣，時至甬上，向天一閣後裔，啇
　　購藏書，格於范家故事，以致終不成議，某君期在必得，因擇
　　薛編《天一閣見存書目》②中名貴圖書，注明卷數册數，以油
　　印本餌鉅竊薛繼位，令其設法盜取。繼位以夜入閣下，穴屏
　　後一閣板登，挾書目棄實以伏其中者旬日，晝則鼾睡，夜則
　　燒燭，按目索藏。范氏後人之居於閣後，牆垣隔絶，然竟未
　　之知焉。事後登閣，則燭淚滿地，遺失狼藉。薛氏存目以後
　　之珍秘，其不翼而飛者，殆十之七八。而繼位早挾書東走上
　　海矣。范氏後人尋出綫蹟，後亦延某律師投訴於上海會審
　　公廨，拘薛賊到案究訊。薛以受餌，終不言造意何人。某君
　　遂以逍遥事外，案既結，薛賊判處徒刑九年，其後瘐死獄中。
　　然范氏所失書，或爲遺老瓜分；或以無范氏藏書印記，無法
　　鈎稽。其由公庭判還者，則御賜《平定回部得勝圖》《歷代帝
　　皇名臣圖》《范忠宣公遺像》，及少數不甚重要之舊册而已。

　　讀者借而不還也是圖書亡佚的原因之一，公私藏書均有這
種現象。如程俱云：

　　　　嘉祐四年（一○五九）正月，右正言、秘閣校理吳及言：

────────

①原注：某君姓名，瓚卿謂尚有秘密之必要。蓋瓚卿所得知者，本之於前任鄞
　　縣地方法院録事范挺武君之口。范君者，即以是案刑事被害人資格，到堂對
　　簿者。某君曾在申杭一帶設古書店有年，且有書目刊行。其書目序中亦述
　　及其事，第頗閃爍其詞云。
②薛謂薛福成。其於光緒十五年刻《天一閣見存書目》四卷。

祖宗更五代之弊，設文館以待四方之士，而公相率由此而進，故號令風采，不減漢唐。近年用內臣監館閣書庫，借出書籍，亡失已多；又簡編脫落，書吏補寫不精，非國家崇鄉儒學之意。請選館職三兩人，分館閣吏人編寫書籍。其私借出與借之者，並以法坐之，仍請求訪所遺之書。[1]

南宋館閣仍然存在着讀者借書不還的現象，佚名《中興館閣續錄》卷三《儲藏》記載秘書監葉禾言：

> 曩者，監臣有請嚴書之禁，以防篇帙之散失，詳印記之文，以爲圖書之辯證；模式樣於册，以虞器物之換易，條束具存，足爲永便。然人情積翫，欺偽易生，自非明示檢防，以時稽察，則前日之所申明，殆爲文具，近之士夫至有借出館書，攜而去圖者，是久假不歸，惡知其非有也，有人所未見之書，私印其本，刊售於外者，是以秘府之文爲市井貨鬻之利也。

借私家藏書不還的現象更多，宋趙令畤云："比來士大夫借人之書，不録不讀不還，便爲己有，又欲使人之無本。潁川一士子，'九經'各有數十部，皆有題記，是爲借諸人之書不還者。每炫本多。余不欲言，未嘗不歸戒兒曹也。"[2]有的書借出後屢索不得，自己需要還得向人借回摹寫，如錢曾於《考古圖十卷續考古圖五卷釋文一卷》提要云：

> 此係北宋鏤板，予得之梁溪顧修遠，泃縹囊中異物也。後爲季滄葦借去，屢索不還，耿耿掛胸臆者數年。滄葦歿，此書歸之徐健庵。予復從健庵借來，躬自摹寫，其圖象，命

---

①《十萬卷樓叢書》本《麟臺故事》卷二《書籍》。
②《侯鯖録》卷七。

良工繪畫，不失毫髮。楮墨更精於槧本，閱之沾沾自喜。[①]

有的書借出後屢索不得，出借者需付款方能取回的。如吳騫跋《明史稿列傳》云：

此書余藏之久，姚江邵予桐編修見而極愛之，以爲此《舊唐書》也。在西湖書局中，借閱累年，後竟攜以入都，屢索不還，屬武陵友人往取之，酬以二十金，始得。昔人以借書還書等爲一癡，殆是之謂歟！然予實一片苦心，終不以是爲悔，亦可云"文章紹編槧"矣。[②]

有的書借出後雖然還了，但是已非原本，或者顚倒裝訂致使原書起了變化。如錢功甫《影宋鈔猗覺寮雜記跋》云：

此書乃丙辰（一六七六）九月十日借張千里本連日夜鈔完。丁巳（一六七七）六月十三日，江陰李貫之借歸，至十月十二日，留住真本，以此册見還。十二月二十一日，常熟錢受之借，拆散影抄，顚倒訂。今年戊午（一六七八）閏四月初六日始還，一向怕看。七月初九日始復拆散，理清草訂如右，然其中多訛，不知無算也。借與人書，不可不慎。裝完，因書於後，七十八翁記。[③]

此外，還有因爲藏書家的家人、婢僕不認識書的價值，用來覆醬瓿、褙鞋幫、引火做飯，而導致藏書損失的。如元孔齊云：

吾家自先人寓溧陽，分沈氏居之，半以爲別業。多蓄書卷，平昔愛護尤謹，雖子孫未輕易檢閱。必告於先人，得所

---

① 《讀書敏求記》卷二。
② 《拜經樓藏書題跋記》卷二。予桐，邵晉涵字。"文章紹編槧"爲韓愈《贈張籍》詩句，載《全唐詩》卷三四〇。
③ 《藏書紀事詩（附補正）》卷三《錢允治功甫》。

請，乃可置於外館。晚年子弟分職，任於他所，惟婢輩幾人在侍。予一日自外家歸省，見一婢執《選詩演》半卷，又國初名公柬牘數幅，皆翦裁之餘者。急叩其故，但云：某婢已將幾卷褙鞋幫，某婢已將幾卷覆醬瓿。予奔告先人，先人曰："吾老矣，不暇及此，爾等居外，幼者又不曉事，婢妮無知，宜有此哉！"不覺嘆恨，亦無如之何矣。[1]

乙　防散佚損壞

防止圖書散佚的主要措施就是要有專人管理。國家、學校、寺觀、近代圖書館等單位的藏書均有專人管理，我們在本編第二章《典藏單位》中已作了介紹。其實私家藏書也常由藏書家本人，或委派他人專門負責保管。如明王世貞藏書由一老僕管理。朱國禎云："王弇州書室中一老僕，能解公意，公欲取某書某卷某葉某字，一脫聲即檢出待用，若有夙因。余官南雍，常熟陳抱冲禹謨爲助教。其書滿家，亦有一僕如弇州。"[2]清代常熟的鐵琴銅劍樓也有專人管理，覺迷記之云：

> 平日有人管理，每歲必取出一曝，而曝書有一定時日，故所藏書因保存與曝書之得法，能歷久不蠹，又因管理有人，歷久不失；即宋元舊槧，視之一如新裝，而無一部散佚。此爲海内藏書家所未見者也。至嗜書之人，有欲觀珍秘者，瞿氏亦許入樓參閱；但不許假出，而於閱書之人，闢有專室，供人飽覽，且供茶水膳食。[3]

唐宋時期，國家藏書的管理人員已有明確的分工，如程俱云："直史館謝泌上言：'國家圖書未有次序。唐朝嘗分經、史、

---

①《至正直記》卷三。
②《湧幢小品》卷二〇《書僕書備》。弇州，王世貞號。
③《談鐵琴銅劍樓》，載《中國新書月報》一卷四號。

子、集爲四庫,命薛稷、沈佺期、武平一、馬懷素人掌一庫,望遵故事.'上嘉之,遂命泌與館職四人分領四庫,泌領集庫."①他們還建立了輪流值班制度。程俱復云:

> 祖、宗朝,三館宿官或被夜召,故宿直惟謹。秘書省監、丞以下,日輪一員省宿。當宿官請急,即輪以次官、參假日補塡。内長、貳五日一員,正旦、寒食、冬至節假,並入伏不輪。其後宿官請急不報,以次官止關皇城司照會。至元祐遂引例立爲法,宿官請假,更不輪以次官。政和六年(一一一六)措置秘書省官請,當宿官告假即輪以次官,候參假補塡。月具直宿請假官員數、職位、姓名,報御史臺,官、吏各爲曆,長、貳點檢覺察。即吏告假,報以次人,及補塡如宿官法。日輪職掌二人,孔目官專副,至守當官通輪;楷書二人,正名、楷書,至守闕通輪。庫子二人、裝界作、翰林司厨子各一人,親事官四人,剩員五人。②

北宋館閣值班輪宿制度也爲南宋館閣所繼承,陳騤云:"紹興元年(一一三一)十一月,詔秘書省依舊制日輪官一員止宿。遇請假驗實,即輪以次官止宿,長、貳五日一次點宿。"③佚名亦云:"經史子集四庫,續搜訪經史子集四庫,秘閣上下庫,御製、御札、名賢墨蹟、圖畫庫、印板書庫、印板庫、碑石庫,各以省吏分掌。公使庫,於本省有官職掌,内選差一名兼充監庫。每日輪差庫子、軍員各一人,在庫宿直。"④

值班人員承擔着清點、出納、曝曬圖書等任務。《中興館閣

①《麟臺故事》卷二《書籍》。"上"指宋太宗。
②《麟臺故事》卷二《職掌》。
③《中興館閣錄》卷六《故實》。
④《中興館閣續錄》卷三《儲藏》。

録》卷十《職掌》云："諸庫關書簿，省官取索書籍簽押，庫子掌之。"《中興館閣續録》卷三《儲藏》亦云：

> 慶元六年(一二〇〇)……三月，詔每月輪本省官一員上閣檢點。秘書丞邵文炳等札子："契勘本省秘閣上見安奉聖政日曆、會要、寶藏、御前圖畫、御製、御札等，事體至重，欲每月輪本省官一員上閣檢點，周而復始。"詔從之。

元代國家藏書的管理人員也承擔着提調、點視、曝曬等工作。元王士點、商企翁《秘書監志》卷六《秘書庫》云：

> 延祐五年(一三一八)三月初九日，監官議得：秘書庫所藏御覽圖籍、禁秘、天文、歷代法書名畫，諒爲不輕。近年以來，凡遇出納、秘書郎等，自行開封。倘蒙上位不測取索書畫，失誤未便。今後移請監官一員，不妨本職，逐月輪流提調。如遇陰雨，點視疏漏，常例舒展曝曬，及出納書畫不測之事，直日秘書郎等計會提調府，親詣府庫，用心監視，一同開封，毋致似前違錯。仰移關監丞王奉訓依上提調，仍下秘書郎依上施行。

明代內府藏書機構由於用人不當、管理不善，給藏書造成了很大損失，謝肇淛云：

> 內府秘閣所藏，書甚寥寥，然宋人諸集，十九皆宋板也，書皆倒摺，四周外向，故雖遭蟲鼠嚙，而中未損，但文淵閣制既庫狹，而牖復暗黑，抽閱者必秉炬以登，內閣老臣，無暇留心及此，徒付笈鑰於中翰涓人之手，漸以汩没，良可嘆也。[①]

清代內府藏書管理工作一度鬆弛，後來皇帝親自過問，並委

---

① 《五雜俎》卷一三。

派專人負責，方有改進，如乾隆五十三年（一七八八）詔曰：

> 向來文淵閣藏庋《四庫全書》，設有領閣提舉、直閣校
> 理、檢閱等官。原未詳立條規，以專責成。所有司事收發，
> 不免彼此推諉。是以內閣、翰林院、內務庫、奉宸院各衙門
> 經理，即曝曬書籍，插架歸函，竟未能順敍，殊非慎重秘書之
> 道。因思文淵閣提舉閣事一員，係由總管內務府大臣兼充。
> 其司員以及看守掃除之人，皆其所轄，呼應較靈，即着交提
> 舉閣事一人，專爲管理。[1]

國家藏書機構爲防止借而不還導致圖書散佚的一個消極而
有效的方法是書不外借，如南宋嘉泰四年（一二〇四）十月，著作
佐郎曾從龍奏曰：

> 紹興初，嘗因儒臣奏請，嚴借書之禁。紹興間又嘗申訓
> 之，今具存也。然循習既久，士大夫視爲文具，宛轉而求借
> 者甚衆，久假不歸，惡知非有，或遭遺漏，書不復存。此其事
> 若緩而不切，然所關於國家文物者甚大，不可不爲之慮也。
> 蓋今館閣之所藏，較之《崇文總目》雖亦粗備，而昔之所有，
> 今之所無者，亦什二三，縱未暇下求遺書之詔，獨可不嚴藏
> 書之禁乎？臣愚欲望聖慈申嚴舊制，除本省官關就省中校
> 勘外，並不許借出；如輒借出，以違制論。仍令本省長、貳每
> 月輪委以次官不時點視，如點閣之法，庶幾冊府崇嚴，典籍
> 森備，其於聖世右文之治，誠非小補。詔從之。[2]

不少藏書家也采取了這一策略，如天一閣閣門左方高懸禁
牌一方云："子孫無故開門入閣者，罰不與祭三次，私領親友入閣

---

①《乾隆東華錄》卷四三。
②《中興館閣續錄》卷三《儲藏》。

及擅開書厨者，罰不與祭一年，擅將藏書借出外房及他姓者，罰
不與祭三年，因而典押事故者，除追懲外，永行擯逐，不得與祭。”
這方禁牌收效明顯，吳翌鳳稱：“其書不借人，不出閣，子孫有志
者，就閣讀之，故無散佚之患。”①祁承爜《澹生堂藏書約》也規定：
“子孫取讀者，就堂檢閱，閱竟即入架，不得入私室。親友借觀
者，有副本則以應，無副本則以辭。正本不得出密園外。”葉德輝
《藏書十約·收藏》對防止圖書散佚問題説得更具體、更細緻，其
説云：

> 非有書可以互鈔之友，不輕借鈔。非真同志著書之人，
> 不輕借閱。舟車行笥，其書無副本者，不得輕攜。遠客來
> 觀，一主一賓，一書童相隨，僕從不得叢入藏書之室。不設
> 寒具，不著衣冠，清茗相酬。久談則邀入廳事。錢振笎注
> 《義山文集》，每竊供用之書，京師書坊至今言之疾首。魏源
> 借友人書，則裁割其應鈔者，以原書見還，日久始覺。不獨
> 太傷雅道，抑亦心術不正之一端。凡此防範之嚴，所以去煩
> 勞、消悔吝，正非“借書一癡，還書一癡”也。

積極的方法是預備複本，將副本借人閱讀。《隋書·經籍
志》稱：“煬帝即位，秘閣之書限寫五十副本，分爲三品：上品紅琉
璃軸，中品紺琉璃軸，下品漆軸。”副本五十，似乎太多，不知有無
訛誤？這或許是一個突出例子。唐代秘書省藏書皆有三本。王
應麟在述及唐秘書省四部圖籍管理時云：“秘書省：監一人、少監
二人、丞一人，監掌經籍圖書之事。郎三人掌四部圖籍，以甲乙
丙丁爲次。皆有三本，曰正曰副曰貯。校書郎、正字掌讎校典
籍。”②直到乾隆皇帝辦理《四庫全書》時，共鈔成正本七份，另有

---

①《東齋脞語》卷二四。
②《玉海》卷五二《藝文》。

底本一份。其中文淵閣本允許大臣、翰林、官員中嗜古勤學者赴
閣觀覽。① 江浙三閣本允許士子到閣鈔閱。② 翰林院底本亦許
士子鈔録。③

　　一些藏書家也采用複本來保護圖書，如錢易稱唐憲宗時之
柳公綽，"家藏書萬卷，經史子集皆有三本：色彩尤華麗者，鎮庫；
又一本次者，長行披覽；又一本又次者，後生子弟爲業。皆有厨
格部分，不相參錯。"④北宋王欽臣，字仲至，藏書數萬卷，頗多複
本，宋徐度云：

> 　予所見藏書之富者，莫如南都王仲至侍郎家，其目至四
> 萬三千卷，而類書之卷帙浩博，如《太平廣記》之類，皆不在
> 其間，雖秘府之盛無以踰之。聞之其子彦朝云，其先人每得
> 一書，必以廢紙草傳之，又求別本參校，至無參誤，乃繕寫
> 之，必以鄂州蒲圻縣紙爲册，以其緊慢厚薄得中也。每册不
> 過三四十葉，恐其厚而易壞也，此本專以借人及子弟觀之。
> 又別寫一本，尤精好，以絹素背之，號鎮庫書，非己不得見
> 也，鎮庫書不能盡有，纔五千餘卷。蓋嘗與宋次道相約傳
> 書，互置目録一本，遇所闕則寫寄，故能致多如此。宣和中，
> 御前置局求書，時彦朝已卒，其子問以鎮庫書獻，詔特補承
> 務郎，然其副本具在。⑤

南宋劉儀鳳字韶美，性喜藏書，愛置複本，陸游嘗云："劉韶美在
都下累年，不以家行。得奉專以藏書，書必三本，雖數百卷爲一

<hr>

① 詳見《辦理四庫全書檔案》上册載乾隆四十一年六月初一日上諭。
② 詳見《辦理四庫全書檔案》下册載乾隆五十五年六月初一日上諭。
③ 詳見《辦理四庫全書檔案》下册載乾隆五十五年六月初一日上諭。
④《南部新書》卷丁。
⑤《却掃編》卷下。

部者亦然。出局則杜門校讎，不與客接。既歸蜀，亦分作三船，以備失壞。已而行至秭歸新灘，一舟爲灘石所敗，餘二舟無他，遂以歸普慈，築閣藏之。"①上述例子説明，複本在藏書出借、捐贈、遇到偶然事故後，均起到了保存圖書的作用。

　　爲了防止圖書身後散佚，藏書家往往立下規矩，不准子孫分割，不准出售。陳振孫《直齋書録解題》卷八著録《秦氏書目一卷》，並載："濡須秦氏，元祐二年（一〇八七），有爲金部員外郎者，聞於朝，請以宅舍及文籍不許子孫分割。"葉昌熾案："今世俗衰薄，祖父遺書，子孫攘奪，往往各私扃鑰，不容互觀。鉅册不能分者，甚至各據其半，其後卒不能爲延津之合，良可慨嘆。秦氏此舉，法良意美，實爲藏書者百世之師。"②明范欽天一閣藏書得以長期保存，原因之一也是不許子孫分割，全祖望稱范欽"二子析産時，以爲書不可分，乃別出萬金，欲書者受書，欲金者受金。其次子忻然受金而去。"③藏書家不准子孫出售藏書的告誡往往見於藏書印中，我們在本章第一節《入藏》二《鈐印》中已作了介紹，兹不贅述。

　　爲了使圖書不受損傷，不少藏書家在讀書時都非常愛惜、並逐步形成了一些規章制度。宋費袞在談到司馬光讀書情況時説：

　　　　温公獨樂園之讀書堂，文史萬餘卷。而公晨夕所常閲者，雖累數十年，皆新若手未觸者。嘗謂其子公休曰："賈豎藏貨貝，儒家惟此耳，然當知寶惜。吾每歲以上伏及重陽間，視天氣晴明日，即設几案於當日所，側群書其上，以暴其

---

①《老學庵筆記》卷二。
②《藏書紀事詩》卷一《濡須秦氏》。
③《鮚埼亭集》卷一七《天一閣藏書記》。

腦,所以年月雖深,終不損動。至於啟卷,必先視几案潔净,
藉以茵褥,然後端坐看之。或欲行看、即承以方版,未嘗敢
空手捧之。非惟手汗漬及,亦慮觸動其腦。每至看竟一板,
即側右手大指,而襯其沿,而覆以次指,撚而挾過,故得不至
揉熟其紙。每見汝輩多以指爪撮起,甚非吾意。今浮圖、老
氏猶知尊敬其書,豈以吾儒反不如乎? 汝當誌之。[①]

明陳繼儒記趙孟頫書跋云:"聚書藏書,良非易事。善觀書者,澄
神端慮,静几焚香,勿捲腦,勿折角,勿以爪侵字,勿以唾揭幅,勿
以作枕,勿以夾刺,隨損隨修,隨開隨掩。後之得吾書者,並奉贈
此法。"[②]司馬光、趙孟頫的觀點與做法產生了深遠的影響,一些
藏書家還將他們的話刻在藏書印上,以督促自己與他人繼承這
一優良傳統。近代許多圖書館還作出了要求讀者愛護圖書的規
定,如《江蘇省立第一圖書館保存善本規則》第八條規定:"展視
善本須加珍護,不得用手把握書腦,汗漬卷帙,亦不得用指爪揭
書,觸損邊口,有違越者,得由館員隨時將原書收回。"[③]

二　防水火

除禁燬、兵燹、變賣、借而不還、失竊等人爲因素外,自然災
害也是造成藏書亡佚的重要原因,現將各類自然災害情況及防
範措施略述如下。

甲　火災

在自然災害中,以火災對圖書造成的損失最爲嚴重。國家

藏書燬於火災史不絕書,可以上溯到春秋時代,《左傳》哀公三年(前四九二),"夏五月辛卯,司鐸火,火踰公宮,桓僖災,救火者皆曰'顧府'。南宮敬叔至,命周人出御書。……子服景伯至,命宰人出禮書。……季桓子至……命藏象魏,曰:'舊章不可亡也。'"這是在火災中搶救國家藏書的最早事例。

《太平御覽》卷六一九引《三國典略》叙述梁朝東宮圖書遭焚事云:"初,侯景來,既送東宮妓女,尚有數百人,景乃分給軍士,夜於宮中置酒奏樂。忽聞火起,衆遂驚散,東宮圖籍數百厨焚之皆盡。"

兩宋國家藏書也屢遭火厄,程俱云:大中祥符八年(一〇一五)"夏,榮王宮火,延燔崇文院,秘閣所存無幾。"[1]馬端臨稱:"自紹興至紹定,承平百載,遺書十出八九。著書立言之士又益衆,往往多充秘府。紹定辛卯(一二三一),火災,書多闕焉。"[2]

明代南、北二京的國家藏書均發生過火災。姚福記南內文淵閣藏書被焚情況云:

> 前代藏書之富,無逾本朝。永樂辛丑(一四二一)北京大內新成,敕翰林院:凡南內文淵閣所貯古今一切書籍,自有一部至有百部,各取一部送至北京,餘悉封識收貯如故。時修撰陳循,如數取進,得一百櫃,督舟十艘,載以赴京。至正統己巳(一四四九),南內火災,文淵閣向所藏之書,悉爲灰燼。[3]

孫承澤談北京史館藏書遭災情況云:"萬曆間,閣臣陳於陛,請修正史,詔從之。於是開館分局,集累世之實錄,採朝野之見聞。

---

①《十萬卷樓叢書》本《麟臺故事》卷二《書籍》。
②《文獻通考》卷一七四《經籍考一》
③《紀錄匯編》卷一二八姚福《清溪暇筆》。

紀傳書志，頗有成緒。忽遭天災，化爲煨燼。史事益屬茫然矣！"[1]

清代國家藏書被焚，當以江寧藩庫所藏宋元明書板在嘉慶年間煨於一旦爲最突出，葉德輝《書林清話》卷六《宋蜀刻七史》記其事云：

> 宋以來藏書家稱爲蜀大字本，元時板印模糊，遂稱之爲九行邋遢本。蓋其書半葉九行，每行十八字，元以來遞有修板。明洪武時，取天下書板實之南京。此板遂入國子監，世遂稱爲南監本。洪武至嘉靖、萬曆、崇禎又疊經補修，原板所存無幾矣，入國朝，順、康、雍、乾四朝，尚存江寧藩庫，間亦出以印行。嘉慶藩庫火，與吳天發神讖碑同付祝融一炬。計自紹興刻板至嘉慶火，幾七百年。木板之存於世者，未有久於此者也。

私家藏書遭受火災則更多。如晉葛洪《抱朴子》自序即稱其家"累遭火，典籍蕩盡"。隨着時代的進步，雕版印刷術的興盛，私家藏書量大增，若不幸被火焚，則損失更大。

北宋宋綬父子以藏書聞名，《宋史·宋綬傳》云："綬字公垂……博通經史百家，文章爲時所尚。……子敏求，字次道……家藏書三萬卷，皆略誦習，熟於朝廷掌故，士大夫疑議，必就正焉。"後來這些藏書均化爲灰燼。晁説之《劉氏藏書記》有云："宋宣獻家四世以名德相繼，而兼有畢丞相、楊文莊二家之書，其富蓋有王府不及者，元符中，一夕災爲灰燼矣。"[2]

南宋藏書家遭到火焚，見於記載者頗多，如王明清云："南渡

---

[1]《春明夢餘録》卷一三。
[2]《鶴山集》卷四一。

以來,惟葉少藴夢得少年貴盛,平生好收書,逾十萬卷,置之霅川
弁山山居,建書樓以貯之,極爲華焕,丁卯(一一四七)冬,其宅與
書俱蕩一燎。"[1]陳振孫云:"錫山尤氏尚書袤,延之,淳熙名臣,藏
書至多,法書尤富。嘗燼於火,今其存亡幾矣。"[2]

　　明胡應麟嘗記一事,説明火災往往不時發生,讓人難以預
料,猝不及防。此次損失雖然不大,但是作者仍引以爲憾,難以
忘懷。今亦録之如下:

> 張文潛《柯山集》一百卷,余所得僅十三,蓋鈔合類書以
> 刻,非其舊也。余嘗於臨安僻巷中,見鈔本書一十六帙,閲
> 之,乃文潛集,卷數正同,書紙半已潬滅,而印記奇古,裝飾
> 都雅,蓋必名流所藏,子孫以鬻市人。余目之驚喜,時方報
> 謁臬長,不持一錢,顧奚囊有緑羅二匹代羔雁者,私計不足
> 償,並解所衣烏絲直裰青蜀錦半臂罄歸之。其人亦苦於書
> 之不售,得直慨然。適官中以他事勾唤,因約明旦,余返寓,
> 通夕不寐,黎明不巾櫛訪之,則夜來鄰火延燒,此書倏煨燼
> 矣。余大悵惋彌月。[3]

明末藏書家祁承爜則因不戒於火而損失慘重,嘗自稱:"凡試事
過武林,遍問坊肆所刻,便向委巷深衢,覓有異本,即鼠餘蠹剩,
無不珍重市歸,手爲補綴,十餘年來,館穀之所得,館粥之所餘,
無不歸之書者。合之先世,頗踰萬卷,藏載羽堂中,丁酉(一五九
七)冬夕,小奴不戒於火。先世所遺及半生所購,無片楮存者。
因歎造物善幻,故欲鍛煉人性情乃爾。"[4]

---

①《揮塵後録》卷七。
②《直齋書録解題》卷八《遂初堂書目一卷》。
③《少室山房筆叢》卷四《經籍會通三》。
④《澹生堂藏書約》。

清代藏書家不慎於火而使我國文獻造成巨大損失的，當推錢謙益。曹溶《絳雲樓書目題辭》談到了錢氏絳雲樓被焚的具體情況：

> 虞山宗伯，生神廟（神宗）盛時，早歲科名，交游滿天下，盡得劉子威、錢功父、楊五川、趙汝師四家書。更不惜重資購古本，書賈聞風奔赴，捆載無虛日。用是所積充牣，幾埒內府，視葉文莊、吳文定及西亭王孫或過之。中年，構拂水山房，鑿壁爲架，庋置其中。……入北未久，稱疾告歸，居紅豆山莊，出所藏書，重加繕治，區分類聚，棲絳雲樓上，大櫝七十有三，顧之自喜，曰：我晚而貧，書則可云富矣。甫十餘日，其幼女中夜與乳媼嬉樓上，剪燭跋，誤落紙堆中，遂燃。宗伯樓下驚起，焰已彌天，不及救，倉皇走出。俄頃，樓與書俱盡。①

錢謙益自題宋本《漢書》後，也談到了這次火災所造成的重大損失：

> 庚寅（一六五〇）之冬，吾家藏書盡爲六丁下取……嗚呼！甲申（一六四四）之亂，天下書史圖籍之大劫也；吾家庚寅之火，江左書史圖籍一小劫也。今吳中一二藏書家，零星掇拾，不得當吾家一毛片羽。見者誇詡，比於酉陽羽陵、書生餓眼，但見錢在紙裏中，可爲捧腹。②

藏書遭焚，不僅使文獻文物造成重大損失，而且也使藏書家的精神受到重大創傷。如錢謙益《賴古堂文選序》就談到了他藏書被焚後的悲哀心情：“己丑（一六四九）之春，余歸南囚返里，盡

---

① 《絳雲樓書目》卷首。文莊爲葉盛諡號，文定爲吳寬諡號，西亭爲朱睦㮮號。
② 《天祿琳琅書目》卷二。

發本朝藏書，裒集史乘，得數百帙，次選古文，得六十餘帙，州次部居，遺蒐闕補，忘食廢寢，窮歲月而告成。庚寅孟冬，不戒於火，爲新宮三月之哭，知天之不假我以斯文也。息心棲神，皈依内典。世間文字，渺然如塵沙積劫矣。"[1]

乙　水災

就藏書而言，水災不像火災那麼頻繁嚴重，但在我國歷史上，其給公私藏書造成的重大損失，也史不絕書。如《隋書·經籍志》云："大唐武德五年（六二二），克平僞鄭，盡收其圖書及古蹟焉。命司農少卿宋遵貴載之以船，泝河西上，將至京師，行經底柱，多被漂没，其所存者，十不一二。"北宋富弼，嘗被英宗封爲鄭國公。黄伯思跋《元和姓纂》云："富鄭公家書，甲子歲（一〇八四）洛陽大水，公第書無慮萬卷，率漂没放失，市人時得而鬻之，鎮海節度印章猶存。是書尚軼數卷，以鄭公物故致而藏之。"[2]明朱睦㮮，字灌甫，富藏書，惜於明末被河水淹没，錢謙益記其事云："海内藏書之富，近推江都葛氏、章丘李氏，灌甫傾貲購之，竭四十年之力，倣唐人四部法，用各色牙籤識别，凡一萬二千五百六十卷，起萬卷堂，諷誦其中。……汴亡之後，漂蕩於洪流怒濤，可勝歎哉。"[3]

黄宗羲，字太冲，清初著名學者，其藏書也曾遭水厄，全祖望《二老閣藏書記》云："太冲先生最喜收書，其搜羅大江以南諸家殆遍。所得最多者，前則澹生堂祁氏，後則傳是樓徐氏，然未及編次爲目也。垂老遭大水，卷軸盡壞，身後一火，失去大半。"[4]乾

---

[1]《有學集》卷一七。

[2]《東觀餘論》卷下。

[3]《列朝詩集小傳》閏集《周藩宗正中尉睦㮮》。江都葛氏指葛欽、葛澗父子，章丘李氏指李開先。

[4]《鮚埼亭集外編》卷一七。

隆間藏書家孫星衍也曾遭覆舟之禍。葉昌熾見元本《顏氏家訓》有孫氏跋云:"過南陽湖,舟覆,書數十簏,盡沈濕。顧千里告予,何義門家藏書亦皆沈水;此有義門跋,蓋兩經水厄矣。"①除決堤、覆舟外,連綿大雨導致房屋倒塌,也會使藏書受損。如徐湯殷叙其父徐紹榮南州書樓云:"我樓書籍來源除得吾粤各故家外,北自平、津,以逮南京、上海、杭州等地各書,均靡不采購。最盛時,藏籍達六百餘萬卷,民國壬申(一九三二)淫雨爲災,小北大水,住宅後座傾塌,內藏典籍四百餘箱悉化爲紙漿。公以此臥病累月。"②

　　丙　防水火

　　火能使寶貴的藏書轉眼化爲灰燼,所以防火是人們必須認真對待的事。首先應當在思想上高度重視,范欽取天一生水,地六成之③之意,將藏書樓命名爲天一閣就說明這一點。清國家藏書樓有文淵、文津、文源、文溯諸閣,高宗《文溯閣記》云:"四閣之名,皆冠以文,而若淵、若源、若津、若溯,皆從水以立義者,蓋取范氏天一閣之爲。"④這也反映了清政府對防火工作的重視。

　　其次,斷絕火源是最重要的防火措施。天一閣之所以未遭火厄,這是根本原因。在天一閣的禁牌中有一方即是"煙酒切忌登樓"。范氏嚴格地執行了這條禁規。光緒三十五年(一九〇九),繆荃孫嘗同寧波太守夏閏枝登天一閣,"范氏派二庠生,衣冠迎於太守,茶畢登閣,約不攜星火。閣甚庳隘,然樸實堅固,明制宛然"。⑤ 所以,吳翌鳳稱:"明季藏書,浙中爲盛,而鄞縣范氏

---

①《藏書紀事詩》卷五《孫星衍伯淵》。

②《近代中國史料叢刊續編》本《廣東藏書紀事詩・自題南州書樓》。

③《周易・繫辭》鄭玄注:"天一生水於北,地二生火於南,天三生木於東,地四生金於西,天五生土於中……地六成水於北,與天一並。"

④《御製文二集》卷一四。

⑤《藝風堂文漫存》卷三《天一閣始末記》。

天一閣尤富,立法亦盡善……讀者不許夜登、不嗜煙草,故永無火厄。"①阮元《天一閣書目序》亦云:"不使持煙火者入其中,其能久一也。"②

再次,要準備救火的器材與水源以防萬一。如陳騤談到秘書省專門設有潛火司。"東西偏門外設潛火大桶二十、小桶三十八、栲栳杓百柄,鐵搭鈎二、麻索二,藏於潛火司。"秘閣前有拜閣臺,"臺左右有踏道磚路通東西廊,皆有欄楯。臺東西各有冬青四株,秘書監陳騤植;柏八株,舊有。左右列水缸八。"國史院"廳堂前後皆有瓦涼棚三間。棚前植冬青九,水缸七環之。"並有水井。③

此外,江少虞稱:"前世藏書分隸數處,蓋防水火散亡也,今三館秘閣凡四處藏書。"④將藏書分散保管也是一種防水火散佚措施,但不便圖書的保管與使用。

就藏書而言,水災要比火災少得多。如果有可能決堤被水淹,應預先將藏書轉移到安全的地方去。如果用船裝運藏書,如前所說,應當像南宋劉儀鳳那樣采取預防措施,盡量避免或減少損失。如何防止房屋遭雨水冲刷倒塌,涉及到藏書樓建築問題,略見下節。

三　防鼠嚙蟲蝕霉爛

鼠嚙、蟲蝕、霉爛雖然使藏書逐漸受到損壞,時間久了,其損壞程度也是非常嚴重的,所以人們都普遍重視防鼠嚙、蟲蝕、霉

---

①《東齋脞語》卷二四。
②《揅經室二集》卷七。
③《中興館閣録》卷二《省舍》。
④《皇(宋)朝事實類苑》卷三一之二十九條。

爛工作。

甲　受損壞情況

由於管理不善、圖書保管條件差等原因,公私藏書受到鼠嚙、蟲蝕、霉爛的事是經常發生的。如葉夢得云:"吾家舊藏書三萬餘卷,喪亂以來,所亡幾半。山居狹隘,餘地置書囊無幾。雨漏鼠嚙,日復蠹敗,今歲出曝之,閱二旬纔畢,其間往往多余手鈔,覽之如隔世事。"① 劉若愚談到了明宮廷藏書由於長期無人過問而受損的情況:"庫中現貯之書,屋漏浥損,鼠嚙蟲巢,有蛀如玲瓏板者,有塵黴如泥板者,放缺虧失,日甚一日。若以萬曆初年較之,蓋已十減六七矣。"② 天一閣雖管理稱善,但是所藏金石搨本却未加整理,全祖望於乾隆三年(一七三八)登閣閱碑,發現這些搨本"未及裝爲軸,如棼絲之難理,抑亦鼠傷蟲蝕,幾十之五"。③ 汪師韓仕宦在外,故居藏書長期無人過問,至晚年還故居"放塵篋,檢故籍,則其爲鼠嚙梅黭者十之三四"。④ 倫明《辛亥以來藏書紀事詩·易學清》亦舉一例:"番禺陳椿軒翰林(之鼐)家世清貴。原居鄉間,後亦買宅城西關。移書就之,大樓上列架盈百,但書被蠹食,中如蜂巢,幾不可揭視。"

乙　防損壞措施

古代公私藏書防損壞最常用的方法就是曝曬。這種方法起源甚早,如《穆天子傳》卷六云:"□蠹書於羽陵。"郭璞注:"謂曝書中蠹蟲。"這一記載表明,可能早在西周就已用曝曬的方法來保護圖書了。

兩宋館閣曝書已形成制度,並有專門的曝書會,如紹興十四

---

① 《避暑錄話》卷上。
② 《酌中志》卷一八《內板經書紀略》。
③ 《鮚埼亭集外編》卷一七《天一閣碑目記》。
④ 《上湖文編》卷中《敬行軒記》。

年(一一四四)五月七日,秘書郎張闡言:"本省年例入夏曝曬書籍,自五月一日爲始,緫七月一日止。"①陳騤還介紹了曝書會的具體情況:

> 紹興十三年(一一四三)七月,詔秘書省依《麟臺故事》,每歲暴書會令臨安府排辦,侍從、臺諫、正言以上及前館職、貼職皆赴。每歲降錢三百貫,付臨安府排辦,從知府王晙之請也。二十九年(一一五九)閏六月,詔歲賜錢一千貫付本省,自行排辦。……是日,秘閣下設方桌,列御書圖畫。東壁第一行古器,第二、第三行圖畫,第四行名賢墨蹟,西壁亦如之;東南壁設祖宗御書,西南壁亦如之。御屏後設古器琴硯,道山堂並後軒,著庭皆設圖畫,開經史子集庫、續搜訪庫,分吏人守視。②

錢穆父《和人曝書會詩》云:"天禄圖書府,芸籤歲曝頻。幡經窮藏室,賜會集儒紳。顧陸高標好,鍾王妙入神。可無丹槧吏,來預石渠賓。"③顯然,曝書會不僅曝曬了圖書,也開闊了與會者的眼界。

元代秘書監曝書特別強調需要官員監視,如王士點、商企翁云:"至元十五年(一二七八)五月十一日,秘書監照得:本監應有書畫圖籍等物,須要依時正官監視,仔細點檢曝曬,不致蟲傷浥變損壞外,據回回文書就便北臺内,令兀都蠻一同檢覷曝曬。"④

藏書家非常重視圖書的曝曬工作,孫慶增《藏書記要》第八則《曝書》總結了私家曝書經驗,頗實用,略謂:

---

①《中興館閣録》卷三《儲藏》。
②《中興館閣續録》卷六《故實》。
③《宋詩紀事》卷二四。
④《秘書監志》卷六《秘書庫》。

　　曝書須在伏天，照櫃數目挨次曬，一櫃一日。曬書用板四塊，二尺闊，一丈五六尺長，高欖擱起，放日中。將書腦放上面，兩面翻曬，不用收起，連板欖風口凉透，方可上樓。遇雨欖板連書入屋內擱起最便。攤書板上須要早凉，恐汗手拏書，沾有痕迹，收放入櫃亦然。入櫃亦須早，照櫃門書單點進，不致錯混。倘有該裝訂之書，即記出書名，以便檢點收拾。曝書秋初亦可。漢唐時有曝書會，後鮮有繼其事者，余每慕之，而更望同志者之效法前人也。

葉德輝《藏書十約・收藏》根據南方氣候的特點，對曝書時間問題做了較爲深入的探討，今亦録之如下：

　　古人以七夕曝書，其法亦未盡善。南方七月正值炎薰，烈日曝書，一嫌過於枯燥，一恐暴雨時致，驟不及防；且朝曝夕收，其熱非隔宿不退，若竟收放櫥內，數日熱力不消。不如八、九月秋高氣清，時正收斂，且有西風應節，藉可殺蟲。南北地氣不同，是不可不辨者也。春夏之交，宜時時清理，以防潮濕。四、五月黃霉，或四時久雨不晴，則宜封閉。六、七月以後至冬盡春初，又宜敞開。

　　曝曬圖書不僅可以防霉去蠹，發現問題，及時處理，而且一邊曬書，一邊瀏覽，往往會有預想不到的收獲。如錢謙益跋汪水雲詩集云："錢塘汪元量，字大有……其詩見鄭明德、陶九成、瞿宗吉所載，僅三四首。夏日曬書，理雲間人鈔書舊册，得其詩二百二十餘首，手寫爲一帙。"[1]

　　藏書量大，曝曬圖書任務繁重，且容易造成混亂，所以也有人不主張曝曬圖書。如清高宗於乾隆五十三年（一七八八）曾指

---

[1]《初學集》卷八四。

示："各書裝訂匣頁用木,並非紙褙之物,本可無虞蠹蛀。且卷帙
浩繁,非一時所能翻閱。而多人抽看曝曬,易致損污;入匣時復
未能詳整安儲,其弊更甚於蠹,嗣後祇須慎爲珍藏,竟可毋庸
曝曬。"[1]

　　使用藥物也是防止鼠嚙、蟲蝕、霉爛的一種方法。今人多用
樟腦丸、樟腦精、煙葉等。古人也嘗試着用過多種藥品。如沈括
云:"古人藏書辟蠹用芸。芸,香草也。今人謂之七里香者是也。
葉類豌豆,作小叢生,其葉極芬香,秋間葉間微白如粉污,辟蠹殊
驗。南人採置席下能去蚤虱。"[2]周密云:"黏經縫用生糊,乃是用
生豆研極細,以水生調黏之,此是金蓀壁所傳,背書用小粉,熟作
糊,爲熟錮用,既不霉,又堅牢。且不爲蝸蟲所傷,極佳。"[3]屠隆
云:"藏書於未梅雨之前,曬取極燥,入櫃中,以紙糊門外及小縫,
令不通風,蓋蒸氣自外而入也。納芸香、麝香、樟腦可以辟蠹。"[4]
孫慶增《藏書記要》第七則《收藏》也談到防蟲避蠹問題,略云:

　　　藏書斷不可用套,常開看則不蛀,櫃頂用皁角炒爲末,
　研細,鋪一層,永無鼠耗。恐有白蟻,用炭屑、石灰、鍋鏽鋪
　地,則無蟻。櫃內置春畫辟蠹石,可辟蠹魚。供血經於中,
　以辟火,書放櫃中或架上,俱不可並。宜分開寸許,放後亦
　不可放足。書要透風,則不蛀不霉。

光緒十四年(一八八八),廣雅書院山長梁鼎芬作《豐湖書藏四
約》,其三爲藏書約,言防損壞措施甚詳:

　　　書箱布列,不可太密。宜疏行以通氣。箱脚宜用瓦器

---

①《乾隆東華録》卷五三。
②《夢溪筆談》卷三。
③《志雅堂雜鈔》卷下。
④《考槃餘事》卷一《書箋》。

盛之，中藏石灰，可辟濕，可去蟻。每日清晨，看守書藏之人，開樓窗，開箱門。日落時，一一關閉完密，不得誤忽……院內牆壁，每生白蟻，最宜小心。（凡安放書架，切勿近牆）箱內書頭處，有空地，易招鼠耗。小書本尤宜留心。箱內易生蠹魚，用辟蠹散最好。否則香烈之品，亦可防禦。然終以人力爲主，能勤檢理，所勝多矣！[1]

勤於翻書也是防蠹去濕的一種方法，謝肇淛云："書中蠹蛀，無物可辟，惟逐日翻閱而已。"[2]近代四川成都藏書家嚴雁峰即采用過這種方法防濕去蠹。孫恭《西南書庫——賁園》記之云：

> 書架和書櫃全是楠木、檀木、香樟，又經常用皂角水盥洗，沒有遭過蟲蛀。珍貴的大部頭套書，都是固定的箱櫃裝置，小部頭書或單行善本，也都有木夾板和硬殼綢面、皮面封套，箱櫃內放有樟腦。負責管理的人都是專任熟手。庫外有敞房三大間，屋中端坐七、八人用手不停的把書一頁一頁的翻動，側面書籍堆如小山，一年四季都是這個單純動作。這是保護書的方法，可以防止蟲蛀和霉變。[3]

第三節　建築

房屋是公私藏書不可缺少的條件。房屋的多少、大小、好壞，直接影響着藏書的安全與利用。我國古代在典藏方面卓有

---

① 《豐湖書藏四約·藏書約》。
② 《五雜俎》卷九。
③ 見《金牛文史資料選輯》一九六六年第三輯。

成就者,都十分重視房物建築。

一　建築原則

藏書房屋的建築應當注意防火、防盜、通風、采光、便於保管、利於使用諸原則。前人已探討過這個問題,如孫慶增云:

> 古有石倉藏書最好,可無火患,而且堅久,今亦鮮能爲之。惟造書樓藏書,四圍石砌風牆,照徽州庫樓式乃善。不能如此,須另置一宅,將書分新舊鈔刻,各置一室封鎖,匙鑰歸一經管。每一書室,一人經理。小心火燭,不致遺失,亦可收藏。若來往多門,曠野之所,或近城市而又無空地,接連內室、厨竈、衙署之地,則不可藏書。而卑濕之地,不待言矣。①

葉德輝所言尤爲簡明扼要:"藏書之所,宜高樓,宜寬敞之净室,宜高牆別院、與居宅相遠。室則宜近池水,引濕就下,潮不入書樓;宜四方開窗通風,兼引朝陽入室。遇東風生蟲之候,閉其東窗。窗櫥俱宜常開,樓居尤貴高敞。蓋天雨瓦濕,其潮氣更甚於室中也。"②

古人在建造藏書房屋時,也考慮並體現了這些原則。例如爲了安全,人們曾用石室藏書,《史記·太史公自序》云:"紬史記石室金匱之書。"《索隱》:"石室、金匱,皆國家藏書之處。"明代嘉靖年間曾建造了石室式的檔案庫皇史宬,並爲清代所延用。阮葵生稱:"皇史宬爲明季藏本之地,則石室磚檐,穴壁爲窗。蓋以本章要區,防火爲宜。今內閣大庫之穴壁爲窗,磚檐暗室,皇史

①《藏書記要》第七則《收藏》。
②《藏書十約·收藏》。

戚尤爲晦悶。則爲當日藏書之所,正與史戚制度相合。"①利用石室藏書在防火、防盗方面效果明顯;而在采光、通風方面則較差,易保管而難流通,所以未能廣泛采用。

人們在設計藏書房舍時,也每考慮防火問題。如陳騤云:

> 紹興十三年(一一四三)十二月,詔兩浙轉運司建秘書省。十四年六月二十二日遷新省。省在清河坊糯米倉西懷慶坊,北通淅坊東地,東西三十八步,南北二百步。是年四月二十九日本省札子:"新省圍牆外,見今各有空地,竊慮官私亂有侵占,欲各量留空地五步,充巡道以禦火災。"從之。②

古代藏書房舍的建築還充分地考慮到了避濕、采光、通風諸問題。如《三輔黃圖·閣》云:"石渠閣,蕭何造,其下礱石爲渠以導水,若今御溝,因爲閣名。至於成帝,又於此藏秘書焉。"葉夢得《紬書閣記》云:"廳事西北隅有隙地三丈有奇,作別室,上爲重屋,以遠卑濕,爲之藏而著其籍,於有司退食之暇,素習未忘,或時以展誦,因取太史公金匱石室之意,名之曰'紬書閣'。"③王世貞《二酉山房記》稱胡應麟的藏書樓,"屋凡三楹,上固而下隆其阯,使避濕,而四敞之,可就日。爲庋二十又四,高皆麗棟,尺度若一"。④ 祁承㸁稱其密閣"就日爲庋,而四敞之,以貯古籍"。⑤他在寫給兒子鳳佳、駿佳的信中,還談了建築藏書樓的具體設想:

> 必須另構一樓,迥然與住房、書室不相接聯,自爲一境,

---

①《茶餘客話》卷二。

②《中興館閣録》卷二《省舍》。

③《建康集》卷四。

④《弇州續稿》卷六三。

⑤《澹生堂集》卷一一《行園略》。

方好。但地僻且遠,則照管又難,只可在密園之内外截度其
地。汝輩可從長酌定一處來。我意若起樓五間,便覺太費,
而三間又不能容蓄。今欲分作兩層,下一層離基地三尺許,
用閣柵地板,濕蒸或不能上,只三閣便有六間之用矣。前面
只用透地風窗,以便受日之曬,惟後用翻軒一帶,可爲別室
檢書之處,然亦永不許在此歇宿,恐有燈燭之入也。[①]

有趣的是爲了防盜,有的藏書家甚至將藏書之所建築在水
中小島上。謝肇淛云:

> 胡元瑞書蓋得之金華虞參政家。虞藏書數萬卷,貯之
> 一樓,在池中央,小木爲杓,夜則去之。榜其門曰:"樓不延
> 客,書不借人。"其後子孫不能守,元瑞啗以重價,給令盡室
> 載至,凡數鉅艦。及至則曰:吾貧不能償也,復令載歸。虞
> 氏子既失所望,又急於得金,反託親戚居間減價售之,計所
> 得不什之一也。元瑞遂以書雄海内。[②]

此外,王士禛亦稱:"杭州孝廉高式青,説其鄉張氏藏書甚富,造
樓水中庋置,甲乙悉有次第。以小舟通之,晡後即禁往來。"[③]將
藏書房舍建在水中央,對防盜或許會有所幫助,但是不便利用,
絶大多數藏書家也不具備這樣的條件,因此不可能推廣。

二　藏書樓建築

由於藏書樓基本符合藏書房屋建築的原則,因此爲中國古
代公私藏書單位普遍采用,成了我國古代藏書房屋建築的主流。

①《祁承㸁家書跋》二百六十五頁。
②《五雜俎》卷一二。虞參政指虞守愚。
③《居易録》卷二九。

　　西漢國家藏書之所有延閣、天禄閣、石渠閣、麒麟閣等,唐慧琳《一切經音義》卷三十八引《倉頡篇》云:"閣,樓也。"看來已普遍采用了藏書樓的形式。此後歷代相沿不改,國家藏書普遍用藏書樓。

　　我們在本編第二章《典藏單位》第二節《私家藏書》中談到私家用樓藏書見於記載的,最早爲漢代東海李谿,並且舉例談到唐代藏書家已普遍用藏書樓藏書了。至宋,藏書樓已見於偏遠地區,如宋王得臣云:"(姚)鉉謫居連州(今廣東省連縣)嘗寫所著《文粹》一百卷,好事者於縣建樓貯之。"①蘇軾《犍爲王氏書樓》詩云:"樹木幽翠滿山谷,樓觀突兀起江濱。云是昔人藏書處,磊落萬卷今生塵。"②犍爲,在今四川。

　　影響最大而又流傳至今的中國古代藏書樓,當首推明范欽建於嘉靖末年的天一閣。天一閣在今"寧波市中山區中山西路之南,月湖西岸中營巷裏"。③乾隆三十九年(一七七四)六月,高宗曾令杭州織造寅著至天一閣調查過,今記其略:

　　　　丁未,諭軍機大臣等:浙江寧波府范懋柱家所進之書最多,因加恩賞給《古今圖書集成》一部,以示嘉獎。聞其家藏書處曰天一閣,純用磚甃,不畏火燭,自前明相傳至今,並無損壞,其法甚精。著傳諭寅著親往該處,看其房間製造之法若何? 是否專用磚石不用木植? 並其書架款式若何? 詳細詢察,燙具準樣,開明丈尺呈覽。……

　　　　尋奏:天一閣在范氏宅東,坐北向南,左右磚甃爲垣,前後檐上下俱設窗門。其梁柱俱用松杉等木。共六間。西偏

①《麈史》卷中。
②《東坡全集》卷二六。
③紀思《浙江寧波天一閣》,載《文物》一九五九年第十一期。

一間，安設樓梯。東偏一間，以近牆壁恐受濕氣，並不貯書。惟居中三間排列大櫥十口，内六櫥前後有門，兩面貯書，取其透風。後列中櫥二口、小櫥二口。又西一間，排列中櫥十二口。櫥下各置英石一塊，以收潮濕。閣前鑿池。其東北隅又爲曲池。①

今人則作了更爲具體的記述：全閣面闊六間，除最西一間外，東邊五間作對稱式處理。樓下明次三間爲敞廳，未加以任何間隔。最西一間爲樓梯間。正門設在門間南向，由六抹格扇構成，北設屏壁。明稍間南北面皆設檻窗二扇，窗櫺式樣與門之槅心相同。窗櫺上部另有冰紋橢窗一槽。在明間柱上有對聯多幅。上設天花板，下鋪方磚。明次間敞廳外二稍間，則以木板間隔。最西的樓梯間設有二門，以通前廊與鄰間。閣門前懸有"天一閣"匾額一方，閣門西首，另挂范氏禁牌一方。②

　　天一閣對清代公私藏書樓建築産生了很大的影響，如清代國家藏書樓南北七閣即仿其制而建。高宗《文源閣記》云：

　　　　藏書之家頗多，而必以浙之范氏天一閣爲巨擘，因輯《四庫全書》，命取其閣式，以構庋貯之所。既圖以來，乃知其閣建自明嘉靖末，至於今二百一十餘年，雖時修葺，而未曾改移。閣之間數及梁柱寬長尺寸，皆有精義，蓋取"天一生水，地六成之"之意。於是就御園中隙地，一倣其制爲之，名之曰文源閣。③

　　天一閣對私家藏書樓建築的影響，可以盧址的抱經樓爲例。

①《乾隆東華録》卷七九。
②參見蔡佩玲《范氏天一閣研究》第五章《天一閣的建築與管理》第三節《天一閣與其園林建築形制》。
③《御製文二集》卷一三。

錢大昕《抱經樓記》云："玆樓之構,修廣間架,皆摹天一閣。"①其同郡黄家鼎云:

　　　　先生懸重價以求善本,以故葉氏菉竹堂、豐氏萬卷樓、毛氏汲古閣、祁氏澹生堂、汪氏古香樓、金氏文瑞樓諸舊藏,如水歸壑。聞親知有異書,輾轉索借,鈔而後已。嘗以未得内府《圖書集成》爲憾,乃破産遣群從入都市購求。書到,衣冠迎於門,其結癖之深如此。歷三十年,得書之富,與范氏天一閣埒。乃於居旁隙地構樓,修廣間架,悉仿范氏,帷廚稍高,若取最上層,須駕短梯。四面有圍。圍外環以垣牆,略植花木以障風日。用韓昌黎贈玉川子詩語,名其樓曰抱經。②

今人還介紹了抱經樓的結構與陳設:"其書樓設於盧址宅之東:朝南六間,上下兩層,樓下中間爲大廳,靠西邊一間有步樓可登樓,步樓横裝,與天一閣稍異。樓上貯書,以書廚分間。據清末抱經樓排架草圖,可知東西兩邊靠牆處,各有單面大櫥兩只,當中是五排十只大櫥,前後可開門。朝南空隙的地方,分別放置十只小櫥。書樓前面築假山,並鑿一方池,環植竹木。"③

當然,大多數的藏書樓都因地制宜,各具特色,在建築方面達到相當高的水平,劉承幹的嘉業堂就是一個例子。周子美介紹道:

---

①《潛研堂文集》卷二一。

②《藏書紀事詩(附補正)》卷五。《全唐詩》卷三四〇韓愈《寄盧仝》詩有云:"春秋三傳束高閣,獨抱遺經究終始。"菉竹堂爲葉盛藏書處,萬卷樓爲豐坊藏書處,汲古閣爲毛晉藏書處,澹生堂爲祁承爜藏書處,古香樓爲汪文柏藏書處,文瑞樓爲金檀藏書處。

③駱兆平、洪可堯《盧址和抱經樓》,載《圖書館雜誌》一九八三年總第六期。

　　嘉業堂藏書樓是一九二四年落成的,在劉氏宗祠旁,地方二十畝,四周開河,有房屋七、八十間,費銀十二萬元,是七開間的樓廳兩進,正廳是嘉業堂,樓上爲希古樓,還有宋四史齋、詩萃室,旁邊員工宿舍名抗昔居,後面有約二十間書板間,四周種植花木,前面有三個亭子,風景優美,可以説是在園林中的。[①]

一九五一年,樓主劉承幹爲順應時代潮流,寫信給浙江圖書館:"願將書樓與四周空地並藏書、書板,連同各項設備等,悉以捐獻與貴館永久保存。"[②]其書遂歸國家所有。

三　藏書樓命名

　　西漢以後,國家藏書樓多有名稱。私家藏書樓,東漢時有李氏書樓,唐五代時有孫氏書樓,但這些名稱都不是藏書家本人取的。宋以後,藏書家多喜歡給自己的藏書處所取名,如趙明誠、李清照夫婦的藏書處名歸來堂。有的藏書處名稱還會因情事遷移而有所變化。清乾嘉時期海寧藏書家周春(字芚兮,號松靄)即一例,黃丕烈題《陶靖節先生詩注四卷》云:"湯伯紀注宋刻本真本,在海寧周松靄家,相傳與宋刻禮書並儲一室,顏之曰禮陶齋。其書之得近於豪奪,故秘不示人,欲以殉葬。……賈人吳東白……談及周公先去禮書,改顏其室曰寶陶齋。今又售去,改顏其室曰夢陶齋。余聞此言,益歎周公之好書,惓惓於心而不能去矣。並聞諸他估……去書之日,泣下數行。余雖未面詢諸吳,然

---

①《嘉業堂藏書聚散考》,載《文獻》第十二輯。
②見黃建國《嘉業堂藏書樓全盛時期的藏書》,載《中國典籍與文化》一九九三年第三期。

屢易顔室之名，亦可想見其情矣。"①有的藏書家有好幾處藏書之
所，當然要分別賜以嘉名。如張金吾嘗自稱：

> 詒經堂凡三楹，古今詁經之書藏焉。堂之西曰愛日精
> 廬，則金吾讀書之所，而僅以藏先君子手澤者也。廬之南曰
> 世德齋，則曾大父、大父詩集暨十世祖端巖公、從父若雲公
> 校刊各書在焉。又其南曰青藜仙館，毛子晉、何義門、陸敕
> 先諸先輩手校諸書在焉。廬之西有閣曰詩史，以藏元刊《中
> 州集》。金吾集金源一代之文，成《金文最》一百二十卷，凡
> 金人著述及當時碑版足資采集者咸附焉。閣之南曰巽軒，
> 昔年從錫山得活字十萬有奇，排印《長編》二百分，於焉貯
> 之。堂之東曰求舊書莊，宋元明初刊本藏焉。莊之南曰墨
> 香小艇，元明舊寫本藏焉。循莊而北，長廊數十步，有精舍
> 三楹，榜曰積書，則先君子創建以貯書者，凡史子集三部通
> 行之本咸在焉。此詒經堂藏書之大凡也。②

藏書樓的名稱往往能集中反映藏書家的藏書目的與特點，
所以在此也略作分析。

有反映讀書志趣的。如北宋揚州文樓巷劉氏藏書處名墨
莊、司馬光藏書處名讀書堂、南宋陸游藏書處名書巢、元孫道明
藏書處名映雪齋、明楊循吉藏書處名臥讀齋、陸文裕藏書處名書
窟、文徵明藏書處名惜陰齋、明末毛晉藏書處名目耕樓、清鮑廷
博藏書處名知不足齋、張月霄藏書處名愛日精廬等都體現了這
一點。試以陸游爲例，其《書巢記》生動地反映了他的藏書、讀書
活動：

---

① 《菉圃藏書題識》卷七。
② 《藏書紀事詩（附補正）》卷六《張海鵬若雲、侄金吾月霄》引《愛日精廬文稿·
　詒經堂記》。

陸子既老且病，猶不置讀書，名其室曰"書巢"。客有問曰："今子幸有屋以居，而謂之巢，何邪？"應之曰："吾室之內，或棲於櫝，或陳於前，或枕藉於牀。俯仰四顧，無非書者。吾飲食起居，疾痛呻吟，悲憂憤歎，未嘗不與書俱。賓客不至，妻子不覿，而風雨雷雹之變，有不知也。間有意欲起，而亂書圍之，如積槁枝。或至不得行，則輒自笑曰：'此非吾所謂巢者邪？'"乃引客就觀之，客始不能入，既入，又不能出。乃亦大笑曰："信乎其似巢也。"[1]

　　有反映藏書數量與特點的。如宋代張弆藏書處名萬卷樓、明代鄭瀷藏書處名八萬卷樓。清代藏書家特別重視版本，這也每從藏書處的名稱上反映了出來。如清初顧湄得宋刻《陶淵明集》，遂名其處曰陶廬。其後，黃丕烈購得宋刻百餘種，遂顏其室曰百宋一廛。吳騫有元槧千部，即自題其居曰千元十架。楊以增得宋本《詩經》《尚書》《春秋》《儀禮》《史記》、兩《漢書》《三國志》，即自稱其室四經四史之齋。

　　有反映藏書環境的。如明徐源藏書樓名襟帶江湖，其弟澄藏書樓名望洋書堂。明王鏊《襟帶江湖樓詩爲仲山都憲作》描寫道："三江東去五湖西，特起高樓枕碧溪。桐里波光天外小，洞庭山色雨中迷。"[2]吳寬《望洋書堂記》記述道："徐君季止，鄉校士之良者。家夾浦之南、瓜涇之上，而松江、陳湖皆在其目睫間。蓋將聚書數千卷，築室而藏之，因題曰望洋書堂。"[3]清初惠周惕藏書處名紅豆書屋，李富孫稱："硯溪所居曰紅豆書屋，在吳城東冷香溪之北。吳郡東禪寺有紅豆樹，相傳白鴿禪師所種。硯溪移

---

①《渭南文集》卷一八。
②《王文恪公集》卷六。
③《家藏集》卷三二。

一枝植階前,因自號紅豆主人。"①

　　有反映藏書家生活情調的。如明王履吉藏書處名小隱閣,
文徵明云:君"於書無所不窺,而尤詳於群經,手寫經書,皆一再
過。……少學於蔡羽先生,居洞庭三年。既而讀書石湖之上二
十年,非歲時省侍不數數入城"。② 清張敦仁字古餘,有藏書處名
六一堂。彭兆蓀撰《揚州郡齋雜詩》,自注:"古餘太守藏書最富,
於郡廨東偏葺六一堂,奉歐陽公像,而儲圖籍其中,設小史
掌之。"③

　　有反映所藏文物的。如清瞿鏞嘗得鐵琴銅劍,遂以名其藏
書之樓。再如張鑑《二田齋記》:"聞溪計氏曦伯,既以詩鳴於時,
而又多積書籍以培其基,開好畫以陶鑄其性靈,舊藏多沈石田、
惲南田真蹟,因以二田自號,並名其所居之齋。"④凡此種種,都從
某個側面反映了許多藏書家的文心、涵養、志尚與興趣。藏書樓
命名的角度是多種多樣的,我們就不再一一列舉了。

―――――――――

①《鶴徵錄》卷三。
②《甫田集》卷三一。
③《小謨觴館詩集》卷八。
④《冬青館乙集》卷四。

第六章　圖書流通

　　典藏的目的在於利用,藏書除供自己讀書治學外,還應利及他人。我國古代藏書家一直存在着主張流通與反對流通兩種思想。總的看來,主張圖書流通的思想起主導作用。

第一節　圖書流通思想的形成與發展

一　反對圖書流通的思想

　　在古代,一個人的知識與其藏書密切相關,知識分子通常擁有一定數量的藏書。他們在相互競爭時,如果把書借給對方,就等於向對方提供戰勝自己的武器。在這種情況下,各自的藏書往往是難以互借的。如《三國志·蜀書·許慈傳》稱:"先主定蜀,承喪亂歷紀,學業衰廢,乃鳩合典籍,沙汰衆學,慈、潛①並爲學士,與孟光、來敏等典掌舊文。值庶事草創,動多疑議,慈、潛

━━━━━━━━━━

①潛,指胡潛。

更相克伐，謗讟忿争，形於聲色；書籍有無，不相通借，時尋楚撻，以相震撼。其矜己妒彼，乃至於此。"這盡管是一個很特殊的事例，但是也説明掌握書籍的重要。

在古代，藏書多屬私有財産，藏書家不願外借，也無可厚非。如宋周煇稱："唐杜暹家聚書萬卷，書末自題云：'清俸寫來手自校，子孫讀之知聖教。鬻及借人爲不孝。'"①杜暹的題識影響頗大，明萬曆間上海施大經刻一藏書印云："古人以借鬻爲不孝。"②張瑛《鐵琴銅劍樓藏書目録後序》亦稱："昔唐杜暹好藏書，卷後題曰：'清俸買來手自校，子孫讀之知聖教。鬻及借人爲不孝。'舅氏每援此語爲兒輩諄諄告誡。瑛少時，往來母家。舅氏之訓，猶能略記一二。其於古書愛護之深若是。"③

某些藏書家不肯借書予人也有客觀原因，錢大昕分析道："借爲不孝，過矣。然世固有三等人不可借：不還，一也；污損，二也；妄改，三也。守先人之手澤，擇其人而借之，則賢子孫之事也。"④黄丕烈是主張圖書流通的，但是也不輕易借書予人，他在一篇題識中談到了個中原因：

> 昔人不輕借書與人，恐其秘本流傳之廣也，此鄙陋之見，何足語於藏書之道。余平生愛書如護頭目，却不輕借人，非恐秘本流傳之廣也。人心難測，有借而不還者，有借去輕視之而或致損污遺失者，故不輕假也。同好如張君訒庵，雖交不過十年，而愛書之專，校書之勤，余自愧不及，故敝藏多有借去手校者。⑤

――――――――――

①《清波雜志》卷四。
②《藏書紀事詩》卷二《施大經天卿》。
③《鐵琴銅劍樓藏書目録》卷末。
④《十駕齋養新録》卷一九。
⑤《蕘圃藏書題識》卷十《辛稼軒長短句十二卷》。

姚士粦《尚白齋秘笈序》也系統總結了書不流通的原因,指出:
"不知傳布之説有四,大抵先正立言,有一時怒而百世興者,則子
孫爲門户計,而不敢傳。鬥奇炫博,樂於我知人不知,則寶秘自
好而不肯傳。卷軸相假,無復補壞刊謬,而獨踵還癡一諺,則慮
借鈔而不樂傳。舊刻精整,或手書妍妙,則懼翻摹致損而不
忍傳。"[1]

　　明清不少著名藏書家都對圖書嚴格管理,不准外借,如聊城
楊氏海源閣,王獻唐談道:

　　　　楊氏藏書,於匪亂之後,曷以不加整理,而任其凌亂?
　　據聞楊氏舊例,其家中僕役,向不准其登樓。每有服役數十
　　年不得一瞻閣上書籍作如何形狀者。現其家主楊敬夫,寓
　　居津門,匪亂之後,從未旋里。海源閣長日封鎖,家中僕役,
　　仍沿向不登樓之例,不敢一除積塵也。[2]

　　需要説明的是有的藏書家藏書秘不示人,有的藏書家藏書
雖不外借,但是可以在藏書處閲覽。前者才是真正的圖書流通
反對者。如張金吾云:

　　　　余友陳君子準藏唐以前書略備,然秘不肯示人,唐劉賡
　　《稽瑞》者,其尤秘者也。《稽瑞》世無傳本,子準得之吳興書
　　舶,蓋明嘉萬時刊本也。以其絶無僅有,即以名其所藏書
　　樓,秘之十年,且要約不得借鈔,始出示金吾,蓋一見之難如
　　此。未幾子準死,書盡散,《稽瑞》以值昂無過問者。子準嘗
　　曰:"書貴緘秘,則流布廣而視之必輕,使是書由我而輕,我

①《藏書紀事詩》卷三《姚士粦叔祥》引。
②《聊城楊氏海源閣藏書之過去現在》七《海源閣藏書之損失及其現狀》,《山東
　省立圖書館叢刊》第一種本,又載曹景英、馬明琴主編《海源閣研究資料》。

之罪實甚。"①

珍秘過甚,不但不能很好地保護藏書,反之却會因此導致湮滅,繆荃孫曾舉例云:

> 荃孫官京師,一鉅公藏父執手稿,珍重而篋藏之。有叩之者,則曰書固存也,欲刻久矣。有借録者,則曰刻必貽君,何不省此一鈔乎?有欲爲之刻者,則曰我之責不能諉諸人也。迨鉅公殁而書卒不傳。其心非不知寶愛,而無計流通,終至湮滅。②

後者如前所述,范氏天一閣爲了防止圖書散佚損壞,作出了書不借人的嚴格規定,但是正如沈叔埏《書天一閣書目》所説:"其家奉司馬公遺訓,代不分書,書不出閣。有借,主人延入,日資給之。如鄞侯公承休聚書三萬餘卷,戒子孫,世間有求讀者,別院具饌是也。"③如全祖望云:"是閣之書,明時無人過而問者。康熙初,黄先生太初始破例登之,于是昆山徐尚書健庵聞而來鈔。其後登斯閣者萬徵君李野。又其後則馮處士南耕。而海寧陳詹事廣陵纂《賦滙》,亦嘗求之閣中。"④之後登斯閣者當然更多。看來天一閣藏書也可借閲,只是書不出閣而已。事實上,黄宗羲、萬斯同、李杲堂、朱彝尊、袁枚、全祖望、錢大昕、汪炤、張燕昌、阮元等許多學者都赴閣讀過書、鈔過書。⑤

---

① 《藏書紀事詩(附補正)》卷六《陳揆子準》引《稽瑞》跋。
② 《藕香零拾》本《流通古書約》卷末跋。
③ 《頤綵堂文集》卷三。
④ 《天一閣碑目記》,載薛福成《天一閣見存書目》卷首。
⑤ 參見蔡佩玲《范氏天一閣研究》第五章《天一閣的建築與管理》第四節《天一閣之管理制度》。

二　主張圖書流通的思想

魏晉以降，藏書家借書供人閱讀蔚然成風，史不絶書。《晉書·范平傳》稱平"家世好學，有書七千餘卷，遠近來讀者恒有百餘人，蔚爲辦衣食"。《南史·崔慰祖傳》稱南齊人崔慰祖"聚書至萬卷"，"鄰里年少好事者來從假借，日數十帙，慰祖親自取與，未嘗爲辭"。《隋書·劉焯傳》稱"劉喜海家素多墳籍，（劉）焯與（劉）炫就之讀書，向經十載，遂以儒學知名"。

北宋李公擇將自己的書藏於僧舍，供大家閱讀，並請蘇軾著文宣傳這種做法。蘇軾《李氏山房藏書記》云：

> 余友李公擇，少時讀書於廬山五老峰下白石庵之僧舍。公擇既去，而山中之人思之，指其所居爲李氏山房。藏書凡九千餘卷，公擇既已涉其流，探其源，採剝其華實而咀嚼其膏味，以爲己有，發於文詞，見於行事，以聞名於當世矣。而書固自如也，未嘗少損，將以遺來者，供其無窮之求，而各足其才分之所當得。是以不藏於家，而藏於其所故居之僧舍。此仁者之心也。①

同時人王闢之也指出李公擇的做法是"思以遺後之讀者，不欲獨有其書。"②顯然，李公擇將藏書留給讀者閱覽的想法與做法深受歡迎，並且產生了較大影響。北宋末年，金華潘景憲築室藏書，"名其後之室曰共學，左則曰庶齋，右則曰省齋，二齋儲書且萬卷，以待朋友之習，市良田百畝以爲講習聚食之資"。③　其共學二

---

①《東坡全集》卷三六。

②《澠水燕談録》卷十。

③韓元吉《南澗甲乙稿》卷一五《潘叔度可庵記》。

字爲點睛之筆,充分反映了室主的流通思想。

南宋藏書家主張圖書流通者則更多,如紹興年間周煇云:

> 借書一瓻,還書一瓻,後訛爲癡,殊失忠厚氣象。書非
> 天降地出,必因人得之;得而秘之,自示不廣,人亦豈肯以未
> 見者相假?唐杜暹家書末自題云:"清俸買來手自校,子孫
> 讀之知聖道,鬻及借人爲不孝。"鬻爲不孝,可也;借爲不孝,
> 過矣。[①]

《廣韻》卷一《脂第六》稱:"瓻,酒器。大者一石,小者五斗。古之
借書,盛酒瓶。""借書一瓻,還書一瓻",反映了借書風氣;"借書
一癡,還書一癡",則反映了不願借書的心理。周煇旗幟鮮明地
贊揚了借書風氣,批評了不願借書的心理,並分析了不願借書的
弊病。

特別值得一提的是在非漢族政權統治下的金朝,也有人建
起了旨在供人讀書的藏書樓。如孔天監云:

> (洪洞縣)雖家置書樓,人畜文庫,尚慮夫草萊貧乏之
> 士,有志而無書,或未免借觀手録之勤,不足于採覽,無以盡
> 發後生之才分。吾友承慶先輩,奮爲倡首,以贖書是任。邑
> 中之豪,從而和之,歡喜施捨,各出金錢,於是得爲經之書有
> 若干,史之書有若干,諸子之書有若干,以至類書字學,凡係
> 於文運者,粲然畢修。噫!是舉也,不但便於己,蓋以便於
> 衆;不特用於今,亦將傳於後也。顧不偉哉!將見濡沫涸轍
> 者,游泳於西江之水;糊口四方者,厭飫乎太倉之粟。書林
> 學海,覽華實而探源流,給其無窮之取,而能讀其所未見之

---

①《清波雜志》卷四。

書,各足其才分之所當得,莫不推本於此。①

作者還希望他邑"視而仿之,慕而效之"。此文不僅充分地闡述了圖書流通的目的和意義,而且也説明了在南宋與金南北對峙時期,圖書流通思想已經深入人心,産生了廣泛的共識與影響。

明代部分藏書家惜秘矜奇,然主張圖書流通者也不乏其人。如葉盛於《菉竹堂書目序》後附《書厨銘》云:"讀必謹,鎖必牢,收必審,閣必高。子孫子,惟學敩,借非其人亦不孝。"②這段話肯定了藏書可以借給人,但要看對象。明末馮舒還提到他與朋友相約互借圖書一事,聲稱何君立"與余最善,得一書必相通假,約日還,風雨不誤。"③這種做法實際上開了清人訂立流通古書約風氣之先。萬曆時期人姚士粦對圖書流通問題作過深入探討,嘗云:"吾郡未嘗無藏書家,卒無有以藏書聞者,蓋知以秘惜爲藏,不知以傳布同好爲藏耳。何者?秘惜則箱櫜中有不可知之秦劫,傳布則毫楮間有遞相傳之神理。此傳不傳之分,不可不察者。"他還強調指出:"以傳布爲藏,真能藏書者。"④應當説他的見解道出了問題的實質,是相當深刻的。明人閔元衢《貴耳集·跋》亦稱:"潘昭度中丞嘗語余曰:'古人恐無表見而著書,使不傳,何假於著?吾輩愛書,擁而不使之傳,亦豈真愛?今而後,宜以郡之藏書而不一借者爲戒。'"⑤

在圖書流通理論與實踐方面特別受到人們稱道的是明末人李如一。他將《草莽私乘》欣然借給錢謙益,錢謙益特地在上面寫了篇題識,略云:

---

① 《金文最》卷二八《藏書記》。
② 見《拜經樓藏書題跋記》卷三《菉竹堂書目》。
③ 《懷舊集》卷上《何大成》。
④ 《藏書紀事詩》卷三《姚士粦叔祥》引。
⑤ 《藏書紀事詩》卷三《潘曾紘昭度》引。

　　如一好古嗜書，收買圖籍盡減先人之產。嘗從事三禮，從余假宋賢《禮記集說》，焚香肅拜而後啟視，其鄭重如此！每得一遺書秘冊，必貽書相聞，有所求假，則朝發而夕至。嘗曰："天下好書當與天下讀書人共之。古人以匹夫懷璧爲罪，況書之爲寶尤重於尺璧，敢懷之以賈罪乎？"①

李如一認爲好書當與天下讀書人共之，不出借內心有一種負罪感，並且將流通思想付諸實踐，應當說已經達到了相當高的思想境界。李如一的觀點與做法產生了一定影響，黃丕烈見到明鈔本《草莽私乘》，亦題識云："此等心腸斷非外人所能曉其一二，余特爲拈出，知古人之好書有如是者，安得世之儲藏家盡如之，俾讀書種子緜緜不絕邪！"②

　　清代藏書理論發展到了一個新階段，呈現出了一些新特點。首先是對圖書流通問題進行了廣泛而深入的討論。不少人都旗幟鮮明地闡述了自己主張圖書流通的觀點。如乾嘉時期的黃丕烈《辛稼軒長短句》題識云："昔人不輕借書與人，恐其秘本流傳之廣也，此鄙陋之見，何足語藏書之道。"③又在《孟東野集》題識中說："古人藏書最重通假，非特利人，抑且利己，如予與香嚴居士爲忘年交，所藏書必通假。"④

　　嘉慶時宋咸熙《思茗齋集》有《借書詩》，序云："藏書家每得秘冊，不輕示人，傳之子孫未盡能守；或守而鼠傷蟲蝕，往往殘缺，無怪古本日就湮沒也。先君子藏書甚富，生時借鈔不吝。熙遵先志，願借於人。有博雅好古者竟持贈之，作此以示同志。"詩

①載《抱經樓藏書志》卷二二《草莽私乘》。
②《蕘圃藏書題識》卷二。
③《蕘圃藏書題識》卷十。
④《蕘圃藏書題識》卷七。

云:"金石之物亦易泐,況兹柔翰歷多年。能鈔副本亟流播,劫火來時庶不湮。""翳予老病子猶癡,過眼雲煙看幾時。濁酒一瓴何用報,先公泉下亦怡怡。"①作者不僅繼承了父親的藏書,而且繼承了父親的藏書思想;不僅願意借鈔,而且願意持贈;不僅遵守先志,而且還加以宣傳,使圖書流通思想能够發揚光大,可謂青出於藍而勝於藍了。

道光時張金吾也是竭力主張流通圖書的。有人向他借鈔包希魯的《説文解字補義》,他説:

> 希魯著述甚富⋯⋯今皆散佚無傳,唯是書僅存。今既幸歸余手,若不公諸同好,廣爲流布,則雖寶如球璧,什襲而藏,於是書何裨? 於余又何裨? 且余喜藏書,不能令子孫亦喜藏書,聚散無常,世守難必。即使能守,或童僕狼藉,或水火告災,一有不慎,遂成斷種,則余且爲包氏之罪人,用倩善書者録副本以贈。余之不敢自秘,正余之寶愛是書也。

他還强調指出:"書貴通假,不通假則局鐍固而傳本絶。使是書由我而絶,我之罪更甚。"②作者以流傳古書爲己任,認爲流傳古書正是爲了寶愛古書,若書不流傳導致亡佚,乃是犯罪。這種見解可以説是相當透徹、相當精辟的。

晚清繆荃孫《平湖葛氏書目·序》云:"昔孫承澤侍郎有喜借人書之譽;朱竹君學士亦與人借鈔,以廣流傳,前哲流風,令人嚮往。咸同以來,京師鉅公,以深藏爲旨,以獨得爲奇,不留一目,不跋一言。聞其名,已在若存若亡之間,述其事,亦在疑是疑非之列。顧千里所謂似與古人有深仇夙怨者。"③吴愷也曾引《鴻臚

---

① 《武林藏書録》卷下。
② 繆荃孫《藝風藏書續記》卷一《説文解字補義》。
③ 《藝風堂文漫存》辛壬稿卷二。

寺野談》痛斥藏書不流通之危害云："關中非無積書之家,往往束置庋閣,以飽蠹魚。既不假人,又不觸目,至畀諸灶下,以代蒸薪。余每恨蠹魚之不若也。"①以上兩家對藏書秘不示人現象的批評可謂痛快淋漓,對其危害性的分析,也足以發人深省。

醖釀並建立私家圖書館爲廣大讀者服務,是清代藏書家的圖書流通思想發展到了最高階段的表現。在這方面影響最大的當推乾隆年間周永年的《儒藏說》。桂馥《周先生傳》云："先生見收藏家易散,有感於曹石倉及釋、道藏,作《儒藏說》。約予買田築借書園,祀漢經師伏生等,聚書其中,招致來學。"②這借書園三字充分說明了他們所醖釀成立的是旨在流通的私家圖書館。關於這一點,周氏《儒藏說》寫得更具體、更明顯:

> 至於窮鄉僻壤,寒門窶士,往往負超群之姿,抱好古之心,欲購書而無從,故雖矻矻窮年而限於聞見,所學迄不能自廣。果使千里之內有儒藏數處,而異敏之士或裹糧而至,或假館以讀,數年之間,可以略窺古人之大全,其才之成也,豈不事半而功倍哉?③

其《儒藏條約》復云："書籍收藏之宜,及每歲田租所入,須共推一方老成三五人,經理其事。凡四方來讀書者,如自能供給,即可不取諸此,寒士則供其食欲。須略立規條,如叢林故事。極寒者並量給束脩,免其內顧之憂。"④可見其讀者對象爲四方能讀書之人,特別是寒士,其宗旨是充分發揮儒藏的教育職能,將讀者培養成才,對於寒士還給予經濟上的援助。

──────────

①《說郛續》卷三二《讀書十六觀》。
②《晚學集》卷七《周先生傳》。
③《松鄰叢書》甲編《儒藏說》
④《松鄰叢書》甲編《儒藏條約三則》。

　　道光三十年(一八五〇),孫依言築玉海樓已具有私家圖書
館性質,其《玉海樓藏書記》談到他"取古人讀書之法,及就今日
藏書之意,具爲條約,揭之堂壁。鄉里後生,有讀書之才,讀書之
志,而能無謬我約,皆可以就我廬,讀我書,天下之寶,我固不欲
爲一家之儲也。"[1]

　　晚清主張辦私家圖書館並付諸實踐的是國英。其《共讀樓
書目序》云:

　　　　余早有購藏書籍之志,同治甲子(一八六四)勸同志諸
　　君子共立崇正義塾。嗣屢蒙恩擢,廉俸所餘,獨以購書。光
　　緒丙子(一八七六),於家塾構藏書樓五楹,顔曰共讀。其所
　　以不自秘者,誠念子孫未必能讀,即使能讀,亦何妨與人共
　　讀。成己成人,無二道也。[2]

　　徐樹蘭私家創辦的古越藏書樓實質上已是一座近代公共圖
書館。他於光緒三十年(一九〇四)寫的《爲捐建紹郡古越藏書
樓懇請奏諮立案文》云:

　　　　紹興統轄八縣,綴學之士,實繁有徒。當此科舉更章之
　　際,講求實學,每苦無書。職不揣棉薄,謹捐銀八千六百餘
　　兩,於郡城西偏購地一畝六分,鳩工營造,名曰古越藏書樓,
　　以爲藏書之所。參酌東西各國規制,擬議章程,以家藏經史
　　大部及一切有用之書,悉數捐入,延聘通人,分門排比,所有
　　近來譯本新書,以及圖書標本,雅訓報章,亦復購備,共用銀
　　二萬三千五百六十餘兩。大凡藏書七萬餘千卷,編目三十
　　五卷。建屋凡四層,前三層皆係高樓,分藏書籍,以中層之

①《遜學齋文續鈔》卷三。
②《共讀樓書目》卷首。

聽事爲閱書所，桌椅器物皆備，綜共用銀三萬二千九百六十
餘兩。又每年助洋一千元，禮延監督一人，總督其事，司事
三人，分司其書。規模初具，以備闔郡人士之觀摩，以爲府
縣學堂之輔翼。所需開辦經費銀三萬二千九百六十餘兩，
及常年經費每年捐洋一千元，均由職自行捐備。[①]

　　不難看出，以上數例都是以廣大讀者爲服務對象的，都已具
有近代圖書館的性質，是對古代圖書典藏事業發展的巨大貢獻。

第二節　流通方式

　　圖書流通的方式主要有出借、贈送、出版與出售等形式，今
分別述之如下：

一　出借

　　出借是圖書流通的最基本方式。如前所述，我國有着出借
圖書的優良傳統。就讀者借書的目的而言，又有借閱、借鈔、借
刻與借以治學等類型。

　　甲　借閱

　　借閱最爲普遍。借閱國家藏書見於記載的，如《後漢書·黃
香傳》稱黃香詣東觀讀所未嘗見書。《舊唐書·李敬玄傳》稱敬
玄博覽群書，特善三禮。初，高宗在東宮，馬周薦之，召入崇賢館
侍讀，借御書令讀之。

---

① 《古越藏書樓書目》卷首。

至宋,館閣藏書外借的更多,如程俱云:"咸平二年(九九九)三月,點檢三館秘閣書籍。司封郎中、知制誥朱昂等言:'四部書散失頗多,今點勘爲朝臣所借者,凡四百六十卷。'"①復云:

> 政和四年(一一一四)措置點檢秘書省官言:"三館秘閣,自崇寧四年(一一〇五)借出書籍未還者四千三百二十八册卷,久不拘收。"詔:"自今省官取借書籍,並申本省長、貳判狀權借,依限拘收。"②

則宋代館閣不但出借圖書,而且還訂有借還書籍的規章制度。《宋史·儒林傳》稱王應麟"閉門發憤,誓以博學鴻辭科自見,假館閣書讀之。"孔齊亦稱王應麟"每以小册納袖中入秘府,凡見書籍異聞則筆録之,復藏袖中而出。"③這也許是《玉海》《困學紀聞》諸書準備工作的一部分。

明代館閣也出借藏書,只是管理不善,李開先《積書省悟》詩云:"借抄先館閣",自注:"内書原陳芳洲奏請,自南都移來,共八十櫥,掌以典籍。後遷代不常,因而攘竊抵換,存者無幾。例許抄覽,必先具領狀,以時繳納,世所謂讀中秘書者是也。今館中諸君,不得如前,聞只市書而已。"④

清高宗也主張國家藏書應開放流通,如乾隆四十一年(一七七六)六月初一日詔曰:

> 四庫所集多人間未見之書,朕勤加採訪,非徒廣金匱石室之藏,將以嘉惠藝林、啟牖後學,公天下之好也。惟是鐫刊流傳,僅什之一,而鈔録儲藏者,外間仍無由窺睹,豈朕右

①《十萬卷樓叢書》本《麟臺故事》卷二《書籍》。
②《十萬卷樓叢書》本《麟臺故事》卷二《書籍》。
③《至正直記》卷四《四明厚齋》。
④《山東藏書家史略》附《李開先有關藏書詩》。

文本意乎？翰林原許讀中秘書，即大臣官員中有嗜古勤學者，並許告之所司，赴閣觀覽，第不得攜取出外，致有損失。①

高宗還允許普通士子赴南方三閣閱讀與傳鈔，乾隆四十九年（一七八四）二月二十一日詔云：

　　　　前因江浙爲人文淵藪，特降諭旨發給內帑，繕寫《四庫全書》三分，於揚州文匯閣、鎮江文宗閣、杭州文瀾閣各藏庋一分，原以嘉惠士林，俾得就近抄錄傳觀，用光文治。第恐地方大吏過於珍護，讀書嗜古之士無由得窺美富，廣布流傳，是千緗萬帙徒爲插架之供，無裨觀摩之實，非朕崇文典學、傳示無窮之意。將來全書繕竣，分貯三閣後，如有願讀中秘書者，許其陸續領出，廣爲傳寫。全書本有總目，易於檢查，祇須委派妥員，董司其事，設立收發檔案，登注明晰，並曉喻借鈔士子，加意珍惜，毋致遺失污損，俾藝林多士，均得殫見洽聞，以副朕樂育人才、稽古右文之至意。②

高宗對此事始終關心，乾隆五十五年（一七九〇）六月初一日復詔云：

　　　　江浙兩省，文宗、文匯、文瀾三閣應貯全書，現在陸續頒發藏庋。該處爲人文淵藪，嗜古好學之士，自必群思博覽，藉廣見聞，從前曾經降旨，准其赴閣檢視鈔錄，以資搜討，但地方有司恐士子等翻閱污損，或至過爲珍秘，阻其爭先快睹之忱，則所頒三分全書，亦僅束之高閣，轉非朕搜輯群書津逮譽髦之意。即武英殿聚珍版諸書，排印無多，恐士子等亦未能全行購覓。著該督撫等諄飭所屬，俟貯閣全書排架齊

集後,諭令該省士子有願讀中秘書者,許其呈明到閣鈔閱,但不得任其私自攜歸,以致稍有遺失。至文淵閣禁地森嚴,士人等固不便進內鈔閱,但翰林院現有存貯底本,如有情殷誦習者,亦許其就近檢録,掌院不得勒阻留難,如此廣爲傳播,茹古者得睹生平未見之書,互爲鈔録,傳之日久,使石渠、天禄之藏,無不家絃户誦,益昭右文稽古、嘉惠士林盛事,不亦善乎。①

乾隆的指示似也實行過,如謝啟昆整理《史籍考》就曾借用過杭州文瀾閣的《四庫全書》,他在寫給孫星衍的信中説:"畢宮保《史籍考》之稿,將以零散,僕爲重加整理,更益以文瀾閣《四庫全書》,取材頗富,視舊稿不啻四倍之。"②

乾隆皇帝流通圖書的思想對後世也産生了深遠影響,在醖釀與建立近代圖書館時,人們往往引以爲據。如鄭觀應一八九二年云:"乾隆時,特開四庫,建文宗、文匯、文瀾三閣,准海内稽古之士就近觀覽,淹通博洽,蔚爲有用人才。作人養士之心,至爲優厚。"③李端棻一八九六年亦稱:"好學之士,半屬寒畯,購書既苦無力,借書又難,其人坐此孤陋寡聞無所成就者,不知凡幾。高宗純皇帝知其然也,特於江南設文宗、文匯、文瀾三閣,備庋秘籍,恣人借觀。嘉慶間,大學士阮元推廣此意,在焦山、靈隱起立書藏,津逮後學。自此以往,江浙文風甲於天下,作人之盛,成效可睹也。"④一八九八年《京師大學堂章程》復云:

> 乾隆間,高宗純皇帝於江浙等省設三閣,盡藏四庫所有

---

①《辦理四庫全書檔案》下册二八頁。
②《樹經堂文集》卷四。
③《盛世危言增訂新編》卷四《藏書》。
④《變法自强奏議彙編》卷三《請推廣學校摺》。

之書，俾士子借讀，嘉惠士林，法良意美。泰西各國於都城、省會，皆設有藏書樓，亦是此意。近張之洞任廣東，設廣雅書院，陳寶箴任湖南，所設時務學堂，亦皆有藏書。京師大學堂爲各省表率，體制尤當崇閎，今設一大藏書樓，廣集中西要籍，以供士林流覽而廣天下風氣。①

如前所述，私家出借圖書的現象更加普遍，今再舉數例。宋朱弁云："宋次道藏書皆校三五遍，世之蓄書，以宋爲善本。居春明坊時，士大夫喜讀書者多居其側，以便於借置故也。當時春明宅子比他處僦直常高一倍。"②元許有壬談道："許下馮夢周士可，買書千卷，構堂蓄之，以待里之不能有書者，爲之約曰：凡假者恣所取，記其名，若書目讀竟，則歸而銷其籍。損者不責償，不歸者遂與之，以激其後，缺者隨補足。"③明常熟藏書家何大成亦好流通圖書，馮舒稱其"與余最善，得一書必相通假，約日還，風雨不誤"。④ 清代借書風氣更盛，如顧蒓《先考桐井府君行述》云：

> 受業師張白華生告不肖曰："東莊先生遺書極富，皆善本。有借讀者絕不吝，曰：'吾父嘗言，我有書不能讀，得他人讀之，我書庶不徒具。吾今何敢吝爲?'其善承先志如此!"⑤

(民國)《鄞縣通志》卷四《人物編·歷代人物表第三文學》稱："盧鎬執贄全祖望門下。祖望每歲客游，假大江南北藏書家鈔本，捆載數百册而返，鎬與諸同學遞閱之。"從中可見當時借書的風氣

①載光緒二十四年(一八九八)五月二十三日《國聞報》第二百九十一號。
②《曲洧舊聞》卷四。
③《至正集》卷三八《馮氏書堂記》。
④《懷舊集》卷上《何大成》。
⑤《藏書紀事詩(附補正)》卷四《顧階升步巖、子應昌桐井》引《思無邪室遺集》。

與規模。

　　清代借閱圖書還有一個特點是藏書家之間互通有無，相互通假。爲此，清初南京的丁雄飛與黃俞邰甚至訂了《古歡社約》，其文曰：

> 每月十三日，丁至黃；二十六日，黃至丁。爲日已訂，先期不約。要務有妨，則預辭。不入他友，恐涉應酬，兼妨檢閱。到時果核六器，茶不計。午後飯，一葷一蔬，不及酒。逾額者，奪異書示罰。與徒每名給錢三十文，不過三人。借書不得踰半月，還書不得托人轉致。[①]

藏書家之間有無通假的風氣也促進了私家典藏事業的發展，常熟黃廷鑑云：吾邑藏書，絳雲之後，"尚有汲古毛氏、述古錢氏兩家鼎峙。羽翼之者，有葉石君、馮己蒼、陸敕先諸君子。互相搜訪、有亡通假，故當時數儲藏家，莫不以海虞爲首"。[②]

　　乙　借鈔

　　印刷術發明前後，借鈔都是聚書的重要方法，因此將書借給人鈔錄也是藏書流通的重要形式。如北宋汝陰（今合肥市）人王莘藏書甚富，其孫王明清云："先祖早歲登科，游宦四方，留心典籍，經營收拾。所藏書逮數萬卷，皆手自校讎，貯之於鄉里，汝陰士大夫多從而借傳。"[③]《宋史·文苑傳》還寫了劉恕在宋次道家鈔書並受到熱情接待的情況，略云："宋次道知亳州，家多書，枉道借覽，次道日具饌爲主人禮。恕曰：'此非吾所爲來也，殊廢吾事，悉去之。'獨閉閣，晝夜口誦手鈔。留旬日，盡其書而去，目爲之瞖。"陳振孫還通過鈔錄而成了著名的藏書家。如周密云："近

---

①此書有《藕香零拾》本。
②《第六絃溪文鈔》卷二《愛日精廬藏書志序》。
③《揮麈後錄》卷七。

年惟直齋陳氏書最多,蓋嘗仕於莆,傳録夾漈鄭氏、方氏、林氏、吳氏舊書至五萬一千一百八十餘卷。"①

　明末錢謙益也好向人借鈔圖書,一般都獲得允許,如曹溶《絳雲樓書目後序》云:"昔予游長安,堂上列書六、七千册,宗伯閒日必來,來則遍翻架上,遇所乏,恒借鈔寫,如是數昔。"②胡震亨也稱:"吾家舊藏《玉山名勝集》《草堂雅集》二書,爲友人錢受之、王淑士借去,各鈔一部,善本稍稍流傳於外矣……崇禎七年甲戌(一六三四)二月受之見還,因記。"③

　清代藏書家也是樂於借書供人傳鈔的,如顧千里云:"往者吾友袁君廷壽有鈔書癖,與盧學士文弨、錢少詹大昕諸先生往還,每聞秘册,必請傳其副,間邀予過五硯樓品題商榷,以爲樂事。"④錢曾記《夢粱録二十卷》云:

　　　斧季從輦下還,解裝出書二百餘帙,邀予往視,皆秘本也。……歎曰:"浪迹兩年,未嘗遇一真好書人,歸而求之於子,有余師矣。當悉索以供繕寫,毋煩借書一瓻。但視世之夢夢粥粥,假牧兒之蓋,而乞鄰女之光者,我兩人好尚之異同,爲何如耶。"予因次第借歸,自春徂秋,十鈔五六。《夢粱録》亦其一焉。⑤

清代著名藏書家鮑廷博的許多書亦來自借抄,宋文藻云:鮑氏"三十年來,近自嘉禾、吳興、遠而大江南北,客有異書來售武林者,必先過君門。或遠不可致,則郵書求之。浙東西藏書家若趙

---

①《齊東野語》卷一二《書籍之厄》。鄭氏名樵、方氏名審權、林氏名隱、吳氏名權。
②《絳雲樓書目》卷末。
③《楹書隅録續編》卷四《元音遺響三卷》。
④《思適齋集》卷一二《雲間志跋》。
⑤《讀書敏求記》卷二《夢粱録二十卷》。

氏小山堂、盧氏抱經堂、汪氏振綺堂、吳氏瓶花齋、孫氏壽松堂、
郁氏東嘯軒、吳氏拜經樓、鄭氏二老閣、金氏桐花館，參合有無，
互爲借抄，至先哲後人家藏手澤，亦多假錄。一編在手，廢寢忘
食，丹鉛無已時。一字之疑，一行之缺，必博徵以證之，廣詢以
求之。"①

　　特別值得一提的是，爲了保證藏書得以流通，明清的一些藏
書家達成了互相借鈔的默契，甚至訂了一些口頭或書面的條約。
祁承爜曾探討過這個問題，嘗云："苦於僻居海濱，聞見有限，必
須相結同志者五六人，各相物色。而又定之以互易之法，開之以
借錄之門，嚴匿書之條，峻稽延之罰，秘本不踵而集。"②而最有名
的當推明末曹溶的《流通古書約》。其文略云：

　　　　自宋以來，書目十有餘種，燦然可觀。按實求之，其書十
　　不存四五。非盡久遠散佚也。不善藏者護惜所有，以獨得爲
　　可矜，以公諸世爲失策也，故入常人手猶有傳觀之望，一歸藏
　　書家無不絲錦爲衣、旃檀作室，扃鑰以爲常。有問焉，則答無
　　有。舉世曾不得寓目，雖使人致疑於散佚，不足怪矣。
　　　　近來雕板盛行，煙煤塞眼，挾資入賈肆可立致數萬卷。
　　於中求未見籍，如採玉深崖、旦夕莫覯。當念古人竭一生心
　　力辛苦成書，大不易事。渺渺千百歲，崎嶇兵攘劫奪之餘，
　　僅而獲免，可稱至幸。又幸而遇賞音者，知蓄之珍之，謂當
　　繡梓通行，否，亦廣諸好事。何計不出此，使單行之本寄篋
　　笥爲命，稍不致慎，形蹤永絕，祇以空名挂目錄中。自非與
　　古人深仇重怨，不應若爾。然其間有不當專罪吝惜者，時賢
　　解借書，不解還書，改"一瓻"爲"一癡"，見之往記。即不乏

①《知不足齋叢書》第一集卷首《知不足齋叢書序》。
②《澹生堂集》卷一八《與徐季鷹》。

忠信自秉、然諾不欺之流，書既出門，舟車道路搖搖莫定，或
僮僕狼藉，或水火告災，時出意料之外。不借未可盡非，特
我不借人，人亦決不借我，封己守株，縱累歲月無所增益，收
藏者何取焉？

予今酌一簡便法：彼此藏書家各就觀目録，標出所缺
者，先經注，次史逸，次文集，次雜説，視所著門類同，時代先
後同，卷帙多寡同，約定有無相易，則主人自命門下之役，精
工繕寫，校對無誤，一兩月間，各齋所鈔互換。此法有數善：
好書不出户庭也，有功於古人也，己所藏日以富也，楚南燕
北皆可行也。敬告同志，鑒而聽許。[1]

此外，曹溶還在《絳雲樓書目·題辭》中，於批評錢謙益矜嗇藏
書，不肯出借，燼於火災後重申道："予深以爲鑒戒，偕同志申借
書約，以書不出門爲期，第兩人各列其所欲得，時代先後、卷帙多
寡相敵者，彼此各自覓工寫之，寫畢各以奉歸。崑山徐氏、四明
范氏、金陵黃氏，皆謂書流通而無藏匿不返之患，法最便。"[2]錢大
昕云："予嘗讀《弇州續稿》中《答范司馬小簡》，有書籍互借互抄
之約。今檢《囷令趙君碑》北面，有侍郎手書'鳳洲送'三字，風流
好事如此。"[3]

清代藏書家相互借鈔圖書確也蔚然成風，如錢曾云："吾友
葉林宗，篤好奇書古帖，搜訪不遺餘力。每見友朋案頭一帙，必
假歸躬自繕寫，篝燈命筆，夜分不休。我兩人購得秘册，即互相
傳録，雖昏夜扣門，兩家童子聞聲知之，好事極矣。"[4]黃廷鑑《藏

---

①《知不足齋叢書》本《澹生堂藏書約》附刻。
②《絳雲樓書目》卷首。徐氏指徐乾學，范氏指范欽，黃氏指黃虞稷。
③《嘉定錢大昕全集》册四《范氏天一閣碑目序》。
④《讀書敏求記》卷一《陸德明經典釋文三十卷》。

書二友記》還介紹了道光間常熟藏書家陳子準、張月霄二人相互通假的情況："張居西關，陳居稍南，相去不半里，皆面城臨水。暇則過從，各出所獲，賞奇辨疑，有無通假，相善也。"①浙江地區的藏書家也同常熟地區的藏書家一樣，樂於相互借鈔，如朱文藻稱乾隆時期，"浙東西藏書家，若趙氏小山堂、盧氏抱經堂、汪氏振綺堂、吳氏瓶花齋、孫氏壽松堂、郁氏東嘯軒、吳氏拜經樓、鄭氏二老閣、金氏桐花館，參合有無，互為借鈔。"②顯然，借鈔是傳播知識、保存文獻、豐富藏書的一種好形式。

丙 借校

讀書必求其文字無誤，始能獲正解，而書必校勘，始能定其正訛，所以認真讀書者，没有不從事校書的。而個人藏書有限，自然需要向人借校，因此允許人借校也是圖書流通的一種方式。

清周世敬《〈小通津山房文稿〉跋》云："清浦王司寇述庵、嘉定錢詹事竹汀、南匯吳稷堂侍郎、陽湖孫淵如觀察及同里吳中翰竹嶼、江徵君艮庭、陳孝廉簡莊、黃主事蕘圃、鈕布衣匪石、顧茂才抱沖，先後與先君子訂交，出藏書互相考證，咸以博聞强識推之。故尚書秋帆畢公編《史籍考》，今制府芸臺阮公輯《十三經校勘記》，每寓書以疑義諮訪，兼假諸善本藉資採擇。蓋素稔插之富甲於吳中，所求無不備也。"③

在藏書題跋與書目提要中，常有借校的記載，如黃丕烈《蕘圃藏書題識》卷六《抱朴子内篇二十卷外篇五十卷》："末有'吳岫'小方印，及'姑蘇吳岫塵外軒讀一過'小長方印。余藏《李文饒集》，為嘉靖時人沈與文所藏，有云：'壬戌（一五六二）五月，借方山吳上舍本校勘。'則吳亦嘉靖時人矣。"黃丕烈《蕘圃藏書題

①《第六絃溪文鈔》卷二。
②《知不足齋叢書》第一集卷首《知不足齋叢書序》。
③《清代詩文集彙編》本《小通津山房文稿》卷末。

識》卷三《職官分紀五十卷》題識云："余郡周丈香巖藏書最富,與余最爲莫逆,每請假觀,必出書相示,或假歸傳録校讎,無有不遂余所請者。"而黃丕烈本人也不吝借書與人校勘,特別是對陳鱣晚年的校勘工作幫助較大,管庭芬叙其事云:

> 吾鄉陳簡莊徵君,生平專心訓詁之學,閉户勘經,著述不倦。中年需次公車,嘗與錢竹汀宮詹、翁覃溪閣學、段懋堂大令,抽申庫之秘,質疑問難以爲樂。如綴文所載,校勘宋刻《周易本義・跋》之類,考證異同,有竹垞《經義考》所未及者。晚客吳門,聞黃蕘圃主政百宋一廛,九經三傳,各藏異本。於是欣然定交,互攜宋鈔元刻,往復易校,互繫跋語,以疏其異同,兼誌刊板之歲月,册籍之款式,收藏之印記,莫不精審確鑿,俾經生家如見原書,不至爲俗刻所誤。其功與考定石經無以異![1]

倫明《辛亥以來藏書紀事詩・章鈺》云:"長洲章式之(鈺)近歲居津門,以校書遣日。自言假人舊校、舊鈔本移録新本,一歲得六百餘卷。"

可見借校這種流通方式,不僅使藏書家所藏善本得以廣泛流傳,而且也提高了借校者藏書的文獻價值。

丁　借以治學

治學必須詳細占有資料,而古代又没有現代意義的圖書館,學者單靠自家有限的藏書來著書立説顯然是不夠的,因此還需要向别人借自己所需要的書,藏書家將書借給人做學問,當然也是圖書流通的一種重要形式。在我國藏書史上有不少這樣的例子。

---

[1] 見《經籍跋文・宋本周易集解》。

　　錢謙益在編《列朝詩集》的過程中，曾廣泛向藏書家們搜集過有關資料，如其與陸貽典書云：

> 選詩已及嘉隆間，近代文集繁富，放失尤多，見聞固陋，不得不求助於博雅君子，聞仁兄收藏甚富，口吟手鈔，有數十大册，何不出以見示，省弟搜訪之勞，共成此勝事，若屠赤水、胡元瑞二公集，知已評點，至再惠教，待采録過，即日完璧，不致少稽滯，有借書一癡之嘆也。[①]

事實上也有不少藏書家將書借給他做編著工作，如《皕宋樓藏書志》卷一百零八《九靈山房集》提要鈕菜翁題識云：“我里蔣之翹隱廛市間，有藏書之癖，虞山錢宗伯編《國朝詩集》，嘗就其家借書。此卷首甲乙題字，宗伯蹟也。壬戌（一六二二）上元前二日，鈕菜翁記。”[②]錢謙益嘗自稱：“戊子（一六四八）之秋，余頌繫金陵，方有采詩之役，從人借書。林古度曰：‘晉江黄明立先生之仲子守其父書甚富，賢而有文，盍假諸？’余於是從仲子借書，得閱本朝詩文之未見者。於是嘆仲子之賢，而幸明立之有後也。”[③]孫楷第認爲趙琦美曾將所藏部分《明實録》借給了錢謙益，其《述也是園舊藏古今雜劇》云：

> 今玉簡齋本《脈望館書目》黄字號有明太祖至武宗九朝實録一百五十本。注云：“自太祖至此，並錢受之借去。”又世宗實録、穆宗實録共六十二本，注云：“亦受之借去。”此注當出琦美手。《脈望館目》吕字號以前，皆萬曆四十一年或四十六年前舊簿，似謙益借此書已久，至編吕字號書目時尚未歸還。今《絳雲樓書目》本朝制書類全録之。不知是書已

①《錢牧齋先生尺牘》卷三。
②鈕菜翁爲曹溶號。
③《有學集》卷二六《千頃齋藏書記》。

還而復得之,抑竟未歸還。①

　　清初鄭元慶依靠朱彝尊藏書撰成《湖録》百廿卷,范鍇記其事云:"考鄭氏名元慶,少貧力學,多識前言往行。康熙庚午(一六九〇)撤闈後,有志四方,足經萬里,卒無所遇,歸自金臺,遂閉居奉母,扃户著書,世所傳《廿一史約篇》,此其一斑也。嗣以生長吳興,惋惜唐宋圖經亡逸殆盡,擬萃一郡之山川文獻,著爲一書,復苦貧無書籍足徵也。朱竹垞太史聞而招之,下榻於曝書亭側,盡出其藏書,以佐采擇,以是山川之故蹟,文獻之遺謨,莫不溯源探本,條目井然,閱數寒暑,得百廿卷,名曰《湖録》。"②

　　現代天津藏書家任振采在支持瞿宣穎撰《方志考稿》方面也起了巨大作用,瞿氏《方志考稿序》云:

　　　　今歲之春,謁宜興任振采先生於天津。任公世富藏書,近更十許年力,聚方志千五百種,分別部居,犁然不雜,且蓄志所集,久而不懈。往往有瓌異之本,爲北平圖書館所未有者。且側重近著而不虛慕好古之稱,切於實用,尤非尋常藏書家所及。聞余欲撰提要之説而躍然趣之。遂盡出其所藏,恣余檢閲,相約成書,刻日爲程,然膚不輟。余每至天津則適館授餐,隨義商榷。家居則輦書相就,郵問稠疊,雖糜金費日不惜,惟以促書之成。烏乎! 懷此有年,得賢主人傾心相助而後克舉,文人相知之感,何可無也。③

這些事例表明,藏書家爲我國學術研究與文化事業的發展作出了自己的貢獻。

---

①《述也是園舊藏古今雜劇》上篇《錢謙益》。
②《吳興藏書録序》。
③《方志考序》。

二　贈送

　　贈送也是圖書流通的一種重要方式。在封建社會,皇帝經常向臣民頒賜圖書,以示褒獎與恩惠。如《後漢書·竇融傳》稱光武帝賜竇融"以外屬圖及太史公《五宗》《外戚世家》《魏其侯列傳》"。《王景傳》稱明帝賜王景《山海經》《河渠書》《禹貢圖》。《劉蒼傳》稱章帝賜東平憲王劉蒼"以秘書、列仙圖、道術秘方"。王隱《晉書》稱:"皇甫謐表從武帝借書,上送一車與之。謐羸病,手不釋卷,歷觀古今,無不皆綜。"[1]吳均《齊春秋》稱:"蕭晉,字元卿,蘭陵人,家有賜書,志學不倦也。"[2]《陳書·江總傳》稱江總"家傳賜書數千卷"。

　　唐代皇帝還賜書國外,如"垂拱三年(六八七),(新羅王金)政明遣使來朝,因上表請《唐禮》一部,並雜文章,則天令所司寫吉凶要禮,並於文館詞林採其詞涉規誠者,勒成五十卷以賜之"。[3] 景龍四年(七一〇),金城公主與吐蕃贊普棄隸縮贊聯姻,開元十九年(七三一),"吐蕃使奏云:'公主請《毛詩》《禮記》《左傳》《文選》各一部。'制令秘書省寫與之"。[4] 顯然,這樣做對促進漢族與少數民族、中國與周邊地區的文化交流是有積極意義的。

　　宋以後,書易得,故賜書事相對減少,但也不乏其例。如《宋史·宗室傳》云:宗室"宗晟好古學,藏書數萬卷。仁宗嘉之,益以國子監書。"洪邁亦稱:"榮王蓄書七萬卷,始與英宗偕學於邸,

---

①《太平御覽》卷六一九引。
②《太平御覽》卷六一九引。
③《舊唐書》卷一九九《東夷列傳》。
④《舊唐書》卷一九六《吐蕃列傳》。

每得異書,必轉以相付。"①明代統治者頗好頒賜圖書,相傳洪武初年,"親王之國,必以詞曲一千七百本賜之"。② 永樂十五年(一四一七)"頒五經四書、《性理大全》於兩京六部、國子監及天下府、州、縣學"。③ 嘉靖十年(一五三一)沈憲王朱胤栘"上疏乞内府諸書,詔以五經四書賜之"。④ 清代前期賜書活動也較多,如雍正七年(一七二九)正月,"著大學士等將應行頒發之書奏聞,頒賜衍聖公藏之闕里,昭示來兹"。⑤ 乾隆皇帝修《四庫全書》時,對獻書五百種以上的鮑士恭、范懋柱、汪啟淑、馬裕四人,各賜《古今圖書集成》一部;對於獻書百種以上的周厚堉、蔣曾瑩、吳玉墀、孫仰曾、汪汝瑮、黃登賢、紀昀、勵守謙、汪如藻等人,各賜《佩文韻府》一部。⑥ 翁廣平爲鮑廷博撰《賜書堂記》云:"高宗純皇帝賜《古今圖書集成》,先生既拜受是書,闢堂三楹,分貯四大厨,顏其堂之額曰'賜書'。"⑦

　　私家贈書的現象也比較多,《漢書・杜鄴傳》云:"鄴少孤,其母張敞女。鄴壯,從敞子吉學問,得其家書。"《三國志・魏書・王粲傳》寫漢末蔡邕"聞粲在門,倒屣迎之。粲至,年既幼弱,容狀短小,一坐盡驚。邕曰:'此王公孫也,有異才,吾不如也。吾家書籍文章,盡當與之。'"此話果然實現了,《太平御覽》卷六一九引《博物志》曰:"蔡邕有書萬卷,漢末年載數車與王粲。粲亡後,相國掾魏諷謀反,粲子預焉,既被誅,邕所與粲書,悉入粲

①《容齋隨筆》卷一三。
②《張小山小令》卷末李開先《張小山小令後序》。
③《明會要》卷二六。
④《列朝詩集小傳》乾集下。
⑤《世宗實錄》卷七七。
⑥《辦理四庫全書檔案》上冊二六頁。
⑦《藏書紀事詩》卷五引。

族。"當然,蔡邕也給女兒蔡琰留下了不少書,蔡琰嘗云:"昔亡父賜書四千許卷,流離塗炭,罔有存者,今所誦憶,裁四百餘篇耳。"①《太平御覽》卷六一九引《後周書》曰:"梁蔡文寶字敬仁,嘗以書干僕射徐勉,大爲勉所賞異,乃令與其子游處,所有墳籍盡以給之,遂博覽群書,學無不綜。"《陳書·孔奐傳》稱:孔奐"好學,善屬文,經史百家莫不通涉。沛國劉顯時稱學府,每共奐討論深相歎服,乃執奐手曰:'昔伯喈墳素悉與仲宣,吾當希彼蔡君,足下無愧王氏。'所保書籍,尋以相付"。

宋人贈書事例頗有,元陸友云:"宋宣獻公綬,楊徽之外甥。徽之無子,盡付以家所藏書。後與父皋同在館閣,每賜書,必得二本。子敏求、敏脩,並以文學見稱於世。其藏書之盛有以也。"②而晁公武本人的不少藏書也爲井孟憲所贈。其《郡齋讀書志序》云:

南陽公天資好書,自知興元府至領四川轉運使,常以俸之半傳録。時巴蜀獨不被兵,人間多有異本。聞之未嘗不力求,必得而後已。歷二十年,所有甚富。既罷,載以舟,即廬山之下居焉。宿與公武厚,一日貽書曰:"某老且死,有平生所藏書,甚秘惜之。顧子孫稚弱,不自樹立。若其心愛名,則爲貴者所奪;若其心好利,則爲富者所售,恐不能保也,今舉以付子。他日,其間有好學者,歸焉。不然,則子自取之。"公武惕然從其命。書凡五十篋,合吾家舊藏,除其複重,得二萬四千五百卷有奇。③

明胡應麟曾采用互換的方式來豐富自己的藏書品種,嘗云:

---

①《後漢書》卷八四《董祀妻》。
②《研北雜志》卷下。
③衢本《郡齋讀書志序》。南陽公謂井孟憲。

"龍丘童子鳴家藏書二萬五千卷,余嘗得其目,頗多秘帙。余筐
笈所藏往往與互易。"①

　　明末清初的錢謙益既接受過他人贈書,也曾贈書給他人。
如其於崇禎辛未(一六三一)七月跋《左傳》云:"宋建安余仁仲校
刊《左傳》,故少保嚴文靖公所藏,其少子中翰道普見贈者……此
書藏文靖家可六十年,其歸於我亦二十年矣。"②再如祁彪佳崇禎
十二年(一六三九)三月十八日日記云:"先是錢牧齋向予借書,
予以先人之命不令借出,但可録以相贈,因托德公兄(祁鳳佳)簡
出諸書。"同年五月初九日日記復云:"作書致錢牧齋,以鈔書十
種應其所索。"③而錢謙益爲了幫助朱長孺箋注唐詩,曾以書相
贈,嘗云:"吳江朱長孺苦學强記,冥搜有年,請爲余摭遺決滯,補
其未逮,余忻然舉元本畀之。"④復稱:"往吾友石林源師,好義山
詩,窮老盡氣,注釋不少休。乙酉歲(一六四五),朱子長孺訂
補於杜詩箋。輟簡,將有事於義山,余取源師遺本,以畀
長孺。"⑤

　　隨着時代的進步,人們的觀念也發生了很大的變化,中國
近代許多藏書家都將豐富的藏書捐贈給圖書館,以期長期保
存,並讓更多的人充分地利用它們,梁啟超便是一個突出例
子。民國十八年(一九二九)七月至八月《國立北平圖書館館
務報告》云:

　　　去年春,前館長梁任公先生去世未久,其遺族仲策、思
　　成、思永、思忠諸先生,曾有將梁先生全部藏書,寄存於本館

①《少室山房筆叢》卷四《經籍會通四》
②《初學集》卷八五。
③《祁忠敏公日記》。
④《有學集》卷一五《草堂詩箋元本序》。
⑤《有學集》卷一五《朱長孺箋注李義山詩序》。

之建議。本年二月，經天津黃宗法律師，代表梁氏親族會，具函證明，正式移交。茲將其經過錄左：

逕啟者，關於梁任公先生口頭遺囑，願將生平所藏書籍借與貴圖書館一事，前荷惠寄善本閱覽室規則、普通閱覽室規則、借書規則，暨收受寄存圖書簡章各一份。比即鈔送任公先生之繼承人。茲承該繼承人之委託，正式函達貴圖書館，對於前述章程表示同意。並按貴館收受寄存圖書簡章第十條，內開各項，聲明如下：

一　藏書人之姓氏爲梁啟超，廣東新會人。其代表人爲該氏之連續繼承人所組織之梁氏親族會。

二　關於寄存圖書之卷數，擬俟點交接受時，確定之。

三　永遠寄存，以供衆覽。

四　關於公開閱覽，及出貸之辦法，悉願遵照前述各項章則辦理。但上述之梁氏親族會，對於寄存書籍，願保留自行借用之優先權利，並願遵守一切有關係之規則。

五　關於庋藏之條件：（一）所有寄存書籍，擬請圖書館代爲保險。各項保險費，亦請圖書館代爲擔任。（二）除去前項所開之請求，五十年內，梁氏親族會，不另請求其他任何條件。五十年以後，遇有必要時，梁氏親族會，得向圖書館提相當條件。

以上所開各節，即請查照見覆。如荷贊許，並希尅日派員來津點收，至紉公誼。此致國立北平圖書館，律師黃宗法敬啟，十九年二月二十四日。

本館當即派定館員四人，赴津點收，運送來平。除飲冰室全部藏書，共二千八百三十一種，四萬一千四百七十四冊，新書一百零九種，一百四十五冊外，尚有墨蹟未刊稿本，及私人信札，均爲重要史料，至可寶貴。本館以事關學術，曾由委員會議決，在新建築中，另闢一室，以其書藏置於其中，藉誌永遠紀念。梁氏之建議，在國中實爲創舉，非特學術界之盛事，亦可供國人之模範者也。[1]

在梁氏捐書活動的影響下，瞿氏（宣穎）補書堂、朱氏（啓鈐）存素堂、王氏（孝箴）洗心精舍等，也都將豐富的藏書捐給了當時的北平圖書館。

中華人民共和國建立後，"許多收藏家自願向政府捐獻自己的珍藏，以圖書而論，如鐵琴銅劍樓瞿氏、常熟翁氏、江安傅氏、建德周氏、寶禮堂潘氏等著名的藏書家，通過文物局向北京圖書館捐贈了不少名貴的孤本秘笈"。[2]

三　出版與銷售

清張海鵬嘗云："藏書不如讀書，讀書不如刻書。讀書祇以爲己，刻書可以澤人。上以壽作者之精神，下以惠後學之沾漑，其道不更廣耶？"[3]不少藏書單位與藏書家都非常重視采用出版與銷售的方式來傳播藏書，我們在《版本編》與本編的第一、二、三章的有關部分已經論及，現僅從圖書流通的角度作些補充說明。

---

[1]亦見陳登原《古今典籍聚散考》卷末《芻言》。

[2]冀淑英《憶念趙萬里先生》，載《文獻》第十二輯。李致忠《略談建國以來北京圖書館入藏的善本書》亦稱："傅氏捐書倡議於前，鐵琴銅劍樓瞿濟伯仲、周叔弢、翁之憙、劉少山、刑之襄、趙世暹、趙遠方、高君箴、許廣平、郭沫若、吳梅、張芝聯、齊如山、徐祖正、聞家駟諸先生暨潘氏寶禮堂等繼之於後，紛紛以深切的愛國熱忱，慨然捐贈珍本善本圖書、手稿及藏書。……使北京圖書館的善本書不但在數量上大大增加，在質量上也大大提高。"載《文獻》第二十一輯。

[3]《第六絃溪文鈔》卷四《朝議大夫張君行狀》。

公私刻書的目的都是爲了流通，我們在《版本編》中已經詳細介紹了五代與北宋國子監的出版成就，南宋國家藏書機構也十分重視圖書的編輯出版工作，如陳騤云：

> 紹興二十七年（一一五七）八月十五日，昭慶軍承宣使致仕王繼先上《校定大觀證類本草》。有旨令秘書省官修潤訖，付國子監刊行。至十一月進呈。一至三卷（秘書郎王佐）；四至六卷（著作佐郎楊幫弼）；七至九卷（著作佐郎陳俊卿）；十至十二卷（校書郎季南壽）；十三至十五卷（校書郎陳祖言）；十六至十九卷（校書郎胡沂）；二十至二十二卷（校書郎葉謙亨）；二十三至二十五卷（校書郎張孝祥）；二十六至二十九卷（正字汪澈）；三十至三十二卷並釋音（正字林之奇）。[①]

宋代國子監所出版銷售的圖書，不僅校勘認真，而且充分地考慮到讀者的購買能力，盡量降低成本，賣得相當便宜，如哲宗元祐初年，陳師道《論國子賣書狀》云：

> 伏見國子監所賣書，向用越紙而價小，今用襄紙而價高。紙既不迨，而價增於舊，甚非聖朝章明古訓以教後學之意。臣愚欲乞計工紙之費以爲之價，務廣其傳，不以求利，亦聖教之一助。……諸州學所買監書係用官錢買充官物。價之高下，何所損益。而外學常苦無錢，而書價貴，以是在所不能有國子之書，而學者聞見亦寡，今乞止計工紙，別爲之價，所冀學者益廣見聞，以稱朝廷教養之意。[②]

明萬曆己亥（一五九九）趙開美翻宋本《仲景全書四種》，卷首附

---

①《中興館閣録》卷五《撰述》。
②《後山居士文集》卷一一。案：這和今天教材定價特低用意相似。

元祐三年(一〇八八)國子監牒文云:

> 中書省勘會:下項醫書册數重大,紙墨價高,民間難以
> 買置。八月一日奉聖旨:令國子監别作小字雕印,内有浙路
> 小字本者,令所屬官司校對,别無差錯,即摹印雕版,並候了
> 日,廣行印造,只收官紙工墨本價,許民間請買。奉敕如右,
> 牒到奉行。[1]

也有郡學刻書宣傳傳統文化制度的,如葉夢得《紬書閣記》:"建
康承平時,號文物都會。紹興初,余爲守,當大兵之後,屯戍連
營,城郭鬱爲榛莽,無復儒衣冠。蓋嘗求《周易》,無所得。于是
凜然懼俎豆之將墜,勉營理學校,延集諸生,得軍賦餘緡六百萬,
以授學官,使刊六經。"[2]各地官府爲了流傳善本,也刻了不少書。
淳熙十三年(一一八六),秘書郎莫叔光上言:"今承平滋久,四方
之人益以典籍爲重,凡縉紳家世所藏善本,外之監司郡守搜訪得
之,往往鋟板,以爲官書,所在各自板行。"[3]

明代統治者也十分重視利用出版工作來傳布藏書。如洪武
十五年(一三八二),太祖命禮部官修治國子監舊藏書版,並
且説:

> 古先聖賢立言以教後世,所存者書而已。朕每觀書,自
> 覺有益,嘗以諭徐達。達亦好學,親儒生,囊書自隨。蓋讀
> 書窮理於日用事物之間,自然見得道理分明,所以不至差
> 謬。書之所以有益於人也如此。今國子監所藏書板多殘
> 缺,其令諸儒考補,命工部督修治之,庶有資於學者。[4]

---

[1]《藏園群書經眼録》卷七。
[2]《建康集》卷四。
[3]《南雍志》卷一《世紀》。
[4]《南雍志》卷二《世紀》。

永樂二年（一四〇四），成祖"命工部修補國子監經籍版"。宣德六年（一四三一），宣宗"命南京工部修補國子監書籍闕板"。① 嘉靖七年（一五二八），世宗"命南京禮、工二部將南京國子監所存舊板用心翻閱修補，以便傳布"。②

　　清代統治者爲了流通那些有利於鞏固封建統治的圖書，也十分重視出版工作。如乾隆三十八年（一七七三）三月二十八日，高宗指示："以翰林院舊藏《永樂大典》詳加別擇校勘其世不經見之書，多至三四百種。將擇其醇備者付梓流傳，餘亦録存彙輯，與各省所採及武英殿所有官刻諸書，統按經史子集編定目録，命爲《四庫全書》。"③並"特詔詞臣詳爲勘覈，釐其應刊應抄應存者，繫以提要，輯成總目。"④除《四庫全書》鈔成七份外，還要求"擇其應行刊刻，皆令鎸版通行。"⑤後來金簡奉旨用木活字排印了《武英殿聚珍版叢書》一百三十四種。與《四庫全書》並行於世，這是清代最著名的例子。清政府印書甚多，其餘就不再列舉了。

　　私家刻書，明清爲盛。明末清初的毛晉，是借出版來傳播藏書的代表人物。據毛晉自編的《汲古閣校刻書目》統計，他校刻《十三經注疏》《十七史》等書的書版達十餘萬片，此外據滎陽悔道人輯、顧湘校《汲古閣校刻書目補遺》尚有六十一種。近人王文進《明毛氏寫本書目》還著録了毛晉、毛扆父子兩代鈔書二百四十二種。毛晉出版圖書的目的主要是傳布秘册善本。錢謙益稱其"於經史全書，勘讎流布，務使學者窮其源流，審其津涉。其

---

①《宣宗實録》卷八三。
②《續南雍志》卷二《世紀》。
③《辦理四庫全書檔案》上册一二頁。
④《辦理四庫全書檔案》上册一五頁。
⑤《辦理四庫全書檔案》上册二一頁。

他訪佚異，搜秘文，皆用以裨輔其正學”。①

　　毛晉的藏書、刻書、鈔書事業産生了深遠的影響，也獲得了崇高的評價。潘承弼、顧廷龍纂《明代版本圖録初編》卷七專有毛刻一類，其評價已見本編第二章《典藏單位》第二節《私家藏書》九《清》所引。毛晉的鈔本，特別是他創造的影鈔本，也産生了巨大影響，我們在本書《版本編》第六章《非雕印本的區分與鑒定》第二節《鈔本》中已作了介紹，可參看。

　　清代乾嘉時期的黄丕烈也刻過不少書，嘗云：“余喜藏書而兼喜刻書，欲舉所藏而次第刻之，力有所不能也。”②結果他刻了一套《士禮居黄氏叢書》，共計三十種。此外，據《蕘圃刻書題識》記載，他還幫助朋友刻過《郡齋讀書志》《墨表》《梅花喜神譜》《寒石上人倚杖吟》《普濟本事方釋義》等書。黄氏自己刻書並幫助他人刻書的主要目的在於流傳舊本、傳播知識。如孫慶增的《藏書記要》是總結我國古代藏書經驗的重要著作，最初就是由黄丕烈刊印的。黄氏跋云：“余因是書所記藏書之要，皆先我而言之者，遂付梓以行……其所藏書，鈐尾一印曰：‘得者寶之’，殆守人亡人得之訓者邪。秘本不敢自私，當公諸同好，吾刻此書，亦猶斯意云爾。”③黄丕烈的刻書事業當然也受到了讀者的稱贊，王欣夫云：“他自己和代友人所刻的書籍，一向被學者們認爲最標準、最正確的善本，稱爲‘清朝宋版’而不止一次的翻刻，至今還是盛行着。凡是經過他收藏或校勘的書籍，又一致認爲比較可靠而多據來付印出版。這都説明對科學研究具有重大的價值。”④

　　清末黎庶昌將出使日本期間所獲古籍善本二十六種刻成

①《牧齋有學集》卷三一《隱湖毛君墓志銘》。
②《蕘圃刻書題識·重雕曝書亭藏宋刻初本輿地廣記緣起》。
③《士禮居黄氏叢書》本《藏書記要》卷末。
④《大藏書家黄蕘圃》，載《復旦大學學報》一九六二年第一期。

《古逸叢書》傳世,其中二十四種是國内久已亡佚而見存於日本的。其出版工作始於光緒八年(一八八二),成於光緒十年,此後,商務印書館影印了《續古逸叢書》,從一九一九年至一九四九年共印出四十六種。八十年代初,國務院古籍整理出版規劃小組計劃出版《古逸叢書二編》,選目有五十餘種,現已由中華書局陸續影印出版。《古逸叢書》及續編、三編,使珍藏於國内外的稀見善本古籍得到了流通與利用。

　　近代圖書館對采取出版的方式流通古籍善本,也采取了積極支持的態度。如一九一九年,《京師圖書館教育部謹擬與商務印書館訂立印書免費契約文》所附《印書免費契約》云:

　　　　第一條　京師圖書館爲亟欲流布藏書,以期提倡學術,促進國家文化起見,故特許商務印書館免納藏書流布暫行規則第三條之費額,得隨時請求印行所藏之書籍卷軸。

　　　　第二條　商務印書館爲酬答京師圖書館優免納費之特惠,亦願將所發行之中外圖書雜志小説,無論鉅帙小册、新書舊籍、高價廉值,凡屬有版權者,均贈送一部於京師圖書館。但發行在訂約以前者,選擇贈送,其久經斷版者,得於選擇時聲明。[①]

《浙江公立圖書館年報》第十五期《浙江公立圖書館章程》所附《辦事細則》第八章《印行》云:

　　　　第四十三條　本館附屬印行所,除印售前浙江官書局及本館已刻各書外,凡海内孤本,或有關學術之私家著述,經著述人允許刊印者,得呈准主管長官,酌量木刻或鉛印。

　　　　第四十四條　凡有關學術之私家版片,得呈主管長官

────────────

①《中國古代藏書與近代圖書館史料》録自《教育公報》第六年第三期。

購置印行,或代爲寄存印售。

　　第四十五條　印售書籍價目,由館長酌定揭示,不得折扣。但本省教育機關,經備具正式公文請購者,得照成本計算。各省圖書館得以相當圖書交換,坊間或私人購買,價在十元以上者,得照原價減十分之一。

這些條規對於珍稀古書的傳播用意極好,改革開放以來,各大圖書館都印行了大量的古籍善本,爲讀者閱讀利用提供了方便。

第三節　流通的規章制度

　　流通是發揮藏書作用的主要途徑,也是藏書散佚的重要原因,爲了更好地利用藏書、防止散佚,古代藏書單位通常製訂一些規章制度,以便遵照執行。

　　早期的規章制度往往通過用限制流通的辦法來達到妥爲保管藏書的目的。據陳騤記載:

　　　　紹興元年(一一三一)四月十四日詔:"秘閣書除供禁中外,並不許本省官及諸處關借,雖奉特旨,亦不許關借。"……二十七年(一一五七)十一月二十九日詔:"秘書省書籍,除本省官關請就省校勘外,依舊制並不許諸處借出,長、貳常切覺察。"[1]

再如紹定元年(一二二八)三月,宋理宗詔秘書省:"書籍非係省官毋得借書。許從監少置簿,有欲關文籍爲檢閱、校正等用,即

---

①《中興館閣錄》卷三《儲藏》。

先批簿，以憑請取，俟還本庫，隨與點收，或借出已久，亦須檢舉，以察隱遺。"①

王士點、商企翁云："至元十六年（一二七九）三月二十四日，奉監官圓議得：本監見收書畫，非奉聖旨及上位不得出監。"②則元代秘書監書不得外借，但國子監崇文閣藏書却有明文規定可以出借，如葉德輝云：

> 《天禄琳琅後編》二：宋版《大易粹言》册末，紙背印記云："國子監崇文閣官書，借讀者必須愛護，損壞闕污，典掌者不許收受。"《天禄琳琅後編》三：宋版陸德明《經典釋文》三十卷云："每册有蒙古篆官印及紙背國子監崇文閣印記，與《大易粹言》同。"考皇慶二年（一三一三）六月建崇文閣於國子監，見《元史·仁宗本紀》，此蓋當時舊藏，亦即《天禄琳琅後編》所著録之物也。（所載印文，"官書"誤作"書籍"）張《志》宋刻《經典釋文》殘本，黄《賦注》淳熙臺州公使庫本《顏氏家訓》，錢《記》宋版《黄氏補千家注紀年杜工部詩史》，均有此印記，但以"闕污"爲"闕失"。此因印文篆字不明晰之故，然《顏氏家訓》今見繆《續記》，正作"闕失"，則《天禄琳琅》誤矣。③

藏書家也訂有嚴格的規章制度，我們在本編第五章《圖書保管》第二節《保管》一《防散佚》中，引用過范氏天一閣禁例與祁氏《澹生堂藏書約》，可參看。此外如湯文正要求子孫云："家中書籍用心收著，一本不可遺失。有人借，當定限取來。近來積書

---

① 《中興館閣續録》卷三《儲藏》。
② 《秘書監志》卷六《秘書庫》。
③ 《書林清話》卷八《宋元明官書許士子借讀》。張《志》指張金吾《愛日精廬藏書志》；黄《賦注》指黄丕烈《百宋一廛賦注》，錢《記》指錢曾《讀書敏求記》。

家,如浙之天一閣、崑山徐氏斷不肯借與人書。欲觀者,至其家觀之。欲鈔者,至其家鈔之。"①

從上述規定中可以看出,我國古代公私藏書單位有關圖書流通的規章制度,多采用聖旨與家訓的方式發布,因而是零星的不規範的,其內容偏重保管而輕視流通。

清末書院藏書機構已具有近代圖書館的性質,多訂有相應的規章制度。這些規章制度的宗旨在於做好圖書流通工作,對於如何借書與還書,一般都作了具體規定,並且公之於衆,因此顯得系統而規範,頗便執行。

如廣雅書院山長梁鼎芬訂《豐湖書藏四約》,其《借書約》云:

> 有書而不借,謂之鄙吝;借書而不還,謂之無恥。今之書藏,乃一府之公物,非一人之私有。(與藏書家不同)不借不如不藏,不讀不如不借。務使人人發憤,歷時既久,沾漑斯多,若許慈、胡潛莫相通借,是何人與?作借書約。借書之期:以每月以初二日、十二日、二十二日,三日爲限。借書者是日清晨,親到書藏攜取,用潔净布巾包好,徒手者不借。繳時放回原處,勿凌亂、勿皺摺。借書之期,限以十日。如過期不繳,記其姓名,後不復借。借書不得全帙攜取,五本爲一部者,許借一本,第一本讀畢,再借第二本。若一本爲一部者,許在書藏桌中翻閱,不得借出。凡書五本以上者,以四本爲限,不得多借。凡借書不得過三種,污損卷面,罰令重訂。破爛遺失,罰令賠償,後不復借。院長借書繳書,均以期限;地方官長,不得借書。公門轉折,事繁弊雜,防不勝防。各衙署幕友官親,不得借書;各學校教授等官,不得借書;監院不得借書;管理書藏之紳士及董事許其借書,此

---

① 《曝書雜記》卷中《子弟保守先世藏書》。湯文正,即湯斌。

外不借。如有好學紳士，未經管理書藏者，欲借某種，可由
見年董事轉借。有遺失等弊，惟董事是問。[①]

再如大梁書院《藏書閱書規則》云：

　　各項書籍，均存院長院内西偏精舍。用司書吏一人經
管用，司閽役一名典守鎖鑰。

　　書院置一閱書簿，交司書吏收執。凡肄業生欲閱書者，
必邀同齋長一人告司書吏檢取，於簿内記明某月某日取某
書幾卷幾本，某生閱，齋長某人，各於名下書押。

　　每次取書，每人只許一種，不得過五卷。至遲十日交
還，不得逾期。交還後再取。

　　肄業生欲閱書，如不邀同齋長於簿内分書名押，司書吏
勿擅給。

　　取出各書交還後，司書吏即於閱書簿内注明某日交還。
並查明原書有無損壞，無則歸架，有則詢明呈監院官核辦。

　　每月給司書吏銀三兩，司閽役銀一兩，俾資照管，如書
籍損失，必分別責賠。

　　肄業生取閱各書，均當加意護惜，如有損失，勢須購補，
否則累及齋長。

　　每届一季，司書吏將閱書簿呈監院官閱，年終送院
長閱。

　　所存各書，每至伏日，酌量抖晾一次。由司書吏呈明監
院官遴派數人，細心經理，勿使凌亂。

　　書籍年久函綫損敝，司書吏呈明監院官，酌易重裝。

　　每届一年，監院官將所存各書抽查一次，損失則着賠。

────────────

① 《豐湖書藏四約·借書約》。

　　以上所訂規則，如有未周及日久應變通處，盡可增損更訂，惟以行之久遠，絶去弊端爲斷。[①]

　　從上述規定中可以看出，晚清書院藏書重在流通，但是借閲手續比較繁難，而近代之公共圖書館、學校圖書館所製訂的規章制度則簡明扼要，便於操作。前者如一九一七年《浙江公立圖書館章程》，後者如一九一九年清華學校之《圖書館借書規則》。今録後者爲例：

　　第一條　借書時間每日上午八時至下午四時。

　　第二條　職教員及學生向本館借書一次以二册爲限。在未經繳還以前，不得再借。惟教員爲教授上課取用參考書籍，不在此例。

　　第三條　借書須填寫借書卷，寫明書名、册數、閲者姓名，俟本館職員注明後，方可取去。

　　第四條　借書期限兩星期繳還，如逾期不繳，則每册每日罰大洋一分。

　　第五條　借出之書，如值校中需用時，由本館知會，應即繳還。

　　第六條　借出之書，如有損壞等情事，酌量輕重，須議罰或議賠。如有遺失，應按原價賠償。

　　第七條　最近雜誌、各種課本、百科全書、參考書、各種報告及裝訂成册之雜誌、教員指定備考之圖書，僅能在閲覽室内看。檢閲畢，須仍置原處，概不出借。

　　第八條　凡教員指定備考之圖書，如得本館主任之特別允許，可於晚間閉室後借出，但須於次晨九時前歸還，如

————————————

① 《大梁書院藏書目》附二。

此項圖書不克及時歸還，每小時應罰大洋一分。如違章至
三次者，得於本學期內停止其借閱備考圖書之權利。

　　第九條　關於借書事項，如本章程未詳者，應向本館主
任核商。[1]

圖書流通的規章制度也是隨着整個圖書典藏事業的發展而日益
合理，便於保存和閱讀。前人在這方面所作的探索，雖或存慮未
周，但篳路藍縷之功是不可沒的。典藏的目的在於流通和利用，
隨着信息傳播技術的不斷發展，信息資源共享的理想一定會
實現。

---

[1]《中國古代藏書與近代圖書館史料》録自《清華學校一覽》。

參考書目舉要

澹生堂藏書約　祁承㸁　古典文學出版社　一九五七年

藏書記要　孫慶增　古典文學出版社　一九五七年

藏書紀事詩（附補正）　葉昌熾　王欣夫　上海古籍出版社　一九八九年

藏書十約　葉德輝　古典文學出版社　一九五七年

天一閣藏書考　陳登原　金陵大學中國文化研究所　一九三二年

明清蟫林輯傳　汪闓　《圖書館學季刊》七卷一期、八卷四期

清代圖書館發展史（原名 The Development of Chinese libraries Under The Ching Dynasty, 1644—1911）　譚卓垣　商務印書館　一九三五年

古今典籍聚散考　陳登原　商務印書館　一九三六年

中國古籍裝訂修補技術　肖振棠　丁瑜　書目文獻出版社　一九八〇年

中國古代藏書與近代圖書館史料（春秋至五四前後）　李希泌　張椒華　中華書局　一九八二年

中國圖書館發展史：自清末至抗戰勝利　嚴文鬱　中國圖書館學會　一九八三年

中國圖書和圖書館史　謝灼華主編　武漢大學出版社　一九八

七年

續補藏書紀事詩傳　倫明　徐紹棨　王謇　遼寧人民出版社
　一九八八年

中國古代圖書事業史　來新夏等　上海人民出版社　一九
　九〇年

中國藏書通史　傅璇琮　謝灼華　寧波出版社　二〇〇一年

中國私家藏書史　范鳳書　大象出版社　二〇〇一年